U0928580

浙江省社科联省级社会科学学术著作出版资金
资助出版

本书是以下课题研究成果的综合：

2007年浙江省科技厅科技计划重点课题“浙江省能源利用效率分析及节能行为引导机制研究”（项目编号：2007C25022）

2004年浙江省社科规划办重大招标课题“浙江省经济增长的能源‘瓶颈’分析及对策”（项目编号：04ZDZB19）

2005年浙江省经济普查办公室社会中标课题“基于3E协调分析的浙江能源—经济—环境系统可持续发展研究”

2007年杭州市环境保护科学研究院科研课题“杭州生态市建设绩效评估及对策研究”

2007年国家社科基金项目“绿色理念与建设资源节约型和环境友好型社会研究”（项目编号：07BJL032）

Regional Economy Comparative Study Series

区域经济比较研究丛书

Research on the Sustainable Development System of Energy-economy-environment

能源—经济—环境系统的可持续发展研究

——基于浙江的实证分析

Based on an Empirical Analysis of Zhejiang Province

杨文培 严向军 丁祖荣 著

ZHEJIANG UNIVERSITY PRESS
浙江大学出版社

图书在版编目（CIP）数据

能源—经济—环境系统的可持续发展研究：基于浙江的实证分析／杨文培，严向军，丁祖荣著．—杭州：浙江大学出版社，2007.12

ISBN 978-7-308-05703-5

Ⅰ．能… Ⅱ．①杨…②严…③丁… Ⅲ．能源经济－研究－浙江省 Ⅳ．F426.2

中国版本图书馆 CIP 数据核字（2007）第 196861 号

能源—经济—环境系统的可持续发展研究

——基于浙江的实证分析

杨文培　严向军　丁祖荣　著

责任编辑　朱　玲

封面设计　刘依群

出版发行　浙江大学出版社

（杭州天目山路 148 号　邮政编码 310028）

（网址：http://www.zjupress.com

http://www.press.zju.edu.cn）

电话：0571—88925592，88273066（传真）

经　　销　浙江省新华书店

排　　版　浙江大学出版社电脑排版中心

印　　刷　富阳市育才印刷有限公司

开　　本　787mm×1092mm　1/16

印　　张　23.25

字　　数　430 千

版 印 次　2007 年 12 月第 1 版　　2007 年 12 月第 1 次印刷

书　　号　ISBN 978-7-308-05703-5

定　　价　40.00 元

浙江大学出版社发行部邮购电话　(0571)88072522

前 言

1972年世界著名学术团体罗马俱乐部公开发表了关于人类困境的研究报告——《增长的极限》,在全球引起强烈反响。人们开始警醒地认识到:人类社会正面临着人口、资源、环境与经济、社会发展失调的严峻挑战。

今天,没有任何一个概念像“可持续发展”这样能够引起全人类的共鸣。毫无疑问,能源是实现可持续发展的关键因素之一。能源是经济增长的“发动机”,经济的发展需要能源“加油”。不要说全面的能源危机,即使是须臾的停电也是现代社会经济和生活所不能容忍的,后果是严重的,甚至是灾难性的!

但是,能源利用也造成了不少问题,如大量矿物燃料的使用已经造成了酸雨等局部环境污染现象,并且由于大量二氧化碳的排放而对大气环境造成影响,已成为温室气体的主要排放源。另外,随着矿物燃料的日益枯竭,清洁能源的可持续供应问题已经迫切地摆到了我们的面前!能源与经济、环境和社会问题交织在一起,向21世纪的发展提出了严峻挑战。

党的十六届三中全会提出了以人为本,树立人口、资源、环境、经济、社会全面协调可持续的科学发展观。2005年11月,浙江省委九次全会通过的《关于制定浙江省国民经济和社会发展第十一个五年规划的建议》,明确提出了浙江要“建设资源节约型和环境友好型社会”的目标。其核心是发展,目标是社会发展,基础是经济发展,必要条件是环境保护。能源是经济社会可持续发展和提高人民生活水平的重要物质基础,它不仅是狭义的机器设备的驱动力,而且是广义的社会经济活动的驱动力,并与环境、经济等要素密切相关,因此高效、经济、洁净、安全、持续、科学的能源保障是浙江全面建设小康社会、率先基本实现现代化的必要条件。

浙江是“能源小省、经济大省”,陆域“无油、缺煤、少电”,资源匮乏,消耗的能源95%以上需从省外调入。“十五”时期以来,随着浙江经济步入新一轮的黄金增长期,能源消费形成一个由工业化、城市化和居民消费现代化三大动力推动的超强增势。能源供需缺口逐年拉大,瓶颈制约和环境压力亦趋凸显。能源瓶颈制约成为浙江省近年来经济社会发展中一个十分突出的问题和全社会普遍关注的焦点。

在浙江经济增长遭遇能源"瓶颈"的情况下，应采取哪些对策，以确保浙江能源的持续发展、持续利用和经济的持续增长？能源作为经济增长的最基本资源之一，它是如何影响经济增长的？尤其是如何影响经济发达而能源资源缺乏，能源与社会经济矛盾比较突出的浙江的经济增长的？如何结合实际对浙江省 3E(能源 Energy、经济 Economy、环境 Environment)体系矛盾关系及其发展变化的内在规律做出定性与定量有机结合的科学分析？浙江的能源保障程度究竟怎样？如何建立支撑浙江经济社会持续发展的能源保障体系？这些都是迫切需要解决的问题。

本书以科学的发展观、综合的能源安全观(能源安全 Energy Security、经济增长 Economy Growth、环境保护 Environment Protection)和大系统能源观为指导，"以 3E 分析为基础，以 3E 协调为目标"，除了关注浙江省短期的能源系统供需平衡外，更加关注能源与浙江省经济社会、环境的协调发展，以确保长期的可持续的能源供应，建立可持续的能源系统。

本书的主要研究方法及内容包括：

采用关联分析与系统分析相结合、规范分析与实证分析相结合等方法，较系统分析了浙江能源—经济、经济—环境、能源—环境之间的关联关系。

在浙江能源"瓶颈"产生原因的普遍性角度分析方面，采用相关因素分析方法，利用有关统计数据分析研究影响浙江省能源—经济增长相关关系的具体因素，包括：经济发展阶段、经济结构变化、能源的供应与价格变动、经济效率、能源效率、经济政策和管理水平等以及这些因素的作用方式，试图揭示浙江经济增长能源"瓶颈"的深层次原因。

在浙江能源"瓶颈"产生原因的独特性分析方面，主要采用实证分析的方法，从浙江省"十五"规划实施过程中的经济增长模式、浙江省的能源经济类型区特点等方面进行了较深入的分析，试图揭示浙江经济增长能源"瓶颈"的独特性原因。

采用人均能量消费分析方法，对浙江省小康进程的能源需求进行了初步研究。

采用系统分析方法，从传统的能源系统分析入手，研究了大能源系统的子系统：行为系统、支持系统和约束系统，进而展开了可持续浙江能源系统指导思想，可持续浙江能源系统总构想的研究。

在以上研究的基础上，本书以"可持续的浙江能源系统"为总思路，以建立高效、经济、洁净、安全、持续和科学的能源供应保障体系为中心，以可能采取的政策方案为轮辐，综合运用比较分析法、推理与归纳方法、规范分析与实证分析相结合等方法对浙江经济增长能源"瓶颈"的"总体对策轮"进行研究，内容包括：外向型能源建设问题研究；市场化改革和提高能源利用效率问题研究；常规能源的优质化、高效化问题研究；新能源开发利用问题研究；生态能源建设问题研究等。

到2010年，我国万元生产总值能耗强度（以2000年可比价计算）要比2005年下降20%。这是全国人民代表大会审议批准的“十一五”规划纲要确定的约束性指标，而2006年全国单位GDP能耗仅下降了1.23%。

节能管理面对的是多个相关群体的利益需求，能否满足利益相关者的需求，并处理好利益相关者的关系是节能工作可持续发展的关键。本书的第九章、第十章旨在节能的框架之下，利用利益相关者的方法，建立政府、私人部门、中介机构和环境并存的模式，分析他们的行为特征，建立行为引导机制。

全书共十章，其中杨文培教授撰写了第二章、第四章、第六章、第八章、第九章和第十章；严向军副总工程师撰写了第一章、第三章和第五章；丁祖荣研究员撰写了第七章。

感谢浙江省能源利用监测中心、浙江省经济普查办公室、浙江省统计局、浙江省能源研究所、浙江省能源研究会、浙江省发改委、浙江省经贸委和杭州市环境保护科学研究院等相关部门领导和朋友在研究调研和数据收集过程中的支持与帮助！

在本书的写作过程中，浙江省社科规划办的领导和专家提出了许多宝贵的修改意见，在此向他们表示衷心的感谢！

研究生朱红涛、申琳琳，还有金小娟、陆晓、邵开来、戴梦悦、张艳等同学参与了研究调研与数据整理、文字录入等工作，感谢他们的辛勤劳动！

限于研究者的水平，本书在分析和综合方面必定存在很多缺陷，我们诚恳希望社会各界和专家提出宝贵的意见和建议。

作　者

2007年9月22日于杭州

目 录

第一章 绪 论

能源是经济增长的“发动机”，经济的发展需要能源“加油”。能源是经济社会可持续发展和提高人民生活水平的重要物质基础，它不仅是狭义的机器设备的驱动力，而且是广义的社会经济活动的驱动力，并与环境、经济等要素密切相关。自 20 世纪 70 年代以来，能源问题已成为经济学研究的热点。关于能源的担忧主要有两点：其一是能源消费的高速增长造成的能源供给短缺以及由于能源短缺或能源价格上升所衍生出的能源安全问题；其二是能源消费过程中造成的环境外部性。

第一节 能源与能源利用

一、能源

能源是指“产生各种能量的物质”。能量即“做功的能力”。在英文中这两个概念都称为“energy”。事实上，在讨论能源时，往往同时包含“产生能量的物质”和“做功的能力”这两层意思。应该指出，尚未开采出的能量资源只能称为资源，不列入“能源”的范畴，不可混淆。

能源可按如图 1-1 所示的级层进行分类。

- 能源
  - 一次能源
    - 常规能源
      - 可再生能源：水力
      - 非可再生能源：煤、石油、天然气、核裂变材料
    - 新能源
      - 可再生能源：太阳能、风能、生物质能、海洋能、地热能
      - 非可再生能源：核聚变材料
  - 二次能源：电力、焦炭、煤气、油制品、沼气、蒸汽、热水等

图 1-1 能源分类

一次能源与二次能源：自然界现成存在、可直接取得而又不改变其基本形态的能源称为一次能源，或称为初级能源。由一次能源经过加工转换成另一

种形态的能源产品叫二次能源，也称次级能源。

常规能源与新能源：在一定历史时期和科学技术水平下，已经被人们广泛应用的能源，称为常规能源。许多古老的能源若采用先进的方法加以广泛利用以及用新的技术利用的能源，称为新能源。

可再生能源与非可再生能源：在自然界中可以不断再生并有规律地得到补充的能源，称为可再生能源。经过亿万年形成的、短期内无法恢复的能源，称为非再生能源。随着大规模开采，非再生能源的储量会越来越少，总有枯竭之时。

矿产能源由于是当前能源消耗的主要形式，可以进入生产函数，又将其称为基本能源。

二、能源利用

(一)西方古代能源利用观

对今天西方文化影响最深的古代西方文化是古希腊文化和基督教文化。在漫长的演化过程中，古代西方文化发展大致经历了三个阶段：古巴比伦与古埃及文化阶段；公元前 800 年前后到公元前后，是古希腊文化阶段；公元 1 世纪到公元 15 世纪，是基督教文化阶段。

古希腊文化前的古巴比伦与古埃及文化虽也相当繁荣，但与绚丽的古希腊文化相比则显得黯然。古希腊地处沿海区，农业发展受很大限制，粮食自给难以保证，但商业、手工业、商品化农业发达，其中，商业在社会经济中占据重要地位。古希腊的文化形态有两股潮流：阿波罗式的节制理性；狄俄尼索斯神式的纵欲狂欢激情。前者代表智者的理性禁欲主义倾向，后者才真正反映古希腊的社会精神。能源利用的道德意识也同样有两种形态：一般民众比较放纵，不太注意能源保护。约 2400 年以前，希腊的埃提卡山区的居民过度放牧和乱伐森林导致森林大幅度减少，水土流失严重。而贤人智者则提倡节制利用能源，如哲学家柏拉图就对水土流失问题深表忧虑。

随着基督教的传播，大众狂热型基督教文化终于湮没了智者理性型古希腊文化。在基督教传统文化中，人类中心论观念根深蒂固。《圣经》中开始提到人与自然的关系，将人看做是天地和万物以外特殊的“上帝创造物”。上帝创造人的目的是让人治理大地和管理万物。如《圣经·创世纪》中写道：“上帝就照着自己的形象造人，乃是照着他的形象造男造女。上帝就赐福给他们，又对他们说：‘要生养众多，扑满地面，治理这地，也要管理海里的鱼、空中的鸟和地上各样行动的活物。’”在人类中心论影响下，人们更多地强调劳动力和资本的有效支配，较少涉及能源的可持续高效利用。当能源短缺时，西方人更多的是向外扩张，甚至不惜发动战争。所以，可以说古代西方的能源利用是相对粗放和低效的。

随着13世纪西方人重新接触到古希腊典籍,西方渐渐兴起了文艺复兴运动和宗教改革运动,基督教文化和古希腊文化真正开始了融合。到了17世纪,改革运动结出丰硕的果实,为科学全面发展打下了坚实的基础。这时,人类开始把自己看做是天地与万物的统治者。他们开始寻找新资源的生产方式。

西方人利用自然资源,特别是矿产资源开始了工业革命,使得经济发展到了"马尔萨斯馅饼",经济以前所未有的速度增长。社会相继进入了"现代化"。为追求高效率目标,西方人不惜大量消耗资源和破坏环境。但是,矿产资源是非再生资源,不少可再生资源的承载力也是有限的,西方这种疯狂消耗资源的经济增长方式很快使它们本国的大部分资源消耗达到了极限,破坏了自己国家的环境。接着他们开始利用自己的经济和军事优势,掠夺其他国家的资源,破坏其他国家的环境,但同时也将西方文化输入其他国家。

(二)中国古代资源利用观

中国古代资源利用伦理深受"顺天无为"、"制天有为"和"天人合一"等哲学思想的影响,提倡因时利用资源,禁止在野生动植物幼年期、繁殖期和生长旺盛期狩猎或采伐,使资源可持续利用,保持经济和社会发展的可持续性。孟子认为:"不违农时,谷不可胜食也;数不入洿池,鱼鳖不可胜食也;斧斤以时入山林,林木不可胜用也。谷与鱼鳖不可胜食,林木不可胜用,是使民养生丧死无憾,王道之始也。"(《孟子·梁惠王章句上》)荀子进一步指出:"圣王之制也:草木荣华资硕之时,则斧斤不入山林,不夭其生,不绝其长也;春耕夏耘秋收冬藏四者不失时,故五谷不绝,而百姓有余食也;池渊沼川泽,谨其时禁,故鱼鳖优多而百姓有余用也;斩伐养长不失其时,故山林不童而百姓有余材。"(《荀子·王制》)孟子和荀子都将能源可持续利用("不夭其生","不绝其长")看做是经济和社会可持续发展("不可胜食","有余食","有余用","有余材")的基础和前提。

中国古代能源利用实践始终体现了上述能源利用的伦理道德,在可持续前提下力求高效利用能源。当对能源需求(耗费)量超过能源自然生产(恢复)量时,人们就对能源生产进行可持续投入,以实现能源可持续高效利用。这种能源利用伦理意识与实践保证了中华文明能生生不息地延续几千年,而不像其他一些古代文明早已湮没于历史长河之中,这充分体现了我国古代人民在经济还不发达的时代,就已经明白能源的重要性了。

(三)能源资源的利用历程

能源的生产及消费构成的演变与发展大致经历了三个时期:木炭时期、煤炭时期和石油时期。

1.20世纪初以前的薪柴、木炭等植物燃料为主的"木炭时期"

原始时代开始的燃料是枯草、枯枝，到了石器时代才有了薪柴燃制的木炭。木炭多用于家庭做饭和取暖。正是在木炭的燃烧中人们发现了因热及碳的还原作用而变成金属的含金属氧化物矿石，进而产生各种金属工具。到16世纪欧洲文艺复兴时期，随着科技和工业的发展，对木材的需求量陡然增加，木柴不仅要供给木炭燃料，还要被用于诸如铁路建设等工程。于是木柴出现短缺，使工业陷入困境，而滥伐森林又导致环境严重破坏，欧洲物质文明面临危机。煤炭的大量开发利用才使人类社会摆脱了这场危机。木炭时期能源开发利用的低水平是人类社会生产和生活水平不高的经济成因之一。

2. 20世纪初期到中期的以煤炭为主的"煤炭时期"

煤炭作为燃料使用至少已有两千年的历史。然而到16世纪中叶之前，各国使用量都不大。直到17世纪中叶，煤炭被制成除烟的焦炭以后，煤炭才取代木炭作为铁矿石还原材料被广泛用于冶铁业。煤炭的大量开发利用为18世纪工业革命提供了物质基础。而蒸汽机在工业和交通领域的广泛采用，又刺激了煤炭工业发展。从1860年到1920年煤炭在世界能源构成中的比重由24%递增为62.6%。直到20世纪60年代中期以前，煤炭始终占据世界能源的主导地位。用煤炭产生的热源、动力源和电力源推动着世界经济的发展。煤炭在世界能源构成的地位表明，自工业革命以来，煤炭是推进人类文明进程的主要动力。煤炭时期为人类经济社会的高速增长奠定了基础，人类也为此付出了沉重的代价，迄今困扰人类生存的环境污染都能从煤炭时期找到根源。

3. 20世纪60年代中期开始的以石油、天然气为主的"石油时期"

石油作为普通燃料使用，是从19世纪后半期开始的，到20世纪初随着汽车工业的发展和汽油发动机的运用，各工业部门才纷纷采用石油作燃料的动力资源。两次世界大战的军事装备及飞机、汽车工业的发展又刺激了石油的需求量。而40年代后，美国、苏联等国相继发现巨大油田，特别是成本低、产量高、储量丰富的中东油田被开发利用，使得石油的供应迅速增加，加上石油价格低廉，使用方便、洁净，比煤炭更具有竞争力，终于使石油在整个世界能源领域占据了统治地位。到80年代，天然气在世界一次能源消费构成中的比重已达到20%左右。石油危机以后，石油开采利用受到一定影响，但随着油价的回落，工业化国家能源消费构成中石油、天然气比重一直在60%左右。以1993年为例，美国石油占39.5%、天然气占26.2%，日本石油占55.4%、天然气占11.1%。有人认为"石油时期"并没有结束，但石油资源储量的短缺却是世界面临的潜在危机。"石油时期"为人类社会现代物质文明提供了基本保证。

能源的替代和转换是能源构成发展的必然结果，从单一能源为垄断的能源结构向多样化、多品种能源结构的发展正是这种必然性的反映形态，突出表现在常规能源多样化及新能源开发利用的崛起。然而，国际石油市场的疲软在刺激了各国对石油依赖性增强的同时，又遏制了新能源的兴起，加上安全、技术和资金等原因的限制，新能源开发利用并没有取得长足的进步。伴随着经济高速增长和环境保护，建立与经济发展相适应、无害环境的能源供应体系和消费模式，将成为能源发展新阶段的重要特征。

三、能源问题

(一)能源问题的形成

作为20世纪世界重大经济政治发展难题的能源问题，孕育形成于70年代跌宕起伏的国际石油市场。因而理解能源问题的形成，应从石油危机到石油过剩历史过程进行考察。

1. 能源问题的背景和成因

20世纪70年代以前不存在真正的国际石油市场，其突出表现在西方石油公司(主要是“七姐妹”石油公司)控制着绝大部分产油国的生产，西方石油公司严格按消费国实际需要安排产量。而且，从开采、加工直至最终分配往往在同一家石油公司内部的子公司之间传递交易，致使原油价格(阿拉伯轻质油，下同)一直保持在每桶1.35美元，为工业化国家提供了大量廉价石油。在意识到资源主权被人控制以后，欧佩克国家于1968年提出了石油政策总宣言，明确宣布永远保有对天然资源主权和从资源中提取最大限度利益的权利，从而公开了欧佩克国家与工业化国家之间就资源主权和国家利益问题的冲突。针对工业化国家工业品价格飞涨和美元贬值的现实，1970年欧佩克国家作出了提高原油价格的决策：制定标准价格必须能与世界性通货膨胀和美元购买力降低(美国工业品价格的上涨率)的情况相适应。此后，不少国家开始对西方石油公司开发的油田实行国有化或进行投资、参股、争取控制权，并以长期合同的形式直接与石油进口国进行交易。然而，到1973年欧佩克原油出口额中产油国直接出口额只占10%，西方石油公司控制出口额仍占90%，而欧佩克石油生产能力利用率已高达85%，市场需求每年以1亿吨的速度增长，再过几年就会达到生产能力的极限，这引起了欧佩克国家的极大不安。同时，工业化国家也感到欧佩克国家一系列举措的危险。1973年4月当时的美国总统尼克松向国会递交的《能源问题咨文》中强调，提高能源自给率是安全保障的重要问题，并提出一系列减轻对中东石油依赖程度的对策。欧佩克国家为了捍卫资源主权，试图迫使过分依赖中东石油供给的工业化国家改变对以色列的看法。借中东战争爆发之际，1973年秋欧佩克国家断然撕毁与西方石油公司的《德黑兰协议》，将原油标价提高70%，并限产、减产，甚至对工业化国家实行禁运，原油现货价格由

1970年的每桶1.35美元暴涨到1974年的每桶10.20美元，终于导致了第一次石油危机。

2.能源问题的形成和发展

第一次石油危机之后，工业化国家普遍出现了通货膨胀，经济萧条：高利率、银行信用动摇、股票价格下跌、工厂倒闭、失业率上升、购买力萎缩、国家收支恶化，从高速增长转为负增长。英国损失85亿美元，法国损失51亿美元，德国损失167亿美元。矿产资源匮乏的发展中国家几乎处于瘫痪状态，其他国家也不同程度地受到冲击，如泰国、新加坡、菲律宾从外贸盈余趋于消失甚至发生赤字。第一次石油危机带来的冲击是深远的，大部分工业化国家至少经历了三年的调整才逐步恢复到石油危机前的状况。不幸的是有些国家还未调整好时，1979—1980年又爆发了第二次石油危机，原油价格每桶涨到35.70美元。由于各国采取的能源战略、能源政策、能源法的对策产生了积极效果，限制了石油的需求，特别是减少了对中东石油的依赖。第二次石油危机时间较短，危害不大，反而刺激了非欧佩克产油国的原油生产。这些国家到1985年日产原油达800万桶，相当于欧佩克产量的50%，对欧佩克市场产生了巨大压力。原油价高限制了需求和消费，世界经济不景气，从1981年开始世界石油市场出现了供过于求的局面。面对非欧佩克产油国占有市场的冲击和内部限产配额分配不均产生的冲突，欧佩克国家不得不放弃“限产保价”，而采用降价“夺回市场”，从而使国际石油价格到1986年猛跌到低谷，当年第三季度平均原油价格仅为每桶11.10美元。为了夺回市场，欧佩克国家付出了沉重的代价，1986年石油收入仅为857亿美元，较上一年减少了34%。非欧佩克产油国也损失惨重。此后，欧佩克国家进行了兼顾“价格”与“产量”的战略调整，非欧佩克产油国也调整了竞争策略。

(二)能源问题的分类及其变迁

从石油危机到石油过剩的全过程看，能源问题是一个复杂的社会经济问题，更是一个不确定的国际政治经济问题。能源问题可以作不同层次和不同问题的分类，从其形成的背景、过程及其实质和内容分析，能源问题可以分为以下几类，每一类都在能源问题中有特定的位置。

1.能源供给问题

如何保障能源的安全供给是能源问题的核心。能源的有限供给，特别是化石能源的匮乏，在现有科技水平条件下是困扰各国持续发展的难点。一国必须保证能源的安全供给，否则非但无从发展，也难以立足。这正是能源问题作为政治问题的前提。能源问题起源于资源主权及国家利益的冲突，如果不是西方石油公司控制着产油国的经济命脉，拼命攫取，欧佩克国家也不会作出一系列强烈反应。然而，能源问题真正成为影响社会经济发展的问题，却是在石油危机引发世界性经济危机之后。只有通过对石油危机与经济危机因果关系的思考，特别是对其经济政治的危害有了深刻认识之后，各国才开始把能源问题的解决放在国家议事日程中的首位。由于西方石油公司对产油国生产的控制早已成为历史，资源主权和国家利益冲突是可以通过一定的手段得以缓和或解决的，而能源的安全供给却是一国始终不得有丝毫贻误和必须解决的问题。能源问题从形成到现在，各国的对策都是围绕保证能源安全供给展开的，无论是大力开发国内资源保证自给自足，还是开拓多渠道来源和多样化结构，只有解决了能源的安全供给，才会有其他能源问题可言。

2. 能源效率问题

提高能源效率是用有限的能源保障安全供给的保证。能源效率的提高不仅可以减轻消费者能源成本，用较少的能源投入得到较大的能源产出，还可以减轻环境压力，增加能源安全供给的系数和质量。能源效率的提高以能源的市场配置为基础，然而它作为能源问题却是从节能开始的。基于经济增长与能源消费量同步的认识，石油危机后各国普遍采用的节能是以限制能源消费为目标的，如耗能指标配额的确定。而节能的实施不仅推动了技术创新，开发了更高效率的设备、建筑物、汽车和发动机，改善能源管理，也带来了工业结构的转化，实现了低能源消耗的经济增长，使经济增长与能源消费量分离成为现实。因此，节能已不再是限制能源消费的手段，而是合理利用能源即提高能源效率的手段。节能从消极的限制到积极的合理利用，表明人们解决能源问题的观念和方法论已发生了质的变化。这正是节能成为各国能源问题对策中心议题的原因。当然，作为能源对策的节能本身并不能替代和排斥市场对能源的配置。节能的出发点和实施都是以市场配置为条件的，或者以市场配置的有效运行为手段或者以弥补市场配置的不足为目标。

3. 能源环境问题

能源环境问题是一国能源效率高低的尺度，也是能源利用能否满足可持续发展的综合指标。因此，能源环境问题成为一国能源问题的焦点。能源环境问题在历史上曾得到重视，作为能源问题却是在 20 世纪 80 年代开始的。石油危机爆发后工业化国家发生剧烈震动，在把能源安全供给放在第一位的同时，却放松了对污染物排放的管理或放宽了污染物排放标准。如美国迟延 1970 年大气污染防治法规定的有利人身健康第二项标准的实施时间，又如以煤代油政策的推行增加了大气污染，以致 70 年代不少国家环境状况有所恶化。到了 80 年代随着国际石油市场价格的回落，能源安全供给有了保障，才又提出能源环境问题。能源环境问题的解决有其特殊性，除了提高能源效率，还有能源结构合理化、新能源开发、能源安全与洁净技术等方面。如果说,80 年代中期酸雨的国际性和切尔诺贝利核泄漏引发了国际社会对能源环境问题的重视,那么 1992 年世界环境发展大会则为能源环境问题的解决制定了行动纲领。

4. 能源价格问题

市场对能源生产和消费、供给和需求的配置是通过价格信息来实现的。能源价格对能源资源配置、投资、收入分配、能源公司财务经营及能源消费水平等都有重要影响,石油危机与能源价格的涨落密切相关。不仅如此,能源价格在能源管理中也具有决定意义:政府利用能源价格的管制和放松,改变能源结构,提高能源效率,引导能源消费。能源价格在许多场合甚至直接决定了国家的能源对策,如石油价格不涨就不会有节能及其带来的能源效率。石油价格回落后,工业化国家能源开发强度增加及节能积极性减弱的事实就是佐证。1973—1982 年欧共体能源效率实现了 70%的改进,但从 1982—1986 年只改进了 2.4%,经济增长和能源消费量分离的进程已经缓慢,在法国、比利时、荷兰、爱尔兰、葡萄牙甚至出现了后退,如果继续下去有些国家可能会放弃节能政策。因而,能源价格是能源供应、能源效率及能源贸易的晴雨表。在能源开发利用的各个阶段,各个不同国家能源价格如何确定是一个十分复杂的问题。

5. 能源贸易问题

能源赋存的地域性和结构性不平衡,决定了能源的跨国流动性和能源贸易的国际性。如何进行世界能源资源的分配,如何保证本国能源安全供给都是通过能源贸易途径解决的。因而,能源贸易问题在各国能源对策中均占有重要地位。能源贸易以石油贸易为主体,煤炭与天然气供求变化受石油贸易左右,而且能源贸易业已形成垄断。石油贸易:欧佩克石油探明储量占世界的 76%,必然成为供给的垄断者,非欧佩克市场迟早会失去,美国、日本和西欧等国则垄断进口。天然气市场:俄罗斯、加拿大垄断出口,日本则垄断进口。煤炭贸易:澳大利亚、美国、南非垄断了出口,日本则垄断进口。西方石油公司在能源贸易中仍然有很大的实力。这种垄断条件下的贸易竞争必然是不完全的,加上受政治因素,特别是能源效率、能源结构变化、能源贸易垄断国家的经济周期状况等因素的影响,能源贸易经常出现不确定性和波动性。面对复杂多变的能源贸易市场,各国都在努力作主动性选择:工业化国家在比较成本利益的驱动下,仍然在大量进口能源;石油输出国特别是欧佩克国家经济发展完全依赖石油贸易;而其他发展中国家也力图通过能源贸易补给需要的能源。

(三)中国能源问题的特殊性

拥有世界第三大能源系统的中国是以煤炭为主要能源的国家,实行了 40 年的计划经济之后开始向市场经济渐进。因此,中国能源问题不仅具有一般能源问题的共性，也具有其特殊性。

1. 能源严重供给不足

中国能源资源比较丰富，但后备储量不足。已知含煤面积约55万平方千米，预测煤炭总储量（埋深1500米以内）达到40000亿吨，1992年经勘探证明储量（“探明储量”）为9667亿吨，其中相当于世界能源委员会定义部分（“精查储量”）约占30%，可采储量为1145亿吨，而且大部分已被开发利用。石油、天然气总资源量分别为787亿吨和60万亿立方米。水力资源尚有相当于10亿吨煤炭的储量，水电比重却趋于下降。中国人均能源资源量非常有限。煤炭人均储量只占世界平均值的1/2，石油人均可采储量仅为世界平均值的11.6%。因而，中国将长期面临能源短缺问题，中国经济的高速增长又进一步刺激了短缺。1990年，能源生产和消费的缺口达2505万吨标准煤，1991年的缺口扩大到3188万吨标准煤。不仅如此，中国还存在着严重短油、缺电的结构性短缺。

2. 能源效率低、浪费大

中国能源效率一直维持在30%左右，其中煤炭只有6%。能源生产中，资源损失、浪费严重，煤矿回采率平均为30%左右，乡镇个体矿只有10%～15%。在能源消费中，中国的产值能耗，约为中等收入国家的2.5倍，工业化国家的3～4倍；主要产品单位能耗比发达国家高30%～80%。进一步提高能源效率，将是中国国民经济发展的一项长期任务。

3. 能源环境污染严重

中国的能源环境问题主要是大量烧煤造成的煤烟型大气污染以及农村过度消耗生物质能引起的生态破坏。中国是世界上最大的煤炭生产国和消费国，1993年产煤11.49亿吨，煤炭占一次能源消费量的73%，煤炭提供了76%的工业燃料和动力、60%的化工原料、80%的民用商品能源。煤炭消费量达82400万吨，其中约80%直接燃烧造成严重的大气污染。1993年烟尘排放量（不计乡镇企业）1416万吨、二氧化硫排放量1795万吨、二氧化碳排放量68600万吨，其中燃煤排放量的估计分别占70%、90%和88%。中国农村居民生活用能80%依靠生物质能，造成生物质能的过度消耗，使森林植被遭到大面积破坏，大量秸秆不能还田，导致水土流失，耕地有机质含量下降，目前全国水土流失面积已达150万公顷，全国耕地有机质含量平均低于1.5。在今后相当长的时期内，煤炭仍将是中国的主要能源，生产量还将继续增长。农村居民仍然主要依靠生物质能，人口还将增加，能源环境问题十分严峻。

4. 能源价格不合理

构成能源产品价格基础的主要是劳动成本，能源资源无价造成掠夺式开采和能源资源的浪费。能源产品价格偏低导致消费性需求过高，削弱了节能功效，造成分配不公。煤炭产品的长期低价造成大中型煤矿严重亏损，原油低价形成上游亏本下游赚钱，电力工业利润率也低于全国平均水平，由于价格不合理使能源工业无法自我发展。

5. 能源贸易与世界市场脱节

中国的能源结构和社会生活建立在国产能源的基础上，长期坚持能源自给自足，封闭型经营。20 世纪 70 年代开始有了能源贸易，从 1980 年到 1993 年，煤炭出口从 632 万吨扩大到 1981 万吨，原油出口从 1331 万吨发展到 1943 万吨，原油进口从 37 万吨扩大到 1565 万吨，成品油进口从 46 万吨扩大到 1754 万吨。贸易额虽有一定增长，却与中国在世界能源中的地位不相称，如煤炭产量世界第一，煤炭贸易只占世界第六位。尤其是中国能源工业还未跨出国门参与世界能源资源分配。这种格局较少受国际能源贸易供求动荡的影响，使中国能源对策很少考虑供给安全的同时，却使中国能源经济效益长期落伍。

中国能源上述特殊问题的成因是多方面的，主要有以下三方面：

第一，制度安排得不合理。中国实施近四十年的计划经济，形成了完整的能源资源政府配置系统，没有安排出能源工业自我发展的产权动力结构，不存在能源资源市场配置的空间。而 16 年的制度变迁使政府配置结构趋于合理，但在本质上没有改变现行的制度安排，以至于中国能源在向市场经济渐进的过程中步履维艰。投资不足、产权模糊、封闭型经营、掠夺式开采、外部性成本增加、价格扭曲等问题无一不是以现行制度安排为制度根据的。

第二，能源结构的低品位。以煤炭为主要能源结构，清洁能源所占比例低，加上技术创新等水平的限制，客观上容易产生生产中的浪费和利用中的环境污染。这种状况如不改变，将对环境和运输造成越来越大的压力。

第三，经济结构的高密度。中国正处在基础产业建设时期，工业结构密度高、对能源需求大也是能源供给不足的成因。产业结构不合理，低能耗的服务业比例低，1992 年在国民生产总值中仅占 27%，而高耗能的工业比例较大，达到规模生产的企业数目少。产业结构和产品结构亟待调整和优化。

第二节 能源系统与可持续发展

一、能源系统

(一)传统能源系统

一般认为,自然界中的一次能源已开发后,通过输送、加工、转换、储存和分配,最终送到终端用户,这是一个完整的能源流过程,称为能源系统。能源系统的环节多少同一次能源的种类、能源利用方式和能源布局等因素有关,但至少包括开发、输送和利用三个基本环节,其中每个环节均由国民经济若干部门的活动组成(见图 1-2)。

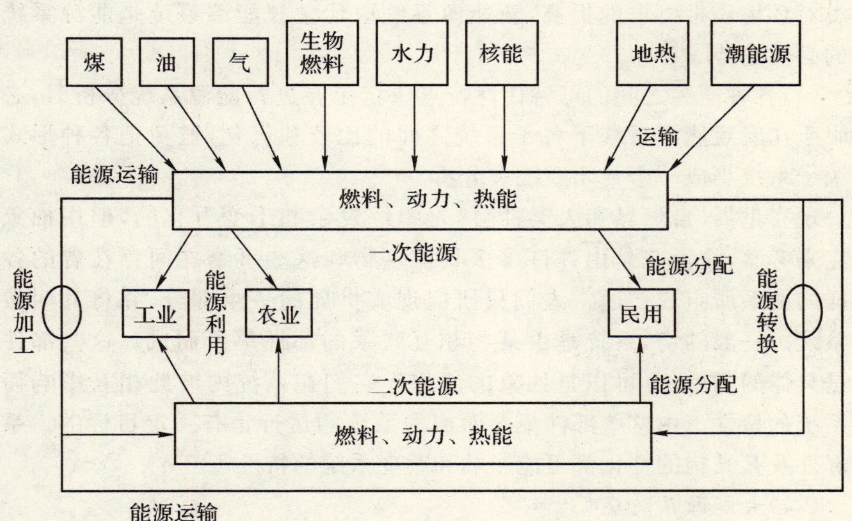

图 1-2 传统能源系统图

能源系统分类方法很多:

按能源系统的范围分,可分为全球能源系统、跨国能源系统、国家能源系统、地区能源系统、部门能源系统、工矿企业能源系统和车间(工序)能源系统,等等。

按能源种类分,可分为一次能源系统、二次能源系统。每个能源系统又由若干个子系统组成。

大范围的能源系统都是由一次能源系统和二次能源系统组成的,是一、二次能源的综合系统。

能源系统具有下述一些特点：

(1)能源系统与非能源系统存在着极其密切的联系。根据系统论原理，现实的系统都是开放系统，都具有不断地与外界环境进行物质、能量、信息交换的性质和功能，这也是系统得以稳定存在的前提条件。能源系统的活动向非能源系统提供所需能源，同时提出对非能源产品的需求，非能源系统依靠自身的运行为能源系统提供所需产品，同时向能源系统提出能源需求量，因此，能源系统是一个开放系统，不能离开国民经济大系统去孤立地进行能源系统分析。

(2)能源工业资金密集、建设工期长，关系国计民生，是一个大惯量系统。在该系统中，某一决策一经实施，改造起来非常困难，因此，对能源系统的分析应立足长远性和战略性。

(3)由于技术、资金等方面因素的制约，常规能源系统在相当长的一段时间内(50～100年)还是能源系统分析的主要对象。但随着资源的耗竭和人类对环境质量要求的提高，新能源系统取代常规能源系统是能源系统发展的必然趋势。

(4)各种能源之间的可替代性特点决定了在进行能源系统分析时，必须着眼于在宏观能源系统下各子系统之间的比较和优化，避免把各种形式的能源子系统当成一个封闭系统去分析。

现实世界(自然界和人类社会)是错综复杂和千变万化的，但用抽象的观点来考察，它无非是由许许多多具体事物和这些事物之间存在着的各种各样的关系所组成。通常人们只研究现实世界的一小部分，并将其叫做一个系统。一般的讲，系统是由某些相互联系的部件集合而成。这些部件可以是具体的物质，也可以是抽象的组织。它们在系统内彼此相互影响而构成系统的特性。由这些部件集合而成的系统的运行是有一定目标的。系统中部件及其结构的变化都可能影响和改变系统的特性。

(二)大能源系统观

传统的能源系统观点虽然一般也承认能源系统与自然环境、技术水平、社会经济活动等密切相关，但其侧重点仍然放在能源系统本身。但是在资源、环境与发展之间矛盾日益突出的今天，能源工业面临经济增长与环境保护的双重压力。研究能源问题，必须切实地综合考虑能源与社会经济、技术、环境等因素，研究各因素之间的相互联系、相互依存、相互制约形成的有机整体，视为一个完整的、处于运动和变化之中的大系统。

系统学第一定律告诉我们，事物通过一定的关系联结在一起组成系统后，便产生了各个组成事物在孤立情况下没有的新属性。系统的属性总是多于各个组成事物在孤立状态时的属性的总和。正是由于系统的属性总是多于组成它的各个事物在孤立状态时的属性的和，并能对某些具体的属性予以放大，所以，人们在改造世界的过程中，总是自觉或不自觉地将有关的一些孤立事物尽可能组成系统，或把一些相对孤立的系统联结起来，组成更加庞大、更加复杂的系统，以便使它们获得更多新的属性，并把某些功能和作用放大。

二、能源系统与可持续发展

(一)发展是人类永恒的主题

人类只是整个生态圈内无数元素中的一个，只有与环境系统协调地发展才能持久有效。人类的发展以对自然资源的开发利用开始，在对环境的破坏及对资源的大量消耗反过来制约人类的发展变得越来越强烈之后，可持续发展观念成为当今世界的主流意识。可持续发展是指在自然资源许可和保护生态环境条件下的经济发展。对任何问题的考察离不开其所依赖的客观事实，而我国最大的事实(基本国情)就是人口众多和资源贫乏(虽然资源总量居世界前列，但人均占有量处世界末列)，且能源结构与分布不理想。近年来片面追求高经济发展速度已造成极其严重的生态环境问题，全社会必须警醒了！

能源是人类生活中最重要的资源，人类近代史上几次大的飞跃都得益于对能源的开发，而几次大的全球危机也都因能源危机而起。我们所利用的能源包括石油、煤、天然气、水电、风能、核能、太阳能等大多属于不可再生的自然资源，是人类发展中基本稳定的因素，是使经济可持续发展的重要制约条件；另一方面，它又是人类持续发展的物质需求。

能源是当今世界瞩目的问题，它不仅同经济社会的发展密切相关，而且是影响国际政治、军事和外交的重要因素。在经济全球化、世界政治格局多极化的今天，保障能源持续供应，建立能源安全供应体系已成为当今世界各国能源的出发点和核心内容。目前我国正处于国民经济快速发展时期，按照中国经济发展的目标，到 21 世纪中叶，中国将达到世界中等发达国家水平，基本实现现代化。今后三十几年的能源需求仍将继续增长，如何保障我国能源持续有效供给，满足日益增长的能源需求，建立我国能源安全保障体系，实现国民经济和社会的可持续发展，将是一项长期而艰巨的任务。

(二)影响我国能源可持续发展的因素

1. 长期发展的能源供给总量不足，尤其是优质能源供给不足

我国煤炭供需基本平衡，但地区产量不平衡，煤炭运输走向为西煤东运、北煤南运。石油供应比较紧张，国内石油已不能满足需求。其流向是北油南运，西油东运，并由进口补充。天然气供、需紧张有所缓和，当前突出问题是能源产、需地区不协调。

中国陆地化石能源的理论储量经过五十多年的普查和精查应该比较清

楚了，其资源品位和技术经济可开发量都是有限的，人均储量相对于资源大国也是很低的，详见表 1-1。

表 1-1 中国能源储量

化石能源	资源量	可采储量	剩余经济储量	折合标准煤	占化石资源比(%)	占世界资源位次	占世界人均比例(%)	储采比
煤炭(亿吨)	2.6 万	1.01 万	1145	817.5	93.8	3	55	109
石油(亿吨)	1021	135	24.9	35.6	4.1	10	8.4	15.3
天然气(亿立方米)	47 万	9 万	1.4 万	17.9	2.1	19	4.5	52.6

按照目前我国对化石能源的开发程度，煤炭稳定年产 13 亿吨，剩余可维持 90 年左右；石油稳定年产 1.6 亿吨，剩余可采 15 年；天然气年产 3000 亿立方米，剩余可维持 50 年左右。由此可见，到 21 世纪中叶，我国的化石资源将消耗殆尽，煤炭稍好一些，但其开采难度将会很大。

2. 能源资源分布不均，开发条件差

从资源分布看，资源分布很不均匀。煤炭资源主要分布在西北、华北地区，石油主要分布在渤海湾、松辽、塔里木、准噶尔四个盆地和近海大陆架盆地，天然气主要集中于塔里木、渤海湾、四川三个盆地。可开发水能资源主要分布在西南地区。能源开发条件较差。煤炭适于露天开采的比例明显低于美国和澳大利亚，并且煤矿中高瓦斯和有瓦斯突出危险的矿井较多。石油资源约有一半分布在塔里木、柴达木等西部干旱地区，开发条件很差。水能资源大部分分布在高山峡谷地区，距负荷中心远，交通不方便。

3. 环境污染严重

能源的生产和利用是造成全球、地区或地方重大环境质量退化的原因。例如，燃烧化石燃料和薪材会导致室内外空气被颗粒物和硫、氮的氧化物所污染；水力发电由于大面积陆地浸没而引起严重的环境破坏；由大气中温室气体浓度不断增加造成的全球气候变暖已成为今天全球关注的主要问题。另外一些与能源有关的环境问题有：自然资源枯竭、废物堆积(其中包括放射性废物)、森林砍伐、水污染和土地破坏。

我国以煤炭为主的能源生产与消费结构带来了一系列问题，特别是环境污染严重。由于煤炭被广泛地开发利用，煤中又含矿物杂质和有害、有毒元素，对自然环境造成严重破坏。煤炭在开采过程中对土地资源造成破坏，又因为排出水和气而对水源和大气层造成不同程度的破坏，煤炭燃烧过程中排放的气体和灰尘更是污染大气的元凶。

4.能源的利用效率低

技术是解决中国能源问题的关键因素，提高能源系统效率、节能降耗和开发利用新能源必须依靠科技进步。目前，我国工业整体技术水平较低，在所有工业技术设备中，技术性能比较先进的只有1/3左右，大部分性能落后。生产技术落后，导致能源系统效率低下，工业用能粗放，单位产品产值能耗高。目前我国一般能源效率只有30%左右，比发达国家低十多个百分点，终端能源效率为41%，也比世界发达国家低十多个百分点。同时在我国能源构成中，可再生能源的利用程度同发达国家相比有明显的差距。

为了保障中国社会经济发展对能源的需要，保护与未来社会发展息息相关的自然资源和环境，中国政府制定了《中国21世纪议程》，提出了可持续发展的战略构想，这对制定和实施能源工业可持续发展政策起到了重要的指导和促进作用。

（三）可持续发展与可持续能源发展的统一

可持续能源发展的概念是承续“可持续发展”的概念，强调能源效率的提升，并以此为途径，提高整体经济效益，并降低与能源相关的环境成本，使经济发展不致危害环境以及后世子孙享有同等发展的机会。以此观之，能源部门的规划管理位居国家整体资源有效配置与利用的枢纽。

虽然可持续能源发展的概念承袭自“可持续发展”一词，但两者在实质内容上，有不少的差异。后者1980年首先出现于由IUCN、UNEP及WWF所出版的*World Conservation Strategy*一书中，并由1987年WCED的报告《我们共同的未来》及1991年IUCN、UNEP及WWF的报告《关爱地球》(*Caring for the Earth*)中加以进一步阐述及发扬光大，但就执行层面观之，由于发达国家与发展中国家对于经济发展的速度、模式及科技能源的使用形态始终无法达成共识，甚至形成南北对立之局，以致可持续发展的概念始终无法落实于各国的政策中，故至今仍停留在原则性的定义及策略层面的探讨上。反之，可持续能源发展概念则强调具体可行的政策规划及其执行。

我们可以将可持续能源发展分为能源供给与需求两方面探讨其中的政策选择。因此，本书研究3E可持续发展，就是希望能够将能源可持续发展和可持续发展统一起来，尽早地将可持续发展的理念贯彻到相关政策中去。根据本书的分析总结，可以应用到以后能源政策中去的建议有：

能源供给方面的政策：

(1)企业自身能源效率的提升；

(2)能源的合理替代；

(3)发展污染防治技术；

(4)能源转换及可再生能源的商业化应用；

(5)环境污染外部成本以税收的形式纳入能源开发计划的可行性评估中。

能源需求方面的政策：

(1)在适当的市场机制下，若能源价格能真实反映能源供应的边际成本，将可促进需求并改善能源效率，建立最适宜的能源使用型态；

(2)国家经济资源的有效配置，此不仅限于各产业部门间，更需扩及能源部门及电力部门内的资源有效配置；

(3)符合公平的要求：妥善分配负担比例、维持价格的平稳及满足低收入户的基本需求，最终保障全社会的最大化福利；

(4)价格结构加以公式化并将决策理性(policy rational)公告周知；

(5)其他诱因及相关措施，比如课税、补贴、终端使用技术的研发、创新及节约能源计划的设计，在减少能源使用与环境冲击上有令人满意的效果。其中新技术的研发在增加能源效率和节约能源上极具潜力。

第二章　可持续发展的能源—经济—环境(3E)系统

可持续发展是人类认识的进步，是对人类社会、经济发展和环境关系的科学认知，并进一步成为各个国家指导其社会、经济发展的战略思想。人们在讨论可持续发展时，一般将可持续发展分为环境、经济和社会三个关键要素。能源—经济—环境三者形成了一个既相互独立又相互作用的系统，我们称之为能源—经济—环境系统。

传统的经济学研究认为，人的行为是一种经济行为，讨论的框架是一个经济系统；环境经济学更关注环境的作用，研究的对象是一个外延更加广泛的环境—经济系统。能源—经济—环境系统是环境—经济系统的一部分，是将环境功能进行分解，突出能源对经济与环境的作用形式的一个微系统。

能源是经济增长的“发动机”，经济的发展需要能源“加油”。但是，今天，环境问题已成了全球性的问题，把经济发展、环境保护及能源安全作为一体进行考虑是大势所趋，例如遵循 3E 战略原则。3E 能源体系目的是通过改善服务设施的效率实现降低造价及减轻环境压力双重功效(如图 2-1 所示)。

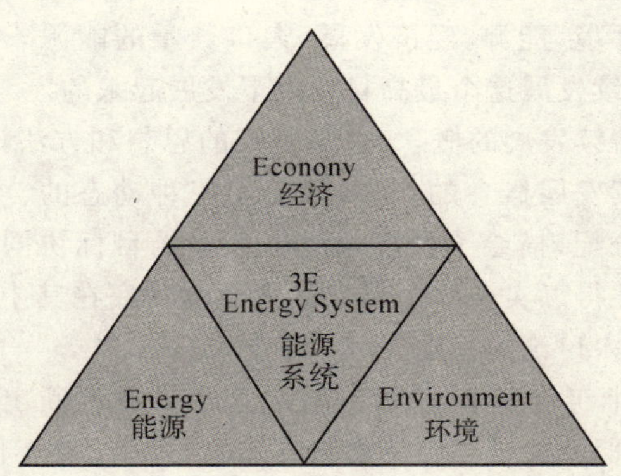

图 2-1　3E 战略原则及 3E 能源体系

在 3E(能源 Energy、经济 Economy、环境 Environment)体系的矛盾关

系中,环境是经济发展的基础,经济是环境的主导,能源是经济增长必需的生产要素和投入因子。从经济学的角度分析,能源与经济增长的关系,表现在两个方面:一方面是经济增长对能源有依赖性,即经济增长离不开能源;另一方面,能源的发展要以经济增长为前提,因为经济增长可以促成能源的大规模开发与利用。但能源作为经济动力因素的同时也是一种障碍。能源的逐渐耗竭及能源带来的生态、环境问题,都将严重阻碍经济的发展。

随着综合能源安全观(能源安全 Energy Security、经济增长 Economy Growth、环境保护 Environment Protection)的提出,能源发展战略的内容由过去主要关注能源系统的供需平衡,转向关注能源与经济、环境(3E)的协调发展,以确保长期的可持续能源发展,建立可持续的区域能源系统。但是,从理论研究来看,无论在国外还是在国内,对可持续 3E 系统的研究至今尚缺乏全面、系统和较为成熟的论述。本书以经济发达而能源资源缺乏、能源与社会经济矛盾比较突出、能源"瓶颈"制约明显的浙江为例展开理论和实证研究,无疑具有较大的理论和实践意义。

第一节 实现可持续发展的三个"零增长"

一、可持续发展

无疑,可持续发展是当今全球人类的共同立场,但是在诸多其他因素考虑之下,可持续发展的推行不可能一蹴而就地达到理想,而必须顺应时势,在许多议题上作出妥协,配合人类生活的各个方面,循序渐进地向前迈进。其中,结合食物、环境、能源、经济发展、人口数量的能源—经济—环境(3E)系统,就是在可持续发展这个最高目标之下发展起来的。

首先引入可持续发展的概念,它是研究的思想和方法论的指南,带有哲学的含义。可持续发展概念的产生,描绘了一种动态的、可持续的、在时间和空间上的资源分配,描绘了经济、社会、环境的目标协同。作为物质基础的环境是可持续性得以实现的保证。澄清环境到底在其中扮演着什么样的角色,也是以后深入讨论的基础。

20 世纪六七十年代以来,随着环境公害事件的不断出现和加剧以及能源危机的冲击,人们开始了对经济增长方式的讨论。80 年代,关于可持续发展的思想和理论开始大量出现。可持续发展首先是人类认识的进步,是对"人与环境"、"发展与环境"、"经济、社会、环境"关系的再思考。1987 年,世界环境和发展委员会(WECD)发表了《我们共同的未来》,将可持续发展定义为“既满足当代人的需求又不危及后代人满足其需求的发展”(世界环境和发展委员会,1989)。可持续发展概念的提出,对经济发展的目标提出了一种新的认识,即如何保持它的可持续性。经济学提出的资源配置问题又多了一个新的外延,它不但要在现有经济系统里有效配置,而且要在当代人和后代人之间有效配置,以实现经济发展的可持续性。

为实现这种可持续性,环境资源是一个重要的保证。经济学家 Munasinghe 认为可持续发展是“在保持能够从自然资源中不断得到服务的情况下,使经济增长的净收益最大化”。经济增长所需要的(自然)资源是从环境中获得的,要保持经济的可持续以及现在和将来的净收益最大,虽然米都斯(Meadows,1972)在《增长的极限》一书中的描写未免有些夸大,但他毕竟给我们一个概念——环境能够提供资源的能力是有限的,这种能力的耗竭将会使经济增长走入“极限”。

尽管环境资源在我们可见的未来尚不会耗竭,但环境对于污染物的净化能力却在许多国家和地区已走近“极限”的边缘。可持续发展是在“维持生态系统涵容能力的情况下,改善人类的生活品质”。环境质量的恶化使人类生活质量降低,环境容量的耗竭将使人类社会和经济发展的物质基础受到彻底的毁灭。

总之,可持续发展特别强调对环境的关注,既包括它提供资源的能力,也包括生态涵容能力。在很多时候,环境影响的表现不是即时的,而是滞后的,甚至到“后代人”才能表现出来。这种外部作用的不经济性,应当引起足够重视。

1992 年 6 月,联合国环境与发展会议(UNCED)的召开,标志着可持续发展思想在各国取得了合法性。UNCED 之后不久,中国发布了《环境与发展十大对策》,提出“实行可持续发展战略”。现在可持续发展已经成为指导中国社会与经济发展的重大战略。

二、三个“零增长”——中国区域可持续发展的战略步骤

确定区域在一定时期的可持续发展目标和实现这一目标的途径是区域可持续发展战略设计研究的核心,是科学确定区域可持续发展的阶段和战略目标设计的基础工作。

中国科学院可持续发展研究组认为,在中国实施可持续发展战略,应当将符合中国实际的可持续发展战略目标表示为某种十分简明的、可以定量监控的一组目标集合。该研究组通过一系列研究发现,中国作为一个世界上人口最多的发展中大国,在推行可持续发展的国家战略时,必须跨越三个“零增长”台阶,并预计用 50 年的时间,即分别于 2030 年、2040 年和 2050 年依次通过这三个基本台阶。此后,中国将在一个规范有序的合理门槛内,更加有

效地增强自己的可持续发展能力,不断推进可持续发展。

这三个"零增长"台阶是:

第一个台阶:实现人口数量和规模(自然增长率)的"零增长",同时在对应方向上实现人口质量的极大提高。

可持续发展的实施,必须经过三个最基本的"零增长"台阶,而人口数量的零增长居于这三个零增长之首。既然我们已经认识到,地球上的资源永远是稀缺的,它既要满足人类无休止增长的需要,更要满足人类种群自身不断扩大的需求,那么,人类就应该理智地自控自律,必须首先控制自己的"种群规模"(即首先达到人口自然增长率为零)。唯有如此,再加上实施有节制的"可持续消费",人类文明的延续才有可靠的基础。从中国的实际情况分析,应从现在起用 30 年的时间,即争取到 2030 年实现人口数量和规模的"零增长",把人口数量的自然增长率降低到零,同时大力提高人口素质并改善人口结构。

第二个台阶:实现物质和能量消耗速率的"零增长",同时在对应方向上实现社会财富的极大提高。

20 世纪,人类为了财富大量积聚付出的代价是资源和能源的无节制消耗及向地球的无情掠夺,人类现在一年内所消耗的矿物燃料,相当于自然历史中要花费 100 万年所积累的数量。在此种经济模式下,经济规模(并且仍在急剧扩大)和巨量消耗物质形式资源与能量形式资源的现实中,如不能有效地遏制这种汹涌增长的势头,人类无异于自掘坟墓。因此,中国作为发展中大国,应在实现人口自然增长率"零增长"之后,再用十年的时间,即到 2040 年,实现资源消费和能源消费速率的零增长。

第三个台阶:实现生态和环境恶化速率的"零增长",同时在对应方向上实现生态质量和生态安全的极大提高。

当实现人口自然增长率和资源能源消耗两个"零增长"后,再用十年的时间,即到 2050 年实现中国生态环境退化率的"零增长"。中国的生态质量(防止长期性的生态退化)和环境质量(防止短期性的黄鲸污染)的变化,与人口数量庞大的压力和资源消耗巨大的压力息息相关,在人口数量和资源、能源消耗速率未达到零增长之前,单一地去提高生态质量和环境质量,是不可能办到的。因此,人口和资源的压力不缓解,所存在的胁迫和瓶颈状态不改变,生态环境的影响程度和规模,也是不可能独立予以改变的。这就是说中国可持续发展战略的宏伟目标中,因为其内部严格的逻辑关系所规定的生态环境退化率达到"零增长"必然是三个战略台阶中的最后一个,也是最难的一个。

当三个"零增长"都得以充分实现时,就标志着中国的可持续发展能力已经基本达到中等发达国家水平,将全面进入可持续发展的良性循环。也就是说，到2050年，中国将全面达到世界中等发达国家的可持续发展水平，可以进入世界总体可持续发展能力前20名的国家行列。那时的中国将在各个方面发生喜人的变化。例如，在整个国民经济中科技进步的贡献率达到70%以上；单位能量消耗和资源消耗所创造的价值在2000年基础上提高10～12倍；中国人均预期寿命达到85岁(每10年提高3岁)；中国人文发展指数进入世界前50名(平均每年提高一个序位)；全国人口平均受教育年限在12年以上(每10年平均提高1.2年)；能有效地克服人口、粮食、能源、资源、生态、环境、社会公共等制约可持续发展的瓶颈；确保中国的人口安全、食物安全、信息安全、经济安全、健康安全、生态环境安全和社会安全。

中国科学院可持续发展研究组关于中国实施可持续发展战略的前景与步骤安排的研究，从可持续发展系统运行和优化的角度，研究了中国可持续发展战略的步骤安排，突出了三个“零增长”目标的顺序性、阶段性和艰巨性，对区域可持续发展战略步骤安排具有重要的理论指导意义。在一些地方可持续发展战略研究中，得到了认可和采纳。

第二节　3E议题的发展及本书的研究思路

一、经济社会发展引发3E议题

第二次世界大战后，举世共同的目标就是恢复旧有，进而将生活提升至更高、更好的境界。此时，发展经济成为达到这个目标的最好途径，在低价能源的推波助澜以及技术的大幅提升下，生产导向成为主流价值。此时能源担任的角色，仅是推动经济生产的动力，而能源的利用，更必须以经济的立场来作为符合最高利益的考虑。

在20世纪70年代发生两次石油危机之后，能源的重要性被凸显。以经济立场去看待能源，已成为不符合实际、同时又无视于能源危机形势的思维。能源在此阶段，成为一个独立而必须重新思考的重要选项，其与经济发展间相辅相成的发展关系，被重新建构与定义。至此，世人对能源的立场，有了重大的转变。

其后，由于经济利益驱动下的过度开发以及使用化石能源所造成的污染，环保议题兴起，在国际社会中备受重视，由西方的环保政党进入国家政治舞台并影响国家整体施政，即可见环境保护的关键地位。对于经济增长与能源使用两个议题来说，环保成为一个新兴、必须审慎考虑的取决点；另一方面，环保亦形成一种立场，用以看待、检验各项其他方面的作为。

现代对于能源议题的取决，众所周知，必须在经济发展和环保之间作出妥协，并以人们的最终利益和幸福为原则，再渐次排列优先级。然而，在思考这些问题的同时，如果仅依靠这三者间的选择，是不是就能够完整达到满足人类最终利益的目标？我们是否忽略了其他可能的影响因素，或是重要选项？这个答案为：肯定是！

由最基本的层面来看，全球的人口数目呈现不断增长的趋势，这就将影响上述 3E 议题的设计。为了适应更多的人口，势必要有更多的食物供给量，而这些食物的来源、所需消耗的水土等各项资源，以及对环境、经济又将具有什么样的影响？了解这些议题间互相的联结方式，清楚其间的关系，才能拥有一个所谓整合、更高层次的立场，用以指导未来发展的方向。

人类生活在地球上，看似简单，总无法脱离衣、食、住、行，也不能逃脱生、老、病、死，但在文明与科技的激荡下，当今世界的复杂性，又不能仅以上述行为一以概之。针对日趋复杂的生活形态，当政者在施政时，通常都会对于各个议题都作深入的研究和探讨，得出建议并依据实行；然而对于议题与议题之间的关联，或是研究的重点，却常出于本位，少有整合性的构思，横向之间的联系以及相互了解的程度都有不足之处。

有鉴于此，1995 年召开的亚太经济合作会（Asia-Pacific Economic Cooperation，APEC），各会员国提出所谓的 FEEEP 议题，将上述问题结合，形成一个完整照顾各个层面的思考机制，以对人类未来的发展提出更准确而可行的途径。所谓 FEEEP 议题，指的就是食物（Food）、环境（Environment）、能源（Energy）、经济发展（Economic Development）以及人口（Population）等五大议题。FEEEP 就是要思考如何适应全球人口增长，以足够的食物喂饱世界上每个人，并且在环境保护的要求下，提供足够的能源供应，同时持续地发展经济。

另外，当上述五大议题发生冲突时，应该运用什么样的策略，才能在各方均能接受的情况下，妥适地解决问题？这个讨论不但牵涉五大议题中各个议题单独的研究结果，更与前述议题间的相互关系紧密相连。最后，APEC 针对这些议题提出了四个方案，包括：科技进步、市场效率、政府政策与施政以及健全的经济体等，尝试找寻解决之道。

由上述可知，FEEEP 所涉及的范围非常广泛，要探讨的议题与其相互间的联结关系多如牛毛。例如：人口与经济发展的关系，常取决于社会平均年龄、教育水平等，而这些往往根源于经济的发展；经济发展又和能源无法摆脱关系，更受到环境保护的要求；食物与人口是最容易被了解其关联概念的议题，但在食物的供应中，资本的投入、农作物的售价、市场间的关系，无疑又与经济密不可分。总的来说，五大议题之间盘根错节，因而使其成为各国政府眼中一个极具挑战性的任务。

在 FEEEP 中，每个议题都是一个变项，而又与其他变项之间有相互关系，要清楚明确地呈现其中奥妙，尚待更深入地研究与探讨。不过，FEEEP 并不是一个大而空泛的内容，而是希望借由这个由人类今日所有主题面临问题结合而成的大议题，唤醒各个执政者对于这些议题之中关系的掌握程度，同时透过合作的方式，将所得实际应用在施政之上，以更宏观的角度来看待并且尝试解决这些议题，使其能成为可持续发展的实际作为。

五大议题每一项都深具专业，在这里只是提出 3E 系统的重要性。从掌握相互关系起头，使我们看待问题的角度能够更多元，也唯有如此，才不会陷入专业独断的思考模式。唯有以更宽广的眼界、更全面的知识，结合各项专业后详细思考，才能提出最适合的解决方案。

目前各国对于 3E 议题的研究已相继展开，虽然还没有非常辉煌的成就，能立即解决地球所面临的诸多问题，但可以期待的是，随着世人对于 3E 议题关系的认识日渐深刻，同时研究成果能通过政策层面实践，对于未来“创造人类更好的生活”的目标，绝对是积极的协助。

由于议题涉及的范围与专业均十分广泛，研究 3E 议题所面临的问题，可能需要更多的研究人力、丰富的资源、共同的平台以及良好的交流机制。在国际社会普遍将 3E 问题视为必要的研究方向时，我国也无法置身于世界之外，更深刻地认识 3E 在国内的作为，同时加强与国外的交流，以他山之石为友为师，并理清这些议题与我国发展之间的关系，以便寻求前进的方向，奠定良好的起步基础。

二、3E 议题的国内外研究现状评述

自从 19 世纪工业革命以后，能源的大量使用，促进了工业化国家经济的飞速增长。国民经济的发展对能源的依赖程度越来越高。20 世纪 20 年代，前苏联很重视能源与经济问题的综合研究，当时一门研究能源经济问题的交叉科学——能源经济学诞生了。1973 年世界能源危机的爆发，使发达国家的经济发展受到了严重影响，西方国家也不得不重视能源和经济之间的关系问题，开展能源经济学这门科学的研究，是能源和经济两元(2E)系统的综合研究。

20 世纪五六十年代，北美洲由于新的环境法规的颁布，艾伦尼斯(Allen Kness)以及他在未来能源研究所的同事们对环境法规的刺激手段和排污收费制度与环境法规的作用进行过比较研究。他们从“增长的极限”的角度对经济增长提出的疑问引发一些经济学家撰写了大量文章。

20 世纪 60 年代，美国经济学家钱纳里(H. Chenery)和斯特劳特(A. Strout)提出“两缺口分析”(Two-gap Approach)，就引进外部资源的必要性、外部资源与区域经济发展的关系等作了系统的理论说明。这对本书展开开

放背景下浙江外向型能源经济的系统论述，提出浙江外向型能源经济发展的新思路有理论指导意义。

1976 年，日本物理学家槌田敦开始用物理学的方法研究能源问题。他认为物理学方法在此有效是因为能源是一个熵的问题，即能源一经使用，其熵必定增大，从而变成了热和废物。我国也有学者（如封志明、王勤学等）应用能源物理学原理研究社会经济过程、资源生态经济系统，并建立了一系列模型。

1992 年在里约热内卢和 1997 年在纽约召开的联合国环境与发展会议，则标志着国际环境运动时代的到来。关心环境，已经成为当今世界的时尚。人类对环境问题的认识也是一个由浅入深的过程，最初把环境问题归结为道德原因，并用道德原因解释保护环境的必要性。随着研究的深入，80 年代以后各国研究人员开始从经济学观点和视角看待环境问题，逐渐形成了经济—环境二元对象的研究体系，并形成了一门交叉学科——环境经济学。如同能源经济学一样，环境经济学的一个基本观点就是，环境和经济是不可分的，环境和经济共同属于一个更大的系统，两者之中任何一个的变化都会影响另一个，每一个经济决策和行为都会影响环境，同样，环境的每一次变化，也会影响经济系统的运转。

随着能源—经济和经济—环境二元体系（2E）研究的不断深入，人们发现，进一步深入探讨该问题时，如果不把环境作为一个重要因素引入能源经济二元体系进行研究，或者不把能源作为一个重要因素引入经济和环境二元体系进行研究，都很难开展更深入全面系统的研究工作。尤其是大气污染的问题日益成为首要的环境问题。于是，进入 20 世纪 90 年代后，国际上许多能源研究机构和环保机构开始合作，引入构建能源、经济、环境三元（3E）体系，并对其系统平衡发展开展综合研究。

在能源经济研究中，人们从一开始就把能源作为一种障碍因素，无论是 Denis Mead Ows 的零经济增长论，还是 Mesarovic 等的有机增长论，都无一例外地把能源作为经济增长和社会进步的制约因素加以系统分析。在社会主义经济增长理论研究上取得重要成果的波兰经济学家 Michal Ralecki 和匈牙利经济学家 Janos Kornai 也都把能源作为经济增长模型的一个重要变量。Jorgenson 的《能源、环境和经济增长》学说用现代经济学的一般均衡模型来解释说明美国经济增长的趋势和相应的能源及环境政策机制，用该模型来分析环保条例对美国经济增长的影响和税收政策对美国二氧化碳排放的控制效果。

近年来，还有的学者从经济活动、结构和能源密度的角度分析了能源消费的变化，认为美国近年来单位 GDP 所消费的能源大幅度下降是由于因特网和信息技术的发展改善了总的能源利用效率，但就各产业来看，能源消费密度的下降速度却在减缓。20世纪90年代中期以后,单位GDP能源消费强度的下降主要来源于对能源需求结构的变化。

有学者认为,在分析长期能源需求时,必须要分析同一时期技术进步和相关政策措施对能源消费的影响。技术进步对能源效率是外生性的影响,对于长期能源需求,新技术发明的影响要大于现有技术的扩散。但也有学者认为,能源利用效率的提高导致单位能源价格下降,从而又反过来刺激能源需求,即所谓的技术进步的回报效应。

还有的学者分析了能源消费强度的变动趋势以及它与制造业经济发展的关系,与能源消费强度有关的影响是制造业的经济活动、固定资产以及工业能源价格。研究发现,能源消费强度与固定资产成正比,即新增加投资(除去节约能源的投资)并不能减少能源消费强度。另一研究结果显示,部门的经济规模越大,能源消费强度越大。

有学者研究了信息与提高能源消费的效率的关系,研究结果表明,增加信息量可以提高能源消费效率。该研究认为,有两种信息可以提高能源消费效率:一是投资方面的信息,即有充分的信息让消费者选择最合理的投资方案;二是改变人们消费习惯和行为的信息。但传递信息的方式和信息的形式是多种多样的。

英国曼彻斯特大学开展了过渡经济条件下,自由市场经济政策对环境的冲击,尤其是对发展中国家经济政策与环境评估之间的关系进行了深入研究。

西方许多国家普遍认可“市场机制”比一般的行政手段对保护环境和节约能源更有效,并制定了相应的“市场机制”,包括排放税、进口税和协议污染许可政策。近年来还从实证的角度进行了理论验证,并进一步确认了节能降耗的巨大潜在效果。这对浙江确立“建立使市场在宏观调控下对能源资源配置起基础作用的机制是解决能源问题的根本措施”的理念很重要。

国内外对3E研究的视角是有明显区别的。国外对3E体系的综合平衡研究最早是从环境保护引发的,更准确地说是从环保的角度看待对经济的约束,再从以经济手段制约能源粗放使用以达到环境保护之目的开展研究的。

国内对3E研究有一个过程,最早是研究能源一元(1E)系统。改革开放以后,由于经济快速发展,能源供应要保证经济的高速发展,因此不得不系统研究能源和经济二元(2E)系统。随着经济高速发展,能源大量消耗,能源造成的污染越来越严重,环境问题不得不引起重视,而且环境问题已经受到全球的重视,所以一直到20世纪八九十年代以后,才开始对环境技术经济问题进行专门研究,同时在研究能源和经济二元(2E)系统的基础上,引入环境这一元因素,逐渐形成研究能源、经济和环境三元(3E)系统的综合平衡问题。这是一个十分重要的新的研究领域，它要求研究者具备能源、经济和环境三方面的知识素质以及能进行交叉科学综合研究的功底。

国内还有不少学者致力于研究能源与经济增长的关系，他们通过分析相当长时期内经济增长速度与能源生产、投资变化的关系，发现能源生产与经济增长有很强的正相关性。有学者通过对新中国成立以来相关数据的分析发现：能源投资与经济波动具有正相关性，当能源投资处于上升期时，在随后的不久经济周期也处于上升期。国家计委能源研究所的研究表明：能源密度变化与宏观经济结构有相当紧密的关系，他们认为从20世纪整个80年代来看，宏观经济结构的变化实际上增加了能源的密度，因为那时正是重工业特别是高耗能的产业发展较迅速的阶段。他们认为能源密度部分取决于一个国家内部产业的组成：如果高耗能产业居多则能源密度大，反之亦然。能源效率是决定能源密度的另一个因素，能源效率的提高将降低能源密度。但是，这些研究大多是对GDP与能源需求所表现出来的规律进行分析，很少把能源作为新的生产要素引入生产函数进行研究。

赵媛(2001)认为，能源与经济增长之间存在密切关系，一方面表现为经济增长对能源依赖性，另一方面能源的发展要以经济增长为前提。显然，能源既是经济增长的动力因素，同时也是一种环境障碍因素。但是他没有对能源对经济增长正反两方面的影响进行深入分析。

应该说以上研究对本研究有相当的借鉴意义。值得指出的是，到目前为止，关于浙江3E系统的分析大多是定性分析和现象描述，以实际数据为支撑，采用定量与定性方法相结合、以定量分析为主的方法，比较全面、系统研究浙江的3E关系，到目前为止还很少见。就理论研究而言，无论国外还是国内，对“以3E分析为基础，以3E协调为目标的区域可持续发展研究”至今尚缺乏全面、系统和较为成熟的论述，关于“以3E分析为基础，以3E协调为目标的浙江可持续发展”的全面、系统研究更是没有；就实证分析而言，其方法和模型大多是发达国家在成熟的市场经济基础上开发的，能否应用于经济快速增长而能源资源缺乏，处于经济转型中的浙江还值得探讨；就对策研究而言，综合运用多种方法，进行浙江3E协调发展“总体战略轮”研究的文献从目前看非常少。

三、3E议题的研究路线回顾

（一）早期能源—经济研究

大约20世纪30年代，特别是大萧条(great depression)以来，政策制定者才开始公正地看待经济学。有关能源的经济学研究渐渐出现，研究内容日益丰富。早期能源研究主要集中在能源与经济的关系，探讨能源对经济起到怎样的推动作用，研究目的是为了保证经济增长。能源被看做是经济增长的投入因素之一,环境在研究的考虑因素之外。研究主要包括能源投入产出关系、能源价格弹性、能源收入弹性、考虑能源变量的生产函数、OPEC 国家的经济组织理论,等等。

(二)关注能源供给能力的研究路线

20 世纪 70 年代是经济学研究获得巨大丰收的年代。随着全球性石油危机的爆发,能源经济学研究出现高峰,并且大量应用于政策研究。也正是在这个时期,世界发达国家出现了大量的、危害严重的环境问题,1972 年 6 月 5 日,联合国人类环境会议在瑞典斯德哥尔摩召开,环境进入经济和政策研究的日程。此时期的能源研究者面对许多问题:如何保证能源的供给和经济的增长;如何调整能源与经济的关系,以避免能源危机对经济的巨大冲击;如何看待可耗竭的能源资源;如何避免经济活动造成的环境污染。在这个时期里,能源环境研究出现了较多的研究路线(如图 2-2(a)、(b)、(c)所示)。下面举例说明几种主要的能源环境研究路线。

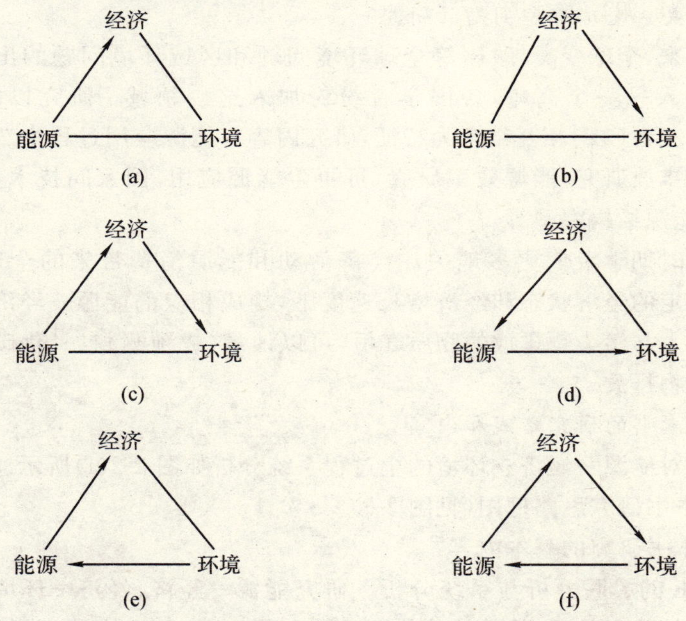

图 2-2 能源研究路线示意图

(1)仍旧研究能源与经济的关系(如图 2-2(a)所示)。这种研究更强调能源供给的能力,包括能源开采、利用的技术因素与能源消费的关系以及能源供需关系等。

(2)研究经济与环境的关系,能源在其中没有独立的位置(如图 2-2(b)所示),能源对环境和经济的独特影响和重要意义没有显现出来。

(3)从经济出发,选定一个经济目标,比如经济增长速度或目标 GDP

等，为满足经济的需要，在可能的技术条件下，预测能源需求量（如图 2-2(d)所示）。中国的能源研究和预测主要就是采取这种研究路线，这和中国长期以来的计划经济体制有关，能源研究被看做是完成经济目标的规划。对环境的关注主要表现在对可开采的或可获得的能源来源的研究上，研究目的是寻找能源供给，避免能源危机，保证经济增长。环境是能源资源的提供者。

一些研究虽然同时考虑能源与经济、能源与环境的关系，但能源—经济是研究的主体。在能源—环境方面，偏重可耗竭资源的研究，虽然也认识到能源消费的环境影响，但这种影响被看做是范性的，与其他经济活动的环境影响没有区别。

随着原油价格在 20 世纪 80 年代出现高峰，然后逐渐下降并趋于稳定，对能源的研究也跟着出现高峰，而后稳定。政策制定者们不再像以前那样对能源供给、增长的极限充满忧虑。

（三）关注全球环境问题的研究

近年来，全球变暖、酸雨等全球环境问题和区域环境问题的出现，使能源研究进入另一个高峰，各国学者纷纷加入这一领域。研究以能源—经济—环境三者(3E)相互结合为特征，研究内容有能源应用过程中二氧化碳、二氧化硫排放研究，能源效率研究，可再生能源应用，国家间技术合作与共同履约，能源结构模型等。

这一时期学者们更多地关注经济活动和能源消费带来的全球环境问题。在一定的经济状态和经济增长速度下，构成相应的能源—经济关系，通过能源投入与污染物排放的物质守恒，可以计量（或预测）二氧化碳、二氧化硫等污染物排放。

（四）本书的研究路线和内容

本书对能源→经济→环境的全过程系统分析如图 2-2(f)所示。

(1)本书研究思路框图（见图 2-3）。

(2)本书研究的基本内容：

① 3E 的关联分析与系统分析。研究能源—经济、经济—环境、能源—环境之间的关联关系；从传统的能源系统分析入手，研究大能源系统的子系统：行为系统（能源系统），支持系统（生存支持系统、环境支持系统、发展支持系统）和约束系统（政策、法规、市场等）；进而展开“可持续的 3E 系统”的研究。

② 3E 关系的实证分析和相关因素分析。在理论研究的基础上，借助 SPSS 软件对有关 3E 统计数据进行回归分析、模型分析，并用能源可供性、能源对经济增长和环境的影响度以及能源耗竭程度等指标测算浙江省经济持续增长的能源障碍，利用有关统计数据研究影响 3E 协调发展相关关系的

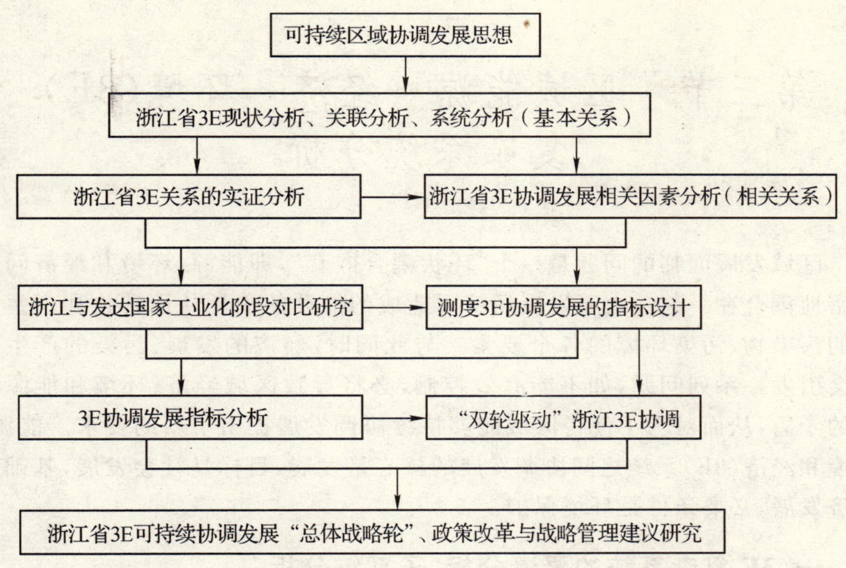

图 2-3　研究思路框图

具体因素(包括经济发展阶段、经济结构变化、能源供应与价格变动、经济效率、能源效率、经济政策和管理水平等)以及这些因素的作用方式。

③ 比较研究与指标分析。研究发达国家(尤其是日本,因为日本与浙江具有相似的能源经济类型特点)工业化阶段能源与经济、环境的关系,能源供应结构、经济消费结构的变化过程,以期与浙江情况进行比较。通过 3E 发展水平指标、3E 协调水平指标(测度 3E 的协调性)以及生态效率和能源效率“双效率”指标的建立与分析,来正确引导能源供应结构、经济消费结构的“双重优化”,以提高能源—经济—环境综合效益,进而实现 3E 的协调发展。

④ 从能源经济类型区的视角出发,以科学的发展观、综合的能源安全观和大系统能源观为指导,以 3E 分析为基础、3E 协调为目标,以“非线性双轮驱动”为总思路,以建立可靠、安全、稳定、清洁的能源供应保障体系为中心,以可能采取的政策方案为轮辐,综合运用比较分析法、推理与归纳方法、规范分析与实证分析相结合等方法进行浙江 3E 可持续发展的“总体战略轮”研究。

第三节 区域能源—经济—环境(3E)复杂系统分析

区域发展面临的问题是一个“环状耦合嵌套”,即能源、环境和经济问题紧密地耦合在一起。由于发展经济而造成的能源的消耗从而转化和产生大量的污染物,污染环境的各个要素。与此同时,经济的发展、污染的产生等将会引发一系列问题,如不能有效控制,必将导致区域经济、环境和能源发展的矛盾,从而对为了使得区域能够持续协调发展提出了新的要求。能源、环境和经济(3E)系统之间协调发展的核心是发展,目标是社会发展,基础是经济发展,必要条件是环境保护。

一、3E 复杂系统的要素分析、子系统分析

3E 复杂系统包括能源、环境、经济三个要素,这是人类社会系统存在和发展的基本物质基础。从系统要素构成上看,3E 复杂系统是能源、环境、经济三个子系统组成的相互联系、相互依存的统一整体。

(一)能源子系统——3E 复杂系统的物质基础

能源子系统是 3E 复杂系统的物质基础。如图 2-4 所示,发展与能源存量存在着冲突与协调两种关系:技术进步与外界投资可促进能源利用率的提高,培育可再生能源和寻找非再生能源,提高能源存量;而经济子系统增加对能源的开采和使用,使资源存量不断减少。因此,能源子系统的协调发展必须考虑区域内能源的承载能力。要合理利用能源,提高能源使用效率,对不可再生的能源(煤、石油、天然气)必须优化利用,对可再生能源必须可持续地利用。

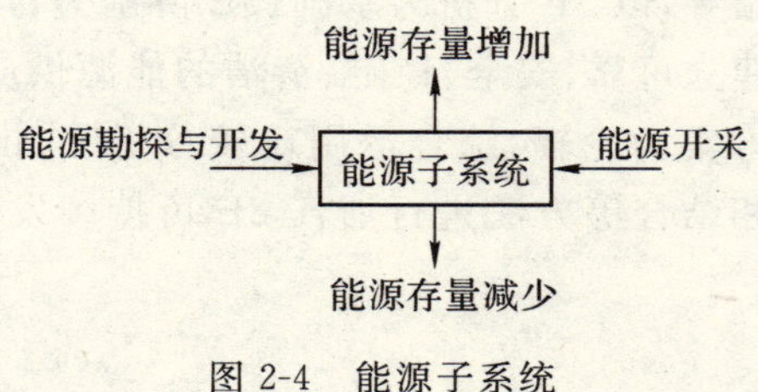

图 2-4 能源子系统

(二)环境子系统——3E 复杂系统的空间支持

环境是各种生物存在和发展的空间,是能源的载体。如图 2-5 所示,发展与环境承载力之间也存在着冲突与协调两种关系:环境承载力的上升取

决于环保投资和环境改造技术水平。从这方面看,经济发展可以为改善环境和治理提供必要的资金和技术,两者是协调的。另一方面,经济增长和消费水平提高会增加污染的排放,导致环境承载力下降,两者又是矛盾的。环境子系统的协调发展关键在于发展要与环境系统的承载力相适应,一方面要调整产业结构,提高生产技术水平,减少污染排放;另一方面,要增加环境治理投入,提高污染治理技术水平;同时,要提高公民环境意识,改变传统的消费模式,实现可持续消费。

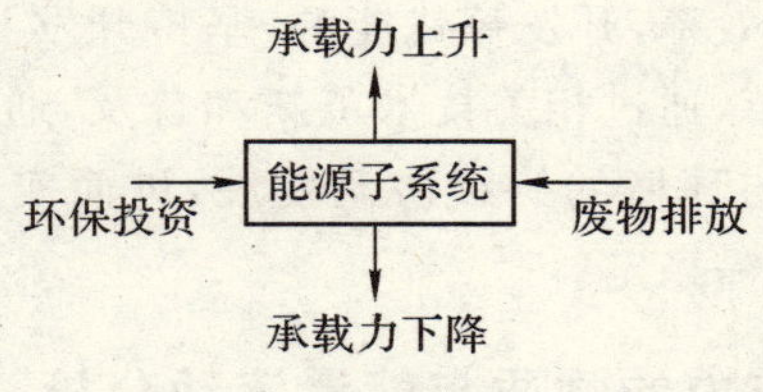

图 2-5 环境子系统

(三)经济子系统——3E 复杂系统的核心

经济子系统以其物质再生产功能为其他子系统的完善提供了物质和资金的支持,尤其对于中国这样的发展中国家,经济发展始终是发展的中心问题。只有在经济发展到一定程度时,才能有更多的资金投入技术改造和环境保护中去;才能发展文化教育事业,提高生活水平,改善生活条件,促进社会进步。从图 2-6 中可以看出,经济子系统与其他子系统之间协调和矛盾关系表现为:各种非生产性投入(如环保、教育、消费等)会减少生产性投资,从而抑制经济增长,因此,经济子系统与其他子系统之间存在利益冲突;但是另一方面,增加其他子系统的投入有利于系统外在要素(能源、环境等)质量的提高,在它们的推动下,有助于经济效益的改善,所以经济子系统与其他子系统之间存在着协调关系。经济子系统的协调发展不仅在于注重经济增长数量,更在于追求经济效益,改善经济结构,合理各种资金分配,特别是要依靠科技进步来提高生产的经济、社会和生态效益。

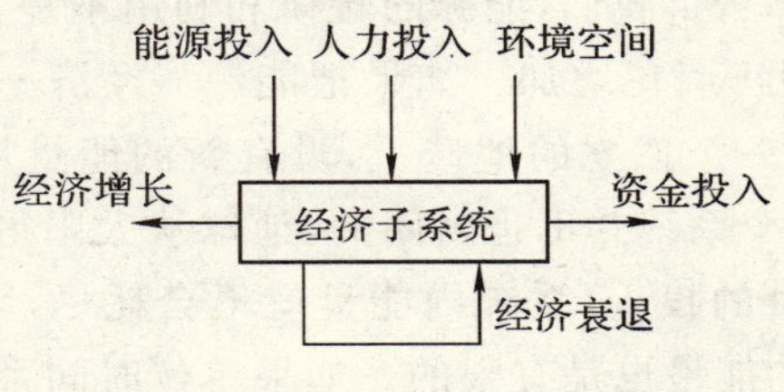

图 2-6 经济子系统

综上所述,能源、环境与经济子系统之间既彼此冲突又相互协调,它们之间的“协同作用”是区域可持续协调发展的内在因素。也就是说,在外部控制参量达到一定阈值时,能源、环境与经济子系统之间通过协调作用和相干效应，可以使系统由无规则混乱状态变为宏观有序状态，实现三者的协调发展。

由以上分析可以看出，环境保护和社会经济发展是一个有机整体，社会经济发展要以能源工业为基础，而能源工业又是环境的重要污染源之一，经济发展则是解决能源和环境问题的根本保证。以环境为代价的能源发展方式难以持久，而孤立地就环境讨论环境，社会经济就难以发展，能源的发展必受影响，环境保护也缺少物质基础。因而，我们要注意应该以能源为媒介，通过提供能源利用效率，开发替代能源，坚持开发与节约并重，通过能源开发与供应结构的改革，通过相关技术革新和普及，通过有关的经济政策和管理制度来实现经济与环境的持续协调发展，进而实现能源、经济、环境的协调发展，达到能源供需稳定。

二、3E复杂系统内的物质与能量流动分析

(一)基本定理

所有物质物理状态的变化都伴随着一种或多种形式能源的变化。能源变化遵循两个重要的物理学定律：热力学第一定律和热力学第二定律。热力学第一定律即能量守恒定律，能量既不能创造也不能消灭。热力学第二定律可理解为能量可以从一种状态转化成另一种状态，但不可能百分之百转换。另一个值得注意的，就是物质守恒定律，物质既不会产生，也不会消灭，只能从一种状态转化成另一种状态。

能源—经济—环境系统中的活动同样受这些定律的约束。根据物质和能量守恒定律，环境中的资源和能量输入一个系统，必然会以某种形式存在或输出这一系统。物质和能量是不会消失的，是守恒的，但形式可能是以产品形式，也可能是以废物或废能等形式出现。尽管这些废物或废能可以在一定程度上循环使用，但仍暗示了经济活动会对环境造成影响。过度消费就会引起环境财产的过度贬值。

热力学第二定律告诉我们，能源的转换和利用不是完全有效的，能源的消费是不可逆的过程，熵在增加。如果把能源—经济—环境系统看做是封闭的系统，比如说在一个孤立的地球上，没有新的能量从外部投入，能量会最终耗尽。当然，这个系统并不是封闭的，地球从太阳得到能量。但这并不意味着由于外部能量的投入，系统内能量就不会耗尽，因为单位世界内，系统从外部能够获得的能量也是有限的。如果单位时间系统消耗的能量大于从外部获得的能量，整个系统的能量就会减少。道理同前面述及的环境通量的概念一致。

(二)物质和能量流动特征

在能源—经济—环境系统中，物质和能量流动从环境起源(见图2-7)，

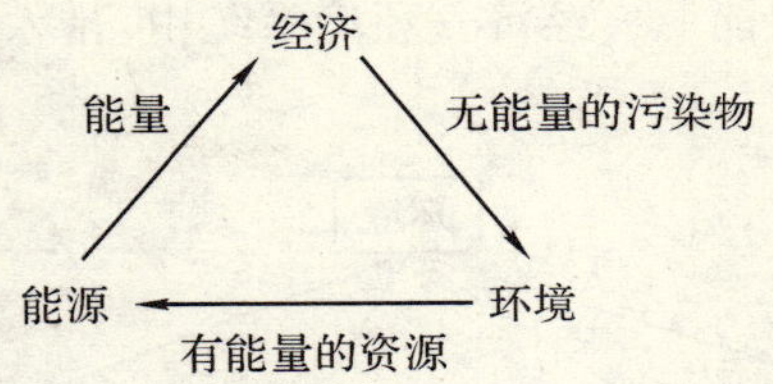

图 2-7　能源—经济—环境系统的物质与能量流动

经过勘探、开采等过程，人们从环境中获得了具有能量的物质——能源。能源是经济增长的投入因素。由于一些能源物质同时可以作为生产的原材料，能源将能量输送给经济活动后，一部分转换成最终商品(非常少的部分)，一部分变成残余物。除了增加储存外，最终商品也进入残余物流。能源经过经济过程后，被“消费”，也可以理解为只是提供了某些(主要是能量)“服务”，它们的物质仍然存在，但转换了物质存在的具体形态，并且丧失了大部分的能量。进入残余物流的物质，部分被重新利用(但很少是作为能源利用，而是作为其他投入品)，部分成为污染物排入环境。

物质从环境到能源，再到经济，又回到环境完成了一个循环。虽然起点和终点都是环境，但出环境的“物质”和入环境的“物质”却截然不同。前者是有能量的资源，后者是无能量的污染物。环境既能够作为起点又能够作为终点，就是由于环境在能源—经济—环境系统中同时表现了提供资源和消纳废物两种功能。图 2-8 具体表示了物质和能量的流动关系。

克尼斯(1970)认为，在一个封闭的(没有进口或出口)、没有物质(植物、设备、储备、耐用品或建筑物)净积累的系统中，排入环境的污染物量必然大致等于进入制造和生产系统的基本燃料、食物和原材料加上从大气中获得的氧。对于本研究的能源—经济—环境系统来说，排入环境中的污染物的质量大致等于从环境中开采的能源物质的质量加上从空气中获得的氧的质量。式 2-1 到 2-4 表示的煤、石油、天然气燃烧过程中与空气中的氧气相结合，释放出能量，同时排放出残余物(氧化产物)二氧化碳、二氧化硫和水。化学反应平衡后，残余物的重量是投入的煤、石油、天然气的重量与参与反应的氧气的重量之和。

煤(主要物质是碳，杂质是硫等)：

$$C+O_2=CO_2 \tag{2-1}$$

$$S+O_2=SO_2 \tag{2-2}$$

石油(碳氢化合物，C_nH_m)：

$$C_nH_m+(n+m/4)O_2=nCO_2+(m/2)H_2O \tag{2-3}$$

天然气(主要物质是甲烷)：

$$CH_4+2O_2=CO_2+2H_2O \tag{2-4}$$

结论是惊人的：在能源—经济—环境系统中，排入环境的废物的量大于开采的能源物质的量。

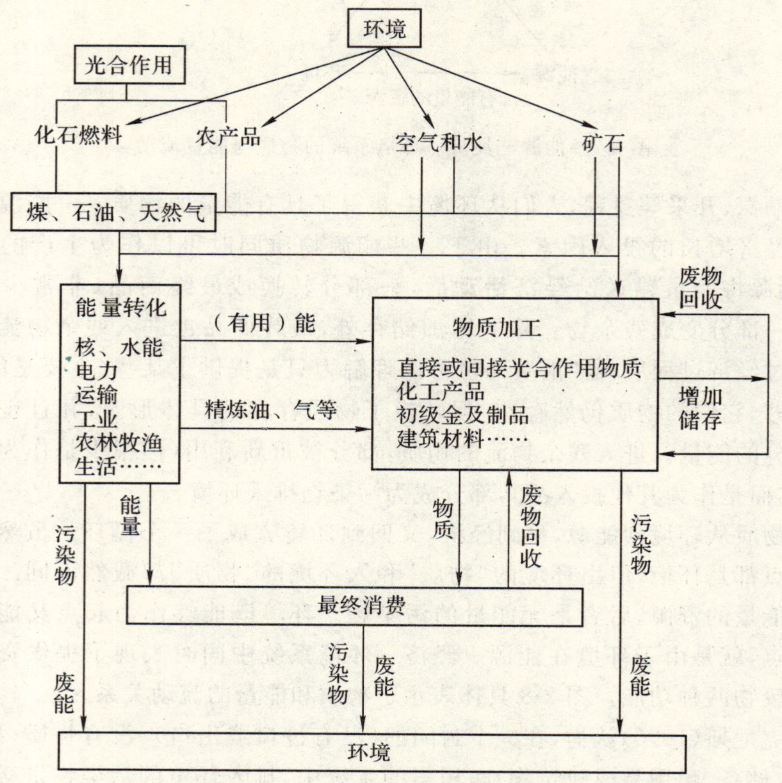

图 2-8 物质和能量流动关系图

三、3E 复杂系统的过程分析

我们认为，能源、经济与环境协调发展的本质要求经济社会在能源和环境两个约束条件下持久、有序、稳定和协调发展，着重从经济发展与能源、环境的限制关系来讨论 3E 复杂系统的持续协调发展过程。这一过程是系统中各要素相互耦合的结果，我们可以把这些耦合因素分为两类：一类是对 3E 复杂系统协调发展起促进作用的因素，可称为利导因子；另一类是对 3E 复杂系统协调发展起限制作用的因素，可称为限制因子。

（一）3E 复杂系统协调发展量变积累阶段

在这个阶段，经济发展有两种形式：一种是在协调发展的起始阶段，利导因子起着主导作用，这时系统发展呈图 2-9 中曲线所示的知属性（R 型增长）；另一种是当经济发展到一定程度，随着能源短缺、环境恶化等问题的出现，不仅不可再生资源等因素成为经济发展的限制因子，而且一些利导因子也可能转变为限制因子，这时的发展过程轨迹呈图 2-10 中曲线所示的阈限型增长(K 型增长)。前者主要追求发展速度，发展过程表现为能源被大量开采和利用，环境向外开拓，这种发展只能维持一段时间，一旦超出能源环境的容量限制，系统将走向崩溃；后者主要注重发展的稳定性，发展的过程表现为能源、环境与经济发展的相互适应，相互协调。

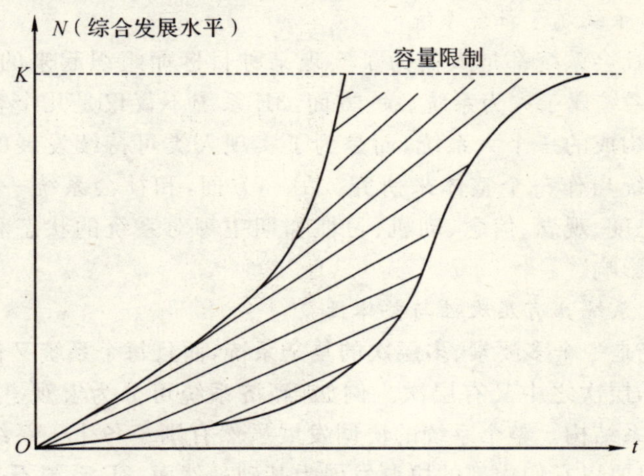

图 2-9　持续协调发展的 Logistic 曲线

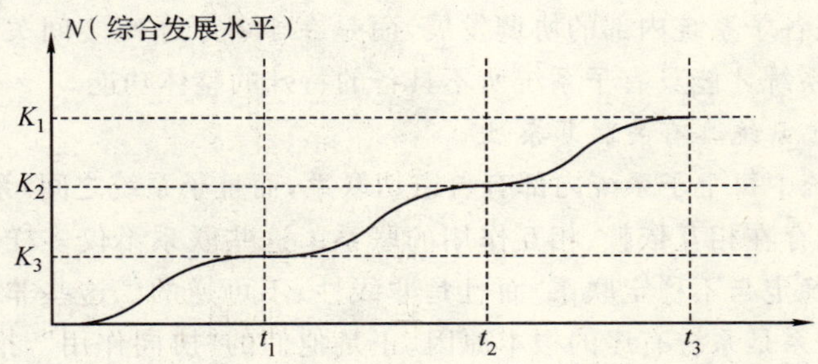

图 2-10　持续协调发展的组合 Ligistic 曲线

(二)3E 复杂系统协调发展质变飞跃阶段

系统的量变积累过程同时也是信息积累过程，通过对系统内部协调机制以及外部环境要素相互转换规律认识的不断深化，人类可以依靠调控手段和科技进步突破能源环境容量的限制，使系统向更高水平发展，最终达到质的飞跃。

世界上任何事物都是量变和质变的统一，3E 复杂系统的持续协调发展也不例外。从时间上看，这种持续协调发展是一个既包括量变积累又包括质的跃迁的过程。从图 2-10 中可以看出，在一定时期内，经济发展在各要素协同作用下，达到一定的稳定平衡状态；但是在一定的条件下(技术进步)，经济发展水平可能突破能源、环境容量的限制,达到更高水平。

四、3E复杂系统特征分析

3E系统不仅具有一般系统的特征,而且系统内部结构及子系统之间相互作用机制比一般系统要复杂得多。这一系统具有以下几个特征。

(一)3E系统属于社会系统

每一种社会系统都是人们为了实现某种目标而组织起来的,从这个意义上讲,3E系统属于人为系统。一方面,3E系统不仅仅是几个客观存在的子系统综合构成的一个大系统,而是为了实现人类可持续发展的目标而把有关的子系统当作一个整体来研究。另一方面,和社会系统一样,人的因素,如人的态度、观念、信念、动机、习惯和期望等对系统的状态和系统的稳定有直接的影响。

(二)3E系统具有层次性与整体性

3E系统是一个多要素、多层次的复杂系统,而且每个系统又包含有不同级别的层次,层次之中又有层次。例如,经济系统可分为宏观、中观和微观等多层次体系结构。整个系统的协调发展虽然有别于各个子系统内部的协调发展,但也要以它们内部的协调发展为基础。然而,3E系统不是各个部分要素杂乱无序的偶然堆积,而是各要素组成的有机整体。因此,系统协调发展不仅仅是各子系统内部的协调发展,而是在于各子系统之间关系的协调。这样,整个系统才能具有子系统所不具备的特殊的整体功能。

(三)3E系统具有关联复杂性

3E系统中每个子系统内部有着密切联系,而且子系统之间,系统与外部环境之间也存在相互依赖、相互作用的联系。这些联系不仅多样(如单向与多向联系、稳定与不稳定联系)而且是非线性、不可逆的。这些非线性,不可逆的复杂联系是系统有序的根本原因,正是他们的“协同作用”,推动了整个系统朝着持久、有序稳定和协调方向发展。

(四)3E系统具有开放性

根据普利高津的耗散结构理论,3E系统像有机体新陈代谢一样,与外界环境不断交换资源、资金、人员、技术等,可见3E系统是一个高度开放的系统。这种能量、物质和信息的交换对于3E系统的内部增熵,提高系统的有序度产生重要的影响,使系统维持“耗散结构”状态,形成有序和自组织的基础和前提。

(五)3E系统具有动态性

3E系统及其构成子系统都不是静止不动的,而是按照一定的方式运动着,其结构及功能会随时间的变化而变化。3E系统在动态演化过程中不断形成耗散结构,并且这种耗散结构本身也不断地高级化。在时间轴上,3E系统是一个量变积累到质变飞跃的过程:系统在达到某种协调状态后,会随着某些条件限制的突破产生跃进过程,从而平衡被打破,随后在系统的协同作用下,系统又逐渐达到新的协调状态,这样循环往复,在动态演化中不断推动系统向高层次、高水平的阶段发展。

(六)3E 系统具有他组织和自组织性

3E 系统实质上是一个复杂系统自组织或他组织的过程。一般认为系统都具有组织性,由于人类活动的参与,人类可以通过决策——选择不同的发展模式对其发展过程进行干预,这种干预既可能促进系统的协调发展,也可能延缓或破坏系统的协调发展。此外,社会系统也常常具有自组织性,体现在社会整体系统的行为模式往往不以个人意志为转移,即处在自组织演化中。

(七)3E 系统具有地域性

3E 系统三者之间的关系在不同区域所表现出来的结构和矛盾是不尽相同的,有明显的空间地域差异,但同时也应该认识到该地域的 3E 系统必须考虑对其他地域发展的影响。

综上所述,区域能源—环境—经济(3E)系统是一个复杂的开放系统,它具有复杂系统的特征,我们在分析和研究它时,必须从复杂系统的角度来认识它。

第三章 浙江省能源—经济—环境(3E)的关联分析

党的十六届三中全会提出了以人为本,树立人口、资源、环境、经济、社会全面协调可持续的科学发展观。其核心是发展,目标是社会发展,基础是经济发展,必要条件是环境保护。而能源是经济社会可持续发展和提高人民生活水平的重要物质基础,并与环境、经济等要素密切相关。因此,稳定、经济、清洁、可靠、安全的能源保障是浙江全面建设小康社会、率先基本实现现代化的必要条件。

人类对能源的认识过程可以划分为四个阶段,即低水平可持续利用阶段、廉价能源不节制消耗阶段、珍惜利用即将枯竭的能源资源阶段和环境容量限制阶段。在不同的阶段人类对能源问题的关注程度和研究重点是有较大区别的。

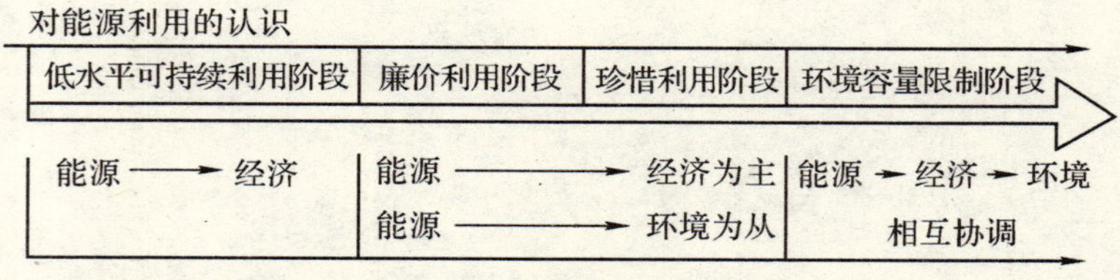

图 3-1 能源利用及能源问题研究的不同阶段及特点

第一节 能源与经济增长的关系及对浙江的实证分析

一、经济增长对能源的需求

能源是经济增长的“发动机”,经济的发展需要能源“加油”。在浙江 3E(能源 Energy、经济 Economy、环境 Environment)体系的矛盾关系中,环境是经济发展的基础,经济是环境的主导,能源是经济增长必需的生产要素和投入因子。从经济学的角度分析，能源与经济增长的关系，表现在两个方面：一方面是经济增长对能源有依赖性，即经济增长离不开能源；另一方面，能源的发展要以经济增长为前提，因为经济增长可以促成能源的大规模开发与利用。但能源作为经济增长动力因素的同时也是一种障碍，能源的逐渐耗竭及其带来的生态、环境问题，都将严重阻碍经济的发展。

一个国家或地区的能源发展如果不能与经济发展保持相应的数量关系，那么经济发展就会受阻。这种数量关系主要体现在三个方面：一是能源消费数量和经济发展数量之间的关系（能源强度或能源密度）；二是能源消费增长速度与经济增长速度之间的关系（能源消费弹性系数）；三是能源建设时间与经济发展时间的关系。

（一）能源消费数量和经济发展数量之间的关系

能源（电力）消费数量和经济发展数量之间呈低能源消费系数→上升→下降→低能源消费系数的发展变化规律或呈高能源经济效率→下降→上升→高能源经济效率的发展变化规律。根据研究，能源消费系数不是固定不变的，在不同的历史时期和不同的条件下有着很大的差别，但也不是任意乱变没有规律，而是按照上述变化规律发展，几乎没有一个国家能够例外。这个关系一般采用能源密度（也叫能源强度）来说明。能源密度公式表示为：$e=E/G$。式中 e 表示能源密度，E 为年能源消费，G 为当年的 GNP（或 GDP）。能源密度是单位 GNP（或 GDP）的最终能源需求，是能源使用效益的一个重要指标。能源密度数值越小，说明单位能源的产出越大。浙江的能源密度高于世界平均水平，我们需要降低能源密度。

能源总量消费的趋势及变化规则的研究结果表明：

工业化过程中，随着国内生产总值（GDP）的增长，总能源消费基本上呈线性模式增长。图 3-2 中两个呈线性分布的区域分别表示快速工业化国家或地区（日本、韩国和中国台湾地区等）和缓慢工业化国家（美国、英国、德国等）总能源消费的个性化差异及其变化区间。其中，Ⅱ区间代表历经漫长工业化过程国家能源消费总量变化趋势，较小的斜率说明其能耗增速较为缓慢，即便是进入后工业化阶段其总能源消费增量依旧；Ⅰ区间代表历经快速工业化过程国家总能耗的增长趋势，前半段较大的斜率反映出工业化过程中其总能耗增加速度较快，后半段曲线斜率变小则暗示工业化峰期之后，进入后工业化阶段总能耗增加速度减缓。工业化峰期及后工业化时期，快速工业化的Ⅰ区间位于Ⅱ区间之上说明当国家大小、人口相近时，快速工业化国家将需要更多的年能源耗费。能耗与经济增长这种线性关系表明，无论是工业化社会还是后工业化社会，经济总量增长持续依赖总能耗的增长是一个基本规律。

从图 3-2 可以看出，许多经济学家期待已久的能源消费随着经济增长出现零增长或者负增长的现象始终没有显现。尽管,随着GDP的增长,英国能源消费出现了零增长的趋势,德国20世纪80年代末期在GDP增长十分缓慢的情况下出现了能源消费的负增长,但是由于这类样本太少,目前还不能作为一种规律来讨论。从理论上讲,随着科学技术的进步和经济增长方式的转变,伴随着后工业化经济的增长,出现能耗零增长或负增长是可能的。

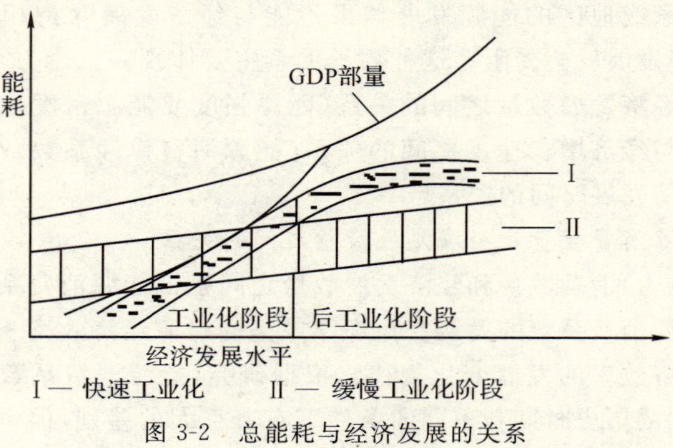

图 3-2 总能耗与经济发展的关系

现在,世界各国(地区)经济增长的实践证明,从整个经济发展速度和发展水平来说,在经济正常发展的情况下,能源消耗量和能源消耗增长速度与一个国家或地区的GDP总量和GDP增长率成正比关系。

1981—1999年,浙江全省GDP年均增长13.1%,电力消费年均增长10.5%;2000—2005年,浙江全省GDP年均增长13%,电力消费年均增长17.2%。即随着国民经济的发展,能源消费量也要相应增加,否则国民经济发展就要受到影响。

众所周知,浙江的经济发展速度是相当快的。伴随着经济的高速发展,浙江省能源的消费量也是相当大的,但自身的产能水平又是极低的。2005年,96%以上的能源资源是靠外省调入的,其中蕴涵着极大的供需矛盾,供需缺口非常严重(见图3-3)。

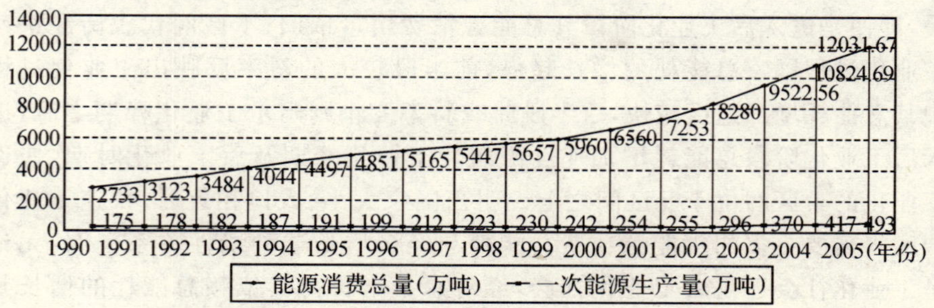

图 3-3 浙江省能源消费总量与一次能源生产变化情况

(数据来自《浙江统计年鉴》2006和《浙江省能源利用状况白皮书》)

下面我们根据有关数据作出浙江省 GDP、总能源、总电量的增长速度关系图，看看浙江的情况(见图 3-4)。

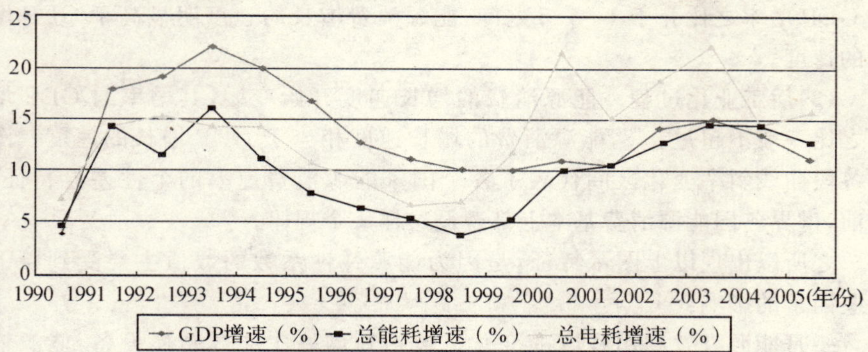

图 3-4　浙江省 GDP、总能源、总电量的增长速度
(数据来自《浙江统计年鉴》2006)

通过以上分析我们可以得出结论：能源保障经济增长。近几年，浙江正处于工业化加速和经济高速发展的阶段，GDP 每年以超过 10%的惊人速度在增长，而且在 2004 年成为全国第四个 GDP 超万亿的省份，由此，浙江经济在全国经济中的地位可见一斑。但极大的能源供需矛盾成了限制浙江经济发展的又一主要“瓶颈”，能否很好地解决这一问题，将成为影响浙江经济能否持续高速健康发展的关键。

(二)能源消费增长速度与经济增长速度之间的关系

经济发展过程中的能源消费速率呈现出三阶段模式(见图 3-5)。

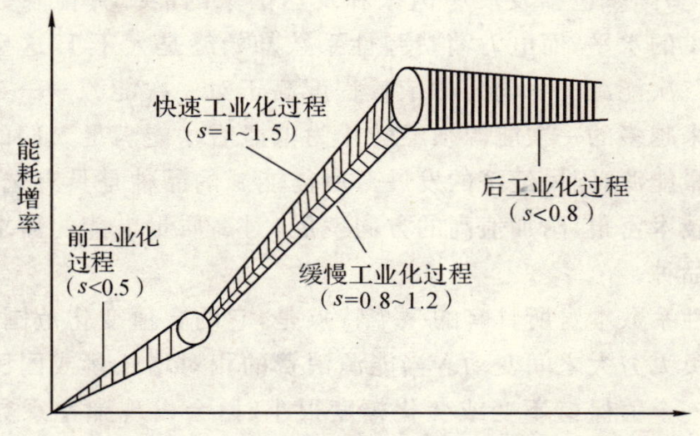

图 3-5　能源消费速率模式图

(1)前工业化过程。能源消费的增率与 GDP 增率之比(s)一般小于 0.5，能源消费增长速度远远低于 GDP 的增长速度。

(2)工业化过程。分为缓慢工业化和快速工业化两个阶段，其中缓慢工业化过程中的能源消费增率与GDP增率之比介于0.8～1.2之间，能源消费增长的速度接近GDP增长的速度；快速工业化过程中的能源消费增长速率与GDP增率之比介于1～1.5之间，能源消费增长的速度明显高于GDP增长的速度。

(3)后工业化过程。能源消费的增长速度开始变缓，其增率与GDP增率之比一般不超过0.8，能源消费的增长速度相当于GDP增长的速度。图中各段曲线斜率变化区间代表了各个国家能源消费速率的个性差异特征。目前，世界各国能源消费基本上都遵循这样一个规律。

之所以出现以上图示特征，是因为能源弹性系数的数值主要受到以下一些因素的影响：

一是能源有效利用程度的变化。包括新增一次能源转换设备，能源输出设备以及终端用能设备的技术状况，现有耗能设备改进和更新状况，能源管理水平的变化等。

二是经济结构和产品结构的变化。包括能源密集型产业在国民经济新增部分中所占比重、国民经济部门的变化等。

三是居民消耗水平的变化。包括生活用能相对于居民收入增长的关系，居民生活方式的演变等。

四是经济政策的变化。能源危机以后，许多国家都利用经济政策来缓和能源问题，例如提高能源价格，对节能技术和设备研制、生产和推广使用给予各种优惠待遇，对可再生能源的开发利用给予补贴等，这些措施都在一定程度上有利于能源弹性系数的降低。通过能源弹性系数分析所发现的另一情况是，许多国家包括发展中国家和发达国家的能源弹性系数近年来一直保持小于1的水平，而电力消费弹性系数却始终是大于1，这反映了国民经济发展对二次能源——电力的依赖程度高于对一次能源——石油或煤炭的依赖。越来越多的一次能源须经转化为电能后才能满足人们的需要。电能属于高质量能源，国民经济的发展对所需能源的品种是具有选择性的，国民经济越向技术密集、附加值高的方向发展，对高质量电能的需求也随之强于其他能源品种。

能源弹性系数本身所具有的一个特点是，它的数值变化范围很宽，可以在无穷大和负无穷大之间变动。当能源消费的相对增长量或国民经济相对增长量中某一个值保持不变或变化幅度很小时，会出现弹性系数绝对值接近于零或趋于无穷大的情况，无法正确反映实际情况。尽管弹性系数指标存在上述局限性，但它仍不失为一种概括地表述能源和经济动态发展关系的较为有效的方法。

不同国家和地区在不同的经济发展阶段，能源消费量的增长速度是不同的。20世纪90年代中期以后，浙江步入工业化中后期。随着工业化、城市化进程的加快以及对外开放的扩大，浙江经济自主增长的动力增强。以2000年为转折，浙江经济经过亚洲金融危机后几年的调整，开始进入新一轮的周期上升阶段。2000—2005年的增长速度分别为11.04%、10.65%、12.64%、14.7%、14.48%和12.78%，并且2003的增长速度达到1996年以来的最高水平。在经济高速增长的带动下，能源消耗比往年明显扩大。就电力消费来说，2000—2005年的电力消费弹性系数分别为1.94、1.42、1.49、1.50、1.00、1.23，再加上1999年(1.29)，则电力消费弹性系数已连续6年超过1。从未来看，浙江经济在21世纪的头20年里还将保持较快发展速度。从国际经验分析，处在工业化加速阶段的国家和地区，电力消费增长率超过经济增长率是比较普遍的现象。在人均耗电量1000～4500千瓦时这一阶段，普遍存在"十年倍增"的特点，其后增长速度则会出现减弱趋势。浙江省人均耗电量1995年达到1000千瓦时，2002年超过2000千瓦时，2004年超过3000千瓦时。浙江已经进入电力消费弹性系数大于1的阶段，并将在很长一段时间内保持电力消费系数大于1。所以说经济发展一定要有电力先行和超前增长的概念，这是对浙江电力消费弹性系数变动已经进入了一个新阶段的逻辑判断(见图3-6)。

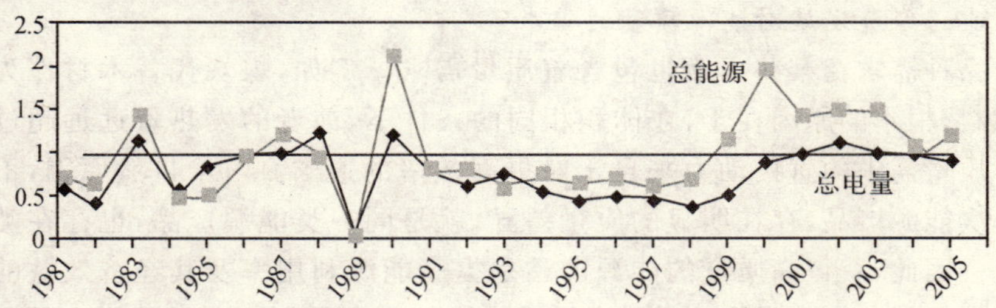

图3-6　浙江省按年度总能源的弹性系数及总电量的弹性系数

(数据来自《浙江统计年鉴》2006)

(三)能源建设时间与经济发展时间的关系

从能源开发利用的固有规律和基本特点来看，能源建设周期长、投资大、见效慢，应先于经济发展。能源生产建设的周期比较长，但国民经济各部门能源消费的增长很快，所以要考虑到能源生产建设在时间上配合并留有储备。能源建设必须先行，其中电力尤其要超前发展，否则将阻碍国民经济的正常发展。世界各国的实践都证明，一般情况下，电力增长速度总是超过经济增长速度，即使在$S<1$的情况下，电力弹性系数也都大于1。如美国，1920—1980年间，S平均为0.72，而电力弹性系数为2.0，电力每10年翻一番。由于1997年以后受亚洲金融危机的影响，我国经济增长有所放缓，能源需求减少，部分地区出现供大于求的现象，在没有充分考虑能源建设时间与经济发展时间关系的情况下，国家有关部门出台了三年内不上新的发电

项目,不建新煤矿的规定,导致2002年以来持续的“电荒”和“煤荒”。长三角是全国缺电重灾区,上海属“一般”缺电,江苏属“严重缺电”,浙江实属“电力危机”。

改革开放以来,浙江的能源与经济增长关系经历了“不协调期(1978—1996年)、相对协调期(1997—1999年)、新一轮不协调期(2000—2005年)”三个时期。

(四)经济发展对能源品种或结构的需求

经济发展在对能源总量需求增长的同时,也日益扩展其对能源产品品种或结构的需求。从一次能源中占主体地位的品种来划分,经济发展对一次能源的需求,大致经历了三个阶段:木炭时期、煤炭时期和石油时期。目前,各国政府不约而同地在寻找替代石油的能源,也反映了经济增长对能源品种的需求。例如,冶炼需要焦碳,电机需要电力,交通运输需要汽油、柴油等。即使对同一能源产品,也有不同的品种需求。例如,从中国目前的一般情况看,对煤炭的粒度要求,煤气发生炉要求25～50毫米,一般工业锅炉要求6～25毫米,火力发电机要求使用经过粉碎的粉末煤等。总之,经济增长与其对能源品种或结构扩大和更新的需求按相同方向变化。

(五)经济发展对能源质量的需求

品种需求在某些方面也包含着质量需求。例如,煤炭代替木材作为冶炼燃料,根本的原因在于,在体积相同的条件下,前者的发热量远远超过后者。质量需求的直接动力来自于对更高效率的追求。由于自然原因,不同的一次能源产品,存在明显的质量差异,就是同一类能源产品,也存在类似情况。因此,获得高质量的能源产品是提高能源利用率及其经济效益的重要前提条件。电力供应的质量对国民经济的许多部门都存在着巨大的制约作用,特别是电力周波的稳定性对纺织工业、精密仪器制造和微电子加工等行业的产品质量存在着巨大的影响,甚至于影响到产品的存在价值。其他能源产品的类似质量需求在当今环境保护的压力下显得格外重要。特别是在发达国家,能源产品质量是否符合环境保护要求已经成为这些国家能源战略的重要内容之一。从历史发展及其趋势看,经济增长与其对能源产品质量的需求也是按相同方向变化的。伴随着经济高速增长和环境保护,建立与经济发展相适应、无害环境的能源供应体系和消费模式,将成为浙江能源发展新阶段的重要特征。

二、经济增长促进能源发展

能源发展推动经济增长,经济增长为能源发展提供物质条件或经济基础。经济增长在产生能源需求的同时,又为满足这种需求提供了手段。换句话说,经济增长包含能源发展,能源发展是经济增长的一部分同时又是经济增长的推动力。这种关系并没有因当今世界能源短缺的现实而消失,事实上,这种关系反而变得更加紧密。或者说,解决这个难题最终还要依赖于经济增长。

(一)经济增长为能源发展提供市场,是能源需求与发展的主要推动力

如同其他商品生产一样,能源生产也同样受市场需求的制约。人类经济发展的几个主要阶段转折都是以主导能源的更替为标志,而经济发展对能源消费和需求的不断增长与某种能源资源的相对有限性是主导能源形式转换的客观依据。蒸汽机在工业和交通领域的广泛采用,极大地刺激了煤炭工业发展。1860 年到 1920 年,煤炭在世界能源构成中的比重由 24%递增为 62.6%;20 世纪初随着汽车工业的发展和汽油发动机的运用,各工业部门纷纷采用以石油为燃料的动力装置。两次世界大战的军事装备及飞机、汽车工业的发展又刺激了石油的需求量并极大地促进了石油工业的发展。从 1980 年起,中国进入经济起飞阶段,出现了持续性高速增长,大大刺激了能源消费增长,能源消费总量年平均增长率为 5.7%,大大高于同期世界商业能源消费年平均增长 1.0%的水平。从历史发展看,能源产品不论是总量增加还是品种扩大和质量提高,都是在经济增长所引起的需求拉动下实现的。毫无疑问,若没有经济增长为其提供市场,能源也不可能发展到今日的水平。

(二)科学教育的发展为人类开发利用能源提供了认识手段

人类对能源科学原理认识的不断深入和能源利用技术的不断发展而导致新的能源形式进入能源供应系统,是主导能源更替的主要原因。能源开发利用达到今日的水平,与科学教育的发展状况是分不开的,能源是对自然物质的利用,所以,首先应对自然物质有科学的认识。历史发展表明,对自然物质的认识程度直接关系到对其利用的程度。同时,对其利用方法的改进或提高其利用效率,也有待于科学的发展所提供的认识能力和教育为开发利用所提供的人力和生产者的素质的提高。此外,能源资源被开发出来,并加以利用,必须具备一定的物质手段。技术进步以及生产的发展为开发利用能源提供了物质手段。因此,技术进步及生产发展的状况制约着能源开发利用的规模和水平。而且,能源的开发利用所产生的技术进步需求,也对整个社会技术进步起着促进作用。

(三)经济增长为能源发展提供财力、物力保证

特别是从近代煤炭大规模开发起,能源工业就成为投资大、建设周期长的产业部门之一。因此,经济增长所提供的财力、物力状况,制约着能源开发利用的程度和水平。例如,北海油田自然气候条件恶劣,海底地形复杂多变,若不是位于严重缺油同时经济技术基础雄厚的西欧,那么,且不说有目前的规模,就是它的开发也是很难想象的。当前,对新能源开发利用的状况

也表明了财力、物力在能源开发中的重要作用。改革开放以来,由于经济的快速增长,国家财力的增强,我国对能源工业进行了大规模的投资建设,1982—1992 年我国能源建设平均每年递增 100 亿元,1992—1997 年能源建设投资进一步增长,平均每年增加投资在 300 亿元以上。由于对能源工业进行大规模的生产建设投入,我国能源产量大幅度增长,一跃成为世界能源生产大国,原煤产量位居世界第一位,发电量位居世界第二位,原油产量居世界第五位。具体到浙江省,也是由于改革开放以来浙江经济的快速、持续增长,省委、省政府才可能针对日趋严峻的能源形势,迅速作出加快电力发展,力争本届政府任期内,完成"三个一千万"电源建设工程的重大决策。

三、能源促进经济社会发展

能源是社会生产力的核心和动力源泉,没有能源的安全和有效的供给,经济和社会的可持续发展就是无本之木、无源之水。经济增长和社会发展的实现程度取决于其对能源需求的满足程度。

(一)从历史上看,能源与社会经济发展一直是紧密联系在一起的

18 世纪瓦特发明了蒸汽机,以蒸汽代替人力、畜力为动力,开始了资本主义的产业革命,逐步扩大了煤炭的利用,从而推动了工业的大发展,社会劳动生产率有了极大的提高。19 世纪中叶,石油资源的发现,开拓了能源利用的新时代。这是继柴草向煤炭转换后能源结构演变的又一重要转折点,是一场具有划时代意义的能源革命,对促进世界经济的繁荣和发展起了非常重要的作用。近几十年来,世界上许多国家依靠石油和天然气创造了人类历史上空前的物质文明和精神文明。特别是 19 世纪末,电力进入社会的各个领域,电动机代替了蒸汽机,电灯代替了油灯和蜡烛,电力成为工矿企业的基本动力、生产和生活的主要能源。社会生产力有了大幅度的增长,实现了资本主义的工业化,从根本上改变了人类社会的面貌。

(二)能源使投入具有活力

投入是经济增长的前提条件。在投入的其他要素具备时,必须有能源为其提供动力才能运转,而且运转的规律和程度也受能源供给的制约。投入不足是中国经济增长面临的突出矛盾之一,但因缺煤缺电(即缺能)又导致大量生产能力闲置,每年因此损失的产值数以百亿元计。这表明,即使有了投入并形成了生产能力,没有能源的推动也不能发挥实际作用。如同其他经济规律一样,经济增长对能源的需求和能源对经济增长的促进作用,通常是在能源供给不能满足需求时表现得最为强烈。例如,第一次石油危机期间,美国能源短缺 1.16 亿吨标准煤,国民生产总值因此减少了 930 亿美元;日本能源短缺 0.6 亿吨标准煤,国民生产总值因此减少了 485 亿美元。其他发达国家的情况也大体如此。据有关资料分析,由于能源不足而造成

国民生产总值的损失，大约是能源本身价值的20～60倍。我们认为能源是经济增长和社会发展的重要物质基础，它不仅是狭义的机器设备的驱动力，而且是广义的社会经济活动的驱动力。从2002年开始，浙江经济增长的能源“瓶颈”开始显现。2003年，浙江遭遇了严重的“电荒”，成为全国拉限电范围最大、缺电最严重的省份。据估计，2003年“非典”对浙江经济的影响大约在0.3个百分点，而电力短缺、拉限电导致的GDP损失却是0.6个百分点。另据国家发改委能源研究所冯飞估算，每1度电在包括浙江在内的沿海地区能带来7元人民币的GDP产出。浙江经济增长的能源“瓶颈”除了放慢浙江经济增长的速度，还将严重影响浙江省的投资环境，从而影响其发展潜力并直接影响人民生活。

(三)能源推动技术进步，促进新兴产业的诞生和发展

迄今为止，特别是在工业交通领域，几乎每一次重大的技术进步都是在“能源革命”的推动下实现的，蒸汽机的普遍利用是在煤炭大量供给的条件下实现的，电动机更是直接依赖电力的利用，交通运输的进步与煤炭、石油、电力的利用直接相关，等等。农业现代化或现代农业的进步，包括机械化、水利化、化学化、电气化等同样依赖于能源利用的推动。此外，能源的开发利用所产生的技术进步需求，也对整个社会技术进步起着促进作用。能源科学技术的每个重大突破，都会引起生产技术的一次革命，把社会生产力推到一个新水平。此外，能源产品，尤其是矿物能源产品同时也是重要的工业原料。以矿物能源为原料的煤化工、石油化工等崛起不仅其本身成为举足轻重的产业部门，而且带动了一批新兴产业的迅猛发展，同时为传统产业的改造创造了条件。

(四)能源是提高人民生活水平的主要物质基础之一

能源作为燃料和化工原料，一方面直接为工农业、交通运输、国防使用；另一方面，有相当大的一部分，则广泛用于生活领域。现代社会的衣、食、住、行以及文教、娱乐等文化生活，都离不开能源。而且生活水平越高，对能源的依赖性越大。民用能源的数量和质量是制约生活水平的主要物质基础之一。国内外学者的研究表明，人均能源消耗与生活质量密切相关。当人均国内生产总值达到一定水平(约3000美元/(人·年))以后，人均产值继续增加，生活质量的改善趋于平缓，而人均能耗尤其是人均用电量与生活质量之间却是直接和正比的关系。据中国能源研究会和美国学者埃弗雷特·哈夫纳的研究，小康生活的人均耗能大致在1200～1600千克油当量(kgoe)之间。

通过以上分析，我们可以得出结论：能源发展与经济增长是互为动因的。两者一般关系的主要点大体上可以概括为：经济增长必然具有对能源发展的内在需求，能源发展是经济增长的动力源泉，经济增长为能源发展创

造条件；对于建立在大量消费能源基础上的现代社会来说，正确地认识、稳定地保持能源需求与经济增长之间的关系，对能源、经济、社会的可持续发展极为重要。

第二节 经济与环境的关系及对浙江的实证分析

一、经济系统与环境—经济系统

（一）传统经济系统

传统经济系统模型把整个经济社会看做一个系统，不考虑环境的影响。家庭和厂商是此系统的两个基本行为主体。厂商生产产品和服务，通过产品市场出售给家庭，家庭向厂商支付货币。家庭将土地、劳动和资本等生产要素通过要素市场出售给厂商，厂商向家庭支付货币。通过产品市场、要素市场和流动的产品、生产要素、货币，整个经济连接起来，形成一个系统。传统的经济系统如图 3-7 所示。

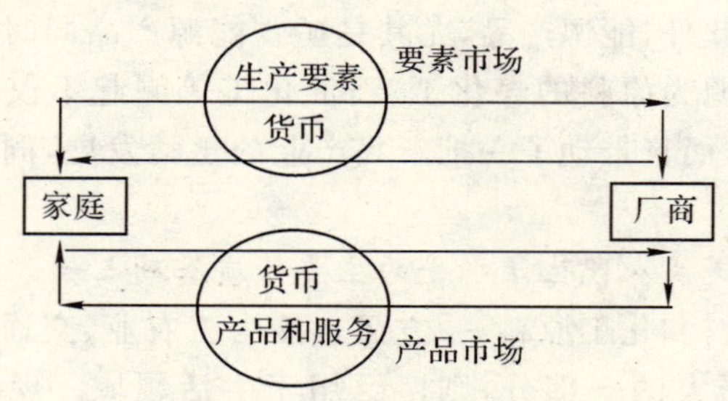

图 3-7 传统经济系统

（二）环境—经济系统

环境经济学家研究在上述经济系统的基础上，将环境包含进来，形成环境—经济系统，环境生态系统和经济系统都是环境—经济系统的一部分（见图 3-8）。

正像前面分析的那样，环境具有特殊的功能。环境按其功能分为提供资源、消纳废物和提供舒适性享受三个部分，环境是三者的统一，但不是简单的数量加总。可以将上述关系用数学向量的形式表示出来，即为：

$$\vec{E}_n=\vec{E}_1+\vec{E}_2+\vec{E}_3 \quad (3\text{-}1)$$

式中，$\vec{E}_n$：环境；$\vec{E}_1$：环境提供资源的功能；$\vec{E}_2$：环境消纳废物的功能；$\vec{E}_3$：环境

提供舒适性享受的功能。

环境通过这些功能与经济系统作用,形成特殊的环境—经济关系。环境可以看做是提供服务的一种财产,提供人类经济活动的生存支持。环境耗竭的过程可以看做是财产折旧的过程。环境通过它的三个功能与经济系统联系,组成了内涵和外延都更加丰富的环境—经济系统(见图3-8)。

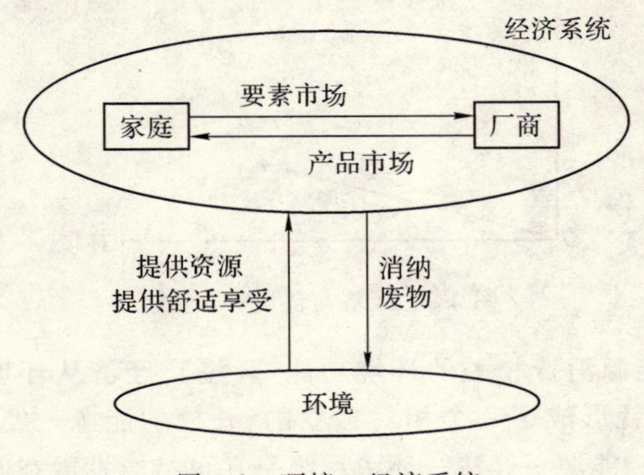

图 3-8 环境—经济系统

二、能源—经济—环境系统的形成

能源是环境资源中的一种,是携带能量的资源。环境按物质形态可以继续分为能源资源和非能源资源,环境提供的服务也可以继续分为与能源资源密切相关的服务和剩余的其他服务。

环境提供资源的功能可以进一步分解,成为提供能源资源和提供非能源资源的两种功能的总和:

$$\vec{E}_1=\vec{E}_{11}+\vec{E}_{12} \tag{3-2}$$

式中,$\vec{E}_{11}$:提供能源资源的功能;$\vec{E}_{12}$:提供非能源资源的功能。

环境消纳废物的功能可以继续分解为消纳与能源资源消费相关的废物和消纳除能源资源消费以外的经济活动产生的废物两部分总和:

$$\vec{E}_2=\vec{E}_{21}+\vec{E}_{22} \tag{3-3}$$

式中,$\vec{E}_{21}$:消纳与能源资源消费相关的废物的功能;$\vec{E}_{22}$:消纳除能源资源消费以外的经济活动产生的废物的功能。

将3-1、3-2、3-3式合并可写成下列形式:

$$\begin{aligned}\vec{E}_n&=\vec{E}_{11}+\vec{E}_{12}+\vec{E}_{21}+\vec{E}_{22}+\vec{E}_3\\&=(\vec{E}_{11}+\vec{E}_{21})+\vec{E}_{12}+\vec{E}_{22}+\vec{E}_3\end{aligned} \tag{3-4}$$

设:$\vec{E}_e=\vec{E}_{11}+\vec{E}_{21}$ (3-5)

式中,$\vec{E}_e$ 表示与能源资源消费相关的环境提供资源和消纳废物的功能。

则:

$$\vec{E}_n = \vec{E}_e + \vec{E}_{12} + \vec{E}_{22} + \vec{E}_3 \tag{3-6}$$

这样，环境与能源的特殊作用可以通过 $\vec{E}_e$ 在环境—经济系统中单独表示出来。$\vec{E}_e$ 向量形成了一个在可持续发展空间中经济和环境平面内的相对独立的轴线，如图 3-9 所示。$\vec{E}_e$ 向量和经济向量可以围成独立的能源—经济—环境坐标体系。

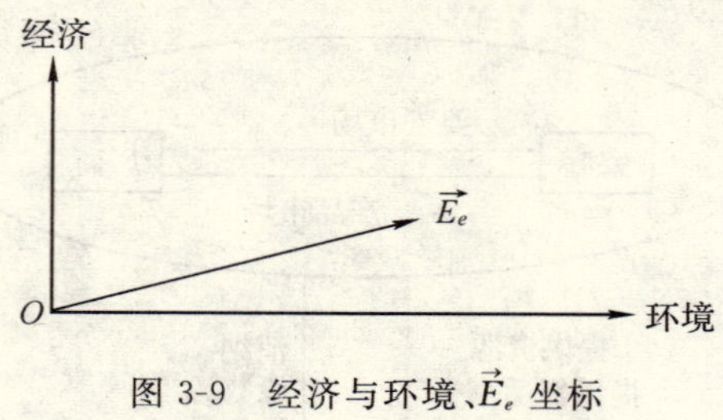

图 3-9 经济与环境、$\vec{E}_e$ 坐标

将能源与能源消费相关的环境功能（环境）、经济从环境—经济系统中单独表示出来，就形成了一个相对独立的、开放的能源—经济—环境系统，见图 3-10 所示。能源—经济—环境系统是在可持续发展空间中的经济和环境平面内的系统。$\vec{E}_e$ 是环境在能源—经济—环境系统中表现出的功能。在能源—经济—环境系统中，环境的提供资源、消纳废物两个功能表现更为突出，一方面环境是这个系统运行的动力来源和物质基础，另一方面也对能源消费和经济活动提出约束。环境与能源、经济的既支持又冲突的关系，正是环境特殊功能的表现。

需要说明的是，这里的能源被看做是一种特殊的、有能量的环境资源，是一种物质。一般来说，经济可以分为各种部门或产业，能源部门也是其中一个，它的主要产品是能源。同其他部门一样，能源部门生产产品，也为 GDP 作出贡献。能源的生产、加工、转换、运输、消费等过程，都是经济活动过程。因此，能源活动也是经济活动的一部分。事实上，正如能量守恒定律所述，所有经济活动都伴随着能源消费。由于本研究要考察的是环境问题，研究的主体是“能源—环境”，而不是“能源产业—环境”或“能源产品—环境”，更关注能源在环境问题上所表现出来的特点，所以将能源物质与经济产品、经济部门分开，即能源是环境资源的一部分，能源作为一种资源投入与经济作用，而不是一种经济产品，不代表一个经济部门。

能源—经济—环境系统是环境—经济系统的子系统，是环境—经济平面的一部分，是一个可以相对独立的微循环。这个系统是开放的，它可以与环境—经济系统内的其他元素相作用，可以与社会维相作用，也可以从地球外的空间获得能量。尽管能源—经济—环境系统有其独立性，但面向可持续发展的决策是在三维的空间内完成的，社会因素也对能源—经济—环境系统的行为会有所影响。

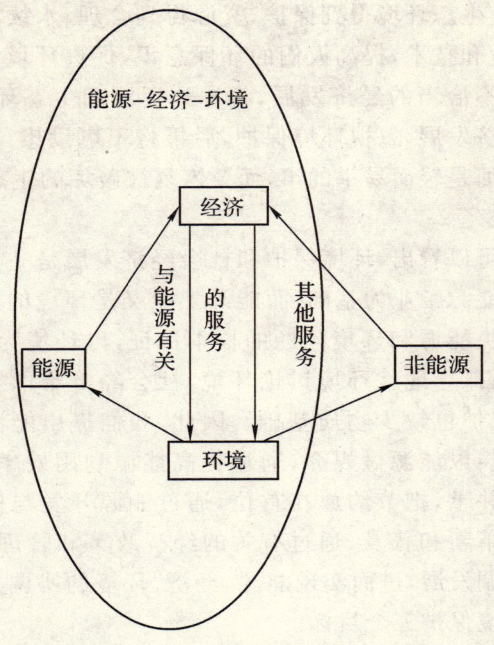

图 3-10　能源—经济—环境系统

三、经济与环境关系分析

(一)环境是经济发展的基础

它既可以直接地促进经济的发展,也会阻碍经济的发展。环境污染和生态破坏已成为危害人们健康、制约经济和社会发展的重要因素。

根据环境的定义,大气、水、海洋、土地、矿藏能源等,既是环境要素,也是资源,是生产力的重要因素。同时,环境又是人们生活、工作的场所,环境质量的好坏对生产力最活跃的因素——劳动者的身心健康有直接的影响。所以,保护或破坏环境就是保护或破坏生产力,改善环境就是发展生产力。环境作为经济、社会发展的物质条件,作为经济发展的基础,既可以直接地促进经济的发展,也会阻碍经济的发展。环境污染和生态破坏已成为危害人们健康、制约经济和社会发展的重要因素。根据我国和世界银行专家估算,仅大气和水污染造成的直接经济损失,就占 GDP(国内生产总值)的4%～8%。全国因酸雨和二氧化硫污染造成的损失每年达 1100 亿余元。另据浙江省环保局估算,浙江省仅大气污染造成的直接经济损失每年就达300 亿元。

(二)经济是环境的主导

经济发展对环境产生两方面的影响:一是积极影响。即通过经济与环境的协调发展,使生态环境得到保护,资源得到合理、永续利用;增加环境投入,发展环保产业和技术,提高人们的环保意识,促进环境保护事业的发展。二是消极影响。不恰当的经济发展,将导致资源和生态环境被破坏。如果一味片面追求经济发展,忽视环境保护,后果将不堪设想。一个小造纸厂污染进而毁掉一条河是轻而易举的事,而要恢复被破坏的生态环境,10 个小造纸厂挣的钱都不够。

由以上分析可以看出,环境保护和社会经济发展是一个有机的整体,社会经济发展要以能源工业为基础,而能源工业又是环境的重要污染源之一,经济发展则是解决能源和环境问题的根本保证,以环境为代价的能源发展方式难以持久,而孤立地就环境讨论环境,社会经济难以发展,能源的发展必受影响,环境保护也缺少物质基础。因此,我们提出能源、经济、环境"三位一体论"的观点:以能源做媒介,通过提高能源利用效率,开发替代能源,坚持开发与节约并重,把节约放在首位,通过能源开发与供给结构的改革,通过相关技术的革新和普及,通过有关的经济政策和管理制度来实现经济与环境的持续协调发展,进而实现能源、经济、环境的协调发展,达到能源安全、经济增长、环境保护三个目标。

第三节 能源与环境的关系及对浙江的实证分析

从工业革命以来,能源生产和消费与环境的关系就非常密切。在经济发展过程中,世界各国长期被两大难题困扰:一是在能够承受的价格基础上支撑对能源源源不断的需求,二是在满足经济需要和生产生活需要的同时对环境提供足够的保护。这两者关系密切,但是关注程度明显不足。

一、能源与环境及气候变化的互动关系

综观人类的发展历史,人类的文明实际上是依靠化石燃料的消费来支撑的,工业化的每一个阶段都离不开对能源一定程度的利用和开发。但是,以煤炭和石油为主的化石燃料含有大量的二氧化硫以及其他污染物,存在对环境和人类健康的现实和潜在威胁。能源消费将经济活动和环境损害联系起来,要维持一定速度的经济增长就必须消耗一定规模的能源,与此同时就会以牺牲一定的环境状况为代价。以温室气体中最重要的二氧化碳排放

为例，公元 1000—1800 年间，二氧化碳浓度为 270～290ppm[①]；1800—1900 年间，上升了 150ppm；1990 年二氧化碳浓度达到 360ppm 左右，大约比工业革命初期高 28%，每年平均增加 1.5ppm。目前全球二氧化碳排放的 80%来自工业活动导致的排放。如果对二氧化碳排放不加以有效合理的控制，未来随着经济发展和人口增加，二氧化碳浓度将以更快的速度增长。空气中二氧化碳浓度的变化受到矿物燃料的排放、森林砍伐与土地利用的变更、空气中的积累、海洋的吸收与非均衡作用等因素的影响。人类活动对二氧化碳浓度的影响，主要来自三个方面因素：矿物燃料的消费、森林砍伐与土地利用的变更、水泥工业生产。由于矿物燃料的利用，1860—1910 年和 1950—1970 年间，二氧化碳排放的年增长率约为 4%。政府间气候变化专业委员会(IPCC)对二氧化碳浓度作历史分析后得出的结论是：18 世纪浓度的上升是缓慢的，19 世纪有较快的速度，20 世纪 50 年代以后出现了急剧的增长。二氧化碳浓度上升的曲线与人类社会大量开发矿物能源基本上是一致的。从 19 世纪后叶开始直至现在，矿物燃料的生产和消费几乎也是直线上升。当 1973 年世界石油危机发生时，二氧化碳浓度在高增长期后出现第一次波动，年增长率从 4%下降到 2%，1979 年又开始回升。这说明大气中二氧化碳浓度与矿物能源利用有着密切的关联。从我国经济社会发展同能源环境的关系来看，20 世纪 90 年代我国的年均经济增长为 9.1%，与此同时能源消费每年增长 7%，各地区排放的二氧化硫年增长 5%，二氧化碳排放年增长 6.1%。可见，环境损失和环境变化与社会生产及经济活动有着极其密切的关系，在技术水平不变的情况下，发展经济和环境保护是有一定矛盾的。

总的来说，能源是环境问题中最难解决的问题，而环境则是能源问题中最难解决的问题。能源供给的增加很大程度上导致了大气污染、酸雨、地表水的有毒污染、废弃的放射性物质以及全球气候变化。而且，在能源组成和扩大上，这些问题所产生的约束正成为能源战略和能源决策越来越重要的决定性因素。因此，在维持经济繁荣的时候，根本要求就是在能够承受的范围内有效控制不断增加的能源供给对环境所带来的负面影响。

21 世纪，环境将成为各国政府制定经济社会发展战略最重要的战略因素之一，也将大大影响各国发展道路的选择。根据预测，以下几个因素使得环境问题在能源安全中的地位越来越重要：第一，世界人口数量将从 2000 年的 61 亿增加到 2030 年的 85 亿，2050 年将达到 98 亿，随后于 2100 年稳定于 110 亿。这一增长大多数发生在发展中国家。第二，发展中国家的平均经济增长会比发达国家高，但全球经济会逐渐衰退。2000—2020 年的平均经济增长为 2.9%，以后每年平均增长为 2.3%。这样就会使全球经济生产总

① 注：1ppm＝1mg/kg＝1mg/L＝1×10^{-6}，常用来表示气体浓度或溶液浓度。

值从2000年的38亿提升到2030年的87亿，2050年的140亿，2100年的360亿。第三，无论是发展中国家还是发达国家，经济活动的能源强度长期以来每年都以1%的速度下降，从显示的经济增长来看，2000—2040年的全球能源使用会翻1倍，2070年翻2倍，2100年翻3倍。第四，能源供给的碳释放强度在20世纪以前每年以0.2%的速度下降。根据能源的增长，矿物燃料燃烧所生成的碳含量增加了2倍，从2000年每年的60亿吨增长到2100年的200亿吨。

（一）能源结构对环境、气候变化的影响与贡献

人类在现有的技术约束条件下可供选择的能源有煤炭、石油、天然气、核能、太阳能、风能、水电等形式。煤在人类能源供给方面一直扮演着十分重要的角色。即使在以石油为主的第三代能源期间，在世界能源构成中，煤仍占有27%的比例。煤从开采至燃烧会带来一系列环境问题，又使得以煤为主要能源的时代难以为继。引起各国政府、科学界和社会各界关注的二氧化碳等"温室效应"问题更制约着煤的利用。天然气是一种以甲烷为主的气体混合物，含有少量的乙烷、丙烷、丁烷和其他不可燃气体（二氧化碳、氮气、稀有气体等），燃烧时几乎不产生污染物，仅仅产生水蒸气。在人类最终的能源结构中，核能会占有相当重要的地位，但目前只占全球能源结构的6%。在技术上对核泄漏和核废料处理未能达到使社会公众满意的安全标准以及经济核算上成本大幅度降低之前，大规模地利用核能几乎还不大可能。

根据中国能源发展报告的分析，我国的能源效率较低，加剧了能源开发利用所引起的环境污染。分析表明，目前我国能源系统的总效率极低。20世纪90年代只有9%，仅为发达国家的一半。另一方面，我国以煤炭为主的能源结构和单一的能源消费模式是造成能源环境问题不可忽视的原因。我国能源结构中原煤的比重过大，大量使用燃煤并缺乏有效治理造成了严重的环境污染。我国85%的二氧化碳、90%的二氧化硫和73%的烟尘都是由燃煤排放的。中国大气污染中的仅二氧化碳造成的经济损失就占GDP的2.2%。而这主要是由于中国目前仍然是以煤为主的能源使用结构以及未对煤炭利用采取有效的环保措施，烟尘和二氧化碳排放量的70%、二氧化硫的90%、氮氧化物的67%来自于燃煤。大量使用矿物燃料产生的二氧化碳会使全球气候变暖。我国的二氧化碳排放量居世界第二位，占全世界的13%。目前全国火电厂二氧化硫排放量占全国的40%，预计到2010年将占60%。20世纪90年代中期，我国由于酸雨和二氧化硫污染造成农作物、森林和人民健康等方面的经济损失约为1100多亿元，已接近当年国民生产总值的2%，成为制约我国经济和社会发展的重要因素。能源的结构和低效率使用不仅影响我国经济发展，也影响我们赖以生存的环境。因此，我国的环

境污染为典型的能源消费型污染。所以从根本上说，能源的使用及消费结构和方式是造成中国环境问题的主要原因之一。

目前，虽然我国基本上已形成了以煤炭为主、多种能源互补的能源结构，但是一次能源生产和消费的65％左右仍为煤炭。在今后几十年中这种格局不会发生大的改变，在今后20年内，中国将进一步发展煤炭工业。据专家估计，以煤炭为主的矿物能源消费的增长，将使中国温室气体和二氧化碳的排放在未来十年内有明显的增长，在随后的20年又可能趋于平稳，2030年将达到相当于美国目前排放的水平。表3-1是对未来30年中国温室气体和二氧化碳的预测。由此可见，提高能源效率和节约能源将缓解我国中长期能源供应压力，有效缓解环境压力。在全球变暖和能源结构转变的背景下，发展能源的洁净与高效利用技术，提高能源利用效率，具有重要意义。

表3-1　我国未来煤炭消费与二氧化碳排放、温室气体排放预测　(单位：百万吨煤当量)

年份	煤炭消费	煤炭燃烧	二氧化碳排放	温室气体排放
2010	1234.58	1049.39	683.16	1138.59
2020	1432.78	1217.87	792.83	1321.39
2030	1662.83	1413.41	920.13	1533.55

注：(1)设煤炭消费的年增长率2000—2010年为2.5％，2010—2030年为1.5％；

(2)设煤炭年燃烧量为消费量的85％；

(3)设煤炭燃烧排放二氧化碳的排放系数为0.651；

(4)煤炭燃烧排放的二氧化碳为温室气体排放总量的60％。

(资料来源：朱斌，王珏."全球变暖与中国能源发展"的表2，中国科学院相关主页)

在我国能源消费结构中，电力行业在能源消费中占重要位置，占一次能源比重的35％。到2000年年底，中国发电装机容量达316×103兆瓦，发电量达1350太千瓦时。火电占装机容量的75％(其中煤电机组占95％，约2.2亿千瓦)，占发电量的80％。电力行业年燃煤量已超过500MT，约占煤炭产量的一半；排放二氧化硫8MT，约占全国排放量的40％以上。我国人均装机容量仅0.25千瓦、人均发电量约1080千瓦时，不到世界平均水平的一半，大约相当于发达国家的10％～17％。电力消费在一次能源中的比重约为35％；发展电力以满足国民经济不断发展的要求仍然是电力发展的主题。在中国的火电机组中，50兆瓦及以下的凝气式机组占火电机组的近15％，300兆瓦及以上、100～200兆瓦以下机组各占1/3。2000年供电煤耗仍在394克/千瓦时左右，比世界先进国家高约70克/千瓦时左右。结构调整、节能降耗、迅速实现能源的清洁生产刻不容缓。

(二)中国经济发展中能源对环境及气候变化影响的一般分析

总体来看，20世纪80年代改革开放以后，我国国民经济持续快速增长，同时环境保护取得了积极的成绩。初级能源在燃烧中主要的排放物质是二氧化碳，我们以二氧化碳排放与经济增长的速度的相关性为例来进行分析，1978—2003 年，我国二氧化碳的排放速度大大低于国民经济的增长速度。我国工业和生活二氧化碳排放增长了 1 倍，同时国内生产总值增长了 25 倍，也就是说我国在控制和限制环境恶化的同时取得了高速的经济增长，这在世界经济发展过程中是极其罕见的。特别是我国二氧化碳排放不但大幅低于经济增长速度，同时其排放速度在逐年下降，1979 年增长速度是 2.17%，1980 年降为－2.35%，1981 年为－0.96%，在 1984、1985 年经济增长周期的高峰时期，二氧化碳排放增长率分别为 8.68%、8.46%，1991—1995 年是另一轮经济增长周期阶段的高峰，排放增长率再一次提高，分别为 5.03%、4.90%、5.38%、6.03%、7.59%，随后开始下降，1999 年降为－9.37%。

目前，我国主要面临以下能源环境问题：一是燃煤过程中排放的二氧化硫造成严重的酸雨污染；二是化石燃料燃烧产生的二氧化碳排放引起全球气候变化。自从工业革命以来，约 80%的温室气体造成的气候恶化是由人类活动引起的，其中二氧化碳的作用约占 60%。可见，二氧化碳是大气中的主要温室气体类型，而化石燃料燃烧是能源活动中二氧化碳的主要排放源。燃煤会造成二氧化硫的急剧增加，特别是如果生活和工业燃用高硫煤、而燃烧设备未采取脱硫措施，从而产生的二氧化硫排放量不断增加，会造成严重的大气污染，而这是造成酸雨污染的主要原因。能源引起的环境污染治理已成为我国国民经济发展中必须考虑的重大问题，并将制约未来我国社会经济和能源的发展。在我国，二氧化硫排放的增多造成了严重的环境污染，根据统计数据，我国在 1995 年就已经成为全球二氧化硫排放最多的国家，超过欧洲和美国。

全球气候变化是目前国际社会共同关注的重大全球环境问题之一，全球环境变化主要是由发达国家在其工业化过程中，使用大量石油、煤炭等产生的二氧化碳等温室气体所造成的。因此，限制和减少化石燃料燃烧产生的二氧化碳等温室气体排放已经成为国际社会减缓全球气候变化的重要组成部分，也必将对全球的能源生产和消费产生重大影响。

二、从国际范围看能源战略与环境保护的统一与矛盾

（一）发达国家协调能源与环境的做法

气候变化是环境影响中最复杂也是最难解决的问题，根本原因在于人类生产和生活造成的持续不断增加的二氧化碳排放量。目前世界上有 3/4 的能源供给是靠燃烧原油、煤和天然气来获取（美国占其中的八成）的。不可否认的是，世界各国发展是不平衡的，各国取得发展和增长的代价也是不对称的，高收入国家通过相对便宜的手段获取其他初级能源而迅速积累财

富，而经济落后国家实际上也是效仿发达国家能源发展的道路。目前矿物燃料支配着全球能源系统，根据估计，矿物燃料的替代价格为10万亿元，设备更新需要20～50年，即使出现更经济，成本更低廉的无二氧化碳排放的替代能源，新能源也不可能很快地完全替代传统能源，更何况无二氧化碳排放的设备和技术的投资成本目前是相当昂贵的，而且二氧化碳的大量燃烧物（燃烧1吨油或煤排放3吨二氧化碳）也不可能轻易为现有的机器、植物所吸收。

当前，虽然发达国家和发展中国家都面临同样严重的环境问题，并且大部分国家为环境问题付出了很大的成本和代价，但总体来看，落后国家能源所造成的环境损害占国民收入的比重要远远大于高收入国家。表3-2是2001年不同组别的国家二氧化碳损害占国民收入比重的对比。可以清晰地看出，低收入国家二氧化碳损害占国民收入的比重为1.55%，中低收入国家为1.88%，高中收入国家为0.59%，高收入国家仅仅为0.33%，中国高于低收入国家的平均水平，达到2.2%（见表3-2和图3-11）。这其中的主要原因是：第一，不同组别国家收入差距悬殊，发展中国家和发达国家的经济发展水平差异极大，产业结构不同，前者大多数已经完成工业化任务，而后者基本上处于发展本国经济改善民生的阶段，从而造成发达国家和发展中国家经济总量的不同使得计算公式的分母不同。第二，不同国家的技术水平差异，使得处理和改善环境污染的手段不同，高收入国家要明显优于低收入国家，从而对国民经济的影响和后果显然不同。

表3-2　2001年不同组别国家二氧化碳损害占GNI比重对比

项目＼国家类别	低收入国家	中低收入国家	高中收入国家	高收入国家	高收入国家（经合组织成员）	中国
二氧化碳损害占GNI比重(%)	1.55	1.88	0.59	0.33	0.33	2.2

虽然发达国家也同样面临削减二氧化碳排放量从而降低能源强度的巨大压力，但是从发展的角度看，发达工业化国家的能源政策能够迅速适应外部政治经济环境的变化，从而能够在环境问题上具有较大的回旋余地，不但具有解决环境问题的愿望，也具有解决环境压力的强大能力，这主要得益于其经济社会发展水平、经济社会的转型以及国民素质的提高、科学技术实力等。具体来讲，一个经济发达的社会在对付环境问题方面处于比较有利地位的主要原因在于：第一，在经济取得长足的进展以后，在人口中能够形成一个人数众多乃至占大多数的中产阶级，这部分人生活较为富裕，接受过良好的教育，有较强的环境保护意识；第二，在发达国家，整个社会积蓄的财富使之有能力对环境作客观的投入；第三，发达国家拥有的科技实力使得他们

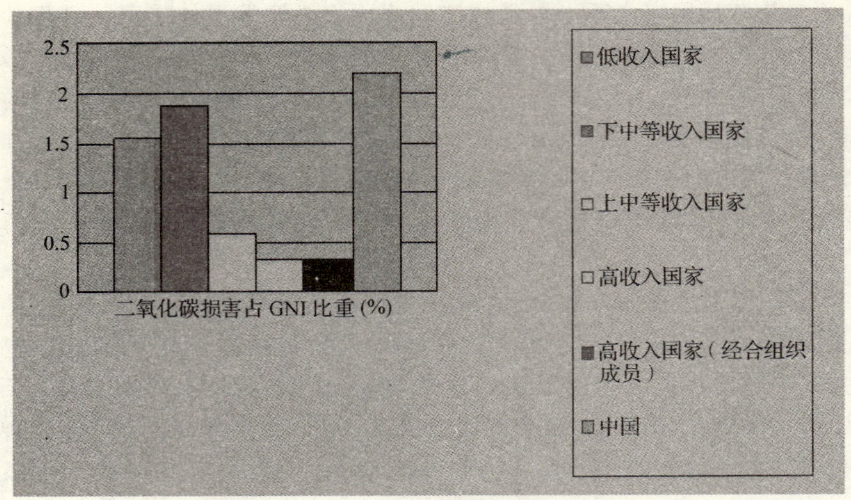

图 3-11 2001 年不同组别国家二氧化碳损害占国民收入比重的比较

在面对问题时在技术上有较为广阔的回旋余地。比如对于 1973 年和 1974 年原油价格下跌的反应，美国的能源强度每年都要减少 2.5%。同期，法国能源供给中的碳排放强度平均每年减少 2.7%。而不发达国家在环境保护上面临更大的经济压力和现实条件，因为其更容易陷入不发达状况下经济落后(人口压力)与生态退化的恶性循环。这主要有以下原因：第一，不发达国家的人口主体是生活在极端贫困线为生存而挣扎的穷人，他们主要关心的是基本的生活需要，对环境问题的关注还没有上升到主要位置；第二，不发达国家收入较低，没有较多的资金实力改善环境，消除环境污染；第三，不发达国家技术落后，技术应变能力差，出现能源供应紧张或者能源危机时，很难用各种节能技术替代原有耗能高的产品和工艺设备，也无技术能力研发减少污染的替代产品和新工艺。

从发达国家协调能源与环境关系的经验看，英国是比较成功的一个国家。英国政府在 2003 年 2 月 24 日发布了能源白皮书："我们的能源未来——构筑低碳经济"，详述了英国能源战略和环境保护政策。英国能源新政策的四大目标是：第一，铺筑减碳之路：英国将走上减碳的道路，到 2050 年减少(当前水平的)60%的温室气体排放；第二，确保能源供应的可靠性；第三，培育竞争性市场，提高生产力，促进经济的可持续发展；第四，提供给每一家庭充足和廉价的能源。英国协调能源与环境保护的主要政策有以下几个方面：

第一，英国能源战略尤其强调了能源效率的重要作用，在英国现行气候变化计划中，一半以上排放量的减少将来自能效措施的贡献。能源效率是实现上述目标的最经济、最清洁和最安全的途径，而且经济效益也是显而易见的。比如,更好的建筑物保温和更节能的工作场所不仅可降低家庭和商业的能源成本,而且需求的减少将有效地缓解能源供应的压力。在过去的30年中,英国经济的能源强度(即能耗与GDP之比)以每年1.8%的速度递减。如果不是如此,英国家庭采暖的能耗可能是目前的两倍。但仅仅简单地延续以往的变化是不够的。今后20年能效提高的力度将远远大于过去20年所取得的成就。2020年前,提高能效将主要表现在民用建筑、商业和公共事业等方面,具体的措施是不断提高建筑物的能效、执行更高的产品标准(如家用电器)等。

第二,采用低碳/无碳能源及技术。在英国能源新政策中,电力供应的新思路则是采用低碳/无碳能源及发电技术,例如小型的、分布式的供热和发电技术。2050年前实现减碳60%,英国可能需要30%~40%甚至更多的可再生能源发电。热电联供具有巨大的减碳潜力,一方面因其能源总效率高(达70%~90%);另一方面应用范围广,不论工业、商业还是家庭都适用。

第三,排放交易制。为了减少碳排放,英国避免能耗型的经济增长方式。自1970年以来,英国总能耗约增加了15%,而经济规模却翻了一番。英国今后必须保持并加快这一发展趋势。预计2020年英国的碳排放量为1.35亿吨。

通过降低能耗,增加可再生能源,有可能实现所制定的减碳目标。排放交易制将成为今后市场和政策的核心。英国已经颁布了自愿排放交易制度。通过设定排放上限,碳排放交易制能有效地激励对能效和清洁技术的投资。然而,仅靠排放交易制还不能够实现环境目标,还需要有进一步提高能效的措施和政策,并通过资金援助带动可再生能源基础设施的投资。

(二)在协调能源和环境问题上各国统一行动的困境

当前围绕全球气候变化所引起的限控温室气体排放问题已成为各国关注的焦点,从而使我国能源政策和发展战略面临严峻的挑战。1997年全球气候变化公约第三次缔约方大会通过《京都议定书》,发达国家不得不对减排作出具体承诺,到2008—2012年,公约附件1国家(发达国家)的温室气体排放水平整体上要比1990年减少5.2%,其中西欧、美国、日本分别减少8%、7%和6%。但美国等发达国家一方面逃避自己的责任,竭力在境外寻找"抵消"其国内排放额的各种安排措施和机制;另一方面则极力通过各种方法直接或间接挤压发展中国家,使发展中国家承担控制排放任务;同时,采取种种手段,分化发展中国家(七十七国集团和中国),加紧向发展中国家施加限控的义务。目前关于发展中国家在全球环境保护与国内经济发展的关系上一直存在着两种对立的观点,一种观点认为,发展中国家在对付环境问题上处于非常被动的地位,经济实力落后,人均收入偏低,长期内需要保持经济快速增长以增强国家实力,提高人民生活水平,因此应该牺牲环境换取经济增长，相应的能源战略和政策就应该是比较密集地使用各种可以获取的廉价能源（主要是石油、煤炭等不可再生能源），能源战略被动地服从于经济发展和财富的积累。这种观点的主要理由是发展中国家在全球能源使用中处于次要位置，人均能源消费比重大大低于发达国家，而国内环境问题不甚突出，或者对经济社会发展还没有造成严格的约束。在全球限控温室气体排放问题上，主张从维护发展中国家的利益出发，从民族国家的自身经济利益的角度反对承担过多的国际义务，而应该以发展国内经济为第一要务，而能源环境问题应该留到未来取得相应的经济实力后再解决。另一种观点认为，发展中国家应立即接受国际义务，承担相应的限控措施，能源环境问题和经济问题基本无关。其主要理由是全球环境恶化已经出现端倪，并有进一步加剧的趋势，而这是所有国家的共同敌人，虽然发展中国家在主动削减温室气体排放承担国际义务后会造成一定的经济损失，但是发达国家可以通过一定的机制和国际合作的方式向发展中国家低价或者无偿转移技术，取代后者落后的能源加工和生产技术工艺，从而不但能够改善全球环境，而且使发展中国家的技术水平大大提升，带来生产效率的提高，从而国民产出迅速增加补偿了由于承担环境保护义务而造成的短期经济损失。

我们认为以上两种认识都带有片面性，第一种观点明显地带有民族国家经济利益至上的特色，但不符合全球人类的共同利益和人类共同福祉。第二种观点以人类共同福利为首要目标，但是在现实中也难以操作，如果保障措施和制度约束不够健全的话就只能是纸上谈兵。对能源环境保护和经济发展的关系的处理实际上可以用博弈论来分析。按照一般的理论分析，在一个集团内部采取符合一致目标的共同措施来制定环境标准，各国面临一致的环境条件约束发展经济，这种比较理想的结果只要有明确而有效的监督协调措施可以实现，但是现实状况远非如此。

对能源环境进行国际监督和协调是改善全球福利、非歧视地提高产业竞争力的做法，联合国和世界贸易组织等国际机构也曾试图将环境保护纳入到国际管制的范围，我们从世界贸易组织与贸易有关的投资协定中可以看到这一点，但是对跨国环境保护的国际监管除了欧盟和 OECD 这些国家取得较成功的经验外，其他国际范围内的对跨国环境保护的协调组织和监督基本上还是一纸空文，停留在初级阶段，何况现有的投资协定没有区分两种投资方式，因此为国际协调监管制造了更大的困难。即使在现有的 OECD 和欧盟成员国对国际环境保护监管比较成功的国家中，也因为国家之间信息不对称问题、民族国家间的利益冲突以及内在的根本性制度缺陷问题而使协调监管问题面临着一定的危机。

“公共物品”问题。因缺乏有效的制度约束，人们往往会产生搭便车行为与投机动机，公共物品的供应会严重不足，人们在合作中的交易费用会因此而复杂化,国际经济合作难以顺利进行。对国际环境保护的共同监管也是一种“公共物品”,公共物品的提供要有有效的制度约束,但是国际环境保护的共同监管目前还是一个代价高昂的组织活动,除少数国家之间出现协调机制,在世界范围内推行共同监管困难极大。

信息不对称问题。在国际环境保护的共同监管中,要求涉及环境保护活动的国家之间、企业与双方国家监管机构之间都要互通信息,保持顺畅的信息流动机制,因此关键是国家之间和企业与监管机构之间要建立较强的信任机制,否则共同协调活动就很难实现,但是要以损失民族国家利益为风险向对方国家监管机构提供全面的有关本国环境保护企业的信息看来是不现实的。但是解决问题的办法还是有的,那就是尽量缩小执行协议的国家的范围以及采取更有效的监督措施和激励机制,但是距离要达到实现统一目标的具有可操作性的方案的要求还很远,因此要走的路还很长。

三、解决我国能源与环境问题的思考

(一)坚持在发展中逐步解决能源和环境的矛盾

作为发展中国家的大国,中国在解决环境和能源矛盾问题上应该兼顾发展经济和保护环境两个基本方面,不可过分强调一方,而忽视另一方。中国是一个人均收入偏低的中低等收入国家,人均资源匮乏,当前和未来的很长一段时间内,中国都应以发展经济和改善人民生活水平为主要任务,这是任何一个工业化国家在发展的历程中都必须走过的道路,也是中国特殊的国情所决定的。因此,中国目前和未来 20 年内都应以发展经济为制定发展战略的首要出发点。中国以发展经济为主要任务,必然带来对能源的较强需求,未来能源的消费必然快速增长,所以在经济快速持续增长的同时也应该兼顾环境保护问题。中国不可能再走先污染再治理的老路,一方面是经济社会和自然协调发展的内在要求;另一方面也会丧失改善环境和解决环境污染的最优时机,加大未来解决环境问题的压力,使经济成本加大。中国在未来的发展道路上必须协调能源和环境的矛盾,这是贯穿未来中国经济社会全面发展的一条主线,中国未来经济增长方式从粗放型向集约型的转变就是协调这一问题的具体反映。

(二)发展新技术和新工艺,提高能源使用效率

在能源消耗和使用中使用先进技术和工艺,既可以降低企业对能源等重要资源的投入,从而降低生产成本,同时减少能源消耗本身就降低了与能源相关的环境污染,先进的环保技术和设备对改善环境,达到环保标准起着积极作用。OECD 国家通过提升能源效率使 1973—1985 年间的用油量降低了 15%,但其国内生产总值仍提高了 21%。在美国加州则推行“负瓦特”的观念,政府奖励电力公司补贴消费者改用省能的器具(如省电灯泡或灯管),

以节省电力消费，少建电厂。20世纪90年代，Lafarge公司收购Cizkovicka水泥厂是一个成功的案例。1992年Lafarge公司买下了Cizkovicka水泥厂，这是捷克财产私有化计划的一部分。这家水泥厂因为附近具有优良的原料，出产高品质的水泥。水泥工业是高耗能的产业之一，但是这家工厂有一些经济上的优势，其大部分燃料来自当地化工厂所产的廉价裂解油。此外，由于东德以及捷克本身的经济成长，也带动了水泥的需求量不断增加。1994年，Lafarge决定将每年60万吨的产能扩张50%，预计花费5400万德国马克，其中包括降低单位产品所耗用的燃料和能源。该公司投资五段预热预煅烧的水泥窑技术，淘汰窑炉的重要机电设备。此外，对环保设备实施总体设计和改善以及降低粉尘及废气的排放。由于煅烧炉内使用氮氧化物设计，可预期氮氧化物的排放将大幅降低。因为购置新一代的研磨设备，又采用其他更现代化的管理措施，使电力使用量减少了11%。虽然降低二氧化碳排放并非原来扩厂和现代化的主要目的之一，但是通过耗能较低的新设备，使原来每吨水泥产生748公斤二氧化碳降至每吨水泥仅产生707公斤二氧化碳，而且值得注意的是，其中大约437公斤的二氧化碳并非因耗能所产生的，而是石灰石的脱碳反应产生的，属于不可避免的二氧化碳排放。每吨减少二氧化碳排放41公斤，每年就可减排36900吨，而在该厂25年的营运寿命期间，总计减量可达922500吨。若仅以因能源使用所排放的二氧化碳来计算(即扣除石灰石脱碳反应所产生的二氧化碳)，可以看出在节省能源的同时，与能源消耗直接相关的二氧化碳排放量减少了13%。该水泥厂成为Lafarge集团内在能源消耗及电力使用上最有效率的工厂之一。从这个案例可以看出，在一个成长的市场中，在燃料及能源效率改善上的投资可以很快地收回。同时我们注意到，温室效应气体排放的减量，可以由改善能源效率来达到，而不需要大量资金投入。

(三)逐渐调整我国的能源结构，鼓励使用新型能源方式

当前在转换能源使用结构和提高能源效率方面有一个误区，即认为核能在各种能源中是最经济的来源，因此也是能源结构转换的方向。这种观点具有很大的市场，这是混淆了能源开发技术的可行性与实际利用的可行性的错误认识。核能发电并不便宜。由于核能发电成本比火力发电(特别是天然气复循环发电)成本昂贵得多，故美、英、法等核能先进国家都已不再发展核电工业。法国1989年的一份官方报告曾指出，在2000年以前，建造任何核能发电厂都是不经济的。这就使法国电力公司(EDF)不得不将一座核电厂改成天然气发电厂的主要原因。英国先进型气冷式反应炉(AGR)与压水式反应炉(PWR)的单位发电成本是火力发电成本的2～3倍。因此，英国政府不得不一改过去长期支持核能的立场，在1989年11月9日宣布取消三部压水式反应炉的核电计划。美国则因安全标准不断提高而使核能发电

成本与日俱增,导致从1972年到1990年共取消了199座核电厂建造计划,其中有47座已部分施工或已完工。根据斯坦福大学若斯威尔(Rothwell)教授的研究,美国核能发电的单位成本约为燃煤发电的1.3倍,也比天然气发电贵得多。另外,美国能源部1993年5月的统计资料显示,在1986—1991年间,全美核能发电成本平均约为燃煤发电的1.5～2倍。此外,世界银行与亚洲开发银行也都认为核电厂不经济,故对核电厂的融资都极为谨慎。在中国台湾地区,核能的技术完全来自美国,核能发电成本也比核能先进国家来得高。这还不考虑核能安全管制与防护的因素,如果加上后者,成本要更高。

在保护措施不当的情况下,核能在改善生态环境方面可能比其他能源形式代价更为高昂,虽然核电厂在运转时不产生二氧化碳,但在铀原料的开采、制造、运送乃至核电厂的兴建、核废料的处置过程中,却无法避免二氧化碳的排放。事实上,负责应对温室效应的联合国跨政府气候变迁专家小组(IPCC),早就针对扩增核能发电作为缓和气候变化的方案进行了深入的研究。IPCC在1995年公布的研究报告显示:若欲利用核能发电来缓和气候变化,则到下个世纪(2100年)全球必须增加10倍的核子反应炉(核能装置容量由当时的330GW增加到约3300GW)。到时候核废料将积累到630万公吨。经过再处理后,可产生5000万～1亿公斤的钸。而只要10公斤的钸就可制造一颗足以摧毁一座城市的核子弹。因此,其对人类安全的威胁之大是无法想象的。很显然,以扩增核能发电来应对温室效应问题,现实性实则不强。开发再生能源与调整产业结构才是解决温室效应的良药。

扩大天然气发电比重。根据国际能源机构(IEA)的资料,IEA会员国未来的发电结构,天然气发电的比重将由1995年的12.9%增至2005年的19.6%,而核能发电的比重则不断降低。按照1998年的规划,中国台湾地区的天然气发电装置容量,由1997年的3438兆瓦到2020年提高为20148兆瓦,可增加16710兆瓦。

积极开发再生能源。世界上主要国家为应对温室效应,都积极开发利用新的再生能源,包括太阳能、风能、海洋能、地热能、生物质能等。太阳能、风能、海洋能等再生能源乃是符合环保的永续发展所需的能源。全球的风力发电容量在过去10年间呈数倍速地增加。德国在1995年风力发电为17000亿度,足供德国470多万户家庭一年的照明用。丹麦预计在2030年底风力发电量将达到总发电量的50%。法国也打算10年后使风力发电容量达到500兆瓦。

(四)调整产业结构,发展新兴产业和高技术产业是减少能源消耗和降低环境污染的重要手段

改善产业结构是改善环境和能源矛盾的有效途径。以中国台湾地区为

例,化工、炼钢、水泥、造纸等四种高耗能产业在过去17年间所创造的国内生产总值仅约占全台湾地区的7%,但却用了超过全国1/3的能源与电力。根据预测,如果产业结构改善,使这些高耗能产业所占的比重降低,而提高全国平均电力生产力20%,则可再多节省3700MW的电力。二氧化碳的排放与能源的消费有直接的关系。中国台湾地区的燃煤与燃油显得偏高,而燃气则显得偏低。从各部门燃烧燃料所排放的二氧化碳来看,则以工业部门所排放的比例为最高,历年来一直维持在59%以上,其次为运输部门,再次为住宅部门。若发电单独计算,则发电部门约占1/3。工业部门占最高比例的二氧化碳排放量,与不良的产业结构(太多高耗能产业)密切相关。化工原料业(石化业)、非金属矿物制品业(水泥业)、钢铁业及造纸业等高耗能产业,都是高二氧化碳排放的产业。若不限制高耗能产业的发展,则最保守估计,至少会比1990年再增加排放量的25%。因此,要减少二氧化碳的排放量,最好的办法是从调整产业结构入手,降低高耗能产业的比重,提高低耗能、高技术密集产业的比重。

(五)微观上对企业节约能源的激励措施

支持企业对能源进行循环利用,提高能源效率对缓解能源和环境的矛盾是极其必要的。比如废热回收是国外很多一流企业降低能耗的重要手段。虽然应用了近50年历史,但在20世纪中后期对大部分中小企业来说仍不够普及。以废热回收来发电或其他应用,不仅可为企业省下一笔可观的成本,也可因减少燃料的使用,而降低二氧化碳的排放。Forte为全世界最大的连锁旅馆跨国企业之一,20世纪80年代,电力、热水及热的需求量大,早在1983年该公司就对其高能源成本的问题非常关注,故参与了英国能源效率办公室(Energy Efficiency Office)的一项热与电力结合系统(a combined heat and power system,简称CHP)的计划。此计划成功地证明了旅馆可自己设立发电系统,废热可用来产出热水及暖气。而这主要的缺点就是技术支援不足,旅馆业不可能负担发电系统的操作及维修人员。在1987年前,Forte几乎已经快放弃采用CHP的构想,直到曼彻斯特出现了一家从建造、操作到维修均可一手包办的承包商,才有了转机。于是Forte在英国旗下的一间旅馆,由Combined Power Systems公司(CPS)兴建了第一套发电系统,发电成本比向国营电力公司购买的成本减少了40%。这一套发电系统产生的热水及余热可供旅馆使用,过去浪费掉的水与热均重新规划并予以有效利用,进一步降低了旅馆的营运成本。由于该系统仅提供60%的电量,故Forte仍保有与国营电力网络的连线。因为此案例的成功,Forte决定推广这种模式至旗下其他连锁旅馆。到1995年末,已有70家Forte的连锁旅馆设置了CHP设备,总发电量达7700千瓦,整个集团每年节省了至少20万英镑的成本。该项目不但因为节约能源使用带来了巨大的经济效益,同时由于废热的利用，所节省的燃料换算成降低二氧化碳排放量非常可观。全部70套系统的总和为每小时6吨。若保守估计以每年运转一半时间来计算，Forte每年在二氧化碳削减的总量上，便可达28000吨。1996年起Forte开始在其另外100家旅馆实施CHP的计划。预计整个集团每年可进一步节省50万英镑的成本，至于对二氧化碳的削减，则贡献就更为显著了。上述是一个大型连锁旅馆业节省成本、燃料，进而降低温室效应气体排放的成功案例，但全球80%的旅馆业为中小型企业，故如何进一步推广，是未来的重要课题。全球12大连锁旅馆业在威尔斯王子的邀约下，共同成立了威尔斯王子企业领袖论坛中的一个组织，成为International Hotels Environment Initiative(IHEI)，主要目的为交换彼此在永续发展方面的各项措施或改革的经验，并提供技术协助给中小型同业。从本案例中我们可学到下列数点：大型旅馆及商业大楼，可利用CHP系统来节省成本，并降低二氧化碳的排放。CHP系统需要专业的技术，即使像Forte为最上等的旅馆，仍需要借助外来的专业技术人员协助。应对技术提供者及承包商提供奖励的诱因，以确保其与旅馆业能从此类计划中共同获利。同业公会或组织应对其会员提供充分的技术或资讯协助，特别是对中小型企业的技术和政策援助非常重要。

(六)充分发挥行业协会在制定行业技术标准、连接市场与企业之间的积极作用

行业协会在市场中能够发挥形成技术标准、连接市场与企业的积极作用，发达国家有丰富的经验。1995年3月，德国工业联邦协会(the Federal Association of German Industries，BDI)表示："德国工商业界将自发性地致力于降低能源消耗及二氧化碳排放减量，在2005年时，达到二氧化碳排放减量20%以上的目标(基准年为1987年)。"一年后，此宣示作了以下几点变更：将基准年由1987年改为1990年。除总排放量的绝对目标外，也可使用每单位计量的目标，同时增加监控的程序，将减排量标准由"20%以上"改为"达到20%"，结果有许多相关的企业加入，包括大约80%的制造业及99%以上的能源产业。在人口增长及经济发展的强大压力下，20%的减排量是相当大的挑战。这个协议是参与各方(政府、企业、组织等)互相充分表述意见，并以公开、透明的形式形成的结果。自发性协议在提高能源使用效率，并减少二氧化碳温室效应气体的排放方面发挥着重要的作用。协议的内容牵涉未来经济成长的预测，技术的更新和能源的需求等因素。

荷兰也积极发挥行业协会在环境标准制定方面的积极作用。由于文化传统和积极参与的政治意见，荷兰人对于共同协议的达成，已有悠久的传统与经验。在环保领域中，政府和企业已经协商达成一系列协定。因此，控制温室效应气体排放的第二份国家环境政策方案酝酿出台，协议内容包括在

2000 年时，须达成二氧化碳排放量较 1989 年水准削减 3%的全国目标。而这个目标已将未来 11 年内经济发展需求所开发的新能源减量效应都计算在内了。实现这个目标的方法之一，便是在能源效率上运用长期协定(Long Term Agreement)的方式。截至 1996 年 9 月，政府已经与各行业协会签订了 31 个长期协定，参与合作的企业超过 1000 家，且这些协议已涵盖了工业界 90%以上的能源使用。在荷兰，长期协定是由 Novem(荷兰能源研究所)评估各行业节能的潜力，并拟定出各公司均可采用且合乎经济效益的可行方案。然后由产业公会、经济部和 Novem 共同签订这些长期协定，最后许多公司通过一份宣示文件，同意加入成为长期协定中的参与成员。长期协定要求在 2000 年，达到能源效率平均提高 20%的目标。经济部除了提供技术支援之外，还提供部分财务上的协助，参与厂商则必须提出年报。根据 1994 年的方案实行结果，18 项长期协定和约 70%的能源使用效率已增加了 9%，对 2000 年能源效率须改善 20%的目标而言，进展成果相当不错。

从以上的案例我们可以得出如下的经验和教训，自发性协议应考虑各国的传统文化，而且要充分考虑本国本地区的实际情况和经济社会发展的需要。荷兰的自发性协议展现了企业高成长期的强烈愿望，在政府技术及财政的协助下，确保企业界不会因为要达成社会目标，而失去其竞争优势。提高能源使用效率能兼顾经济的成长，并可降低二氧化碳的排放量。很多国家都有这样类似的行业协议，比如日本、法国等。

四、浙江能源—环境关系的实证分析

能源消耗对环境产生巨大影响，无论是大尺度系统的全球性环境问题，如温室效应、臭氧层破坏等，还是中尺度系统的区域性环境问题以及小尺度系统的地方性环境问题，如大气污染，包括烟尘、碳化合物等与能源消费量、能源结构和能源利用效率等密切相关。

浙江电源结构中以非清洁能源——煤炭为主。同全国的能源消费结构相比，浙江省的煤炭消费所占比重虽然比全国平均水平低，但同上海、广东等沿海发达地区相比，浙江省的煤耗比重仍然是比较高的。这种以煤为主的能源消费结构存在诸多的问题，环境污染是以煤为主能耗结构的直接结果，其中燃烧化石燃料排放的大气污染物和 COD 是我国环境问题的核心，排放量的 90%是燃煤造成的，二氧化硫和酸雨造成的经济损失已占 GDP 的 2%以上。根据环境监测，浙江省的大气污染处于煤烟型，主要污染物是烟尘、二氧化硫和氮氧化硫，在大中城市，汽车排放的氮氧化硫已超过燃煤排放的氮氧化硫。我国 70%的南方城市出现酸雨，其中浙江是仅次于华中地区的严重污染区，除浙西南外，全省大部分地区酸雨出现频率在 60%以上，主要表现在全省降水 pH 年均值低、酸雨率高、处于较低 pH 值范围的城市数较多和城市酸雨率上升。2005 年全省降水 pH 年均值为 4.38，平均酸雨率为 91.9%，其中 25 个城市为重酸雨区，7 个城市为中酸雨区，全省已无轻酸雨区。降水中主要酸性污染物为硫酸根离子，硝酸根离子的影响也在逐年增加，呈燃煤燃油型，主要是燃煤型特征。

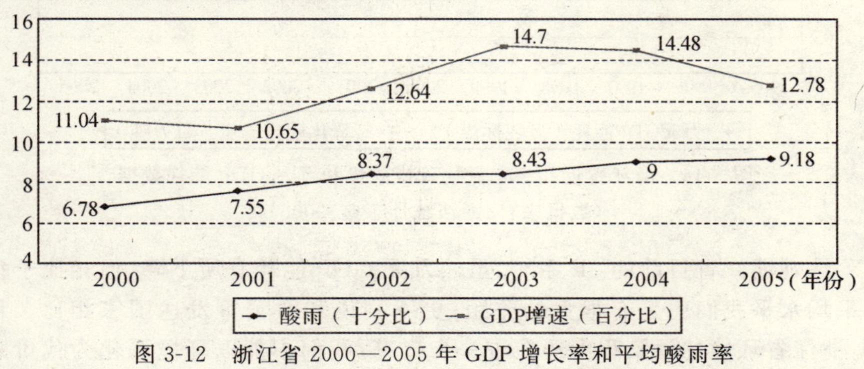

图 3-12　浙江省 2000—2005 年 GDP 增长率和平均酸雨率

（数据来自《浙江统计年鉴》2006）

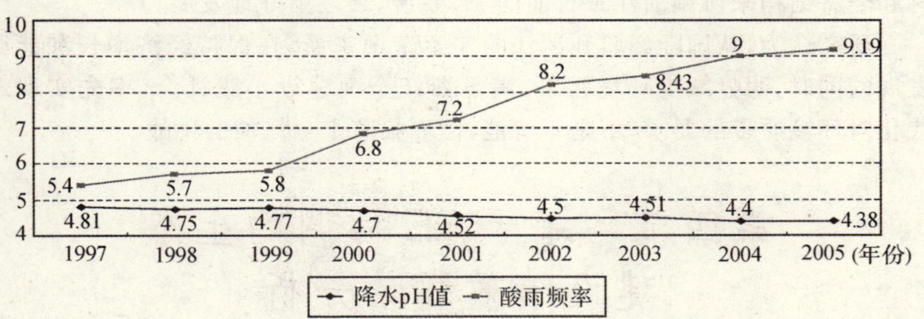

图 3-13　浙江省酸雨监测数据

（数据来自《浙江统计年鉴》2006）

虽然目前浙江省的经济增长形势是喜人的，但蕴藏在这种高增长背后的高环境代价往往容易被忽略，这不得不让人深思。本书选取具有代表性的二氧化硫排放量为参考依据来衡量浙江省的环境状况。

浙江省近几年二氧化硫排放量和万元 GDP 能耗数据如图 3-14 所示。

由图 3-14 知：在可持续能源战略的指导下，浙江省在提高能源利用效率这方面取得了一定的成绩，从万元 GDP 能耗这一反映能源与经济协调水平的指标可以看出。但就在经济开始超过 14%增长的 2003 年，浙江省二氧化硫排放量也开始大幅度提高，由此带来的酸雨率提高给生态环境造成了很大的影响（平均酸雨率提高，见图 3-12）。而其中 90%以上的二氧化硫排放量是由于煤炭的燃烧造成的，所以降低浙江省煤炭在能源消费中的比重已迫在眉睫，这就对浙江省的能源结构提出了更高的要求。

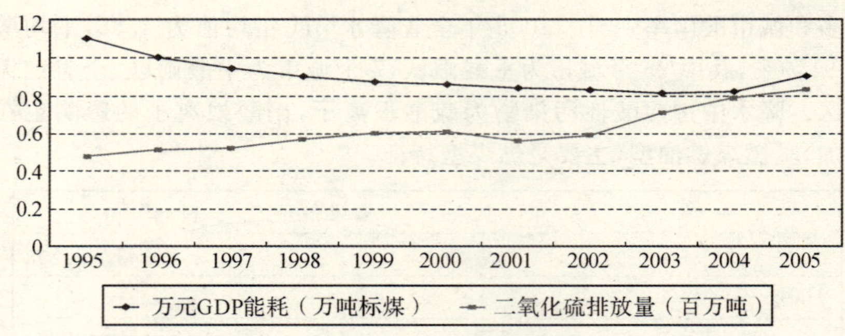

图 3-14 浙江省近几年二氧化硫排放量和万元 GDP 能耗数据

（数据来自《浙江统计年鉴》2006）

综观浙江省目前的3E系统，虽然万元GDP能耗有所下降，但相比于世界平均水平我们还是有很大的差距，更不用说和欧美等发达国家相比。目前，浙江省环境的污染程度还在进一步提高，我们不能以环境恶化为代价来换取经济高速发展，这种思想是不可持续的，所以我们需要有更好的能源结构和经济结构来协调浙江省目前的3E系统，使之更好地发展。

研究认为，从国际经验和浙江的实际情况来看，在保持经济增长和能源发展的同时，明显减少环境污染，满足浙江全面建设小康社会，率先实现现代化对环境质量的要求，不是不可能，但面临着十分严峻的挑战。

第四节 基于3E协调的生态建设绩效评估分析

一、生态建设绩效评估指标体系的建立——以杭州市为例

近年来，生态建设的发展在理论上更多地吸取现代生态学的新成果，从定性向定量分析和模拟方向发展。在实践上，生态建设从单一对象的建设向城市、区域持续建设发展。结合国内外生态建设的实践，规划指标体系和指标体系建设成为生态建设的两个重要内容。生态建设指标体系是评估区域可持续发展能力的重要组成部分，通过对目前生态城市建设绩效评估指标体系等发展现状的分析研究，探讨杭州生态市建设绩效评估指标体系和循环经济构建的内容，为杭州生态市建设绩效评估及建设提供了新的思路。

（一）指标体系的设计原则

选择生态市建设绩效评估指标，遵循以下原则：

（1）独立性原则。同一层次上的各指标之间相互独立，没有交叉，尽可能避免明显的包含关系，力求减少指标间的关联度。即要求在同一层上的 A

指标与 B 指标不能存在重叠或因果关系，表示为 $A \cap B = \varnothing$。

(2)结构性原则。从不同层次和不同角度来衡量投标企业的综合实力，以保证综合评价的全面性和可信度。

(3)一致性原则。评价指标体系应与现行的招投标管理制度相适应，要求评价指标能客观、真实地反映现实招投标运作系统的基本情况。

(4)可测性原则。指标含义明确，数据资料收集方便，计算简单，易于掌握。

(5)定量与定性相结合的原则。既可使评价具有客观性，便于运用数学模型处理，又可弥补单纯定量或定性评价的不足及数据本身存在的某些缺陷。

(6)系统性原则。能够反映生态市建设的各个方面。

(7)涵盖性原则。各项指标所覆盖内容要丰富且相对独立，避免指标之间的重叠。

(二)指标体系的系统设计

指标体系的选择十分复杂，此次指标体系的选择，除了基于以上基本原则外，还以国家生态市建设指标体系(国家环保总局，2003)为主，研究中依据可持续发展理论，按照环境支持系统—经济发展系统—社会发展系统的思路构筑指标体系框架，从而将指标体系分为三大类。这个三层指标体系的顶端，就是最终的综合性指标，即“生态市建设总体目标”。

本书在总结以上研究成果及国家环保总局生态市建设指标体系的基础上，根据层次分析法、依据弹性原则，按照杭州市实际情况，剔除了生态市建设指标体系第 19 项和第 23 项指标，建立了生态市建设绩效评估研究的三级评价指标体系。第一级为生态市建设总目标，分为经济水平、经济结构、自然环境、城市环境、企业环境、城市化和社会公平 7 个二级系统。第三级为 36 项具体指标，包括年人均地区生产总值、森林覆盖率等。具体见表 3-3。

表 3-3　杭州市生态市建设绩效评估指标体系

一级指标(S)	二级指标(C_i)	三级指标(P_i)
生态市建设总目标	经济水平	1. 年人均地区生产总值
		2. 年人均财政收入
		3. 农民年人均纯收入
		4. 城镇居民年人均可支配收入
	经济结构	5. 第三产业占 GDP 比例
		6. 全社会科技投入占 GDP 比例
		7. 单位 GDP 能耗(规模以上工业)
		8. 单位 GDP 水耗
		9. 应当实施清洁生产企业的比例
		10. 规模化企业通过 ISO14000 认证比率
		11. 环保投入占 GDP 比例

续表

一级指标(S)	二级指标(C_i)	三级指标(P_i)
生态市建设总目标	自然环境	12. 森林覆盖率(丘陵区)
		13. 受保护地区占国土面积比例
		14. 退化土地恢复率
	城市环境	15. 城镇人均公共绿地面积
		16. 城市水功能区水质达标率
		17. 集中式饮用水源水质达标率
		18. 城市空气质量(南方地区)
		19. 城镇生活污水集中处理率
		20. 城镇生活垃圾无害化处理率
	企业环境	21. 清洁能源占一次性能源比重
		22. 工业用水重复率
		23. 噪声达标区覆盖率
		24. 工业固体废物处置利用率
		25. 主要污染物排放强度(二氧化硫)
		26. 主要污染物排放强度(COD)
	城市化	27. 城市生命线系统完好率
		28. 城市化水平
		29. 城市燃气普及率
		30. 高等教育入学率
		31. 环境保护宣传教育普及率
		32. 公众对环境的满意率
	社会公平	33. 恩格尔系数(城镇)
		34. 恩格尔系数(农村)
		35. 基尼系数(城镇)
		36. 基尼系数(农村)

(三)指标体系的计算方法

1. 数据的收集和处理

数据来源于杭州市2003—2005年生态市建设指标值，绝大多数指标都能找到相应的数据，如果某一指标有超过三年的数据缺失情况，就要考虑是否采用这项指标。数据收集后，要进行无量纲化处理。无量纲化，也叫数据的标准化、规范化，它是通过简单的数学变换来消除各自变量量纲影响的方法。本指标体系包含36个指标，各个指标间没有统一的度量标准，难以进行比较。如果直接对它们作层次分析，结果就会出现偏差。为了便于统一的数学运算和比较，须对各个量进行标准化处理。本体系中的任何一个指标均相对应一个因子，这个因子应有一个最合适的量值或理想值，过大或过小均不利于城市生态系统的发展。就目前情况来看，最适宜充当标准值的当属由杭州市政府经过严格审核制定的2005年生态市建设规划值。计算公式如下：

$$U_j(i)=\frac{a_i}{x_i}$$

式中，$U_j(i)$——i 指标第 j 年的标准化指标值；

x_i——i 指标第 j 年的实际数值；

a_i——i 指标第 j 年的最适值(理想值)。

需要注意的是，某些指标是越小越符合生态市建设发展规律，如单位GDP能耗、单位GDP能耗这些指标，相应的应取以上计算结果的倒数，才能确保最后计算出的总指标真实地反映实际情况。

2. 权重确定

本书运用层次分析法确定权重。层次分析法(Analytic Hierarchy Process，AHP)是美国运筹学家T. L. Saaty教授于20世纪70年代初期提出的一种简便、灵活而又实用的多准则决策方法，它是一种定性和定量相结合、系统化、层次化的分析方法，它把一个复杂问题分解成组成因素，并按支配关系形成层次结构，然后应用两两比较的方法确定决策方案的相对重要性。层次分析法特别适用于无结构问题的建模。

(1)应用AHP确定权重

首先要把问题条理化、层次化，构造出一个有层次的结构模型，在这个模型下，复杂问题被分解为元素的组成部分，这些元素又按其属性及关系形成若干层次，上一层次的元素作为准则对下一层次有关元素起支配作用，这些层次可以分为三类：①最高层(目标层)：这一层次中只有一个元素，一般它是分析问题的预定目标或理想结果；②中间层(准则层)：这一层次包括为实现目标所涉及的中间环节，它可以由若干个层次组成，包括所需要考虑的准则、子准则；③最底层(方案层)：这一层次包括为实现目标可供选择的各种措施、决策方案等。

递阶层次结构中的层次数与问题的复杂程度及需要分析的详尽程度有关。一般的，层次数不受限制，每一层次中各元素所支配的元素不超过9个，这是因为支配的元素过多会给两两比较带来困难. 一个好的层次结构对于解决问题是极为重要的，因而层次结构必须建立在决策者对所面临的问题有全面深入认识的基础上，如果在层次划分和确定层次元素间的支配关系上举棋不定，那么最好重新分析问题，弄清元素间相互关系，以确保建立一个合理的层次结构。

(2)构造两两比较的判断矩阵

在建立递阶层次结构以后，上下层元素间的隶属关系就被确定了。假定以上一层次的元素 C 为准则，所支配的下一层次的元素为 $P_1,P_2,\cdots,P_n$，目的是要按它们对于准则 C 的相对重要性赋予 $P_1,P_2,\cdots,P_n$ 相应的权重，当 $P_1,P_2,\cdots,P_n$ 对于 C 的重要性可以直接定量表示时（如利润多少、消耗材料量等），它们相应的权重量可以直接确定，但对于大多数社会经济问题，特别是比较复杂的问题，元素的权重不容易直接获得，这时就需要通过适当的方法导出它们的权重，AHP 所用的导出权重的方法就是两两比较的方法。

在这一步骤中，决策者要反复地回答问题，针对准则 C，两个元素 P_i 和 P_j，哪一个更重要，重要程度如何？并按 1～9 的比例标度对重要性程度赋值，表 3-4 列出了 1～9 标度的含义，这样对于准则 C，n 个被比较元素通过两两比较构成一个判断矩阵。

表 3-4　重要性的比较评分

标　度	定　义	说　明
1	同样重要	两个元素对于某目标有相同贡献
3	稍微重要	一个元素的贡献稍微偏重于另一元素
5	明显重要	一个元素的贡献强烈偏重于另一元素
7	重要得多	一个元素在实践中被证明是占主导的
9	极端重要	一个元素比另一个元素占主导地位是绝对的
2,4,6,8	两个相邻奇数标度的中值	需要进一步细分或对两个判断折衷

（3）权向量和一致性指标

通过两两成对比较得到的判断矩阵 $\boldsymbol{A}$ 不一定满足矩阵的一致性条件，于是找到一个数量标准来衡量矩阵 $\boldsymbol{A}$ 的不一致程度显得很必要。

设 W 是 n 阶判断矩阵的排序权重向量，当 $\boldsymbol{A}$ 为一致性矩阵时，显然有：

$$\boldsymbol{A}=\begin{pmatrix} \frac{w_1}{w_1} & \frac{w_1}{w_2} & \cdots & \frac{w_1}{w_n} \\ \frac{w_2}{w_1} & \frac{w_2}{w_2} & \cdots & \frac{w_2}{w_n} \\ \cdots & \cdots & \cdots & \cdots \\ \frac{w_n}{w_1} & \frac{w_n}{w_2} & \cdots & \frac{w_n}{w_n} \end{pmatrix}=\begin{pmatrix} w_1 \\ w_2 \\ \vdots \\ w_n \end{pmatrix}\left(\frac{1}{w_1}\ \frac{1}{w_2}\ \cdots\ \frac{1}{w_n}\right)$$

$$a_{ii}=1,a_{ij}=\frac{1}{a_{ji}},a_{ij}\cdot a_{jk}=a_{ik}$$

并明显有：$\boldsymbol{AW}=n\boldsymbol{W}$

这表明，$\boldsymbol{W}$ 为 $\boldsymbol{A}$ 的特征向量，且特征根为 n，也就是说对于一致的判断矩阵来说排序向量

$$W=\begin{bmatrix} a_{11}^{-1} \\ a_{12}^{-1} \\ \vdots \\ a_{1n}^{-1} \end{bmatrix}$$

为 $\boldsymbol{A}$ 的特征向量，并且由于 $\boldsymbol{A}$ 是相对变量 $\boldsymbol{W}$ 关于目标 $\boldsymbol{Z}$ 的判断矩阵，则 $\boldsymbol{W}$ 为诸对象的一个排序。

另外，一致的正互反矩阵 $\boldsymbol{A}$ 还具有下述性质：

(1)$\boldsymbol{A}$ 的转置 $\boldsymbol{A}^T$ 也是一致的；

(2)$\boldsymbol{A}$ 的每一行均为任意指定的一行的正数倍数，从而 $R(A)=1$

(3)$\boldsymbol{A}$ 的最大特征根 $\lambda_{\max}=n$，其余特征根全为 0；

(4)若 $\boldsymbol{A}$ 的 $\lambda_{\max}$ 对应的特征向量 $w=(w_1,w_2,\cdots,w_n)^T$，则 $a_{ij}=\frac{w_i}{w_j}$。

由上述性质可知，当 $\boldsymbol{A}$ 是一致阵时，$\lambda_{\max}=n$，将 $\lambda_{\max}$ 对应的特征向量归一化后记为 $W=(w_1,w_2,\cdots,w_n)^T$，其中 $\sum_{i=1}^{n}w_i=1$，W 称为权向量，它表示了 $y_1,y_2,\cdots,y_n$ 在目标 Z 中的权重。

据此，如果判断矩阵不具有一致性，则 $\lambda_{\max}>n$，并且这时的特征向量 $\boldsymbol{W}$ 就不能真实地反映$\{y_1,y_2,\cdots,y_n\}$在目标 Z 中所占比重。衡量不一致程度的数量指标叫做一致性指标，定义：

$$CI=\frac{\lambda_{\max}-n}{n-1}$$

由于实际上 CI 相当于 $n-1$ 个特征根(最大的除外)的平均值，显然，对于一致性正互反矩阵来说，$CI=0$，但是，仅依靠 CI 值作为判断矩阵 $\boldsymbol{A}$ 是否具有满意一致性的标准是不够的，因为人们对客观事物的复杂性和认识的多样性，以及可能产生的片面性与问题的因素多少、规模大小有关，即随着 n 值(1～9)的增大，误差增大，为此，引进了平均随机一致性指标 RI：

$$RI=\frac{\lambda'_{\max}-n}{n-1}$$

阶数	3	4	5	6	7	8	9
RI	0.58	0.90	1.12	1.24	1.32	1.41	1.45

定义 CR 为一致性比率，则 $CR=\frac{CI}{RI}$，当 $CR\not<0.1$ 时，则称判断矩阵具有满意的一致性。否则就需要调整判断矩阵，使之具有满意的一致性。

二、生态市建设的资源和环境系统分析

近几年来，杭州市生态环境保护工作在可持续发展战略的指导下取得

了重大的进展，但值得注意的是，这只是在我国总体环境承载力脆弱的情况下得到的发展，与世界先进水平相比还有一定的差距。说明杭州市在以可持续发展为目标，建设生态市为具体政策的指引下，经济、社会、资源和环境四方面正在朝着更加协调的方向发展，同时也存在一些问题，归结起来有以下几点：

第一，在管理方式上，政府主导型。政府的行为贯穿于整个环保工作的各个环节和领域，企业和社会被动地接受，社会公众的环境意识和参与不够，没有很好地发挥社会子系统中公众参与的能力。

强制性的环境政策占主导地位，具有激励作用的经济性的政策环境运用有限，市场机制不够健全。特别是环保产业的发展还有待提高。环保产业的发展很不均衡，从事环保产业的大企业很少，环保产业的产品单一，抗风险能力弱，市场竞争力不够强。

第二，经济、资源、环境和社会发展不够协调，并没有形成良好互动关系。目前，杭州经济以资源经济和知识经济为主要形态。资源经济以资源的开发利用为基础，人们以地球统治者自居，对自然界巧取豪夺。然而，经济、资源、环境和社会之间存在着复杂的交联关系，发展经济当然要利用自然资源，而且首先是利用对人们最有用和廉价的资源，而自然资源的利用，受到地球资源总量的约束，对不可再生资源而言，人们用得越多，它的存量就越少，即使是可再生资源，它的利用也是有条件的。而浙江省特别是杭州市整体陆域“无油、缺煤、少电”，资源匮乏，95%以上消耗的能源须从省外调入。“十五”以来，全市国民经济和社会持续快速发展，工业化、城市化、现代化进程加快。与之相应，全市能源消费也随之快速增长。能源供需缺口逐年拉大，瓶颈制约和环境压力亦趋凸显。能源供需态势已由“七五”至“九五”期间的结构性、区域性、阶段性短缺，演变为当前煤、电、油三大常规能源全面短缺，尤其是电力供需矛盾突出。不仅严重制约了杭州市经济社会的发展，也给人民群众生活带来了不同程度的影响，能源瓶颈制约已成为杭州市近年来经济社会发展中一个十分突出的问题和全社会普遍关注的焦点。

下面，我们按照上文介绍的城市可持续发展的目标，以资源和环境子系统为例进行现状分析。

（一）能源利用状况分析

1.能源消耗随着经济的增长快速上升，国民经济能耗强度略有下降

国民经济能耗强度和国民经济电耗强度是综合反映能源利用效率的主要指标之一。2005年，杭州市万元GDP综合能耗（即能耗强度）为0.87吨标准煤，比2004年的0.89吨标准煤下降了2.25%，比全国1.22吨标准煤、全省0.90吨标准煤分别低28.7%和3.3%。全市万元GDP综合电耗为1130千瓦时，比2004年的1079千瓦时高4.7%，并呈逐年上升的态势。“十

五”期间的平均电耗强度比“九五”期间上升8.2%。国民经济能耗强度的下降，能源利用水平不断提高，电耗强度的上升势态体现了国民经济发展与电力供应的关系日益紧密。

杭州市能源利用效率约40%，比“八五”期末提高约5个百分点，分别比全国、全省平均水平约高7个百分点和4个百分点，处于全国先进水平，基本实现了新增能源消耗一半靠节约的战略目标。特别是杭州市规模以上工业单位能耗在“十五”期间下降了48.4%，规模工业增加值能耗强度下降了51.2%（见图3-15、3-16、3-17）。

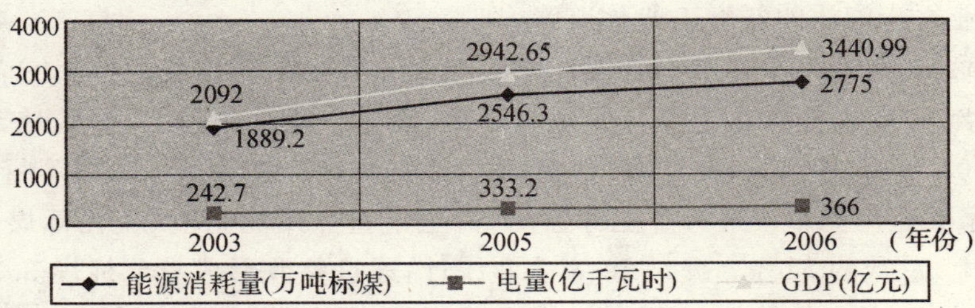

图3-15　杭州市近年能源与经济状况统计

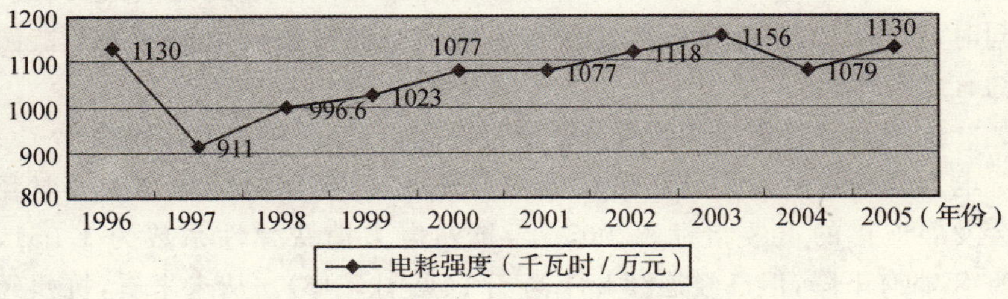

图3-16　杭州市电耗强度

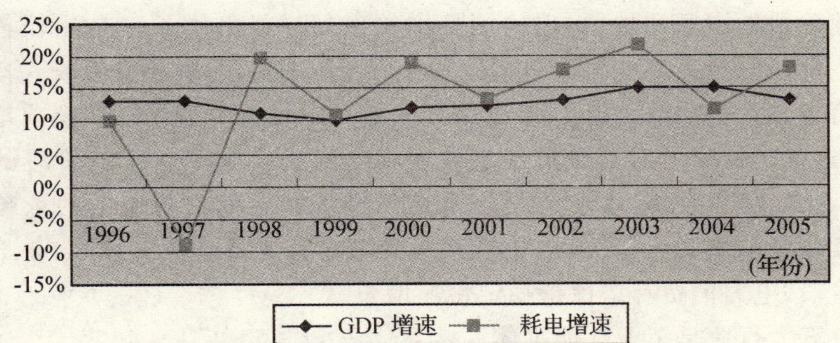

图3-17　杭州市电力消费增长与国民经济增长比较

杭州规模工业企业能源利用水平不断提高的原因主要有三方面：

第一，随着杭州市经济社会发展水平的提高，杭州市的科技水平也有显著的提升，工业技术日益进步，这从技术层面提高了杭州市工业用能的效率。

第二,在经济社会发展的宏观调控中,杭州市工业结构也发生了巨大的变化。“工业兴市”战略的实施使杭州市工业支柱产业粗具雏形,形成电子信息、医药化工、机械制造、纺织服装和食品饮料五大工业支柱产业。工业区域布局更加合理,块状特色优势明显,形成以国家级开发区为主导,区县(市)工业功能区块为基础的工业格局。高技术产业迅速成长,通信、软件、集成电路设计、数字电视、动漫、网络游戏六条“产业链”已初步形成。城市工业走出了一条高技术产业快速成长、传统优势产业升级加快、高消耗低效益产业逐步淘汰的新型工业化道路。

第三,杭州市狠抓节能管理。依法全面开展能源利用监测(审计),促进企业合理用能;制定了重点行业用水定额,推进节能工作持续、有效地开展。到2005年底,全市共对电力、建材、轻工、石化、食品、医药、纺织等行业的163家重点用能单位进行了能源监测,占全市重点用能企业(年耗标煤5000吨以上)总数的51%。据对50家企业统计,通过整改形成年节标煤3.36万吨,直接经济效益达2631万元。全市能源综合利用效率达到40%左右,处于全国先进水平,基本实现了新增能源消耗中一半靠节约的战略目标。与此同时,杭州市工业企业内部管理水平的日益提升也极大地促进了能源的节约有效利用。

2.杭州电力消费弹性系数持续稳定在高位,近两年有少许回落

电力消费弹性系数是反映经济社会发展、社会用电结构及电力对经济社会发展支撑的重要指标。2005年,杭州电力消费弹性系数为1.051,比2004年略有下降,但已经连续8年高于1(见图3-18)。从未来看,杭州经济在21世纪的头20年里还将保持较快发展速度。从国际经验分析,处在工业化加速阶段的国家和地区,电力消费增长率超过经济增长率是比较普遍的现象。杭州已经进入电力消费弹性系数大于1的阶段,并将在很长一段时间内保持电力消费系数大于1,所以经济发展一定要有电力先行和超前增长的概念,这是对杭州电力消费弹性系数变动已经进入到了一个新阶段的逻辑判断。从经济角度讲,这主要是因为杭州经济社会发展对电力的依赖程度在持续稳定地加大。在杭州2005年人年均电力消费已经突破5000千瓦时的新阶段,电力消费有望保持稳定慢速增长。

3.五大行业是工业耗能主体

杭州市综合能源消耗量较集中的行业,依次为纺织业、非金属矿物制品业、黑色金属冶炼及压延加工业、造纸业和化学原料及化学制品制造业。这五大行业2003年综合能源消耗总量为851.2万吨,比上年增长17.5%,占全市规模以上工业用能的72.6%。

五大高能耗行业能源消耗以煤炭、电力消耗为重点,共消耗煤炭646.8

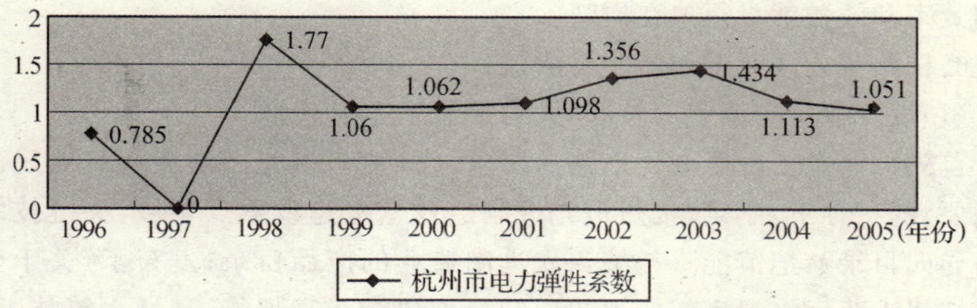

图 3-18 杭州市电力弹性系数

万吨,同比增长 8.4%,占规模以上工业企业煤炭消耗总量的 54.8%;消耗电力 84.6 亿千瓦时,同比增长 20.24%,占规模以上工业企业电力消耗总量的 59.3%。

2006 年,这五大行业消费电力比上年同期分别增长 13.4%、19.2%、14.3%、8.7%和 12.1%,增幅同比分别回落 3、6.2、1.8、2.4 和 2.1 个百分点。2007 年 1—7 月,纺织业、造纸业、化学原料及化学制品制造业、非金属矿物制造业和黑色金属冶炼及压延加工业等高耗能行业共消费电力 94.95 亿千瓦时,比上年同期增长 9.4%,增幅低于全市平均水平 3.9 个百分点。

4.重点耗能企业占综合能源消耗量比例大

杭州市年耗能源千吨以上的重点耗能工业企业发展势头较快,已从 1998 年底的 617 家发展到 2003 年底的 1099 家。2003 年重点耗能企业综合能源消耗 1014.7 万吨,占全市规模以上工业企业综合能源消耗量的 87%,能源消耗比上年增长 11%,其中:消耗煤炭 1145.7 万吨,增长 10.9%,占规模以上工业用煤的 97%;消耗电力 114.9 亿千瓦时,增长 24.1%,占 80%,说明杭州市重点耗能企业能源消耗的高低对全市能源消费状况起着决定性的影响。

5.优质能源比重逐年上升

目前杭州市工业能源消耗的主流仍是煤炭,在能源消耗总量中占 50%左右。大量的煤炭消耗会带来严重的环境污染,近几年来杭州市在控制煤炭消耗比重上取得了较好的成绩,煤炭消耗比重逐年下降,从 1998 年的 56%下降至 2005 年的 44%。而电力、煤气、液化石油气等优质能源消耗的比重逐年上升,2005 年已达 38%。

总的来说,杭州市能源资源贫乏,一次能源的自给率几乎为零,所用能源靠外地调入,高度依赖能源市场,市场风险无时不在,能源安全显得非常脆弱。杭州市工业经济整体处于新一轮的快速发展时期,在当前能源紧张的形势下,采用应急手段的同时,应该用科学的发展观来制定杭州市的用能政策和规划,强化节能意识,不断提高能源利用效率,优化能源结构,使杭州市经济实现可持续发展。所以,如何在杭州这个资源紧缺的城市提高资源利用效率和效益就显得迫在眉睫。

6. 杭州节能降耗工作的主要成效

(1)以产业结构调整为核心,大力发展先进制造业

首先按照走新型工业化道路的要求,在《杭州市先进制造业基地建设规划纲要》的指导下,制定《杭州市先进制造业基地建设重点领域、关键技术及产品导向目录》,把节能降耗纳入先进制造业的产品目录;发布了《关于全面淘汰杭州市落后水泥生产能力的通知》,加快淘汰高耗能、高耗水等技术、工艺、设备和产品。2000 年以来,杭州市共建成新型干法水泥生产线 11 条,形成生产能力 1100 多万吨;同时,拆除机立窑 149 台,压缩生产能力 1200 多万吨,全市新型干法水泥生产能力占水泥总生产能力的比例可达到 80%以上,继续保持全国、全省领先地位。

此外就是着力促进产业结构优化升级。围绕改善质量、提高品质、降低消耗、节约资源,进一步加大利用高新技术和先进适用技术改造传统产业的力度,高起点、高水平地组织实施纺织、轻工、电子、机械、化工、医药、建材、食品和热电等 9 个行业重大工业结构调整改造专项,促进产业结构向技术水平高、资源消耗少、经济效益好且对环境影响小的方向转变。

(2)以节约能源为重点,不断提高能源利用效率

一是狠抓节能工作。依法全面开展能源利用监测(审计),促进企业合理用能;制定重点行业用水定额,推进节能、节水工作持续、有效地开展。到 2005 年底,全市共对电力、建材、轻工、石化、食品、医药、纺织等行业的 163 家重点用能单位进行了能源监测,占全市重点用能企业(年耗标煤 5000 吨以上)总数的 51%。据对 50 家企业的统计,通过整改形成年节标煤 3.36 万吨,直接经济效益达 2631 万元。全市能源综合利用效率达到 40%左右,处于全国先进水平,基本实现了新增能源消耗中一半靠节约的战略目标。

二是狠抓废弃资源综合利用。鼓励企业充分利用国家的税收优惠政策,开展对矿产资源开采过程中的共生、伴生矿,生产过程中产生的废渣、废水(废液)、废气、余热、余压,生产和消费过程中产生的各种废旧物资的综合利用。积极组织废弃资源综合利用企业的认定工作,加强再生资源回收网络体系的建设。到 2005 年底,全市共认定 885 家资源综合利用生产企业和回收企业,其中生产性企业达 87 家,年利用废弃资源 633 万吨,综合利用产品销售额达 32.3 亿元;再生资源回收企业 798 家,回收废旧钢铁、废纸、废塑料等 642 万吨,销售额 85 亿元。在全市各地已初步形成了以废纸、废塑料、废有色金属等再生资源为主业的回收利用园区和产业,废弃资源利用量居全国、全省前列。

(3)以创建绿色企业为方向,积极推进企业清洁生产

根据《杭州市全面推行清洁生产的实施办法》,在全市企业尤其是污染

性行业中大力开展“绿色企业”创建活动，到2005年底，已创建省级绿色企业20家，占全省创建企业的1/3。至2005年底，全市共完成了印染、电镀、医药、化工等重点行业134家清洁生产企业的试点工作，占全省完成企业约40%(2/5强)。通过审核，这些企业将实施无/低费方案2444个，实施中/高费方案507个，清洁生产总投入4.1亿元，年可产生经济效益3.5亿元，每年可节电9154万千瓦时，节煤80106吨，节汽119893吨，节水4752吨，节油3844吨，形成年节能13万吨标煤的能力。同时削减废水3763万吨，削减二氧化硫1598吨，削减COD7664吨，减少固体废弃物4.9万吨。

(4)落实科学发展观，大力开展循环经济试点工作

以规划为指导，编制了《杭州市工业循环发展规划(2006－2020年)》，制定了《杭州市工业循环经济审核报告手册(试行)》，着力实施好“2632”工业循环经济示范工程。在全市范围内选择2个区、6个园区、30个企业开展工业循环经济建设和200家企业开展清洁生产审核，分门别类制订试点工作方案，出台试点工作实施办法，指导试点单位拟订循环经济发展规划(计划)和循环经济路线图。到2006年底，已有17家工业企业通过了循环经济审核报告验收，目前尚属国内首创。

三、生态建设绩效评估指标计算和体系评价——以杭州市为例

(一)指标完成情况分析

2003年5月，国家环境保护总局颁布了《关于印发〈生态县、生态市、生态省建设指标(试行)〉的通知》(环发〔2003〕91号)，明确了生态市的定义、标志和建设的六项基本条件和三大类28项33个建设指标，12月颁布实施的《杭州生态市建设规划》，结合杭州实际情况，增加了三项参考指标，至此，杭州生态市建设共有四大类31项36个指标。经过三年的努力，杭州市已具备六项基本条件的三项，其余三项与基本条件尚有差距；31项共36个指标中，除两项两个指标未考核外，已有24个指标达到2005年生态市建设规划目标，21个指标达到国家生态市建设要求。

1. 指标达标分析

由于“旅游区环境达标率”实际操作性不强，无法定量测算，“采暖地区集中供热普及率”仅考核北方地区，不需要对杭州进行考核，因此杭州市2003—2005年生态市建设绩效评估工作的实际考核指标体系为四大类29项34个指标。其中，还有13个指标未达到国家生态市建设要求。

2003—2005年杭州市社会进步类指标达标情况最好，仅有1个指标未达到2005年规划目标和国家生态市建设要求；经济发展类和环境保护类指标达标情况相对较差。其中，应当实施清洁生产企业的比例、规模化企业通过ISO14000认证比率、退化土地恢复率、城市空气质量、城市水功能区水质

达标率、集中式饮用水源水质达标率、噪声达标区覆盖率、城镇人均公共绿地面积等与国家生态市建设要求差距较大。

杭州市2003—2005年生态市建设指标值、杭州生态市建设不达标指标制约因素及主要的达标措施分析和生态市建设2005年指标差距分析分别见表3-5、3-6和3-7。

2. 不达标指标分析

(1)较易达标指标

——农民人均纯收入、第三产业占GDP比重。

在《杭州市国民经济和社会发展第十一个五年规划纲要》指导下，随着杭州市经济社会的快速健康发展，这两项指标要达到国家生态市建设要求困难相对较小，达标时间也较短。

(2)重点关键指标

——退化土地恢复率、城市空气质量、城市水功能区水质达标率、集中式饮用水源水质达标率、城镇生活污水集中处理率、噪声达标区覆盖率。

这六项指标与杭州市生态环境安全、污染物总量控制、人民群众健康、居住环境质量、城市形象品牌的关系十分密切，是制约杭州生态市建设的经济、环境、社会综合效益体现的关键指标，是杭州市需要进一步重点关注和加大投入力度的领域，"十一五"期间需实施的任务十分繁重。

(3)较难达标指标

——应当实施清洁生产企业的比例、规模化企业通过ISO14000认证比率、城镇人均公共绿地面积、环保投入占GDP比例。因受任务推进手段和力度、人口增长、经济社会发展趋势等因素影响，这四项指标要达到国家生态市建设要求难度较大。

表3-5 杭州市2003—2005年生态市建设指标值

	指标项目	单位	生态市建设标准值	现状值			2005年规划值
				2003年	2004年	2005年	
经济发展	1. 年人均地区生产总值	元/人	≥33000	32819	39293	44487	36500
	2. 年人均财政收入	元/人	≥5000	5153	6115	7938	6141
	3. 农民年人均纯收入	元/人	≥8000	6250	6950	7655	6420
	4. 城镇居民年人均可支配收入	元/人	≥16000	12898	14565	16601	12000
	5. 第三产业占GDP比例	%	≥45	42.1	43.0	43.8	45
	6. 单位GDP能耗（规模以上工业）	吨标煤/万元	≤1.4	0.579	0.575	0.576	0.88
	7. 单位GDP水耗	立方米/万元	≤150	179.56	164.88	145.96	95
	8. 应当实施清洁生产企业的比例	%	100	—	—	58.0	30
	规模化企业通过ISO14000认证比率		≥20	—	—	3.0	7

续表

类别	指标项目	单位	生态市建设标准值	现状值			2005 年规划值
				2003 年	2004 年	2005 年	
环境保护	9. 森林覆盖率(丘陵区)	%	≥40	62.8	62.8	64.0	63.5
	10. 受保护地区占国土面积比例	%	≥17	28.6	28.7	29.2	21
	11. 退化土地恢复率	%	≥90	11.5	20.0	36.0	40
	12. 城市空气质量(南方地区)	好于或等于二级标准的天数/年	≥330	293	292	301	300
	13. 城市水功能区水质达标率	%	100,且城市无超Ⅳ类水体	100	91.67,城市有超Ⅴ类水体	81.48,城市有超Ⅴ类水体	>95,无超Ⅴ类水体
	14. 主要污染物排放强度 二氧化硫 COD	千克/万元(GDP)	<5.0 <5.0 不超过国家主要污染物排放总量控制指标	5.52 6.04 完成主要污染物排放总量控制任务	5.06 4.58 完成主要污染物排放总量控制任务	4.43 4.98 完成主要污染物排放总量控制任务	5.0 20.0 完成主要污染物排放总量控制任务
	15. 集中式饮用水源水质达标率 城镇生活污水集中处理率 工业用水重复率	%	100 ≥70 ≥50	99.73 61.24 58.40	97.39 65.81 59.82	89.71 63.07 59.95	98 60 65
	16. 噪声达标区覆盖率	%	≥95	71.82	77.42	77.42	85
	17. 城镇生活垃圾无害化处理率 工业固体废物处置利用率	%	100 ≥80 无危险废物排放	88.12 99.45 无危险废物排放	98.09 99.86 无危险废物排放	100 99.80 无危险废物排放	90 95
	18. 城镇人均公共绿地面积	平方米/人	≥11	7.84	9.48	10.44	9.0
	19. 旅游区环境达标率	%	100	—	—	—	95
社会进步	20. 城市生命线系统完好率	%	≥80	87.5	87.5	87.5	80
	21. 城市化水平	%	≥55	60.9	61.5	62.1	45
	22. 城市燃气普及率	%	≥90	99.98	99.91	99.17	98
	23. 采暖地区集中供热普及率	%	≥50	—	—	—	55
	24. 恩格尔系数　城镇 农村	%	<40	38.7 36.3	39.4 37.2	34.8 35.7	38
	25. 基尼系数　城镇 农村	—	0.3～0.4	0.2670 0.3593	0.2914 0.3599	0.3203 0.3730	0.41
	26. 高等教育入学率	%	≥30	37.3	45.3	47.0	30
	27. 环境保护宣传教育普及率	%	>85	100	100	100	75
	28. 公众对环境的满意率	%	>90	86.0	76.72	—	85
参考指标	29. 清洁能源占一次性能源比重	%	≥60	77.02	72.42	80.83	40
	30. 全社会科技投入占 GDP 比例	%	≥2.0	—	—	4.7	2.5
	31. 环保投入占 GDP 比例	%	≥2.5	2.82	2.09	2.07	2.5

注:“19. 旅游区环境达标率”指标实际操作难度很大,无法定量化测算;

“23. 采暖地区集中供热普及率”指标只考核北方地区,杭州市不予考核。

表 3-6 杭州生态市建设不达标指标制约因素及主要的达标措施分析

类别	指标名称	生态市标准值	2005 年现状值	制约因素	达标措施	预计达标时间
较易达标指标	农民人均纯收入(元/人)	≥8000	7655	城乡二元结构;东西部区域经济发展不平衡	进一步落实"三农"工作重中之重的地位,实施城乡统筹发展方针,大力推进"新农村建设"工程,加快农业农村现代化步伐;建立"以工促农、以城带乡"长效机制,增强农业综合功能;以"九件实事"为抓手,推进农业全面发展。"至2010年,全市农村居民人均纯收入达11000元,年均增长8%"(《杭州市国民经济和社会发展第十一个五年规划纲要》)	2006 年
	第三产业占 GDP 比重(%)	≥45	43.8	工业化进程推进较快,处于加速发展时期,第二产业占 GDP 比重相应较高	在《关于加快杭州现代服务业发展的若干意见》、《杭州市现代服务业发展专项资金管理办法》、《扶持现代服务业发展的二十条政策举措》等指导和支持下,加快实施《杭州市加快现代服务业发展规划》,推进现代服务业和现代制造业'两轮驱动',实现杭州现代服务业跨越式发展和经济增长方式转变。"至2010年,全市三次产业比重预期为4∶49∶47"(《杭州市国民经济和社会发展第十一个五年规划纲要》)	2007 年
重点关键指标	退化土地恢复率(%)	≥90	36.0	水土流失面积基数太大;资金投入不足;治理技术不成熟;启动晚,生态治理恢复所需时间较长	结合"1250"工程,加大小流域综合整治、废弃矿山整治力度;合理提高矿山生态环境治理备用金征收标准,加大财政补助和社会资金筹措力度;加强生态公益林、水土保持林建设,提高水源涵养能力;加强生态修复技术研究与实践;结合"下山脱贫",开展"移民下山"(《杭州市水土保持规划》、《杭州市矿产资源规划》、《杭州市地质灾害防治规划》)	2015 年
	城市空气质量(好于或等于二级标准的天数/年)	≥330	301	"三面环山"的特殊地理位置;以煤炭为主的能源结构;机动车数量急剧增长;道路、建设工地等扬尘	紧紧抓住"城区大气污染整治"工作重点,巩固深化"禁燃区"工程,继续深入实施大气污染综合整治,加快开展脱硫除尘和在线监测监控;加快能源结构调整,大力发展天然气等清洁能源和集中供热;推进机动车尾气污染防治和扬尘污染控制,巩固和推动"烟尘控制区"创建	2015 年

续表

类别	指标名称	生态市标准值	2005年现状值	制约因素	达标措施	预计达标时间
重点关键指标	城市水功能区水质达标率(%)	100,且城市无超Ⅳ类水体	81.48,城市有超Ⅴ类水体	环境基础设施建设滞后;污染控制和监管不够到位;截污纳管系统建设不完善;环境质量改善有滞后性;饮用水源保护区内仍存在一定污染源	大力推进污水处理厂建设,完善污水收集管网、输送泵站系统配套建设;严格实施污染物排放总量控制;加强重点流域、重点区域、重点行业水污染防治和在线监测(控);加快生活小区和城郊农居点截污纳管;加强农村农业面源污染控制;深入开展河道环境综合整治;开展城市河道生态治理试点(《杭州市环境保护"十一五"规划》)	2015年
	集中式饮用水源水质达标率(%)	100	89.71		严格执行《杭州市生活饮用水源保护条例》,贯彻实施《杭州市生活饮用水源保护规划》;全面创建"饮用水源达标区";加强饮用水源地信息化管理和水质自动监测	2015年
	城镇生活污水集中处理率(%)	≥70	63.07	余杭三组团污水处理厂建设严重滞后;污水收集管网、输送泵站未与污水处理厂主体工程建设相配套;截污纳管不到位	大力推进余杭区三组团污水处理厂建设,新增城市污水处理厂脱氮除磷工艺;完善城市污水收集管网、输送泵站系统配套建设;加快生活小区和城郊农居点截污纳管;开展污水处理厂中水回用试点工程;加强污水处理厂运行监督管理和出水水质、污泥监测(监控)(《杭州市城市建设与管理第十一五个规划纲要》、《杭州市污水工程专业规划》)	2010年
	噪声达标区覆盖率(%)	≥95	77.42	城市区域环境噪声功能区划与城市发展区域功能定位不相符合;指标值测算技术规范要求"噪声功能区划中三类区(工业区)和四类区(道路、铁路、航道等交通干线及两侧50米区域)的达标区面积应折合后方可计入"	加快调整"杭州市城市区域环境噪声功能区划方案";积极推动"安静小区"创建,控制社会生活噪声污染;深入实施城市"禁鸣"工程,控制机动车噪声污染;采用新工艺新技术新材料,增强交通道路吸声降噪效果;与国家环境保护总局探讨指标测算技术问题	2010年

续表

类别	指标名称	生态市标准值	2005年现状值	制约因素	达标措施	预计达标时间
较难达标指标	应当实施清洁生产企业的比例(%)	100	58.0	应当实施清洁生产企业数市级部门没有权限确定;企业清洁生产审核周期较长	省环保局定期下达污染严重企业名单,明确应当实施清洁生产的企业数;市级严格执行《清洁生产促进法》,贯彻实施《杭州市循环经济发展规划》和《杭州市工业循环经济发展规划》和循环经济“770”工程;加强清洁生产的宣传、教育、推广、实施及监督力度;加大对生产工艺技术落后、能耗和资源消耗高、废物和污染物排放量高行业的淘汰力度	2010年
	规模化企业通过ISO 14000认证比率(%)	≥20	3.0	ISO14000体系建立、认证是企业(组织)自主自愿行为,政府部门只能宣传鼓励,不能强制推行	积极加大ISO14000环境管理体系的宣传、教育力度;完善补助、奖励等优惠扶持政策配套;严格对招商引资项目的环境保护要求和准入条件	2015年
	城镇人均公共绿地面积(平方米/人)	11	10.44	土地资源稀缺,绿化成本较高;绿地布局不均,东部、中部部分存在绿化盲区;绿地建设跟不上城市建设推进速度	高度重视城区,特别是旧区的绿化建设,积极开辟沿江、沿河、沿路绿带,合理配置各级公园绿地,建设好居住区、工厂、单位内附属绿地,发展垂直绿化和屋顶绿化,重视城市林木种植,实现“乔、灌、草”的合理配置,提高绿化覆盖率和绿化效果,重点建设中心城区的块状绿地(《杭州市城市绿地系统规划》)	2010年
	环保投入占GDP比例(%)	≥2.5	2.07	环保投入资金总量增长速度远远跟不上GDP增长速率	进一步完善政府、企业、社会多元化环保投融资机制,加大生态市建设和生态补偿资金投入力度,尤其是加大环境基础设施、农村生态环境改善、农业面源污染控制、环保队伍和能力建设等方面;各级政府履行公共财政职能,完善预算管理制度,调整优化财政支出结构,加大对生态环境保护与建设的投入力度,各级财政每年都要在预算中安排专项资金,用于生态环境保护和建设中的公益性、基础性项目;充分发挥市场机制作用,大力推行生态环境保护和建设项目的市场化运作,广泛吸纳社会资本、民间资本、外商投资等	2015年

表 3-7　杭州生态市建设 2005 年指标差距分析

	指标项目	单位	与 2005 年规划目标差距	与生态市建设标准差距
经济发展	1. 年人均地区生产总值	元/人	达标	达标
	2. 年人均财政收入	元/人	达标	达标
	3. 农民年人均纯收入	元/人	达标	－345
	4. 城镇居民年人均可支配收入	元/人	达标	达标
	5. 第三产业占 GDP 比例	%	－1.2	－1.2
	6. 单位 GDP 能耗(规模以上工业)	吨标煤/万元	达标	达标
	7. 单位 GDP 水耗	立方米/万元	－50.96	达标
	8. 应当实施清洁生产企业的比例 规模化企业通过 ISO14000 认证比率	%	达标 －4.0	－42.0 －17.0
环境保护	9. 森林覆盖率(丘陵区)	%	达标	达标
	10. 受保护地区占国土面积比例	%	达标	达标
	11. 退化土地恢复率	%	－4.0	－54.0
	12. 城市空气质量(南方地区)	好于或等于二级标准的天数/年	达标	－29
	13. 城市水功能区水质达标率	%	－13.52	－18.52
	14. 主要污染物排放强度 二氧化硫 COD	千克/万元(GDP)	达标 达标	达标 达标
	15. 集中式饮用水源水质达标率 城镇生活污水集中处理率 工业用水重复率	%	－8.29 达标 －5.05	－10.29 －6.93 达标
	16. 噪声达标区覆盖率	%	－7.58	－17.58
	17. 城镇生活垃圾无害化处理率 工业固体废物处置利用率	%	达标 达标	达标 达标
	18. 城镇人均公共绿地面积	平方米/人	达标	－0.56
	19. 旅游区环境达标率	%	—	—

续表

	指标项目	单位	与2005年规划目标差距	与生态市建设标准差距
社会进步	20.城市生命线系统完好率	%	达标	达标
	21.城市化水平	%	达标	达标
	22.城市燃气普及率	%	达标	达标
	23.采暖地区集中供热普及率	%	不考核	不考核
	24.恩格尔系数	%	达标	达标
	25.基尼系数	—	达标	达标
	26.高等教育入学率	%	达标	达标
	27.环境保护宣传教育普及率	%	达标	达标
	28.公众对环境的满意率	%	−8.28	−13.28
参考指标	29.清洁能源占一次性能源比重	%	达标	达标
	30.全社会科技投入占GDP比例	%	达标	达标
	31.环保投入占GDP比例	%	−0.43	−0.43

(二)计算过程与结果分析

1.数据标准化

首先对杭州市2003—2005年的原始数据进行标准化,得到标准数据,见表3-8。

表3-8 杭州生态市建设指标体系标准数据

一级指标(S)	二级指标(C_i)	三级指标(P_i)	标准值		
			2003	2004	2005
生态市建设总目标	经济水平	1.年人均地区生产总值	0.899	1.077	1.219
		2.年人均财政收入	0.839	0.996	1.292
		3.农民年人均纯收入	0.974	1.083	1.192
		4.城镇居民年人均可支配收入	1.075	1.214	1.383
	经济结构	5.第三产业占GDP比例	0.936	0.956	0.973
		6.全社会科技投入占GDP比例	1.88	1.88	1.88
		7.单位GDP能耗(规模以上工业)	1.520	1.736	1.527
		8.单位GDP水耗	0.529	0.576	0.651
		9.应当实施清洁生产企业的比例	1.93	1.93	1.93
		10.规模化企业通过ISO14000认证比率	0.429	0.429	0.429
		11.环保投入占GDP比例	1.128	0.836	0.828

续表

一级指标(S)	二级指标(C_i)	三级指标(P_i)	标准值		
			2003	2004	2005
生态市建设总目标	自然环境	12. 森林覆盖率(丘陵区)	0.989	0.989	1.008
		13. 受保护地区占国土面积比例	1.362	1.367	1.390
		14. 退化土地恢复率	0.288	0.5	0.9
	城市环境	15. 城镇人均公共绿地面积	0.871	1.053	1.160
		16. 城市水功能区水质达标率	1.053	0.965	0.858
		17. 集中式饮用水源水质达标率	1.018	0.994	0.925
		18. 城市空气质量(南方地区)	0.977	0.973	1.003
		19. 城镇生活污水集中处理率	1.021	1.097	1.051
		20. 城镇生活垃圾无害化处理率	0.979	1.090	1.111
	企业环境	21. 清洁能源占一次性能源比重	0.519	0.552	0.495
		22. 工业用水重复率	0.898	0.920	0.922
		23. 噪声达标区覆盖率	0.845	0.911	0.911
		24. 工业固体废物处置利用率	1.047	1.051	1.051
		25. 主要污染物排放强度(二氧化硫)	1.906	0.988	1.129
		26. 主要污染物排放强度(COD)	3.311	4.367	4.017
	城市化	27. 城市生命线系统完好率	1.094	1.094	1.094
		28. 城市化水平	1.353	1.367	1.380
		29. 城市燃气普及率	1.020	1.019	1.012
		30. 高等教育入学率	1.243	1.510	1.567
		31. 环境保护宣传教育普及率	1.333	1.333	1.3333
		32. 公众对环境的满意率	1.012	1.903	1.458
	社会公平	33. 恩格尔系数(城镇)	0.982	0.964	1.092
		34. 恩格尔系数(农村)	1.047	1.022	1.064
		35. 基尼系数(城镇)	1.536	1.407	1.28
		36. 基尼系数(农村)	1.141	1.139	1.099

2. 用层次分析法确定权重

结合杭州市具体情况，各矩阵的权重计算结果如表 3-9 至表 3-17 所示。

表 3-9 各矩阵的权重计算结果

C_1	P_1	P_2	P_3	P_4	权重
P_1	1	5/3	5	5/2	0.45
P_2	3/5	1	3	3/2	0.27
P_3	1/5	1/3	1	1/2	0.09
P_4	2/5	2/3	2	1	0.18

$C.I.=0$ $C.R.=0$

表 3-10 各矩阵的权重计算结果

C_2	P_5	P_6	P_7	P_8	P_9	P_{10}	P_{11}	权重
P_5	1	2	2	5	2	3	2	0.27
P_6	1/2	1	1/2	4	1	3	3	0.17
P_7	1/2	2	1	3	2	3	2	0.21
P_8	1/5	1/4	1/3	1	1/3	1/3	1/3	0.04
P_9	1/2	1	1/2	3	1	1	1	0.12
P_{10}	1/3	1/3	1/3	3	1	1	1	0.09
P_{11}	1/2	1/3	1/2	3	1	1	1	0.10

$C.I.=0.002$ $C.R.=0.00$

表 3-11 各矩阵的权重计算结果

C_3	P_{12}	P_{13}	P_{14}	权重
P_{12}	1	2	2/3	0.33
P_{13}	1/2	1	1/3	0.17
P_{14}	3/2	3	1	0.50

$C.I.=0$ $C.R.=0$

表 3-12 各矩阵的权重计算结果

C_4	P_{15}	P_{16}	P_{17}	P_{18}	P_{19}	P_{20}	权重
P_{15}	1	3	1/5	4	4	4	0.24
P_{16}	1/3	1	5	4	4	4	0.29
P_{17}	5	1/5	1	5	5	3	0.27
P_{18}	1/4	1/4	1/5	1	1	3	0.07
P_{19}	1/4	1/4	1/5	1	1	3	0.07
P_{20}	1/4	1/4	1/3	1/3	1/3	1	0.04

$C.I.=0.002$ $C.R.=0$

表 3-13 各矩阵的权重计算结果

C_5	P_{21}	P_{22}	P_{23}	P_{24}	P_{25}	P_{26}	权重
P_{21}	1	3	2	4	1/3	2	0.24
P_{22}	1/3	1	1/2	3	4	1/2	0.15
P_{23}	1/2	2	1	3	5	2	0.27
P_{24}	1/4	1/3	1/3	1	3	1/2	0.09
P_{25}	3	1/4	1/5	1/3	1	1/3	0.08
P_{26}	1/2	2	1/2	2	3	1	0.18

$C.I.=0.047$ $C.R.=0.05$

表 3-14 各矩阵的权重计算结果

	P_{27}	P_{28}	P_{29}	P_{30}	P_{31}	P_{32}	权重
P_{27}	1	4	3	7	5	6	0.44
P_{28}	1/4	1	1/2	6	3	4	0.17
P_{29}	1/3	2	1	5	4	5	0.22
P_{30}	1/7	1/6	1/5	1	1/4	1/3	0.03
P_{31}	1/5	1/3	1/4	4	1	2	0.08
P_{32}	1/6	1/4	1/5	3	1/2	1	0.06

$C.I.=0$ $C.R.=0$

表 3-15 各矩阵的权重计算结果

C_7	P_{33}	P_{34}	P_{35}	P_{36}	权重
P_{33}	1	4/7	7	7/5	0.41
P_{34}	4/7	1	4	4/5	0.24
P_{35}	1/7	1/4	1	1/5	0.06
P_{36}	5/7	5/4	5	1	0.29

$C.I.=0.001$ $C.R.=0.001$

表 3-16 各矩阵的权重计算结果

S	C_1	C_2	C_3	C_4	C_5	C_6	C_7	权重
C_1	1	1	1/3	1/3	1	3	2	0.12
C_2	1	1	1/2	1/3	1	1/3	1	0.08
C_3	3	2	1	1	3	1/3	4	0.20
C_4	3	3	1	1	3	3	2	0.26
C_5	1	1	1/3	1/3	1	3	1	0.11
C_6	1/3	3	3	1/3	1/3	3	2	0.14
C_7	1/2	1	1/4	1/2	1	1/2	1	0.08

$C.I.=0.008$ $C.R.=0.01$

得到最后的合成权重：

表 3-19 各矩阵的权重计算结果

S	C_1 0.12	C_2 0.08	C_3 0.20	C_4 0.26	C_5 0.11	C_6 0.14	C_7 0.08	组合权重
P_1	0.45							0.054
P_2	0.27							0.0324
P_3	0.09							0.0108
P_4	0.18							0.0216
P_5		0.27						0.0216
P_6		0.17						0.0136
P_7		0.21						0.0168
P_8		0.04						0.0032
P_9		0.12						0.0096
P_{10}		0.09						0.0072
P_{11}		0.10						0.008
P_{12}			0.33					0.066
P_{13}			0.17					0.034
P_{14}			0.50					0.1
P_{15}				0.24				0.0624
P_{16}				0.29				0.0754
P_{17}				0.27				0.0702
P_{18}				0.07				0.0182
P_{19}				0.07				0.0182
P_{20}				0.04				0.0104
P_{21}					0.24			0.0264
P_{22}					0.15			0.0165
P_{23}					0.27			0.0297
P_{24}					0.09			0.0099
P_{25}					0.08			0.0088
P_{26}					0.18			0.0198
P_{27}						0.44		0.0616
P_{28}						0.17		0.0238
P_{29}						0.22		0.0308
P_{30}						0.03		0.0042
P_{31}						0.08		0.0112
P_{32}						0.06		0.0084
P_{33}							0.41	0.0328
P_{34}							0.24	0.0192
P_{35}							0.06	0.0048
P_{36}							0.29	0.0232

3. 计算结果与分析

(1)系统总指数分析

首先计算出 2003—2005 年系统总指数：

$$\begin{aligned}u_{2003} &= \sum_{i=1}^{36} v_i w_i \\ &= 0.899\times0.054+0.839\times0.0324+\cdots+1.536\times0.0048 \\ &\quad +1.141+0.0232 \\ &= 0.989\end{aligned}$$

同理可得，$u_{2004}=1.056$　　　$u_{2005}=1.219$

计算结果显示，杭州市 2003—2005 年三年生态市建设的系统值分别为 0.989、1.056 和 1.219，见图 3-19。说明杭州市的生态建设水平以及总的效益呈逐年上升的水平，而且是社会、经济、自然三大系统逐步走向统一协调、和谐发展的标志。

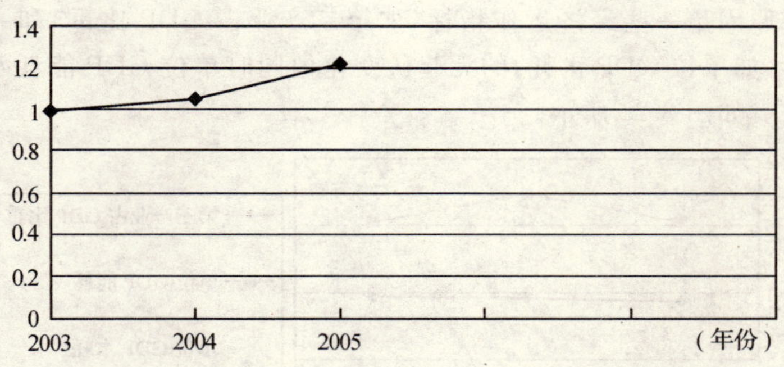

图 3-19　2003—2005 年杭州生态市建设绩效评估系统值

(2)子系统分析

由于经济水平、经济结构、自然环境、城市环境、企业环境、城市化和社会公平 7 个二级子系统是由经济、环境和社会三大系统进行细分后以便用于层次分析法计算的，所以可以把经济水平和经济结构看做经济系统，自然环境、城市环境和企业环境看做环境系统，城市化和社会公平看做社会系统进行计算分析，了解支持以上总指数呈上升趋势的主要原因。设经济总指数为 A，环境总指数为 B，社会总指数为 C，方法同上，计算结果如下：

$A_{2003}=0.214$　　$B_{2003}=0.530$　　$C_{2003}=0.246$

$A_{2004}=0.230$　　$B_{2004}=0.581$　　$C_{2004}=0.244$

$A_{2005}=0.252$　　$B_{2005}=0.713$　　$C_{2005}=0.253$

图 3-20 表明，2003—2005 年三年间，环境系统的综合发展水平是逐年提高的，经济系统和社会支持系统基本持平，呈不明显上升趋势。这说明，虽然杭州生态市建设绩效评估总指数在不断提高，但提高的主要原因是环

境系统指数的显著提高快于环境系统值数的下降，而经济系统和社会系统已经基本上保持在一个比较平稳的发展状态。

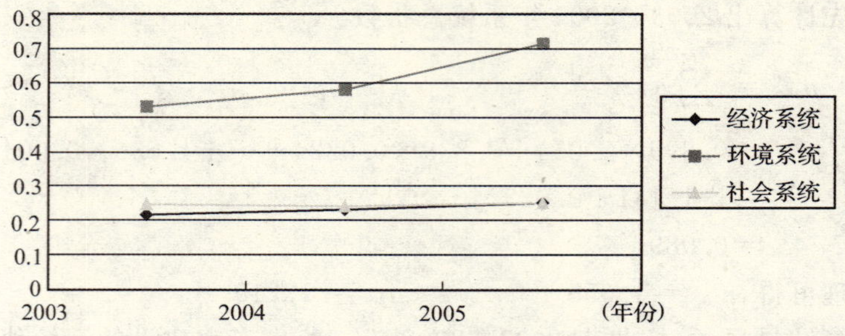

图 3-20 2003—2005 年杭州生态市建设绩效评估各子系统值

杭州生态市建设绩效评估体系中经济发展指标的计算，主要的是对经济结构、经济效率和发展潜力指标的衡量。造成杭州市经济指数上升不明显的主要原因是一些经济运作指标（如第三产业占 GDP 比重）和一些经济结构指标（如单位 GDP 水耗）的无起伏变化但同时单位 GDP 能耗水平出现回落现象。如图 3-21 所示。

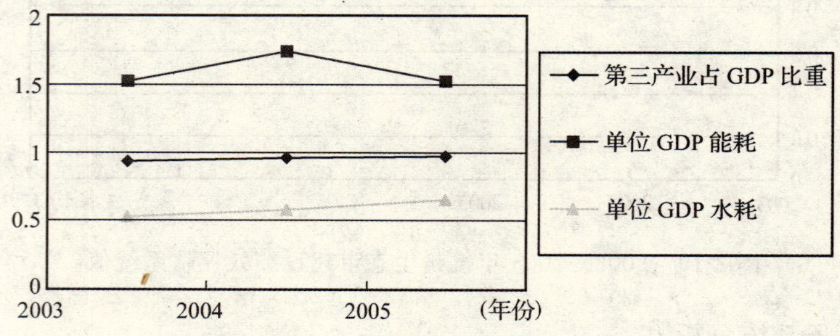

图 3-21 2003—2005 年经济指数主要指标变化趋势

而环境系统总指数呈明显上升趋势的原因，主要是一些较难达到的指标上升趋势明显，这与杭州市政府目前比较重视这些指标的研究工作有关，如退化土地恢复率、城镇人均公共绿地面积都反映出这样的情况。如图3-22所示。

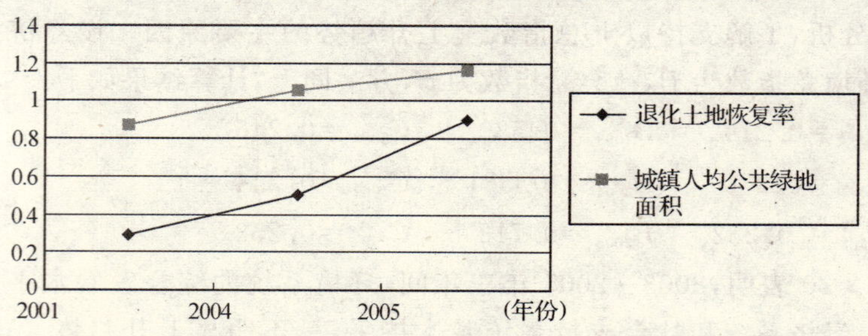

图 3-22 2003—2005 年环境指数主要指标变化趋势

同样,社会系统的变化趋势也不明显,但这并不是因为政策不得力造成的,反而可以看出是杭州市的社会文明已经处在了一个较高的发展平台上,只要能够保持这种趋势,社会系统就已基本处于均衡状态,这从城市化的几个指标几乎没有发生变化中可以看出。如图 3-23 所示。

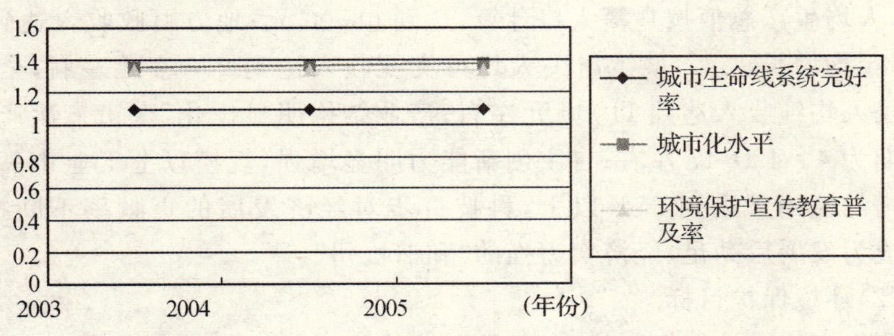

图 3-23　2003—2005 年社会指数部分指标变化趋势

(3)结论

研究制定了一套新的生态市建设评估指标体系和评估方法,用以监测和评估规划实施进程。本研究通过分析目前可持续发展评估指标体系、生态城市建设考核指标体系等现状发展,根据相关原则,构建了经济、社会、环境三大系统、7 个二级系统、36 个指标的生态规划指标体系。在三个系统值和总指标值的计算中,运用层次分析等方法对指标进行处理,并结合杭州市实际情况进行了具体指标的计算。

运用层次分析法确定生态市绩效评估水平是可行的,也能较好地分析出杭州目前的生态市建设水平和趋势,但其中也暴露出距算数据庞大、冗杂、计算量大等缺点,因此用层次分析法分析此类问题时,还要着重考虑怎样将数据化繁为简的同时,又能比较真实的反映数据的原貌和杭州市的实际情况。

四、基于 3E 协调的生态建设对策——以杭州市为例

(一)总体发展战略研究

1. 战略目标分解

通过以上对杭州生态市建设绩效评估的分析,虽然可以看出政策效果突出,但和国外发达国家城市相比还是存在着某些问题,如重 GDP 指标,轻资源消耗;重发展速度,轻环境负荷;重环保的末端治理,轻环保的管端预防等现象,经济增长仍然是以粗放型、外延型和资源消耗型方式完成的,所以生态市建设的任务还任重道远。生态市的建设,应当确定经济、环境和社会系统的和谐发展战略目标,使杭州市经济更加发展,环境得到保护,社会更加进步,总体发展战略分解到经济、环境、社会三方面,分别如下。

(1)经济发展目标

加快转变经济增长方式,坚定不移地走节约、集约发展之路,坚持走新型工业化道路,大力发展循环经济,提高资源利用效率,在优化结构、提高质量、降低消耗的基础上,全市生产总值年均增长11%,到2010年达到4900亿元,人均生产总值按户籍人口计算,达到68500元;地方财政收入达到500亿元,年均增长15%;城镇居民人均可支配收入达到25000元左右,全市农村居民人均纯收入达到11000元左右;产业结构明显优化,全市三次产业比重预期为4∶49∶47左右;自主创新能力明显增强,规模以上工业中高技术产业增加值比重达到25%以上,科技进步对经济发展的贡献率不断提高。力争成为发展后劲足、经济实力强的"和谐杭州"。

(2)环境保护目标

深入实施可持续发展战略,坚持预防为主、综合治理,全面推进、重点突破,加强污染控制和生态环境保护,坚持创新体制机制,综合运用法律、经济、技术和必要的行政办法,着力解决危害人民群众健康的突出环境问题;资源利用效率有较大提高,单位生产总值能耗比"十五"期末下降16%,化学需氧量排放总量比2005年减少10%左右,氨氮排放量比2005年减少15%左右;二氧化硫排放量比2005年减少10%左右。城乡生态环境明显改善,城市环境空气质量达到优良天数明显增加,流域水功能区水质达标率大于65%;初步建立资源节约型、环境友好型城市;力争成为资源消耗少、生态环境美的"和谐杭州"。

(3)社会进步目标

推进体制、机制、管理、科技、文化的创新,以人为本、以民为先,积极推进"一名城五强市"建设,科技、文化、教育、卫生、体育、人才事业有较大发展。市域网络化大都市建设构架基本形成,基础设施现代化水平大幅度提高,中心城市综合功能明显增强,城乡一体化进程加快,城市化水平达到70%。人口自然增长率控制在4.6‰以内,计划生育率保持在95%,城镇登记失业率控制在4.5%以内;基尼系数控制在0.3以内;新型城乡统筹的社会保障体系初步建立。公众对环境满意程度明显提高,基本建成体制机制活、社会秩序好、生活品质优的"和谐杭州"。

2.目标系统优化

(1)实现系统优化的途径和手段

值得注意的是,"十一五"期间,作为"十一五"规划的前期工作,研究经济、资源、环境系统的优化问题,是一个十分关键的重大课题,对于真正落实科学发展观,切实转变经济增长方式,走上一条科学先导、资源节约和生态保护相统一的经济发展之路具有重要的意义。

在经济、资源、环境这个系统中,经济是起导向作用的。不同的经济形态、经济发展战略和产业结构,就会有不同的资源消耗和环境压力。实现经济、资源、环境系统的优化,既要在设定经济指标的条件下,从不同类型的经济增长所耗能和原料的角度,研究如何降低物质消耗并尽量不让废物进入环境,以减少单位经济增长造成的资源和环境压力,又要从资源、环境负荷的角度,采用不同的经济调控手段,以逐步减少资源消耗和对环境造成的压力。只有采用这两种方法的结合,经过多次循环往复,才能逐步找到和谐发展的道路。

第一,把科技先导型经济作为向知识经济转变的过渡形态。

"十一五"期间,杭州应当大力推进资源经济向知识经济的转变。然而,就杭州多数地区来说,无论是工业化或是知识化的水平,目前都还不具备直接向知识经济转变的条件。如何创造条件实现这一转变,是需要认真研究作出选择的一个重大战略问题。综观国际上一些国家经济形态的演变过程,我们认为科技先导型经济是资源经济向知识经济转变的一种最佳的过渡形态。科技先导型经济是依靠科技创新成果的运用,提高传统生产要素的生产能力,创造更有效的生产组织方法,实现以资源主导向科技主导转变的经济。一个国家或地区发展成为科技先导型经济的重要标志是,技术创新成为驱动经济发展的主导动力,技术进步对经济增长的贡献占主导地位。

正确认识和把握这种过渡形态,对杭州全面建设小康社会,提前基本实现现代化都将产生巨大的作用。当前,对杭州的多数地区来说,发展科技先导型经济的条件已基本具备。因此,我们不应消极等待,而要选择条件好的地区率先开展培育知识经济的探索,引进一些新的发展思路,努力把工业化和知识、信息化更好地结合起来,把发展科技先导型经济作为一个重要的战略选择。

第二,把产业结构升级战略作为整个工业经济的优先战略。

在国际分工中,杭州目前仍以劳动密集型、土地密集型和资源消耗型的产品作为出口基础。如果继续实行这样的外贸战略,资源和环境的压力会越来越大。以皮革工业为例,如果以外贸出口战略为中心,仅从出口创汇、经济效益和解决就业的角度对它作出评价,显而易见它应属于发展的产业。但如果从经济、资源、环境和谐发展的高度,按照产业结构升级的要求,显然会得出不同的结论。目前,世界皮革工业正经历着空前剧烈的动荡,几乎所有发达国家的皮革工业都全面衰退。根本原因就是该产业的污水处理及水处理产生的污泥,仍是一个没有得到很好解决的世界性难题。由此可见,在工业战略中如以外贸战略为中心,就可能导致一些地区经济快速增长,但环境不断恶化的严重后果。

就外资战略而言,同样存在上述问题。近年来,从杭州利用外资的实际情况来看,一些外资在利用廉价劳动力和巨大市场潜力的同时,把一些资源消耗大、环境污染严重的项目也转移了过来，导致一些地方资源和环境压力急剧增大。因此，在制定“十一五”规划时，浙江要高度重视并正确处理外贸、外资战略与产业结构升级战略的关系，应把产业结构升级战略放到整个工业经济战略的优先位置上。

第三，把产业结构调整和升级作为系统优化的重要途径。

“十一五”期间，杭州围绕产业结构调整，除继续执行“十五”规划确定的大力发展高新技术产业，做强做精传统产业外，还应重点把握以下三方面：

一是大力发展现代化服务业。在现代经济中，服务业的资源消耗比较低，有些现代服务业还可以实现自然资源零消耗的污染物的零排放。因此，杭州应在发展制造业的同时大力培育现代化服务业。目前，杭州的服务业比重大约占 40%，而世界中低等收入国家的平均水平已达 47.2%。这说明杭州在“十一五”期间服务业仍有很大的发展潜力。

二是科学地规划重化工业的发展。“十一五”期间杭州产业的规划将面临两难选择。如果不及时发展重化工业，很可能会失去一次极好的机遇；但如果不加控制地发展重化工业，就会大幅度地增加对资源和环境的压力，甚至可能影响许多项目和能源供应的匹配工作。因此，在“十一五”期间，如果不科学地规划重化工业的发展，就有可能导致重大损失。

三是加强对一些有特殊污染源产业的专项整治。在杭州的特色产业中，存在一些特殊的污染源，如电镀业的氰化物、皮革工业的铬、蓄电池工业的铅、氟氢酸工业的氟等等。这些污染源不仅量大面广，而且极难治理。以皮革工业为例，在制革过程中，只有约 60%～70%的三价铬裸皮吸收，其余均随废液排出，而这些剩余的三价铬会迅速转化为六价铬，它的毒性要比三价铬大 100 倍，属强致癌物质。要处理这些有毒物质的难度极大，社会将因这些废水处理和积存的污泥付出极高的代价。“十一五”期间，杭州应加强对这类产业进行专项整治。

(2)产业生态化改造和生态产业发展

产业生态学强调系统性、整体性、未来性、全球化，其研究目标着眼于人类与生态系统的长远利益，追求经济效益、社会效益和生态效益的统一，要促进杭州市产业生态的和谐发展，需要我们建立起以下的概念模型(见图 3-24)。

首先，经济发展需要利用资源，造成资源的损耗。单位经济产出所消耗的资源，即资源利用强度，表征了经济活动与资源的相互关系。同时，经济活动会产生各种污染物向环境排放，造成环境质量的降级。单位经济产出所排放的污染物，即环境影响强度，表征了经济活动与生态环境的相互关系。由于许多污染物是在资源的生产、运输、转换、输配以及最终利用过程中产生的，因此资源的利用强度和环境影响强度有着密切的关系。

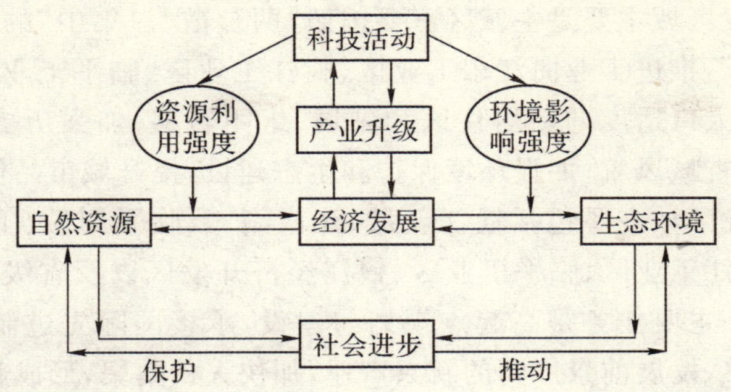

图 3-24　经济、资源、环境在系统中的相互关系

经济发展的目的是促进社会的进步和人们生活水平的提高。社会进步促进人的发展，又反过来推动经济的发展。而同时对自然资源和生态环境也起到保护和推动作用。

科技活动是产业升级、自然资源和生态环境优化的重要“杠杆”。科学技术为经济发展、产业升级、资源利用、环境保护以及社会进步提供科学思想、科学方法和先进技术。科学技术不仅对产业升级、资源利用、环境保护等各个方面发挥促进作用，而且如图 3-24 所指出的，科学技术通过对“资源利用强度”和“资源影响强度”的作用，改善经济与资源以及生态环境的相互关系，从而实现产业系统与自然系统、经济社会系统的优化。

由此可见，经济、资源、环境系统所包含的相互关系（作用和反作用）是非常复杂的。根据经济、资源、环境等各个要素的相关关系，并参照国际上的相关数据及经验，本书提出了经济、资源、环境系统优化的六项指标，即虚拟环境费用占 GDP 的比重、科技强市实现度、高耗能行业增加值占制造业的比重、水资源利用、能源利用、环境影响等。

（二）具体对策研究

1. 不断优化功能区划

根据区域资源环境承载能力、发展基础与潜力，在生态功能区划、环境功能区划的基础上，合理划分优化开发、重点开发、限制开发和禁止开发的主体功能区。并按照优化开发、重点开发、限制开发和禁止开发的不同要求，明确不同区域的功能定位，制定不同的发展方向和环保目标，建立和完善主体功能区划的管理机制，提高空间资源配置总体效率。加强水源涵养保护区和饮用水源保护区的建设，为社会经济发展提供生态安全保障。

要在主体生态功能区划的基础上，制定完善区域产业结构调整政策，大力发展循环经济，加快构建生态产业体系。要继续加大区域产业结构调整力度，通过淘汰取缔落后产业、改造提升传统产业、优先扶持生态产业，改善现有不合理的区域产业结构。

优化开发区域主要是主城区。要按照“两疏散、三集中”的总体要求，实行“退二进三”，推进工业向江东工业区、临江工业区、临平工业区、钱江经济开发区集中，人口适度向新居住区和副城、组团转移；加强历史文化名城保护，重现杭州古城风貌；加强环境保护和生态建设，提升城市品位。

重点开发区域主要包括钱江新城、江南副城、临平副城、下沙副城和江东工业区、临江工业区、临平工业区、钱江经济开发区以及省级开发区、工业功能区块等。主要任务是高起点规划与建设，承接国际先进制造业和现代服务业的转移，发展前景广阔的新兴产业，加快人口集聚，形成新兴城区。

限制开发区域主要包括森林资源密集地区、江河水系源头地区、生态环境脆弱地区等。主要任务是强化生态保护与整治，引导人口向重点开发区和优化开发区转移，选择条件好的中心镇进行集约开发。

禁止开发区域主要包括西湖国家风景名胜区、千岛湖国家风景名胜区核心保护区、各类国家级和省级自然保护区、国家地质公园、森林公园、历史文化遗迹核心保护区、饮用水源保护区。主要任务是依据法律、法规实行强制性保护，严禁各类不符合功能定位的开发活动。

2.积极实施生态补偿

立足网络化大都市建设和发展需要，坚持统筹区域协调发展，按照市委、市政府《关于建立健全生态补偿机制的实施意见》，构建较为完善的生态补偿体系。多渠道、多形式支持江河水系源头地区，重要生态功能区和欠发达地区经济社会发展。通过地区间利益协调、生态补偿，缓解区域发展不平衡带来的矛盾，使生态保护、资源利用等有偿化和效益化。

建立生态补偿指标体系，根据生态补偿资金分配使用的基本原则，研究确定生态补偿资金分配的指标体系，合理分配生态补偿资金。

制定杭州生态补偿专项资金使用管理实施细则，规范和加强生态补偿资金使用管理，优化财政补助结构和机制，充分发挥资金的使用效益。

制定市区工业企业搬迁政策，支持县域经济发展，大力实施市区“优二进三”战略，对市区搬迁的工业企业优先考虑在市域周边县(市)安排落户，并在有关税收分成、排污指标分配等方面给予政策优惠。

制定异地发展政策，重视改善欠发达地区和重要生态功能区的投资环境，努力提高欠发达地区的自我发展能力。在市域、县域范围内，设立异地开发试验区，从体制上、政策上为异地发展创造有利条件和良好环境，对欠发达地区给予政策优惠，推进全市范围内生产力合理布局。

制定财政税收分类管理政策，从生态功能、产业发展等方面对各区、县(市)的乡镇进行分类。对以重要生态功能区为主的欠发达乡镇实施税收减免，同时实行基本财政保障制度和生态保护财政专项补助政策。

建立排污权交易制度和机制，探索和研究杭州市区域大气污染物和流域水污染物排污权交易的实施框架、机制和试点工作实施方案，建立污染物总量控制和排污权交易平台，制定排污权入场交易的有关管理办法和交易细则，开展排污权交易试点工作，发挥市场的环境资源配置作用。

完善水资源费和污水处理费使用政策，加强水资源费的征收和管理，加快推进水价改革，合理提高城镇污水处理费征收标准，进一步完善各种环境与资源费的征收使用管理制度。

3. 全面加强环境监管

积极推进生态市建设的环境政策和立法工作。加快地方环保立法，提高立法质量，增强可操作性。加快有关强制性清洁生产、污染源自动监控管理、流域环境监管、排污许可管理、排污权交易管理等方面的法规规章立法步伐。实施地方环境立法项目储备，开展生态环境保护、促进循环经济、生态功能区管理、重点行业环境管理、环境噪声管理等方面的立法调研，适时纳入立法计划。组织开展有关锅炉大气污染物排放、饮用水源水质安全、农业生产安全、重点行业清洁生产等有关地方环境标准的研究制定工作，逐步建立健全地方环境标准和环境技术规范。

强化环境执法监管体系。整合各部门的执法力量，建立协同作战的生态监察队伍，依法加强环境管理和环境执法。严厉查处环境违法行为，强化环保现场执法检查，继续深入开展环境保护专项执法检查，定期或不定期公开曝光环境违法行为。规范环境执法行为，完善环境执法程序和工作机制，提高执法质量。加强环境执法行为的行政监察。

加强环境监管。认真实施污染物排放总量控制制度，根据主要污染物总量控制计划，制定并落实全市总量控制实施方案。加强排污申报管理，稳步建立和完善污染源管理中心数据库和地理信息系统。完善排污许可证制度，禁止无证或超总量排污。严格实施限期治理制度，对逾期未完成限期治理任务的，县级以上人民政府要依法责令停业或关闭。严格执行《浙江省建设项目环境保护管理办法》等规定，对不符合环境准入条件的建设项目，一律不得批准建设。

建立健全环境安全预警和应急机制。要加强土壤环境监测和辐射监测工作，加强环境质量自动监测监控网络建设，2007 年年底前，全面建成市域范围内主要流域区、县(市)交界断面水质自动监测站，县以上城市空气质量自动监测站和市控以上重点污染源在线监测或监控装置并实现联网。制定突发环境污染和生态破坏公共事件应急预案，加强日常应急准备。加强企业应急预案的编制工作，督促企业建设应急事故处理设施。严格执行重大环境污染事件报送制度。建立完善政府主导、部门协同的环境应急启动，协调联动和快速处理机制，有效处理突发环境事件和群体性事件。加强应急装备和设施建设，组织实施隐患排查和应急演练，提高环境突发事件的防范和应急处理能力。

完善环境管理体制。积极创新环境管理方式，完善环保行政管理体制，采取有效措施，克服环境保护中的地方和部门保护主义，确保环境管理和执法落实到位。强化环保管理机构建设，完善基层环境管理体制，切实解决环保机构建设滞后的状况，对经济较发达、工业企业较集中、环保监管任务较重的县(市、区)，要结合乡镇机构改革，切实加强基层环保力量。探索建立企业环境监督员制度，实行职业资格管理。加强环境保护能力建设，提高环境管理的效率和现代化水平。2008 年年底前，各级编制、人事部门要积极争取解决环境监察等执法人员纳入公务员序列问题。

4. 全力推进重点工程

要围绕生态市建设“六项基本条件”和“关键指标”，重点开展城乡环境基础设施建设工程、“1278”环境污染整治工程、“1250”生态建设示范工程、“770”循环经济发展工程和“2632”工业循环经济示范工程等，确保各项指标至 2010 年达到生态市建设标准要求。

为确保各项工程顺利推进，各级政府要调整优化公共财政支出结构，将环保投入列入本级公共财政支出的重点内容，保证环保投入增长幅度高于经济增长速度，年度环保投入要达到地区生产总值的 2.5%以上。各级财政每年都要在预算中安排专项资金，用于生态环境保护和建设中的公益性、基础性项目。各级政府要建立完善政府、企业、社会多元化环保投融资机制，通过国家拨款、企业自筹、地方财政、银行借贷、社会集资、利用外资等手段，多方筹集生态环境保护和建设的资金，要大力推行生态环境保护和建设项目的市场化运作，确保各项工程的顺利实施。

加强环境污染综合整治，全面完成“1278”整治任务。加快城镇环境保护基础设施建设，建设城镇污水、垃圾集中处理设施。加快在建的县(市)污水处理厂和城镇污水收集管网的建设步伐，改进处理工艺，提高处理水平。加快形成村收集、乡镇转运、县(市)集中处置的垃圾无害化处理系统，提高生活垃圾无害化处理率。加快建设工业固体废物处理设施项目，建立固体废弃物监管网络，实现工业固体废物综合利用率大于 95%。

加大对生态项目支持力度，全面实施“1250”生态建设工程。大力开展“百村示范千村整治”、生态村镇和“五整治一提高”新农村建设工程，全面提高全国环境优美乡镇和省级生态乡镇比例，争取在 2010 年达到 60%以上。农村环境基础设施建设应实行分类指导，有条件的地区要建规范的城区型环境基础设施；经济条件相对落后、收集运输相对不便的地区，推行适宜的农村无动力厌氧生活污水处理工程、生活垃圾卫生填埋工程和畜禽粪便集中式沼气池综合利用工程。大力发展以生态农业、有机农业、旅游农业、设施农业、品牌农业为特征的高效生态农业。努力构建以规模经济为依托的畜禽圈养、水产放养、作物种植、粪便利用、地力培养之间得以有效循环、动态平衡、科学合理的生物圈，逐步形成“立体农业”、“循环农业”发展模式。

大力发展循环经济，组织实施循环经济“770 工程”、工业循环经济“2632”示范工程。按照“减量化、再利用、资源化”的原则，进行产品和园区的设计与改造；大力推行节能、节水、节地、节材和资源综合利用、循环利用，推行清洁生产，努力实现增产减污。以绿色农业为重点，根据区位条件和比较优势，发展具有区域特色的生态农业。大力发展高科技产业，改造提升传统产业，实施工业功能区的生态化改造，发展以“两港五区”为载体的生态工业。发展生态旅游业，促进以绿色消费为特征的现代生态服务业发展。

5. 优化杭州能源结构，大力发展核电和新能源

(1)调整优化产业结构，提高能耗效能

要对高能耗行业加大技术改造力度，降低能源消耗率，提高能源综合利用率；对传统产业中落后和过剩的生产能力进行淘汰和压缩，促进产业结构优化升级；要重点发展低能耗、高附加值的高新技术产业；我们将电力产出水平较高的通信设备计算机及其他电子设备制造业与产出水平较低的非金属矿物制品业进行对比，前者每万千瓦时电力创造的产值、利润、税金分别为 142.8 万元、7.7 万元、6.1 万元，分别是后者的 18.3 倍、15.8 倍、12.4 倍。

(2)提高节能意识，强化节能管理

就企业而言，强化节能意识，实施技术改造，节能降耗，已成了实实在在的“必修课”。随着体制改革的不断深入，节能管理由原来依靠政府行政行为和经济手段的有形管理转变为由法律及市场调节为手段的无形管理。在生产快速增长的同时，前几年能源供应相对宽松，也使一些企业忽视了对节能的投入，节能工作逐渐淡化。在当前能源供应紧张的情况下，企业已深感节能的迫切，据对重点耗能工业企业中年耗能万吨以上企业的调查显示，选择进行技术改造降低单位耗能的措施来减少因能源、原材料不足造成的损失的认同率达到了 70.2%。加强对重点用能单位的节能监管力度，加快先进节能技术的推广应用，是提高杭州市能源综合利用效率的有效途径。

(3)多种途径缓解能源供需矛盾

建立相应的能源储备制。鼓励和支持企业开展多种渠道、多种方式的能源储备，以保证杭州市经济发展的急需，努力提升经济运行的安全保障。

采用资本输出缓解杭州市能源紧张。即相应减少高能耗原材料的生产，而采用外购或外加工半成品的方式来满足生产的需要。同时，杭州应利用其自身的优势，多渠道、多方式地和能源供应基地建立相应的伙伴关系，取人之长，补己之短，加强合作，互惠互利，共同发展。

调整能源消费结构。能源结构调整的重点是大力发展优质能源，开发新能源和可再生能源，扩大天然气利用，促进能源利用向高效化、清洁化方

向发展。杭州市要充分利用西气东输工程进入杭州市这一契机，采取优惠政策鼓励，支持企业及时推动天然气的快速利用；加快开发利用太阳能，杭州市全年日照时数为1400～2200小时，属于四类地区，但目前仅停留在家庭太阳能热水器利用阶段，由于设备安装安全及成本等诸多原因，太阳能的利用范围目前还未广泛普及，工业上的应用几乎为零，大有潜力可挖。通过对这些优质能源的有效利用，确保杭州市经济的快速发展。

第四章　基于浙江实证的能源—经济(2E)相关因素分析

第一节　能源需求与经济增长的关系研究综述

在1972年,以探讨人口、能源和生态系统的关系为宗旨的“罗马俱乐部”发表了《增长的极限》这篇报告,引起了世界上巨大的震动。虽然它的结论是错误的,但对人类探索新知识起了巨大的推动作用。报告指出:以获取最大利润为生产目的,以传统工业为第一支柱的工业经济,靠不可再生资源与其他矿产资源消耗的线性增长为发展生产的前提,在人口增长、能源耗竭和环境污染的重压下,不可能持续发展,增长是有限的,最终达到“零增长”。这一结论的得出很简单。因为传统工业企业所必需的自然资源,如煤、铁和石油,以致土地、水和森林,都已成为短缺资源,其中煤、铁和石油都是“不可再生资源”,越用越少,所以按传统模式生产即便把利用最先进的科学技术可能增长的储量计算在内,这些资源也不过可以用100～200年。因此,在人口迅速增长的情况下,人均资源有限,人均产粮不可能再增长,增长是有限度的。

现在,世界各国经济增长的实践证明,在经济正常发展的情况下,能源消耗量和能源消耗增长速度与国民经济生产总值和国民经济生产总值增长率成正比关系。这个比例通常用能源消费弹性系数来表示。能源消费弹性系数是能源消费的年增长率与国民经济年增长率之比。这个数值越大,说明国民经济产值每增加1%,能源消费的增长率越高;这个数值越小,则能源消费增长率越低。世界经济和能源发展史显示,处于工业化初期的国家,经济增长要依靠能源密集型工业的发展,能源效率也较低,因此,能源弹性系数通常大于1。而到了工业化后期,经济消费结构趋向优质化。工业在国民生产总值中所占比重下降,耗能少的服务业比重上升,加之能源利用效率的提高,人口增长速度的减慢,能源消费弹性系数呈现逐渐下降的趋势,往往会小于1。以我国为例，1977年以前是能源消费弹性系数高的时期，通常都大于1；而1977年后，进入能源消费弹性系数降低的时期，几乎都小于1。以1995年来看，1995年中国一次能源生产和一次能源消费量分别达到12.9034亿吨标煤和13.1176亿吨标煤，分别比1990年增加251.12万吨标煤和240.34万吨标煤，年均增长率为4.42%和5.85%。1995年发电量达到10069亿千瓦时，比1990年的6213亿千瓦时增加3856亿千瓦时，年均增长率为10.14%。同期，国民生产总值年均增长率为12.01%，一次能源生产弹性系数、一次能源消费弹性系数和电力消费弹性系数分别为0.368、0.487、0.844。我国作为发展中国家虽然已经大大降低了能源的消费弹性系数，但相对国外发达国家，我们的能源消耗量还是比较高的。不仅中国，别的一些正在建立工业基础的发展中国家也同样如此(见表4-1)。

表4-1　发达国家和发展中国家能源消费弹性系数

	1950—1975年	1976—2000年	2001—2030年
发达国家			
一次能源年增长率(%)	4.45	2.2～2.9	1.6～2.0
经济年增长率(%)	4.8	2.8～3.8	1.8～2.5
能源消费弹性系数	0.94	0.79～0.76	
发展中国家			
一次能源年增长率(%)	8.6	4.4～5.9	2.9～4.0
经济年增长率(%)	6.0	3.6～5.2	2.6～3.6
能源消费弹性系数	1.43	1.22～1.13	1.12～1.11

近年来，经济学家面对经济的快速增长及能源的大量利用，根据统计分析原理，得图4-1、4-2。通过图，我们可以看出，虽然能源的消耗相对经济的增长呈缓慢上升趋势，但对能源的节约已经刻不容缓了。

罗斯基对中国的经济增长产生了质疑。罗斯基根据中国的能源消耗认为：中国的国内生产总值在1998年和1999年最多只增长了2%，并且很有可能收缩了2%；而2001年中国的实际经济增长率只有官方数据的一半左右。他指出，中国在1997—2000年期间，官方数字说GDP累计增长24.7%，但是同期中国的能源消耗只增长了12.8%，这意味着中国的单位能源消耗下降了30%。罗斯基认为这是不可能的。他举例说，亚洲其他国家在20世纪50年代经济高速增长期，能源消耗随着GDP的增加而上升，而中国经济增长中，能源使用的效率从来都不高。而且过去五年内中国出口增长在峰谷之间振荡，但经济增长却始终保持平稳，难以想象中国经济增长是如何保持平稳的。

罗斯基还引用其他具体的例子，说明中国经济增长的数字上的矛盾。

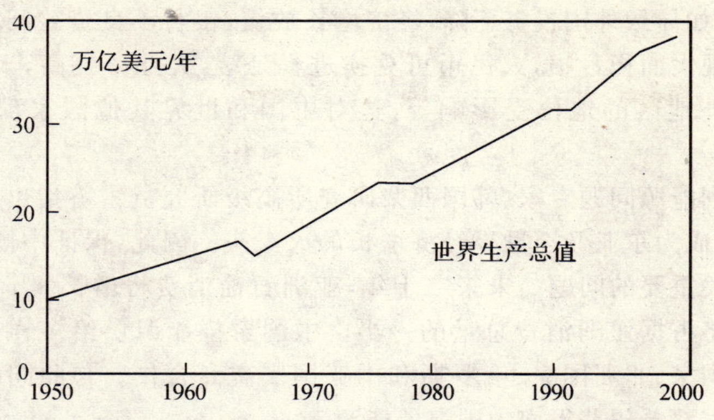

图 4-1 世界经济收入的增长(以 1997 年不变价格计算)

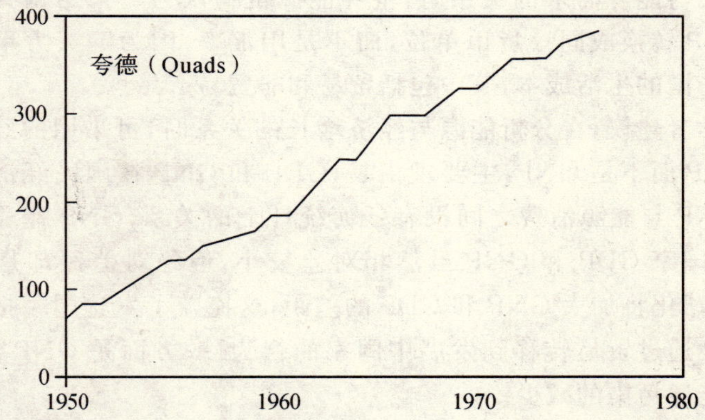

图 4-2 世界能源消耗(以夸德为单位,1 夸德等于 1015 英热单位)

比如,在 1997—1998 年期间,基建投资增长了将近 14%,而水泥和钢铁的生产只增长不到 5%。工业产值增长 10%以上,而 94 种主要工业产品的生产中,只有 14 种增产,却有 53 种减产。与罗斯基观点相同的还有两位经济学家克鲁格曼和美国麻省理工学院教授梭罗。克鲁格曼称中国的经济增长是科幻小说,他看不懂。梭罗对中国经济增长数字的质疑是:“谁能告诉我,如果体质健全的香港经济增长率为零,那么中国 7.3%的高经济增长率如何能办到?”“谁又能解释,中国如何在一年内将通货膨胀率由 10%降到零(注:此处为原话),并在此期间保持稳定的经济发展?”

“欧元之父”、美国哥伦比亚大学教授罗伯特·蒙代尔说,出现物价上涨并不意味着中国经济过热,这只是因为人民币盯住美元而产生的物价上涨。现在应更加关注电力、能源等其他根本性的问题。因此,在经济没有过热的情况下,就不需要对货币重新估值。一方面,中国的人民币区域还不是很大,另外在人民币还不完全可兑换的情况下,对汇率做大的改变会带来一系列的危机，如导致外国投资下降，经济增长放缓，银行不良贷款问题出现，国有企业出现大面积亏损，人民币可兑换进程延缓，失业率提高，人民币未来在中国以外地区的地位受影响等，这对中国和世界其他国家都是没有好处的。

意大利能源问题专家、韩国西荣研究所高级研究员雷塔指出，中国经济发展很快，成为东亚乃至世界经济增长的火车头。因此，保证中国能源供给已成为至关重要的问题。未来二十年，亚洲石油消费将增长 4%，中国石油消费增长将占据亚洲消费总量的一半。中国希望能源供给多样化，中国正在与中东国家、非洲国家、俄罗斯和中亚国家磋商合作。与此同时，中国和东南亚国家都希望获得南中国海的能源。

世界能源机构认为，经济增长是能源需求的最大拉动力，在分析不同国家经济增长与能源需求的关系时，世界能源机构认为应采用购买力平价的方法把 GDP 转换成同一货币单位，而不是用汇率，因为购买力平价能更全面地反映一国的生活成本，其中包括贸易和非贸易产品。

一些学者建议，在分析能源与经济增长的关系时，可采用的经济增长指标应是 GDP 而不是 GNP，主要理由是，GDP 和 GNP 在国民经济中有不同的含义，GNP 与能源消费之间没有任何统计上的关系；GNP 掩盖了环境污染，在一些国家 GDP 和 GNP 虽然相对差较小，但绝对差额却是几百亿美元，经济全球化将加大 GNP 和 GDP 的差距，这掩盖了发达国家把能源消费引起的污染通过贸易转移到发展中国家的行为，一方面是 GNP 的增长，另一方面是能源污染的减少。

一些学者的研究结果表明，当以购买力平价计算 GDP，而不是用汇率计算 GDP 时，不存在人均能源投放收入递减的规律。这意味着在其他要素投入不变的条件下，经济将随着能源投入的增加以不递减的速度增长。但有一些学者认为这是违背经济学常理的，而且利用 1988—1990 年 41 个国家的数据分析结果证明，无论是用购买力平价计算，还是用汇率计算 GDP，能源消费与经济增长的关系都是一致的，而且不存在着人均能源投入收入不递减的规律。

中国学者认为，经济增长、能源需求与能源价格三者之间的关系是：经济增长是能源需求的函数，能源需求又是能源价格的函数。在宏观经济体系中，能源价格对能源需求，进而对经济增长的影响，主要是通过直接影响能源投入与非能源投入之间的比价关系，然后引起以能源与非能源投入品之间的替代（或互补）来发生的。他认为，我国的能源消费系数不仅高于发达国家好几倍，而且明显高于发展中国家的平均水平。同其他国家相比，我国的技术进步缓慢，那么多的大中型企业亏损，而相比之下经济实力和人民生活水平却提高较快，重要原因之一就在于我国大量地、不计价地或较少计价地耗费了宝贵的矿产能源和其他自然资源，即加大能源的投入来保持经济增长。

赵媛(2001)认为，能源与经济增长之间存在密切关系，一方面表现为经济增长对能源的依赖性，另一方面能源的发展要以经济增长为前提。显然，能源既是经济增长的动力因素，同时也是一种障碍因素。但是她没有对能源关于经济增长正反两方面的影响进行深入分析。

一些学者通过对全球100多个国家的电力消费与经济发展的关系研究发现，富裕国家电力消费与财富增长的关系比贫困国家的关系紧密。从全球经济来看，电力与经济发展的关系比全部能源与经济发展的关系更加密切。在富裕国家，经济发展与电力在能源中的比重增长是成正比的，其原因可能在于发达国家计算机等信息产业的发展。能源与经济增长之间的联系在第二次世界石油危机后，由于能源效率的提高，能源消费与发达国家后工业化经济增长的关系已大大减弱，经济发展与电力消费的关系更加紧密。

还有的学者从经济活动、结构和能源密度的角度分析了能源消费的变化，认为美国近年来单位GDP所消费的能源大幅度下降是由于因特网和信息技术的发展改善了总的能源利用效率，但就各产业来看，能源消费密度的下降速度却在减缓，20世纪90年代中期以后，单位GDP能源消费强度的下降主要来源于对能源需求结构的变化。

有学者认为，在分析长期能源需求时，必须要分析同一时期技术进步和相关政策措施对能源消费的影响。技术进步对能源效率是外生性的影响，对于长期能源需求，新技术发明的影响要大于现有技术的扩散。但也有的学者认为，能源利用效率的提高导致单位能源价格的下降，从而又反过来刺激能源需求，即所谓的技术进步的回报效应。

还有学者分析了GDP与能源消费总量以及与不同品种能源之间的相关关系。研究结果表明，GDP与能源消费总量具有双向连锁的关系，这意味着在能源消费函数中包括上一期能源消费因素，可以更好地解释当前的能源，同样，在GDP函数中包括上一期的GDP也可以更好地解释GDP。但是，GDP与不同能源品种之间的关系则是有差别的，GDP与煤炭、电力的关系是一致的，是双向连锁的，但是，GDP与石油和天然气消费则不是双向连锁的。

中国学者安维华、钱雪梅主编的《海湾石油新论》(2000)一书中，对国外一些学者关于石油等原材料在经济发展中“脱钩”的观点有不同的看法。该书认为，石油与现代工业经济并没有“脱钩”，而是越来越紧密地联系在一起。无论是作为一种稀缺性能源，还是作为重要的工业原料，石油在世界经济中的地位都是举足轻重的，直接关系到世界经济安全。换言之，石油不仅与当今世界经济的生存休戚相关，还直接影响着世界经济未来的发展。

还有的学者分析了能源消费强度的变动趋势以及它与制造业经济发展的关系，与能源消费强度有关的影响是制造业的经济活动、固定资产以及工业能源价格。其研究发现，能源消费强度与固定资产成正比，即新增加投资（除去节约能源的投资）并不能减少能源消费强度。另一个研究结果是，部门的经济规模越大，能源消费强度越大。

有学者研究了信息与提高能源消费的效率的关系。研究结果表明，增加信息量可以提高能源消费效率。该研究认为，有两种信息可以提高能源消费效率，一是投资方面的信息，即有充分的信息让消费者选择最合理的投资方案；二是改变人们消费习惯和行为的信息。但传递信息的方式和信息的形式是多种多样的。

有学者认为，我国的“能源弹性系数是一个谜”。根据各国工业化过程，能源消费弹性系数在工业化初期约在1.2～1.9之间，以后趋于下降，从大于1逐渐接近于1，工业化之后又向小于1方向变化。而我国普遍被认为在能耗水平严重过高的情况下，目前所处的工业化初期或中期阶段，能源消费弹性系数已达到小于1的水平。如何解释这种现象？于立认为，我国的能源消费弹性系数从计算公式来看，用的是实际能源消费量增长率与国民经济增长率之比。这种计算方法存在两个问题：第一，一般意义上的弹性系数反映的是在其他条件一定情况下，所研究的自变因素变化1%引起因变因素变化的百分数。严格定义下的能源消费弹性系数计算，首先要假定能源需求是国民经济增长和人口增长以及能源价格等有关因素的函数，然后再测定其分因素不变情况下，国民经济增长1%引起能源需求增长的百分数。因此，在国外的能源经济学中，大多利用经济计量学模型估算在若干年期间中的能源需求弹性系数。第二，能源实际消费量与能源需求量在我国区别很大。只有当能源的需求与供给基本平衡时，才能用能源实际消费量代表能源需求量。本书将根据生产函数推导出完全能源弹性系数，并对我国能源弹性系数的大幅度下降作出合理的解释和分析。

王建认为，“中国受到资源进口限制已不可避免”。他说，对中国经济增长的真正约束是能源。2004年中国消耗了全球新增石油的30%，全球钢材的30%，水泥的40%和全球直接投资资本的25%，全球初级产品价格的全面上涨，无疑是被中国强劲增长的需求拉动的。这还仅仅只是开始，拿钢铁来说，世界工业化国家在人均GDP2500美元水平时，人均钢铁蓄积量在5吨以上，2004年韩国和日本的人均钢铁蓄积量都是将近10亿吨，而中国2004年钢铁总蓄积量只有不到20亿吨，虽然已超过日本的12亿吨，但人均只有1.5吨。超过人均5吨后，一国的钢铁生产将进入再生金属循环阶段，例如发达国家的炼钢原料中80%以上是废钢，只有15%～20%是用铁矿砂炼制，但2003年中国废钢在炼钢原料中只占20%，其中六成以上的废钢还是靠进口。2004年中国进口的铁矿砂已经达到1.5亿吨，是世界全部铁矿砂出口的30%，并使全球铁矿砂的价格上涨了两倍。按到2030年中国人口16亿估计，人均GDP5000美元和人均钢铁蓄积量7吨计算，中国的钢铁总蓄积量将超过百亿吨，每年消费的钢铁将超过3亿吨，消耗的铁矿砂将超过6亿吨，已经超过目前全球的可贸易量。如果考虑中国的人均耕地稀少，工业化和城市化只能通过提高城市土地的容积率来实现，房屋建筑消耗的钢铁可能会比世界平均水平高得多，还有发展出口所消耗的钢材，年均消费的钢铁可能超过4亿吨。这么大的需求量，国际市场能支撑吗？

比钢铁更加严重的问题是石油。目前世界全部石油产量是40亿吨，据说最高可能增长到45亿～50亿吨。目前石油世界贸易量是16亿吨，相当于全部产量的40%，如果全球产量达到50亿吨，贸易量可能增加到22亿～23亿吨。世界工业化国家的人均石油消费是1吨以上，16亿人口的中国如果也完成工业化，就要16亿吨，但国内由于资源条件的限制，最大产能目前看只能有2亿吨，就是说有14亿吨要靠进口，超过全球石油可贸易量的60%，余下的只有9亿吨不到，而目前美国、日本、欧洲的石油进口总量就超过了12亿吨，中国可能得到这么多吗？

当世界日益感受到中国的需求会最终改变国际初级产品供求格局的时候，对中国的能源进口限制就会不可避免地到来。中国在没有大的国际制约的环境下发展经济的时间，王建认为顶多只能持续到2010年以前，如果在这段时间里对中国的经济增长实行“自我约束”，就会错失宝贵的“战略机遇期”。

摩根士坦利亚太区首席经济学家谢国忠认为：中国正面临第一次能源紧张。首先，电力限额配给制已经变得非常普遍，能源产品的贸易赤字年均增长速度已经达到70%，并且可能要占到2004年GDP的2.3%，电力供应增长的瓶颈也可能会变得越来越紧张，并将持续两年多的时间。投资持续地快速增长只能使限额配给制显得更加必要，这将降低中国经济的增长速度。其次，能源产品方面的贸易赤字可能会严重制约中国经济的进一步增长。这将是一个周期性的和长期的挑战。在短期内，投资泡沫将夸大中国的需求、推高能源价格，将中国的收入转移给能源产品的出口国家。在2003年，价格上升导致中国产品的成本增加了大约60亿美元，约占GDP的0.4%。如果这种趋势持续下去，到2013年，中国能源产品的贸易赤字将超过1000亿美元，2003年这一数字是180亿美元。为了保持经济的可持续发展，中国不得不增加其出口产品的定价权，或者加强中国经济对能源的依赖程度。现在，中国需要尽可能熨平其投资周期以最小化中国对能源需求的周期性大幅震荡，为了达到同样的经济增长速度，此周期性波动将消耗中国更多的财富，关键是为资本配置建立一个市场经济环境，资本配置要符合市场经济的原则。中国也需要提高其发展模型中的能源利用效率。还有,能源产品的进口将日益成为中国经济发展的瓶颈。中国出口的主要是初级产品,中国缺乏对这些产品的定价权。进一步讲,中国出口产品的大部分利润将不会留在中国,而是通过中国香港和中国台湾地区在国际贸易的商业活动中回流到美国等发达国家,因为中国香港和中国台湾地区控制了中国内地的绝大部分贸易利润。

那么,到底是什么原因使得中国非常严重地依赖能源产品?有两个原因:首先,中国的服务业部门效率非常低下。在中国的经济体系下,政府部门占据了非常高的位置,而且非常有优势地干预经济,金融、电信和运输行业就是非常典型的例证。国有产权是效率低下的主要原因。因此,这些企业对能源的消耗非常巨大,但对经济的发展却没有多大贡献。第二,在全球贸易体系中,中国仅仅占有了需要大量能源的工厂,价值链上的其他部分,比如设计、物流、销售和金融经常是在海外完成的。因此,中国应该尽量避免进一步经济发展对能源的依赖。

第二节 基于浙江实证的能源—经济(2E)相关因素分析

影响浙江能源消费与经济增长的相关因素包括经济发展阶段、经济结构变化、能源供应与经济政策、价格变动和能源效率等。

一、浙江经济发展阶段与能源消费分析

任何国家和地区在不同的经济发展阶段,能源消费强度和能源消费量的增长速度是不同的。

广义的能源消费强度指单位经济指标中能源消费量。这里的消费强度用创造单位 GDP 所投入的能源量来衡量。

能源消费强度变化与工业化进程密切相关。随着经济的发展,工业化阶段能源消费强度一般呈缓慢上升趋势,当经济逐渐成熟到后工业化阶段,经济增长方式发生了重大改变,能源消费强度开始下降(见图 4-3),图中曲线区间描述了不同国家或地区能源消费强度的个性差异,工业化阶段相对离散的消费强度反映了工业化早中期阶段,由于各个国家能源效率和产业结构差距较大,导致不同国家或地区能源消费强度具有很大的差别,后工业化阶段伴随能源利用技术的进步与成熟,各国能耗强度总体降低并趋于一致。先期工业化国家和新兴快速工业化国家所展示的能源消费强度这种演

变趋势和规律表明，尽管当今世界节能技术日趋成熟，但是在完成工业化进程之前，大幅度降低能源消费强度仍很难实现。

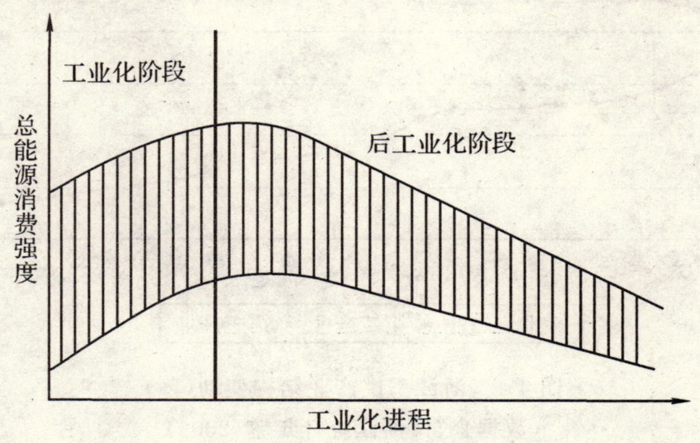

图 4-3　总能源消费强度模式图

二、浙江经济结构变化与能源消费分析

产业结构即构成 GDP 组成各产业的比重。粗略划分，GDP 包括三大产业部门。第一产业为农业，其产品直接取自自然界。第二产业为工业和建筑业，是对初级产品进行再加工的部门。第三产业为服务业，包括的行业多，涉及的范围广。它又可详细划分为四个方面：交通、通讯和商业等；金融保险业、公共事业和咨询服务等；科技、教育、卫生、体育和社会福利等；政府机关、军队和警察等。

如果部门的能源消费强度以部门单位价值增加值所消费的能源量计算，各个部门能源消费强度的差别是相当大的，第二产业中工业的能耗强度比服务业的能耗强度要高得多。不同的产业对能源的消耗程度是不同的。

产业结构不仅与人均国内生产总值有着密切的联系，还与能源消费量有着密切的联系。不同的产业结构对能源的需求量是不同的。根据产业经济学理论，产业结构演变规律为：第一产业→第二产业→第三产业；产业结构演变一般要经历三个阶段，即劳动密集型→资本(能源)密集型→技术密集型，在不同阶段经济对能源的依赖程度不同。同样数量的国民经济总量，因经济部门结构的变化而有不同的能源消费量。

改革开放以来，浙江省工业化进程加速，经济实力明显增强，产业结构得到重大调整，第一产业在国民生产总值中的比例下降，第二、第三产业上升(见图 4-4)。

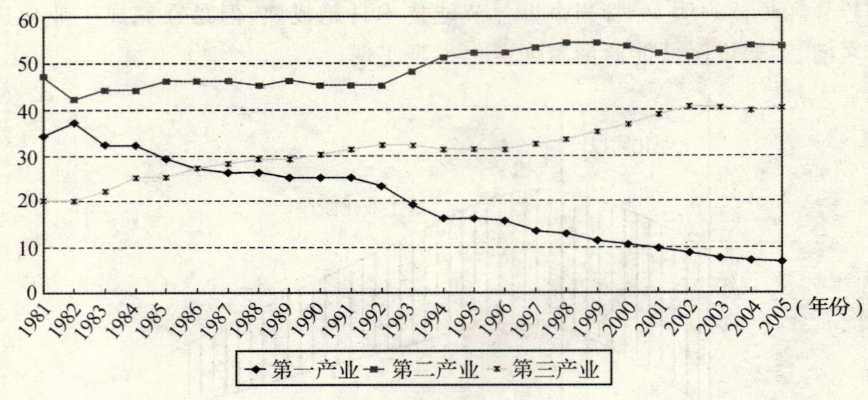

图 4-4 浙江三次产业结构变动(%)

(数据来自《浙江统计年鉴》2006)

二十几年来,浙江省产业结构呈现如下特征:轻工业结构特点明显;前十大支柱产业基本稳定,但缓慢趋向高加工度化;区域性特色产业逐渐形成;技术结构逐渐升级。以前浙江省是一个以轻纺工业为主的省份,能源消耗量不如东北以重工业为主的省份那么大,但随着浙江省产业结构高级化和重工业比重的提高,能耗强度特别是电耗强度增大。20 世纪 90 年代中期以后,浙江步入工业化中后期,经济结构调整和产业结构升级加快。企业技术改造和设备更新推动了劳动密集型产业向资本密集型产业的转变,资本的有机构成大为提高。与此同时,浙江工业化经过了以轻纺工业为主导的起步期,开始进入以钢铁、机械、汽车、耐用消费品等重化工业为主导的扩张期。2005 年浙江规模以上工业重工业比重为 56.4%,比 2000 年提高 15%。2005 年工业增加值中,轻、重工业结构由上年的 50.98 : 49.02 调整为 43.5 : 56.5。2004 年,在浙江全社会能源消费总量中,第一产业占 3.1%,比上年下降 4%;第二产业占 80.7%,比上年增长 16%,其中,工业 7235 万吨,占 78.6%,比上年增长 16.1%;第三产业占 11.4%,比上年增长 10.5%;生活消费占 4.8%,比上年增长 1.6%。2005 年电力消费中,第一产业占 8.47%,比上年下降 18.21%;第二产业占 79.88%,比上年增长 18.48%,其中,工业占 77.2%,比上年增长 17%;第三产业占 8.73%,比上年增长 21.28%;生活用电占 10.5%,比上年增长 22.5%。近几年来,除第一产业外,第二、第三产业和生活用能均保持较快增长,致使第一产业不断下降,第二产业近三年比重出现上升,第三产业持续稳定提高。资本有机构成提高和重工业比重提高,必然使工业能耗特别是电耗强度上升,促成了工业用能、用电高峰的到来。

分行业来看,高耗能行业增速过快,导致产业能耗依赖程度增加。近年来，浙江省高耗能产品如钢铁、水泥等增长速度明显加快，参见图 4-5。浙江省高能耗行业以金属矿物制品业（主要是水泥、建材等）、化学原料和化学制品业、造纸及金属冶炼、加工业为主，主要能耗行业大部分是高能耗行业，高能耗行业能源占全省能源消耗总量的 50%以上。

高耗能行业增速过高，用电结构重型化使电力对经济增长的支撑力下降。分阶段来看，1990 年以前，浙江电力消费增长滞后于经济增长，而 1999 年以后电力消费增长快于经济增长。多项指标说明浙江电力消费与经济增长关系的拐点出现在 1999 年，这充分表明，自 1999 年以来，浙江经济和产业发展对电力消费的依赖明显增强，这是造成浙江电力消费过度增长的深层次原因（见图 4-5）。

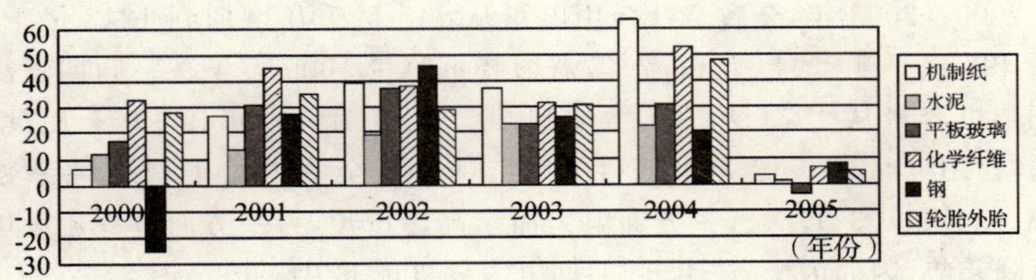

图 4-5　浙江省高耗能产品增长速度（%）
（数据来自《浙江统计年鉴》2006）

三、浙江能源供应、经济政策与能源消费分析

首先，资源先天不足、自给率低、过分依赖市场，对经济发展保障及能源平衡影响较大。

其次，电源建设周期长、投资大、见效慢，应先于经济发展。这是能源开发利用的固有规律和基本特点。受“九五”末期全国电力供应走出了长期短缺的困境而出现暂时过剩的影响，直接导致电源建设出现了“三年内沿海地区不再新开工常规火电”的宏观决策失误。1997 年以来浙江电力建设投资主要用于送变电项目和电网改造，发电设备容量投资明显不足，新增电源项目过少，且呈逐年下降趋势。由于认识上的偏差，“十五”时期电力规划对经济和电力发展估计不足，出现供需失衡时又未及时采取措施进行调整。

浙江近年来电源建设滞后，装机容量年均 9.2%的增速与 18.0%的年用电增幅相比明显滞后。浙江电网 2001 年到 2004 年的四年间除秦山核电外的投产装机年均新增量均不超过 60 万千瓦，仅为 6000 千瓦以上装机容量的 4%左右，而同期的 GDP 和最高负荷、用电量的增长率均超过两位数。2003—2004 年参与浙江电网电力平衡的新增装机只有 130 万千瓦，而同期最高负荷增加 480 万千瓦以上，电源建设速度明显跟不上负荷增长需要。从经济学角度分析，供给小于需求，市场无法均衡，从而出现短缺，造成电荒，严重影响经济的发展(见图 4-6)。

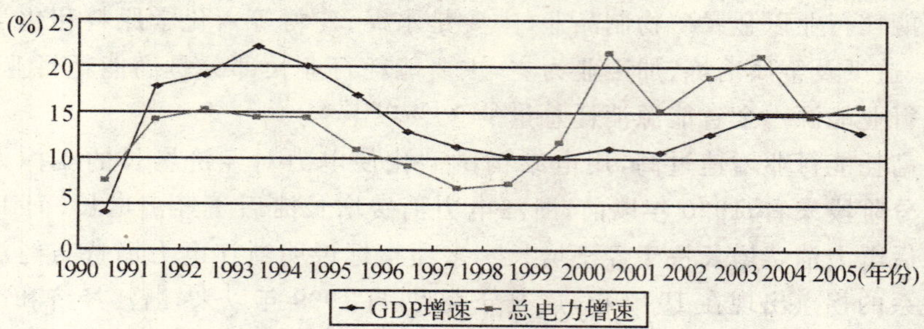

图 4-6 1990—2005 年浙江省电力消费增长与国内生产总值增长速度比较

2000—2003 年,全省全社会用电量从 745 亿千瓦增加到 1242 亿千瓦,净增 497 亿千瓦,增幅为 66.7%,需增装机容量 1000 万千瓦。同期浙江可支配装机容量从 1674 万千瓦增加到 2172 万千瓦,增加 498 万千瓦,增长 30%,比用电量增长低 36.7 个百分点。同期,全省电力消费弹性系数为 1.83、1.40、1.53、1.57。一方面电力需求高速增长,另一方面电源建设增幅呈下降趋势,因而为全省“十五”后期电力危机埋下了隐患。

值得指出的是,2005 年,全省 6000 千瓦及以上装机电厂发电量为 1402.05 亿千瓦时,比上年同期增长 16.87%,其中省统调电厂发电量 874.56 亿千瓦时;非统调电厂发电量 282.25 亿千瓦时,分别比上年同期增长 14.79%和 33.78%。“十一五”期间,电力供求关系不再是主要矛盾,全省从 2006 年起,电力基本实现平衡,不再严重缺电。但是,电力负荷峰谷差将进一步增大,调峰调电将更为困难。因此,有序用电不能放松,需要进一步加强。要在政府主导下,强有力地推进有序用电各项措施,合理地调整电力需求,强化需求侧管理,积极引导企事业单位开展电力需求侧管理。建立健全有序用电、电力需求侧管理考核制度,加大奖惩力度。加大对建设市场的引导,出台鼓励政策,采取措施对节能建筑、使用节能产品的单位给予一定的资金、税收等政策优惠。

近年来全省发电量占总用电量比例逐年下降,已从 1999 年的 97.6%下降到 2003 年的 82.4%,下降了 15 个百分点;而向省外购电量则逐年快速递增,2001 年净调入电量 80.2 亿千瓦时,2002 年上升到 187.26 亿千瓦时,2003 年则为 283.15 亿千瓦时,2005 年外购电量则上升到 392.2 亿千瓦时。2004 年,电力供需出现严重失衡,全省电力最大负荷缺口约 720 万千瓦,用电量缺口达 200 亿千瓦时。全年共拉限电 57.37 万条次,损失电量 58.72 亿千瓦时(见图 4-7)。

同时,电力出现供不应求的严峻形势,电力发展形势中产生四个“屡创历史新高”:用电量屡创历史新高、用电峰谷差屡创历史新高、外购电量屡创

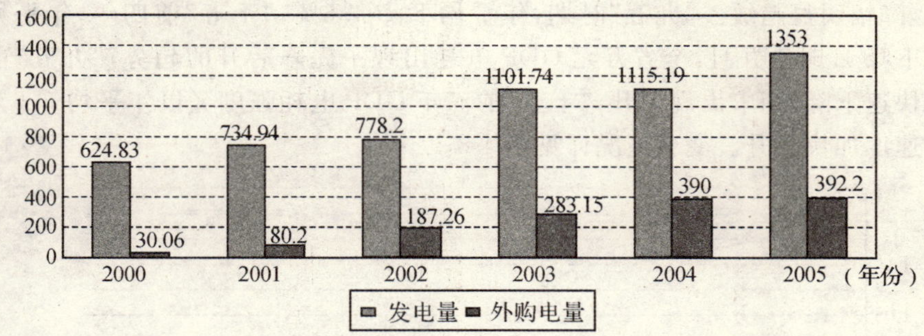

图 4-7 近年来浙江的发电及外购电量情况(亿千瓦时)

历史新高以及拉闸限电屡创历史新高。

四、能源价格变动与浙江能源消费分析

2002 年 6 月浙江实现了城乡居民生活用电同价,10 月份进一步降低农村综合变电以下非普工业用户电价,全省 18 个县市城乡用电全面同价;氯碱行业电价下调 0.045 元/千瓦时,旅游宾馆饭店从商业电价调整为普通工业电价,下调 0.191 元/千瓦时;同时推出城乡居民峰谷电价等措施。这一系列新出台的电价政策,有效刺激了电力消费的增长。

五、能源效率与浙江能源消费分析

我国能源利用效率低已成为不争的事实,主要表现为:人均能耗低、能源强度(单位产值能耗)高。这是我国能源问题的症结所在。

我国拥有世界第二大能源系统,一次能源产量和消费量均居世界第二位,但人均能源消费水平很低。另一方面,虽然我国节能取得很大成就,但是我国的能源强度仍高于先进国家几倍甚至十几倍。而产值能耗高意味着单位能耗产值低(见表 4-2)。

表 4-2 浙江与发达国家每吨标准煤所实现的国内生产总值比较表 (单位:美元)

	日本	德国	法国	英国	美国	浙江
GDP/吨标煤	6623	4219	4115	3195	2217	1301

(数据来源:《世界银行年度报告》,2000 年,浙江按美元计算的 GDP 是按 8.26 汇率换算)

由此可见,我国每千克标准煤能源产生的 GDP 为 0.36 美元,不到世界平均值(1.86 美元)的 20%,日本为我国的 15.5 倍,法国是我国的 9 倍,韩国是我国的 4.3 倍,连印度也是我国的 2 倍。

“九五”以来,浙江国民经济能耗强度虽呈逐年下降态势,但“十五”前三年，降幅明显趋缓。“九五”时期，年平均下降4.6%，“十五”前四年，年平均仅下降1.6%，并且，全省万元GDP电耗出现了先降后升的趋势，“九五”前期快速下降，期末出现上升，“十五”前三年GDP电耗强度又以年平均5.6%的速度加快上升。变化情况详见图4-8。

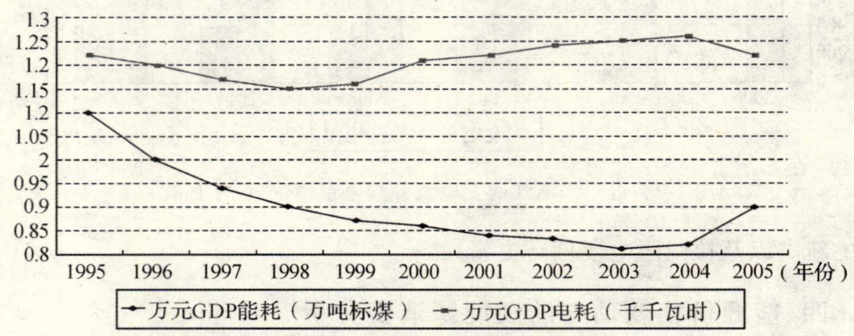

图4-8 浙江国民经济能耗、电耗情况表

（数据来源：浙江省能源与利用情况白皮书及2005年各省、自治区、直辖市单位GDP能耗等指标公报）

浙江全省能源经济效益有所改善，2005年每千克标准煤产出GDP为11.1元（约1.41美元），每千瓦时耗电产出GDP为8.18元（约1.04美元），比全国平均水平分别高43%和14%。能源综合经济效益指标仍处全国前茅，但落后于世界平均水平，更远远落后于高收入国家平均水平。

第三节 浙江能源—经济“瓶颈”产生原因的独特性视角分析

一、浙江省“十五”规划的实施主要以外延型和资源能源消耗型方式完成

近年来浙江省经济总量的快速增长，使能源的供给趋紧，环境的承载负荷加大。加之，浙江省在“十五”规划的实施过程中，仍然存在重GDP指标，轻能源消耗；重发展速度，轻环境负荷；重环保的末端处理，轻环保的管端预防等的现象，经济增长仍然是以粗放型、外延型和资源能源消耗型方式完成的。

二、浙江省资源先天不足、自给率低、过分依赖市场，对经济发展保障及能源平衡影响较大

浙江省是我国能源资源最贫乏省份之一，主要是矿产资源的原煤保有储量仅为9650万吨，约占全国的0.01%，可供开采的已不足7000万吨，而

且煤的品种单一、灰分及含硫量较高。除海上已探明或有待探明的油气资源外，陆域尚未发现油气资源，天然气的生产量仅为500万立方米，仅占全国的0.00015%。因此，煤炭、油气等矿产能源主要依赖于外部输入。由于一次能源特别是矿物能源赋存条件的制约，浙江省一次能源生产量增长缓慢，其中原煤为负增长，已由“九五”时期的6%下降到现在的2%左右，能源供应依赖外部输入的比例越来越高。随着浙江省一次能源自给率的持续下降，能源供应对外依赖日益增大，省外输入、国际市场进口的外部环境变化对浙江省的能源平衡产生了较大的冲击。而由于能源市场体系建设相对滞后，市场体制对能源配置与调节的作用尚未充分发挥，使政府缺乏必要的宏观调控手段，保障体系存在一定程度的薄弱性。另一方面，电力体制改革尚未到位，煤电价格尚未理顺，也必然影响电力的发展和火电供应。浙江省用煤量98%以上从省外调入或少量进口，电煤消耗量已经占55%以上，故仅就煤炭供应来说，外部市场对浙江省的能源平衡会产生直接而又重大的影响。

三、灾害以及其他一些因素诱发、加剧浙江省的能源紧张

2002年夏，浙江省遭受50年以来罕见的持续高温天气，制冷负荷大幅增加；又遭遇60年一遇的干旱，水电厂来水大幅减少，水电发电能力大幅下降，加剧了电力供应的紧张程度。天气干旱和煤炭供应紧张还影响了从福建、安徽等周边省份的调入电量，随着全国性电力供应的紧张，省外购电日益困难。局部电网供能不足，特别是沿海500千伏通道建设延误，影响了北电南送，使南部缺电加剧。

四、二次能源生产受到“九五”后期电力建设投资降低的影响，这是新一轮能源供应紧张的重要原因

二次能源建设投资力度减弱的主要原因是对能源与经济增长、社会发展的规律性、同期性特征缺乏深入研究，导致认识上“小剩则安”的偏差。而浙江经济持续增长和产业结构变化对电力消费依赖性的增强是造成浙江省电力消费过度增长和能源供应全面紧张的根本原因。

还有三点容易被忽视的因素，一是缺电作为世界性的难题，现在的用电峰谷差是所有国家都没有遇到过的。导致峰谷差与过去不同的原因很多，比如世界经济的发展让更多的人富裕了，可能以往一家只有一台空调，但现在每家有三到四台空调，这必然加大了用电峰谷差；再如，全球的气候变化也让人们用电的控制无法解决——有的地方就特别热，大家都想用空调。从美国加州的大停电来看，用电的峰谷差是世界性的难题。二是个私经济、乡村经济和地下经济未被列入宏观经济统计之中，对它们的用电能力及需求没有直接的了解，是能源缺口的一个变量。三是交通运输能源消费未包

括非运营的企事业单位和私人所拥有的交通工具，而在许多国家的经济发展过程中，交通运输用能早已超出专业运输行业范围。对这些因素的深层次研究还未引起足够重视。

五、城市化水平与生活质量的提高产生了浙江新的用能、用电增长点

生活在城市的居民和生活在农村的居民，特别是在发展中国家，能源利用的方式和消费水平有很大的差别。城市具有较完善的能源供应基础设施，包括电力供应、天然气等；农村居民的能源消费大多还需要依赖于分散的可再生能源资源的采集和传统方式的利用。可见，城市化水平越高，人均能耗越大。从 1998—2005 年，浙江省城市化水平年均提高 2 个百分点。另外，1978—2005 年，城镇居民人均可支配收入和农村居民人均纯收入分别达到 16239.8 元和 6660 元，年均实际增长 7.4%和 8.8%。随着居民收入水平的进一步提高，浙江省消费结构加速转型，从目前的千元级、万元级的小康型消费，向以住房、家用轿车(高耗能)为主的 10 万元级的富裕型消费转变。而人均能耗尤其是人均用电量与生活质量之间却是直接的和正比的关系。1999—2002 年，浙江省生活用电年均增长 11.9%，生活用电占总电量的比重由 1980 年的 5.6%提高到 2005 年的 10.5%。

2005 年，全省人均 GDP 为 27552 元，比 2004 年增长 10.8%，按汇率折算约 3470 美元。全省年人均能源消费 2.46 吨标准煤，比“九五”末提高 72%。人均年用电 3350 千瓦时，比“九五”末提高近一倍。比全国人均用能、用电水平，分别高 40%和 80%左右。从“九五”以来全省人均能源消费变化情况看，“九五”呈稳步上升，“十五”加速，人均能源消费和电力消费水平的快速提升，直观反映了浙江省社会发展全面加速和人民生活水平进一步提高(见图 4-9)。

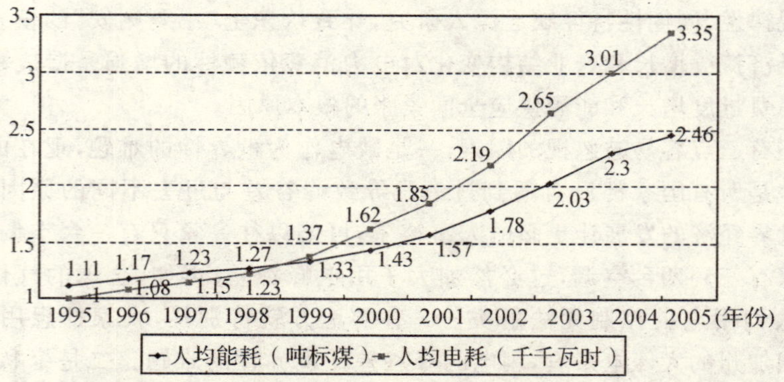

图 4-9 浙江省人均能源消费、人均电力消费水平新变化情况图

(数据来源：《浙江省能源利用状况白皮书》)

第五章　浙江省全面建设小康社会进程的能源需求分析

第一节　全面建设小康社会需要能源支持

一、全面建设小康社会的内涵

党的“十六大”报告中提出，我们要在21世纪的头二十年，集中力量，全面建设惠及十几亿人口的更高水平的小康社会，使经济更加发展，民主更加健全，科教更加进步，文化更加繁荣，社会更加和谐，人民生活更加殷实。

什么是“全面的小康社会”？人们可以用“国民生产总值比2000年再翻两番”、人均国内生产总值达到3000美元等指标来说明，也可以用平均工资水平、人均住房面积以及家庭机动车拥有量等指标来描述。但仅有这些量化指标还不充分，联系“十六大”报告的基本精神，就经济发展及人民生活方面说，“全面小康”的内涵还应当包含以下方面内容：

人民生活水平的改善将更多地表现为发展需要的满足，社会经济生活中的各种风险将获得更加完善的制度保障，各方面发展不平衡的状况得到更大程度的调整，可持续发展能力不断增强，与自然界之间的关系更加协调。

全面小康社会一定是人类经济系统与自然界之间关系协调的社会，惠及子孙后代和长远发展的社会。

中国新型工业化道路的具体体现之一，就是充分体现经济、社会与自然界之间的和谐相处。

我国的经济发展仍处于高资源指向型的工业化阶段。资源利用与可持续发展的矛盾在我国格外尖锐。以能源为例，我国的资源禀赋并不丰饶，而且资源的品位不高。在我国的一次能源中70%以上只能靠低热值、高运输成本和高污染的煤炭；我国的水能资源大都蕴藏于开采、利用成本极高的西部与西南地区。在我国的一次能源构成中，液体、气体能源资源严重短缺是一个不可更改的事实。

可持续发展不仅涉及资源，而且涉及环境。从历史上看，如果说，大多数发达国家的可持续发展问题始于工业文明的出现，那么在我国，人类活动对可持续发展条件的破坏早在农业文明推进过程中就已经大规模开始。在特定生产力条件下，超过土地承载力的人口负担造成了几千年来对土地、环境的反复过度索取，造成了黄土高原的植被破坏，对长江中下游众多河流、湖泊水系的不断围垦，造成了长江中上游地区人口超高密度聚集和森林资源的不断消失，造成了西北地区沙化侵袭的普遍存在。

可以说，我们要还环境的“债”可迁延上溯的时间要比世界上其他国家长得多。

从现实来看，在发达国家的经济发展过程中，工业化与城市化进程一般保持同步。但在我国，城市化进程长期滞后于工业化，新中国成立后的前三十余年，工业生产力主要向少数大城市聚集；改革开放以来的二十余年中，“离土不离乡、进厂不进城”政策又造成了大量乡村工业的遍地开花。城市化进程缓慢和城市结构的严重不合理使我国克服工业文明负面影响的难度比其他工业化国家大得多。大城市工业治理和分布极广的乡村环境治理，是我们面临的重点难度最大的两头。

保护环境，改善环境，实现可持续发展已经成为我国经济发展中的迫切之需。党的“十六大”报告强调，“保护环境和保护资源是我们的基本国策”，必须把“可持续发展放在十分突出的地位”。因为“全面小康”之路应当是一条生产发展、生活富裕、生态良好、人与自然和谐相处的文明发展之路。

二、全面建设小康社会对能源的需求

全面建设小康社会，是一个气魄宏大、震撼人心的历史画卷，是中国走向现代化过程中至关重要的一段航程，在中华民族发展史上具有非同寻常的重要意义。全面建设小康社会，目标是宏伟的，也是完全可能实现的，但同时要完成预定的目标，也面临着许多困难和问题，全面建设小康社会绝不会是轻而易举、一帆风顺的，而是一项艰巨的任务。当前中国的发展还面临着许多棘手的问题和突出的矛盾，其中之一就是发展与资源环境的矛盾。

资源和环境是人类生存的基础，但是，发展的加速必然意味着资源消耗的加速，在我国生产力还不发达和西方下游产业转移的情况下，有时甚至不得不以危害人类赖以生存的环境为代价。比如，工业化必然消耗大量的水资源，同时还排放废水，污染水体，这与我国人民生活质量提高和城市化对水资源需求增加就构成了尖锐的矛盾，由于农业人口众多和开发过度，湖沼湿地和森林面积锐减,内陆地区对水资源的涵养和存蓄能力大大降低,一方面造成了洪涝灾害不断;另一方面又造成水资源的白白流失和日益短缺。再比如说,发展就需要大量的能源,而我国是一个能源稀缺的国家,在可以预见的时间内,能源始终是一项重要的制约条件。再比如环境问题,由于工业化的加速发展和人民生活的急剧改善,目前我国的水体污染、空气污染、土地污染等现象比较严重。如何走一条兼顾发展与环境的可持续发展道路,是一个非常值得关注的问题,也是"十六大"重点强调的问题。

三、农村能源在全面建设小康社会过程中的意义

全面建设小康社会是以全面建设农村为基础的,"十六大"报告中指出:"建设现代农业、发展农村经济、增加农民收入,是全面建设小康社会的重大任务。"根据《全国人民小康水平基本标准》规定的指标测算,从总体上讲,到1999年我国已走完温饱阶段94.6%的路程,到2000年我国总体水平将实现小康初始水平的路程,全国约有74.84%的人口基本达到小康水平,有12.86%的人口接近小康水平,然而,还有12.84%的人口难以实现小康水平。这部分人主要集中在农村和边远地区。可见,农村小康社会的建设是全面建设小康社会的关键。

首先,实现农村的小康有利于解决我国目前面临的严重的农民问题。当前,我国农村人口约占全国总人口的80%以上,构成了我国最大的社会群体。这一基本状况决定了农民的生活状况是全面建设小康社会首先必须解决的问题。由于种种原因,我国的农业发展比较落后,土地所承载的农民人口压力过大,农村大量劳动力失业,致使土地生产资料功能退化,生存保障能力下降,农业生产率低水平徘徊,农产品价格持续走低,农民的生活状态进一步恶化,农民的素质低下,所有这一切叠加在一起,相互作用、相互影响,形成一个恶性循环的链条。这对我们建设一个经济发展、政治民主、文化繁荣、社会和谐、环境优美、生活殷实的全面小康社会来说,是一个巨大的障碍。全面建设农村小康社会,就是要解决农民的问题与矛盾,调动农民的积极性,不断提高农民的素质和收入水平,改善他们的生活状况,使他们真正成为小康建设的主体,积极、主动地投入到社会主义的小康事业当中来。

其次,全面建设农村小康社会有利于整个国民经济健康、持续、稳定地发展,为全面建设社会主义的小康事业打下坚实的物质基础。农民所从事的主业——农业,一直是国民经济的基础产业,为第二产业和第三产业的发展提供了原料和积累,农民承担着经济转变的基础作用和支撑作用,农民是农产品的主要生产者和提供者。随着乡镇企业的崛起和产业化格局的形成,作为乡镇经济发展主体的农民,在整个国民经济中的作用更加突出。农村的市场量约占全国市场总容量的一半以上,农村市场的需求状况对工业

乃至国民经济增长具有绝对性的影响:经济越发展,工业和其他产业所需的原料越多,对农业的依赖程度就越高,经济越发展,越需要健康的经济环境和稳定的经济运行秩序,而坚实的农业基础正是经济良性循环的必要条件和重要的前提。我们要全面建设农村小康社会,首先必须解决9亿农民奔小康的问题,只有调动农民这个最积极、最活跃的革命因素,才能使农业生产继续向广度和深度发展,为全面建设小康社会打下坚实的物质基础。

“九五”期间,中国农村经济发展迅速,农村能源建设取得显著成效。农村能源的发展,有效地支撑和促进了农村经济的增长,农民收入水平得到了明显的提高,农村生态环境也大有改善。可见,农村能源与农业生产和农民生活直接相关,将来在9亿农民全面建设小康的进程中,农村能源综合建设同样要作为农村经济发展的强有力的保障来促进农村经济发展。

四、全面建设小康社会下的工业化道路选择

“十六大”报告指出:“实现工业化仍然是我国现代化进程中艰巨的历史性任务。信息化是我国加快实现工业化和现代化的必然选择。坚持以信息化带动工业化、以工业化促进信息化,走出一条科技含量高、经济效益好、资源能耗低、环境污染少、人力资源优势得到充分发挥的新型工业化路子。”这里所讲的新型工业化道路,不同于西方发达国家和第二次世界大战后一些新型工业化国家已走过的传统工业化道路,也有别于我国从第一个五年计划期间起步的、迄今长达半个世纪的工业化历程,“科技含量高、经济效益好、资源消耗低、环境污染少、人力资源优势得到充分发挥”等五个特征,深刻揭示了我国新型工业道路的基本内涵。

如果联系工业化面临的国际环境和国内体制条件等因素,从内涵和外延两个角度,进一步全面理解“新路子”的丰富内涵,拟归纳为以下几个方面。

1. 以科技进步为动力,由信息化带动的工业化道路

工业化是指传统的农业社会向现代化工业化社会转变的历史过程。在不同历史条件下,各国实现工业化的道路应有所不同,就当时代表先进生产力的科学技术对工业化的带动作用而言,在西方工业化国家也有差别。英国是自18世纪30年代至19世纪40年代,在世界上第一个基本上完成工业化革命的国家。当时英国工业革命的动力主要是以蒸汽机为动力的机械化带动了英国工业化。法国、德国、美国、意大利、日本等国于19世纪先后开始并基本上完成了本国的工业革命,是因为电的发明和电动机的广泛使用,电气化起了巨大的带动作用。第二次世界大战后一些新型工业化国家实现工业化和现代化,是由电气化、自动化带动的。中国现在刚步入工业化中期阶段,国际社会正在进入信息时代,继续推进我们的工业化进程,必须走以信

息化带动工业化的新路子。

2. 以降低资源消耗，提高经济效益为核心的工业化道路

提高经济效益是经济工作的核心目标，追求工业化，不仅要大大提高劳动生产率，更要提高经济效益，在当今经济全球化的国际背景下，我们不能再走只讲产值和产量，不重视质量和效益，以粗放型经济增长方式为主的工业化老路子，必须走以提高经济效益为核心的新型工业化道路。

3. 环境污染少，同实施可持续发展战略相结合的工业化道路

实现工业化，不能以过度消耗资源、破坏环境为代价，不能危害子孙后代和整个人类的可持续发展。而且走"先污染、后治理"的传统工业化道路，劳民伤财，延缓了整个现代化的进程。我国是人口大国，人均占有的资源较少，在工业化进程中，必须始终注意节约资源与环境友好，给后人留下可持续发展的空间。

第二节　小康地区的经济和能源消费

未来学家托夫勒曾提出，"新技术"和"信息化"将对人类的生产活动产生巨大影响，很显然，"水泥"（传统产业）与"鼠标"（电子商务）的结合对加快产业部门的交易过程，提高劳动生产率有很大的促进作用，但就人们的日常生活而言，很难想象人们居住在"草棚"里享受现代文明。对发展中国家而言，其工业化过程不可能逾越，现代生活离不开基础设施建设的支撑。即便进入"后工业化"时代，人们的出行（特别是休闲、娱乐出行）也不会减少；人们享受舒适的家居生活不会有改变，除非人们改变已有的消费观念和模式，否则至少交通和建筑物用能依然会较快增长，欧美发达国家最近几年的历程也证明了这一点。

上海是我国经济较为发达、城市化进程较快、产业结构升级换代完成较早，且可能成为国际化大都市的直辖市。按照有关部门的统计数据，2002 年上海人均 GDP 已经超过 4000 美元，如按购买力平价（PPP）计算已超过 1 万美元；从经济发展阶段看，已经基本实现工业化，第三产业在 GDP 中的贡献率已经超过 50%；城市人口已超过 80%。城市化进程基本完成，公共基础设施比较完善，居民出行仍以公共交通为主，住房相对舒适，在这种状况下，2002 年上海市的人均一次能源消费量 4.2 吨标准煤。与美国、英国等发达国家相比，上海以相对少的能源消费进入小康社会。

一、人均能量消费分析

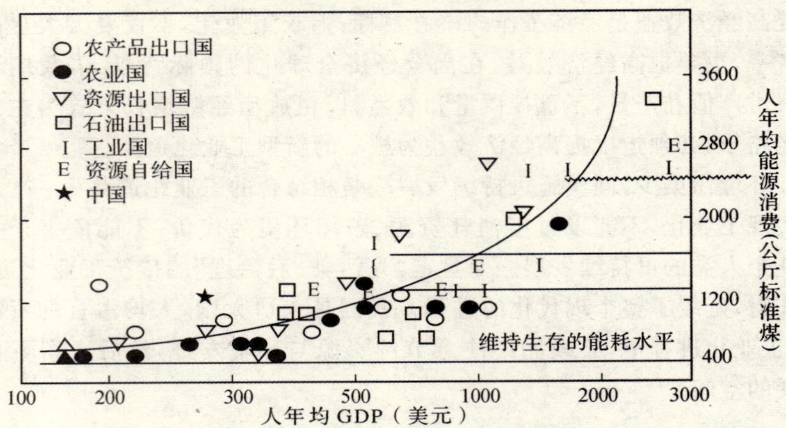

图 5-1　84 个发展中国家 1975 年人均能耗与人均国民生产总产值的关系

表 5-1　世界主要工业国家达到 700 美元和 1000 美元人均产值时的人均能源消费量

国别	年代	产值（美元/人·年）	能耗（吨标煤/人·年）	产值平均能耗（万吨标煤/亿美元）	能源构成中煤的比重(%)
一、GDP 近 700 美元/人·年					
苏联	1954	—	2.00	—	77.2
日本	1963	704	1.51	21.52	44.0
西德	1953	712	3.03	42.63	93.7
英国	1950	717	4.39	61.23	90.8
二、GDP 近 1000 美元/人·年					
苏联	1960	1064	2.83	26.68	63.1
日本	1966	1028	1.94	18.90	34.8
西德	1957	1001	3.77	37.67	88.0
英国	1955	1052	4.90	47.05	87.1

表 5-2　若干国家和地区 1977 年人均产值和人均能源消耗

国家或地区	GDP（美元/人·年）	能源消耗（公斤标煤/人·年）	国家或地区	GDP（美元/人·年）	能源消耗（公斤标煤/人·年）
美国	8715	11574	中国香港	2640	1563
西德	8315	5783	匈牙利	2280	3437
日本	6005	3806	阿根廷	1690	1837
英国	4365	5103	南斯拉夫	1680	2030
东德	4220	6941	罗马尼亚	1450	4059
波兰	2860	5457	中国台湾	1167	2055
新加坡	2780	2433	墨西哥	1122	1330
苏联	2760	5410	韩国	944	1240

综观发达国家和发展中国家经济发展的历史，可以找到一个普遍的规律：一个国家或地区处在一定的历史阶段，就有一定的能源消费水平。人均消耗与产值之间存在一定的比例关系。很多国家和地区根据经济发展水平和人均能源消费水平的统计数字，得出两者间的关系，通过类比来推算本国或本地区到一定的国民经济发展水平时的能源消费量，这种预测分析被称为“人均能量消费法”。

图 5-1 是美国能源部分析中心整理分析了 84 个发展中国家 1975 年的统计数据作出的。该图表明，尽管各个国家的条件不同，但在人均产值和能源消费之间可以找到一种在一定范围内的对应关系。图中相对于 1000 美元人平均产值的人平均能耗在 1.5～1.6 吨标准煤之间。在包括所有国家和地区（而不单是发展中国家）的人均能源消费量和产值之间的关系图中，其对应于 1000 美元人均产值的能源消费量在 2.3 吨标准煤左右。

参考表 5-2 和表 5-3 的有关数据，考虑到我国比较接近于发展中国家所处的经济发展阶段，作为类比我国在人均 1000 美元产值时的能源消费量是合适的，可以认为，我国人均产值达到 1000 美元时的人均消费量也在 1.6 吨标准煤左右。

国际经验表明，当一个国家或地区人均 GDP 达到 2000 美元以后，经济将进入持续快速发展时期。从浙江经济增长变化的轨迹看，1979—2005 年，浙江省 GDP 平均每年递增 13.1%，其中只有三个年份的年增长速度不到 10%，大大快于全国年平均增长速度；在此期间，全国 GDP 年平均增长速度为 9.4%，浙江省高出全国 3.7 个百分点。浙江省人均 GDP 在 1000 美元时的人均消费量是 1.2 吨标准煤，2005 年，浙江人均 GDP 为 27552 元，按当年的汇率折算，达到 3440 美元。如今，浙江省的人均能源消耗与表 5-2 中的波兰和新加坡相当。可以看出，在这个阶段浙江省的煤炭消耗量还是处在低耗水平。按浙江的说法，总规模上万亿元和人均 GDP 到了近 3000 美元这个关口是一个突破，在这个关口，整个国际、国内经验是产业结构要升级，整个经济增长方式非转变不可。这就是我们通常讲的“在哪个阶段说哪句话”。根据浙江省经济增长模式以及正逐步由过去的粗放型转向集约型增长方式，与新加坡的发展有很大的相似性。

根据国内外经济增长的一般规律，今后 5～10 年乃至更长一个时期，浙江经济有望保持高速稳定的增长态势，经济实力大大增强，人均 GDP 水平快速提高。按照迁移人口每年增长 15 万人（即 1990 年到 2002 年迁移人口年均净增加 15 万人），加上人口自然增长率逐年减少的趋势计算，2010 年、2020 年，浙江常住人口将分别达到 4890 万、5150 万人。预计“十五”期间浙江经济年均增速将达 10%，2005—2010 年，经济年均增速将达 9%，到 2010 年，经济总量突破 15000 亿元，人均 GDP 接近 4000 美元；2010—2020 年，经济年均增速将达8%，到2020年，经济总量突破30000亿元，人均GDP达到8000美元，届时的情况接近表5-2中美国的产值，但根据浙江省经济发展的规律以及历年人均产值和人均能源消耗分析来看，能源消耗量应远低于美国当年的消耗。按浙江省在1000美元及2000美元人均GDP的发展规律，估计到2020年，人均能源消耗量应在5500～7000千克标准煤左右，相信浙江省会以较少的能源消耗量进入下一个阶段的增长期。

二、浙江省小康社会进程和能源需求分析

从1993年起，浙江省人民的物质生活水平就达到了小康目标，比全国快了七年。具体表现在：①物质生活条件迅速改善。物质生活是小康生活的重要组成部分。国民经济的快速发展，为人民物质生活的改善提供了保证。广大人民群众普遍分享了经济发展的成果。②综合实力显著增强。改革开放以来，浙江省充分发挥自身独特的地域优势和人力资源优势，紧紧抓住国内、国际两个市场，通过体制创新和大力发展社会主义市场经济，综合实力迅速增强。1985年国内生产总值比1980年翻一番，到1992年提前八年实现了翻两番的宏伟目标，比全国整整快了三年。2005年全省国内生产总值达到13437.85亿元，按可比价格计算，比1978年增长15.8倍，年均增长13.1%，浙江经济总量在全国各省市区中的位次由改革开放初期的第12位跃升到目前的第4位。2005年，按现价计算的人均国内生产总值达到14655元，按1990年价格计算为8784元，是小康标准值的3.5倍。③消费水平不断提高，生活质量全面改善。2005年城镇和农村居民人均消费支出分别达到12254元和5215元，是1980年的28.6倍和27.1倍。消费领域拓宽、消费结构改善。20世纪80年代，生活水平较低，吃穿等基本生活必需品占支出的绝大部分。随着消费水平的不断提高，发展资料和享受资料逐渐增加。80年代后期以来，家用电器、住房装饰、交通工具、通信产品相继成为消费热点，消费内涵发生了结构性变化，恩格尔系数逐年下降。1981年，城乡居民的恩格尔系数为55%；到2005年，农村居民恩格尔系数下降到38.6%，城镇居民降低到33.8%，明显低于50%的小康标准。

以上这三方面的发展对能源提出了更高的要求，浙江省的现代化，尤其是城市化进程也将加快，未来十年内人均能源消费仍会快速增长。到“十一五”后期，随着产业结构趋向高级化，能源消费增长速度会趋缓，保持相对的稳定。到“十一五”时期，随着我国宏观调控效果的显现，内涵型经济增长的凸显，能源结构的优化进程也会加快。

城乡一体化进程的加快必将对能源需求产生影响，民用商品能源需求快速增加。城乡一体化进程的加快意味着在未来一段时期内，城市规划的扩大，城镇和农村基础设施的建设及住宅投资需求的增加，从而建材、钢铁

等高耗能行业将需要保持一定的增长势头，势必对浙江省能源需求产生影响。从经济发展水平与能源消费之间的演变关系看，在人们的温饱需求得到满足、进入小康阶段时，其享受的能源强度较高的工业为增长源，导致该阶段的生产用能较高。进入富裕阶段后，其产业结构进入高级化，经济增长以省能型的服务业或第三产业为主，生活用能相对较低；住房要求宽敞、舒适，对能源服务的质和量均提出高要求，无疑会导致人均生活能源消费的高增长。

人口增长、科技进步及环境政策实施对能源需求产生较大影响。根据浙江省人口普查研究报告《迈向新世纪的浙江人口》(2003 年 6 月)的研究成果，浙江省老龄化程度高于全国水平，且人口老龄化速度快、来势猛。按照国内外学者的研究成果，在工业化国家，老龄化社会的重要特征之一是家庭数量增加，家庭规模缩小。家庭规模大的家庭，其人均生活用能明显低于家庭规模小的家庭。另一方面，人口老龄化对能源服务质量要求更高。

浙江省的小康进程对能源提出了更高的要求，从目前全省的能源储存条件及前景来看，一次能源的供需缺口将进一步拉大，自给率将降到 3%以下。近年来全省电力供应紧缺的矛盾虽然出现了阶段性的缓解，但从一般能源经济发展规律看，电力作为一种优质能源在终端能源消费中的比重将会随着社会经济的发展进一步提高。如何提高用电质量、高水平满足用电需求将成为新的难点。在能源结构的转变中新能源及可再生能源的作用将日趋明显，到 21 世纪 20 年代，风能、海洋能以及生物质能的利用在推动能源结构多样化方面将起到一定的作用。可以预计，煤炭的使用比重将下降，清洁能源和新能源的使用将增加，能源结构的调整对环境改善将起到明显的作用。

第三节　浙江社会经济发展能源需求关系及其规律分析

一、浙江省能源社会经济关系的变化趋势

(一)浙江省社会经济发展与能源消费情况

浙江省位于我国东南沿海地区中部，陆域面积 10 万多平方千米，2003 年末人口 4679 万人。改革开放以来，浙江率先进行市场改革，国民经济得到持续、快速、健康的发展，经济增长速度一直居于全国前列。1978 年到 2003 年的 25 年间，经济总量由 123.7 亿元发展到 9395 亿元，平均增长速度达到

18.9%,"十五"前三年,浙江经济呈现出加速发展趋势,2001年国内生产总值增长10.5%,2002年增长12.5%,2003年增长14%(详见表5-3)。

表5-3　浙江省社会经济发展的主要指标

	年产值(亿元)						年均增长速度(%)		
	1980	1985	1990	1995	2000	2003	1980—1990	1991—2000	2000—2003
国内生产总值	179.68	427.5	897.99	3450.61	6036.34	9395	17.45	20.99	15.89
第一产业	64.61	123.88	225.04	530.72	664.16	728	13.29	11.43	3.10
第二产业	84.07	198.91	408.18	1832.81	3183.47	4941	17.11	22.80	15.78
第三产业	31.00	104.71	264.77	1088.32	2188.71	3726	23.92	23.51	19.40
总人口(万人)	3826.6	4029.6	4234.9	4369.61	4501.2	4679	1.02	0.61	1.29

(资料来源:《浙江统计年鉴》2004)

随着经济总量的快速增长,浙江省产业结构发生了质的变化,第一产业比重明显下降,第三产业快速上升,三次产业结构由1980年的35.96∶46.79∶17.25到2003年的7.8∶52.5∶39.7,与1990年相比,第一产业比重下降了17.3%,第二产业、第三产业比重分别上升了6.1%和10.2%。2003年全年工业增加值4310亿元,比上年增长16.4%(见表5-4),其中规模以上工业企业(即国有及年产品销售收入500万元及以上的非国有工业企业)增加值3194亿元,增长23.7%。在规模以上工业增加值中,重工业1637亿元,占51.3%;轻工业1557亿元,占48.7%,重工业首次超过轻工业,标志着浙江省工业化进程已进入从轻化工业向重化工业迈进的新阶段。

表5-4　浙江省产业及用电结构指标

	按增加值计算比重(%)				用电量比重(%)		
	1980	1990	2000	2003	1990	2000	2003
第一产业	35.96	25.06	11.00	7.8	5.73	2.45	1.01
第二产业	46.79	45.45	52.7	52.5	77.35	75.68	76.94
第三产业	17.25	29.48	36.3	39.7	4.70	8.08	9.05

(资料来源:《浙江统计年鉴》2004)

在经济增长和社会快速发展的拉动下,近年来,全省的能源消费量,尤其是电能的消费量增长速度较快(见表5-5),2002年全省能源消费总量为7386万吨标准煤,其中煤炭消费6018万吨,电力消费量1016亿千瓦时,1990—2002年浙江省能源消费总量、煤炭消费量和电力消费量年平均增长速度分别为9.16%、7.14%和13.18%，其中煤、电、油消费分别比全国快5.1、2.5、7.4个百分点，人均电耗和人均生活用电分别是全国的1.4和1.8倍。2001年全省用电量增长14.7%，2002、2003年分别增长19.1%、22%，全省最高负荷1870万千瓦，用电1241.8亿千瓦时，"十五"前三年全省共新增负荷710万千瓦，电量34.1亿千瓦时。

表5-5　浙江省能源消费及其结构指标

年　份	1980	1985	1990	1995	2000	2001	2002	年均增长(%)
消费总量(万吨标准煤)	991	1596	2580	4580	5967	6530	7386	9.56
煤炭(万吨)	927	1629	2486	4231	5051	5527	6018	8.87
电力(亿千瓦时)	93	147	230	440	744	855	1016	11.49
石油制品(万吨)	142	183	309	644	920	1003	1074	9.63

(资料来源:《浙江统计年鉴》1996,《中国能源统计年鉴》2004)

缺电局面日益加剧。一般而言，当重工业和轻工业之比(即霍夫曼系数)大于1，就意味着进入重化工业阶段，这个阶段是经济社会发展的必经之路。而重化工业的形成机制依赖于三大因素：一是居民的消费结构持续升级。如居民对汽车和房地产的需求，对钢铁、装备等30多个行业将起到巨大的拉动作用。二是城市化进程的加快催生城市基础设施的大规模投资建设。三是国际制造业加速向我国转移。这三股合力会形成对高耗能产业的需求拉力。

(二)浙江省能源消费变化趋势

1.能源需求特别是电力需求趋紧

从长期的趋势来看，浙江能源消费增长、全社会用电增长与经济发展周期曲线基本吻合(详见表5-6、5-7，图5-2、5-3)。但1998年以前，全社会用电量的增长随经济周期波动而波动，且增长速度小于GDP的增长速度，近一轮经济周期于1993年达到高峰，相应的电力消费增长速度从1992年开始，处于15%左右的高增长。随着国家宏观经济政策的调整，以治理通货膨胀为首要目标的宏观紧缩政策的出台，电力消费增长速度也快速下降。

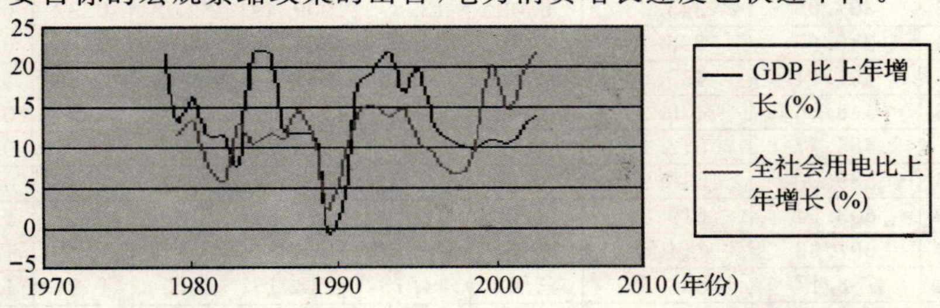

图5-2　1978—2003年浙江省GDP和全社会用电量

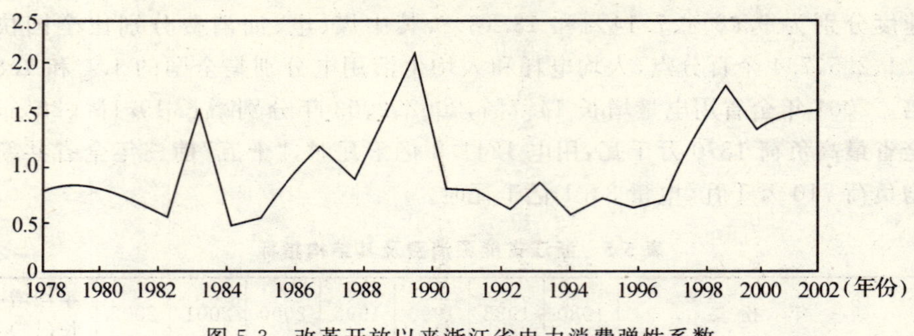

图 5-3 改革开放以来浙江省电力消费弹性系数

1998 年以后，浙江省电力消费增长速度明显加快，且高于 GDP 的增长速度，从 1999 年起，浙江省电力消费弹性持续 8 年低于 1 的局面发生了转变，1999—2003 年浙江省连续五年电力弹性都大于 1，2000 年达到最高为 1.83，造成这一转变的原因可从浙江省用电结构及分产业电力消费弹性进行分析。

表 5-6 浙江省能源消耗水平及其增长速度

	年消费量				平均增长速度（%/年）	
	1980	1990	2000	2002	1980—1990	1990—2002
总能耗（万吨标准煤）	1113	2581	5967	7386	8.78	9.16
电（亿千瓦时）	92.58	230.29	744.7	1017.8	9.54	13.18
能源自给率（%）	23.5	12.2	6.87	8.12	—	—
人均耗能（吨标煤/人）	0.29	0.61	1.33	1.628	10.9	8.34
人均电耗（千瓦时/人）	242	544	1654	2244	8.43	12.53

表 5-7 浙江电力生产消费弹性系数

年份	全省发电量（亿千瓦时）	全省用电量（亿千瓦时）	年均增长（%）		现价 GDP		电力生产弹性	电力消费弹性系数
			发电量	用电量	亿元	年增长（%）		
1990	208.66	230.37			897.99	3.93	1.06	2.16
1991	242.32	264.13	16.13	14.22	1081.75	17.84	0.9	0.80
1992	284.13	303.28	17.25	15.25	1365.06	19.03	0.91	0.80
1993	307.08	345.33	8.08	13.87	1909.49	22.02	0.37	0.63
1994	340.90	396.75	11.01	14.89	2666.86	16.9	0.65	0.88
1995	407.11	439.85	19.42	10.86	3524.79	19.79	0.98	0.55
1996	448.36	479.33	10.13	8.98	4146.06	12.7	0.8	0.71
1997	485.77	512.49	8.34	6.92	4638.24	11.09	0.75	0.62
1998	539.00	548.96	10.96	7.12	4987.5	10.1	1.09	0.70
1999	603.54	619.84	11.97	12.91	5364.89	10	1.2	1.29
2000	697.33	744.69	15.54	20.14	6036.34	11	1.41	1.83
2001	788.17	854.51	13.03	14.75	6748.15	10.5	1.24	1.40
2002	889.21	1017.81	12.82	19.11	7796	12.5	1.03	1.53
2003	1092.20	1241.8	22.83	22.02	9200	14	1.63	1.57

由表 5-8 可知，第一产业用电在全社会用电中所占比例较低，且呈现下降趋势，2003 年仅占 1.24%，因此其对全社会电力消费弹性的影响较小。第二产业用电在全社会用电中比重最高，自 1999 年用电比重逐年上升，由 1999 年的 74.53%上升到 2003 年的 77.71%。第三产业用电比重从总体上看是上升趋势，但在 2002 年有所下降。居民生活用电比重在 1999 年以前是逐年上升，但 1999 年以后开始下降。主要是浙江省第二产业快速发展尤其是重工业增加值快速增长导致第二产业用电量快速增长进而使居民生活用电比重降低。

表 5-8 1987—2003 年浙江省电力消费结构及各产业电力消费弹性系数

年份	电力消费结构(%)				电力消费弹性系数			
	第一产业	第二产业	第三产业	居民生活	第一产业	第二产业	第三产业	居民生活
1987	7.20	82.24	3.91	6.65	0.13	0.67	0.81	1.44
1988	6.40	82.07	4.02	7.51	0.69	0.31	0.55	1.08
1989	6.70	80.24	4.29	8.77	−1.45	0.23	0.49	1.32
1990	5.81	79.98	4.49	9.72	1.28	1.14	2.09	4.12
1991	5.79	78.17	4.75	11.28	1.02	0.67	0.49	0.85
1992	5.53	78.12	4.76	11.60	1.00	0.51	0.48	0.56
1993	5.12	78.63	4.73	11.51	0.04	0.27	0.60	0.46
1994	4.53	78.44	5.06	11.96	0.28	0.30	0.65	0.55
1995	4.41	77.36	5.49	12.74	0.00	0.32	0.59	0.49
1996	3.98	76.75	5.99	13.28	0.24	0.38	1.25	0.76
1997	3.73	75.71	6.75	13.82	−1.31	0.48	1.24	0.55
1998	3.28	75.73	7.22	13.78	−2.21	0.63	1.69	1.49
1999	3.14	74.53	7.97	14.36	29.48	2.15	1.11	0.74
2000	2.85	75.87	7.90	13.38	0.94	2.22	1.25	1.38
2001	2.48	76.37	8.15	13.01	7.34	1.69	0.67	1.02
2002	2.23	77.13	7.96	12.67	−8.48	1.41	1.56	0.97
2003	1.24	77.71	8.81	12.24	0.14	1.02	1.55	1.27

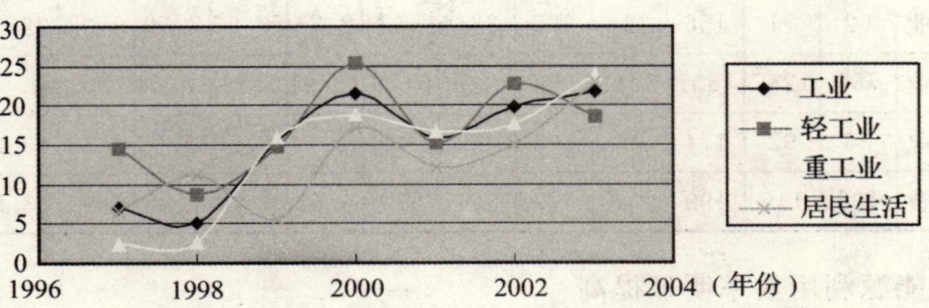

图 5-4 1996 年以来浙江省工业用电及居民生活用电增长速度(%)

从产业电力弹性看，浙江省第二产业电力弹性在1999年以前一直小于0.7(1990年除外)，但1999年和2000年则均超过了2，此后的弹性均高于1，这充分反映了浙江省工业经济呈现的重型化趋势，1997年和1998年浙江省重工业用电量增长率分别为2.53%和2.66%，1999年增长率则为15.94%，此后逐年上升，到2003年达23.96%。第三产业的电力弹性自1996年以来都大于1(2001年除外)，从增量的角度分析，这也是全社会电力消费弹性提高的原因之一，但不是1999年发生转折的原因，因为第三产业1999年电力弹性在1996—2003年间处于相对低谷，仅大于2001年的0.67。居民生活电力消费弹性自1998—2003年的六年间，有四年大于1。由此可见，浙江省电力消费弹性的提高是上述三方面原因的综合体现，但1999年的突然增大则主要是由于浙江省工业化进入重化工业阶段，重工业电能消耗的快速增长和居民生活质量提高导致生活用电的需求高于经济增长速度等原因共同所致。

2. 能源消费结构不断优化

1980—2002年浙江省第三产业用能增长速度为15.11%，大大快于其他产业，其中消费比重由1980年的5.65%提高到2002年的16.76%；第一产业用能比重“六五”时期有所提高，“七五”以后逐年下降，2001年以后又有所上升；第二产业由于工业部门结构调整和能源利用效率提高，比重缓慢下降；居民生活用能由于生活用电仍然保持较快增长，同时煤气和液化石油气对煤炭的替代不断加大，比重略有下降。1990—2002年间煤炭消费量年平均增长速度为7.65%，而电力和原油消费量年平均增长速度分别为13.17%和14.53%，能源消费结构不断优化(详见表5-5、5-9)。

表5-9 浙江省产业能源消费状况

	消费量(万吨标准煤)							年均增长(%)					
	1980	1985	1990	1995	2000	2001	2002	“六五”	“七五”	“八五”	“九五”	2000—2002	1980—2002
消费总量	911	1596	2371	4232	5967	6530	7386	11.87	8.24	12.29	7.11	11.26	9.98
第一产业	62	71	156	224	300	384	452	2.75	17.05	7.50	6.02	22.75	9.45
第二产业	767	1287	1851	3341	4687	4507	5118	10.91	7.54	12.54	7.01	4.50	9.01
第三产业	56	92	174	397	603	1087	1238	10.44	13.59	17.94	8.72	43.29	15.11
生活消费	106	146	190	270	377	551	578	6.61	5.41	7.28	6.90	23.82	8.01

3. 能源利用效率明显提高

节能作为浙江国民经济发展的长期任务，省委、省政府一直十分重视与关心，明确提出了“降能耗、图生存、求发展”的方针。“六五”以来，围绕以提高能源利用效率为中心，依靠技术节能和管理节能等基础管理，强化节能目标和定额考核制度，形成了比较完善的节能激励机制，推动了节能工作的全面开展；在节能项目安排上，以热电建设为重点，打好工业锅炉、风机水泵和工业炉窑节能技改三大战役，开展了节电削峰填谷和绿色照明推广工程；在节能服务上，一是建立以节能基金为核心，扶持与引导节能的发展机制，二是形成了以强化技术服务和新技术推广为中心的技术进步机制。

节能工作的全面深入开展，使浙江省能够以较少的能源增长保证了国民经济的快速发展，并促进了能源利用效率的不断提高，取得了环境、社会和经济等综合效益的明显改善。首先，国民经济发展对能源需求的依存关系有较大的缓解(见表 5-10)。“八五”时期能源弹性系数和电力消费弹性系数分别为 0.64 和 0.73，分别比“七五”时期回落 40.7%和 41.9%。从 20 世纪 90 年代看，基本呈逐年渐次回落的态势，但 1999 年后，能源弹性系数和电力消费弹性系数发生转折，开始增加。其次，万元国内生产总值能耗大幅度下降(见表 5-11)。从 1980 年的 5.52 吨标准煤降低到 2002 年的 0.95 吨标准煤。1997 年为 1.1 吨标准煤，折合每千克标准煤产出国内生产总值约为 1 美元，万元产值能耗是全国平均的 2.8 倍，是全国最低的省份之一。再次随着工业部门设备更新加快，能源利用效率明显提高。

表 5-10 浙江省能源及电力消费弹性

	“六五”	“七五”	“八五”	“九五”	2001	2002
能源弹性系数	0.68	1.33	0.64	0.50	0.90	1.05
电力消费弹性系数	0.65	1.24	0.73	1.01	1.44	1.51

表 5-11 浙江省 GDP 能耗水平

年 份	1980	1985	1990	1995	2000	2001	2002
产值单耗(吨标准煤/万元)	5.52	3.73	2.87	1.33	0.99	0.97	0.95

4. 能源强度逐渐下降

经济总量和能源消费的趋势决定了浙江省能源强度的变化趋势，从图 5-5 中可见，浙江省能源强度“六五”时期由 1980 年的 5.515 下降到 3.733 吨标准煤/万元，降幅 32.3%。在“七五”期间下降趋势有所减缓，这主要是由于经济增长速度下降，尤其是工业增加值增长速度下降引起的。“八五”期间能源强度下降幅度较大，由 1990 年的 2.873 吨标准煤/万元到 1995 年 1.328 吨标准煤/万元，降幅 53.8%，这主要是由于经济增长速度提高以及节能工作的全面开展引起的。1995 年后浙江省能源强度下降幅度很小，1995 年到 2000 年下降了 25.5%，这主要是浙江省进入工业化扩张时期，经济重型化趋势及重工业经济的快速增长等原因，使能源强度的下降速度也随之减缓。

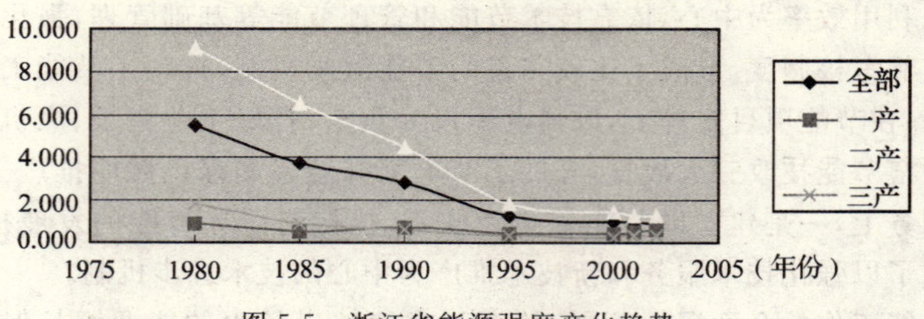

图 5-5 浙江省能源强度变化趋势

图 5-5 同时显示出第二和第三产业的能源强度受上述三次经济和能源消费量波动的影响很小，基本保持了稳定的小幅下降，显示出了能源强度变化外在性的特征。我们认为，能源强度的变化虽然在计算公式上是由经济总量和能源消费量所决定的，但在本质上，它是节能技术进步、管理水平提高以及体制创新的结果。因此，相对经济总量和能源消费量而言，能源强度在很大程度上是一个外生变量。也就是说，不是经济总量和能源消费量决定了能源强度，而是经济总量和能源强度决定了能源消费量，能源强度实际上是随着技术进步和管理水平提高而逐渐下降。尽管如此，短期的能源供给下降或者需求上升引起的能源价格上升，也会造成能源消费者减少能源消费或者进行能源替代，进而促使能源强度下降。

(三)浙江省能源生产供应与消费的环境容量

经过各级各地政府的努力，我国的环境保护和建设都取得了显著的成效，对改善环境质量、防止生态恶化发挥了积极作用，表现在单位 GDP 的碳排放量明显下降(1990—2001 年下降幅度为 52%)，但二氧化碳排放量却从 1980 年的 3.94 亿吨增加到 2001 年的 8.32 亿吨(翻了一番多)。随着浙江省经济高速发展，特别是重化工业比重的增加，而生态环境保护、污染治理相对滞后，粗放型增长方式和掠夺式资源开发利用未从根本上得到改变，以牺牲环境为代价换取眼前和局部利益的现象依然存在，加上浙江省一次能源消费以煤、油、气等矿物能源为主，又远离生产基地，而且没有对煤炭利用采取有效的环保措施，在消费、加工转换和运输、装卸过程中形成浪费和污染，还有机动车快速增加所带来的污染，浙江省一些地区环境恶化的趋势尚未得到有效遏止，局部地区和环境污染的某些方面程度在加剧、危害在加重(见表 5-12、5-13，图 5-6)。由于较严重的环境污染，造成了高昂的经济成本和环境成本，并对公众健康产生较明显的危害，酸雨区域扩大，大气污染造成的经济损失已超过 GDP 的 3%以上。理论分析和实测结果表明，环境污染是以煤为主能耗结构的直接结果，烟尘和二氧化碳排放量的 70%、氮氧化物排放量的 67%、二氧化硫排放量的 90%以上是燃煤造成的，燃烧化石燃料排放的大气污染物、COD 又是环境问题的核心。

表 5-12　浙江省废弃物排放情况

		1995年	1996年	1997年	1998年	1999年	2000年	2001年	2002年	2003年
废气排放（亿立方米）		3108	3279	4884	5016	5417	6509	8530	8532	8894
废水排放（万吨）		173589	177632	185720	180938	192150	213316	242570	259099	270010
工业固体废弃物	生产量（万吨）	1018	1028	1326	1390	1361	1386	1603	1778	1488
	排放量（万吨）	12	12	28	33	11	6	5	5	4.4

表 5-13　浙江省工业废弃物排放及处理利用情况　（单位：万吨）

年份	燃料燃烧废气排放总量	生产工艺废气排放量	二氧化硫排放量	烟尘排放量	粉尘排放量	工业废水排放量	工业固体废物综合利用量	工业固体废物贮存总量
1999	3570	1847	61	33	69	117132	—	—
2000	4262	2246	61	25	49	136433	1099	142
2001	5862	2669	56	23	46	158113	1390	130
2002	5921	2611	59	19	33	168048	1506	132

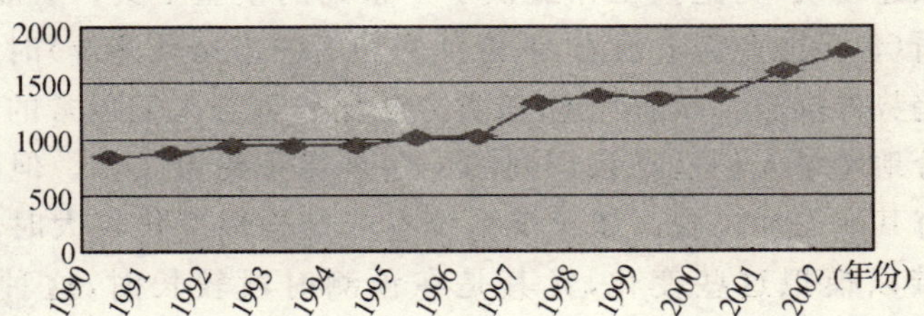

图 5-6　浙江省 1990—2002 年工业固体废弃物产生量（万吨）

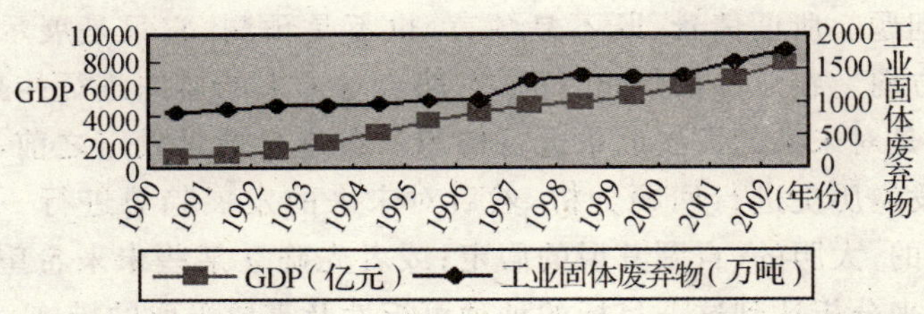

图 5-7　1990—2002 年浙江 GDP 与工业固体废弃物的比较

从环境容量来看，根据浙江省环境研究部门的统计分析，按国家一、二、三级标准推算的总污染物允许排放量的高、中、低三档容量目标见表 5-14。而实际及预测的结果是，除双 COD 外，二氧化硫已超过低目标，烟尘也只符合中目标。从图 5-7 可见，废弃物的排放量与经济增长显著相关，随着未来经济的快速增长，若不采取切实可行的措施，浙江省将面临日益严重的环境问题。

表 5-14 浙江省环境容量(污染物允许排放量)及污染情况

污染物	环境容量值			实际值				预测值		
	高目标	中目标	低目标	1990年	2000年	2001年	2002年	2010年	2020年	2030年
COD	33	63	106	31.5				64	60	68
二氧化硫	13	26	53	51	61	56	59	185	250	301
烟尘	4	31	42	28.6	25	23	19	89	114	132

(资料来源:浙江省未来研究会)

二、能源需求模型及预测

(一)情景预测分析法介绍

1. 情景预测分析法的基本考虑

在进行项目评估或者对未来社会、经济发展进行研究时，人们往往会借助一些分析工具辅助他们的决策或研究工作。特别是 20 世纪 70 年代计量经济学的快速发展，为这些工作提供了一系列的模型工具。对能源未来进行研究分析(包括能源需求预测、油价预测和石油市场预测等)时，人们常用的方法是趋势外推法。如前所述，该类方法比较符合人们通常的思维方式，可以较充分地考虑人们已经认识到的一些规律和约束条件。但是，趋势外推方法也有其缺点和局限。如经济系统本身结构性变化较大时，这些模型方法往往难以模拟这些变化，尤其是在预测时段较长时，这种局限尤为明显。

近十多年来，国际上一些机构越来越多地采用情景分析法研究未来的能源发展问题。所谓情景，既不是预言，也不是预测，它只是展示了未来可能的发展方向。在设计情景时，每个人都会对未来的蓝图进行构想，或者更确切地说，是对未来的发展前景进行构想。在进行情景设定之前，人们需要对过去的发展历史进行回顾分析，然后对未来的发展趋势进行一系列合理的、可认可的、大胆的、自圆其说的假定；或者先确立某些未来希望达到的目标，然后再来分析达到这一目标的种种可行性及需要采取的措施。

情景分析和预测研究的差别在于：预测是力图勾画被研究对象未来最可能发生的情况；而情景分析所研究的是在一定假设条件下，被研究对象未来可能出现的情况，情景研究中所描述的各种情景并不一定在将来就会必然出现。另一种情景分析的应用是描述被研究对象如果要达到某种结果，需要什么样的前提条件。情景分析有助于使假设条件变得清楚明确，情景设计的好坏取决于研究团体的专业知识和综合判断能力，情景分析法如果用得好，可以帮助使用者发现研究对象未来发展的很多可能性，使其能更好地把握研究对象发展的方向。

2.情景分析的步骤

从宏观到微观，有许许多多的社会经济因素会对能源消费产生影响。构筑能源情景要根据所研究问题的主题，鉴别和确定出影响未来能源需求和能效水平的重要驱动因素，这些因素的变化将构成不同的能源情景。通过对这些重要的驱动因素的定性讨论和描述，明确和区分不同情景所代表的政策和发展方向，使能源情景形象化。进行能源情景分析时，需要分析和设定出与所要研究的能源情景相协调的社会经济发展状况，能源情景应该是这种社会经济发展状况下能源发展的相应结果。

本书进行的能源情景研究可以分为情景设定和情景计算两个阶段。情景设定是得到定量的综合情景计算结果的必要前提。情景设定需要首先明确所关心和所要进行研究的情景具有什么样的特点，并对这些特点进行完整的定性描述。描述的内容包括：宏观社会经济发展状况，各经济部门的发展情况和技术水平，拟推行的能源政策及目标，希望达到的环境目标，获得能源资源的途径和限制条件，等等。然后按照定性描述所构筑起来的框架，对一些关键因素设定量化目标。在本研究中，需要量化的参数包括：对能源消费有重要影响的宏观经济参数，如人口、城市化率、GDP、GDP的部门分布和部门产出或消费水平及影响能源消费的物理过程的工艺结构和设备效率等。因此，在构建小康社会的社会经济发展情景时，本课题采取了依靠国内现有的研究成果，根据各方专家的经验估计，进行今后二十年的社会经济发展情景设定。

(二)模型框图

本研究建立能源需求模型的主要目标之一是对能源消费过程中排出的二氧化碳和二氧化硫进行计算和预测；讨论在考虑环境影响的前提下，能源政策应当如何变革，一次能源结构将会出现怎样的变化。许多人主张将化石燃料转变成比较清洁的电，然后再消费。然而，在这一转化过程中的二氧化碳和二氧化硫的排放也是巨大的。在设计本能源需求模型时，将能源的消费按能源的来源分为电力消费和化石燃料直接消费两部分，目的是为了清楚地反映燃料消费(包括电力消费)的过程，突出排放二氧化碳和二氧化硫的化石燃料消费。

能源平衡表中将能源终端消费按消费部门分类，分为工业、农业、交通运输和居民消费等。许多能源需求研究中都沿袭了这种分类方法，也有一些研究直接预测和计算一次能源。能源平衡表同时表示出了各部门能源消费的具体来源，包括煤、石油、天然气、焦碳、煤气、汽油、燃料油、热力、电力等一次能源和二次能源，而二次能源也是由一次能源转化过来的。在本研究中，终端消费只保留了化石燃料和一个二次能源——电力。电力将进一步由一次能源（化石燃料、水力、核能）转化而成。假设水力、核能全部转化成电力后再进入终端消费。能源平衡表终端消费中的一次能源主要为化石燃料，其他一次能源在中国能源终端消费中的比例非常小，可忽略不计；除电力以外的二次能源可以由化石燃料转化而成。这样，全部能源终端消费中的能源都可以由化石燃料和电力转化而成，如图 5-8 所示。

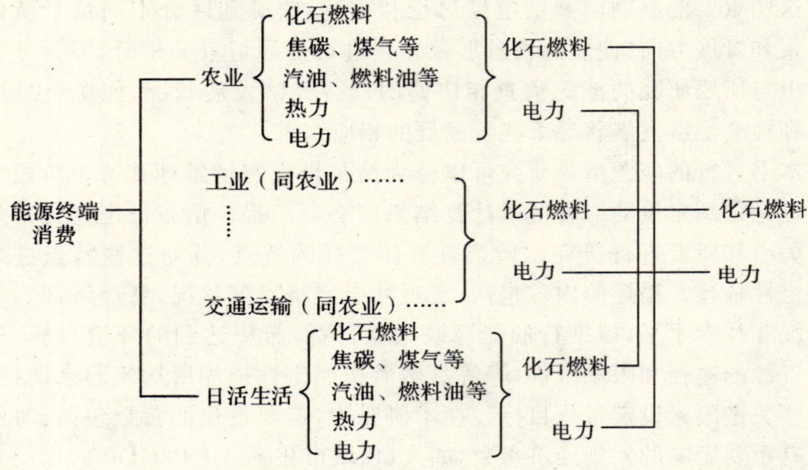

图 5-8　能源终端需求分解示意图

将能源终端消费分为电力和化石燃料后，再进一步分解电力和化石燃料来源，也就是煤、石油、天然气、水力和核燃料等，得到了能源需求模型框图。如图 5-9 所示。

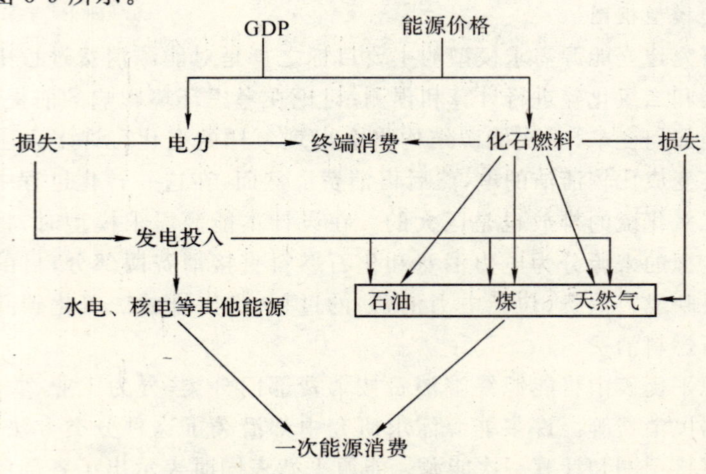

图 5-9　能源需求模型框图

（三）未来十五年浙江省能源需求预测的情景设定

按照省委、省政府提出的今后二十年的发展目标和“八八”发展战略的要求，我们对浙江省国内生产总值及各产业增加值预测按高、中、低三个方案进行，表5-15给出了这三个方案的GDP增长率。

表5-15　未来十五年浙江省GDP增长率(%)

低方案				
时期	GDP	一产	二产	三产
“十五”	11.00	4.80	10.86	12.38
“十一五”	10.00	4.30	9.80	11.10
“十二五”	9.00	3.90	8.80	9.80
“十三五”	8.00	3.50	7.90	9.00
中方案				
时期	GDP	一产	二产	三产
“十五”	11.50	5.50	11.60	12.45
“十一五”	10.50	5.08	10.61	11.11
“十二五”	9.50	4.60	9.60	10.05
“十三五”	8.50	3.70	8.50	9.00
高方案				
时期	GDP	一产	二产	三产
“十五”	12.00	4.80	5.55	13.10
“十一五”	11.00	4.30	4.80	12.10
“十二五”	10.00	3.90	4.30	10.90
“十三五”	9.00	3.50	3.80	9.70

（四）未来十五年浙江省能源需求及其构成预测

为了客观准确地研究经济发展与电力需求之间的相互关系，本书引用了目前较为流行的四种预测方法的预测结论以供参考（见表5-16）。

表5-16　2004—2020年浙江省电力需求预测四种方法结果比较　（单位：万千瓦）

方法	方案	2010年	2015年	2020年
经济计量模型法	低方案	2245.93	3252.66	4520.72
	中方案	2311.57	3417.30	4848.29
	高方案	2379.12	3590.29	5199.60

续表

方法	方案	2010 年	2015 年	2020 年
弹性系数法	低方案	2612.80	3699.00	5044.20
	中方案	2703.20	3898.90	5417.50
	高方案	2796.30	4108.70	5816.70
产业电力弹性法	低方案	2449.00	3584.00	5033.00
	中方案	2557.00	3865.00	5556.00
	高方案	2628.00	4014.00	5872.00
回归模型法	低方案	2290.00	3475.00	5030.00
	中方案	2352.00	3642.00	5383.00
	高方案	2416.00	3817.00	5762.00

对能源需求预测的众多方法中，在全社会综合能源消费预测中最常用的是弹性系数法和终端能源部门能耗法。本书分别采取终端能源部门能耗法和弹性系数预测法对未来浙江省能源需求及其构成进行了预测。根据国内生产总值设定的三个方案及能源强度预测方法，可得未来十五年浙江省全社会用能及品种结构，结果如表 5-17、5-18 所示。

表 5-17　浙江省未来十五年能源需求预测　（单位：万吨标准煤）

	产业分类	2010 年	2015 年	2020 年
低方案	一产	634	791	986
	二产	9418	12396	16317
	三产	2726	4279	6715
	生活用能	695	749	778
	合计	13473	18215	24796
中方案	一产	682	892	1167
	二产	10440	14791	20956
	三产	2962	4933	8215
	生活用能	695	749	778
	合计	14779	21365	31116
高方案	一产	701	940	1260
	二产	11339	17042	25613
	三产	3297	5927	10654
	生活用能	695	749	778
	合计	16032	24658	38305

表 5-18　浙江省能源品种结构预测值　（单位：万吨标准煤、亿千瓦时）

	能　源	2010 年	2015 年	2020 年
低方案	总量	10016	18215	24797
	煤炭	7210	9818	11457
	原油	1568	2745	3632
	电力	1514	3033	4136
中方案	总量	10284	21365	31116
	煤炭	7292	10511	12620
	原油	1600	3101	4317
	电力	1568	3559	5133
高方案	总量	10518	24657	38304
	煤炭	7375	11249	13893
	原油	1633	3499	5122
	电力	1622	4168	6354

（五）分类能源需求预测

1. 电力供需平衡预测分析

从国际经验来看，无论是工业发达国家还是东亚新兴工业化国家和地区，能源消费增长率，尤其是电力消费增长率超过经济增长率都是比较普遍的现象。随着浙江经济步入新一轮的黄金增长期，能源消费将会形成一个由工业化、城市化和居民消费现代化三大动力推动的超强增势。在 1981—1998 年的 18 年中，浙江仅在 1983、1987 和 1990 年出现过电力消费弹性系数大于 1，其他年份的电力消费弹性系数均小于 1。而从 1999 年开始，电力消费弹性系数持续多年超过 1。1999—2003 年电力消费弹性系数分别为 1.17、1.95、1.35、1.56 和 1.86。这种状况是以往没有过的，反映了浙江能源尤其是电力需求的持续走强趋势。可见，能源对浙江经济增长的“瓶颈”制约日益明显。图 5-10 是浙江省能源消费弹性系数和电力消费弹性系数的示意图。

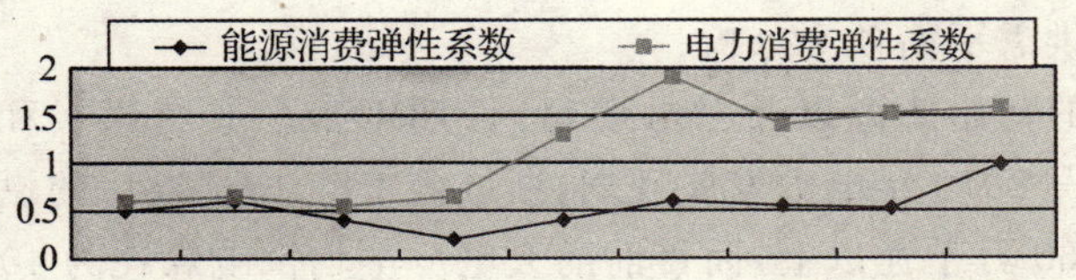

图 5-10　浙江省能源消费弹性系数和电力消费弹性系数示意图

“电力先行”既是基于浙江省能源的特点，也是许多工业化国家的发展经验。如前所分析，浙江省已连续五年电力消费增长超过经济增长，电力弹性已处在大于1的阶段，只有加快电源建设的同时又搞好电力平衡，才能保障社会经济发展和人民生活的用电需求。根据前面的分析，在“十一五”期间浙江省的电源结构将会发生一些变化，气电、热电、核电等将得到进一步的发展，同时增加省外电力电量输入，包括华电网输入、合资电厂分电、三峡电站输入、西南和西部水电输入等。这些电源建设目标实现后，浙江省未来十五年的电力装机容量及其结构如表5-19所示。

表5-19　浙江省电源建设项目及其装机容量规划目标

年　份	全社会装机容量（万千瓦）	其　中				
		水电	燃煤火电	燃气火电	核电	风电等
2000实绩	1281.2	139.9	1091.3	—	30.0	—
2003实绩	1461.4	199.5	1231.9	—	30.0	—
2010	4450.6	306.7	1708.9	648.0	170.0	50.0
2015	5502.6	426.6	3636.0	1210.0	430.0	100.0
2020	6634.7	426.7	3786.0	1992.0	630.0	200.0

根据上述电源建设目标，到2010、2015、2020年浙江省的电力电量平衡如表5-20所示。

表5-20　浙江省未来15年电力电量平衡表

年　份		2010	2015	2020
全省电力平衡（万千瓦）	全省最大负荷	4100	5250	6400
	需要装机工作容量	4316	526	6737
	可能装机容量	4450	5502	6635
	电力盈（+）亏（−）	134	−24	−102
全省电量平衡（亿千瓦时）	全省需要电量	2510	3190	3840
	全省发电量（含输入电量）	2510	3190	384
	电量盈（+）亏（−）	0	0	0
	需要外购电量	0	0	0

2.煤炭供需平衡预测分析

浙江省的初始能源以及发电燃料，长期以来主要是煤炭和燃油。根据浙江省2004—2010年电力发展规划，浙江省“十一五”以后的燃煤发电单机容量大多在60万千瓦以上，而目前的火电厂平均供电煤耗为400克/千瓦时左右，考虑机组结构变化和煤耗管理水平的提高，预计全省2010年平均供电煤耗在330克/千瓦时左右，由此可测算2010年发电用煤在7300万吨左右。发电以外的煤耗主要是终端消费（用作燃料、原料等），少量供热、炼焦制气中间消费，目前已达到2800万吨。考虑到浙江省重化工产业的快速发展，预计到2010年燃料、原料用煤量约在7000万吨以上。这样，“十一五”末浙江省的煤炭总消费量将达到1.5亿万吨。

表5-21 浙江省能源消费结构变动情况

		1995年	2000年	2003年
消费量（万吨标准煤）	第一产业	224	256	299
	第二产业	3337	4344	5931
	第三产业	401	655	956
	生活消费	270	361	432
比重（%）	第一产业	5.3	4.6	3.9
	第二产业	78.9	77.4	77.8
	第三产业	9.5	11.7	12.5
	生活消费	6.4	6.3	5.7

目前浙江省每年调入煤炭6500万吨左右，到“十一五”末将实现翻番。大量的煤炭输入且主要基地在晋、陕、蒙的“三西”地区，运输能力、港口中转能力和装卸能力将直接影响浙江省煤炭的供应。而由于煤炭行业受到其成本、效益的驱动以及运输、环保等环节的制约，也会对浙江省煤炭的供求关系及其平衡目标的实现产生影响。因此，要千方百计增加煤炭储量，协调运输能力，确保电煤供应的同时，开展能源供应安全研究，积极争取国家批准浙江省进口国外煤炭，加快浙东沿海煤炭中转、加工、配送基地项目的立项与建议，同时要充分利用市场机制来调节煤炭供求平衡。

3.油气可供性平衡预测分析

天然气是优质、高效、清洁燃料和化工原材料。西气东输工程、东海天然气的开发将对浙江经济的再次腾飞给予强力支撑。满负荷输送的“西气”每年为120亿立方米。东海油气田的春晓气田群，初步探明储量近600亿立方米，工程设计供气量为每年20亿～25亿立方米。如果全省每年总体上能得到75亿立方米，就是一个乐观的数字。按照全国平均“百万元GDP耗能指标”粗略估算，引发增值大约在664亿元；但是，这个气量只是全省能耗需求的10.5%左右，相当于920万吨标准煤，距离人们期望的数字还相距较远。宁波液化化学品码头已经成为举世瞩目的液化石油气和化工原料转运加工基地，每年可以稳定地获得近200万吨液化石油气。这是一笔巨大的能源和原料物资，能够满足浙江燃料用液化石油气需求，还有余量外运。此外，环杭州湾区域的一批大型石油化工企业具有外供燃气的能力，能够作为后备资源考虑。如果联网运行，对于抵御风险、互动发展是有意义的。

近三年来，浙江省累计从省外调入的油制品进口量占53.4%。预计到2010年，全省的油制品（含燃气发电用油）进口量将达到1500万吨以上，全部输入量将接近3000万吨。为此，一方面要加强港口接受能力建设，特别是沿海大型油库、液化石油气库及其配套设施的建设；另一方面也要加快石油储备体系和石油气安全应急体系建设，鼓励和支持企业进行商业储备，增加企业抗风险能力。从更长远的角度看，油气进口将成为浙江省能源供应的重要来源。

第六章　建立一个可持续的能源系统

传统的能源系统观将侧重点放在能源系统本身。但是在能源、环境与发展之间矛盾日益突出的今天，能源面临经济增长与环境保护的双重压力。随着综合能源安全观（能源安全 Energy Security、经济增长 Economy Growth、环境保护 Environment Protection）的提出，能源发展战略的内容由过去主要关注能源系统的供需平衡，转向关注能源与经济、环境（3E）的协调发展，以确保长期的可持续能源发展，建立可持续的能源系统。

第一节　可持续能源系统概述

一、可持续能源系统构成

浙江可持续能源系统是一个复杂的大系统，它由三大子系统组成。

(1)行为系统：指从能源开发到终端利用的一个完整的能源流过程，即传统的能源系统。行为系统又可分为若干次一级的子系统。

(2)支持系统：包括三个子系统：①生存支持系统，即资源的承载能力。指地区按人均的资源数量和质量以及它对于该空间内人口的基本生存的支撑能力。②环境支持系统，即环境的缓冲能力。资源的开发利用、废弃物的处理等，均应维持在环境的允许容量之内。③发展支持系统，即区域的生产能力，指地区在资金、技术、人力等方面的总体水平。

(3)约束系统：指国家的政策、法规以及市场等对能源行为的引导、管理和监督。

前两个系统是人—地关系的具体化，其总体结构、功能及相互间的协调与矛盾构成了能源持续发展的相应关系。第三个系统是协调前两者相互合作共生不可缺的运行软件（见图 6-1）。

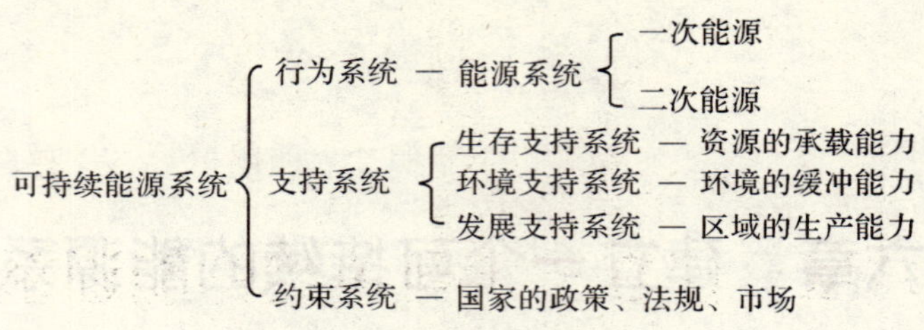

图 6-1 可持续浙江能源系统构成

系统理论将系统的整体性作为研究的基本出发点之一。根据系统整体性的原理,各个作为系统子单元的要素一旦组成系统整体,就具有独立要素所不具有的性质和功能。系统要素的相互作用是非线性相互作用,整体的性质和功能不再等于各个要素性质和功能的简单叠加。因此,可持续能源系统作为一个整体,各个部分就处于有机的复杂联系之中。每一个部分都是相互影响、相互制约的,每一个部分都影响着整体,反过来整体又制约着部分。

在可持续能源系统中,整体和部分之间存在三种关系。假定用同一单位度量系统的某一属性,数量为 α,度量系统中第 $i(i=1,2,\cdots,m)$ 个组成要素的这一属性,数量为 α_i,则三种关系为:

(1)$\alpha > \sum \alpha_i$,表示部分之间具有协同作用;

(2)$\alpha = \sum \alpha_i$,表示部分之间不存在相互作用;

(3)$\alpha < \sum \alpha_i$,表示部分之间存在不协同的相互作用。

可持续能源发展战略的目标,就是使各个部门之间具有协同作用,使系统具有较好的整体功能。

二、可持续浙江能源系统的战略目标

以 1992 年里约热内卢会议通过《21 世纪议程》等一系列决议和文件为标志,呼吁可持续发展已成为当今的一个世界性潮流,能源发展战略的总体思路再次受到冲击,如何在人口、经济、资源与环境的协调发展中构建能源发展战略,已成为世界各国面临的新课题。

从大能源系统观出发,可持续能源发展战略目标应涉及可持续能源系统的各个子系统。

(1)从行为系统来看,实施可持续能源发展战略,就是要建立可靠、安全、稳定的能源供应保障体系。

(2)从支持系统来看,能源的发展必须与资源的开发利用相协调。这里,资源的开发利用包括资源的进一步勘探开发,资源利用技术的进步、利用效率的提高,发展和利用替代能源、进口资源等。能源的增长必须维持在资源的承载能力之内，即在能源发展的同时，自然资源基础得以维持和加强，对可再生资源的利用以不破坏其再生机制为前提。能源发展与环境保护同步进行，恢复自然生态系统的良性循环。能源增长与区域经济的发展相协调。过去经济发展的目标是强调高速度，与之相适应的能源战略是高消耗、高投入。实施可持续能源发展战略，从发展支持系统目标来看，就是要建立资源节约型国民经济体系，使能源发展向低消耗、高效率转变。

(3)从约束系统来看，其目标是通过政策、法规和市场机制等的调控，弱化或消除系统内各个子系统间的消极影响，充分利用和促进其间的积极关系，实现系统的良性循环。

在可持续浙江能源系统战略目标中，建立“高效、经济、洁净、安全、持续、科学”的高素质能源供应保障体系应置于中心的位置，但同时要以不影响长远的持续发展为前提，协调好与资源、环境和经济发展间的关系。

三、可持续浙江能源系统指导思想的三个转变

研究认为，环境保护和社会经济发展是一个有机的整体，社会经济发展要以能源工业为基础，而能源工业又是环境的重要污染源之一，经济发展则是解决能源和环境问题的根本保证。以环境为代价的能源发展方式难以持久，而孤立地就环境讨论环境，社会经济就难以发展，能源的发展必受影响，环境保护也缺少物质基础。根据浙江的能源经济类型区特点，我们提出“三个转变一个坚持”的观点，即：转变传统的“数量能源观”，在浙江树立“素质能源观”；转变传统的“物本能源观”，在浙江树立“民本能源观”；转变传统的“线性的、数量驱动与数量平衡的能源—经济配置观”，在浙江树立“非线性的、双轮驱动与效益优先的能源—经济—环境配置观”；坚持能源、经济、环境“三位一体论”的观点：以能源做媒介，通过提高能源利用效率，开发替代能源，坚持开发与节约并重，把节约放在首位，通过能源供给结构和经济消费结构的“双轮驱动”；通过相关技术的革新和普及，通过有关的区域能源经济政策和管理制度来实现经济与环境的持续协调发展；进而实现浙江能源、经济、环境的协调发展，为浙江达到能源安全、经济增长、环境保护三个目标服务。

过去能源主要是作为机器大生产所需要的动力，焦点集中在能源产品所提供的热值的数量上。进入新的世纪，只享用一定数量热值的能源，是无法满足产业结构优化升级和人民生活水平提高的需要的，必须转变观念，突破传统的“以物本为中心的数量能源观”，树立“以民本为中心的素质能源观”，并以此作为可持续浙江能源系统的指导思想。

1.“数量能源观”向“素质能源观”的转变

人们对能源的要求，已经从单纯追求数量，转向数量与质量的和谐统

一，即追求一定数量的“高效、经济、洁净、安全、持续、科学”的高素质能源。“数量能源”向“素质能源”的转变是新经济时代对能源系统新要求的客观反映。“素质能源”的重要思想具体包括：

“高效”即提高能源利用效率，主要是指依靠技术手段来提高能源资源的利用效率。按照世界能源委员会的定义，“能源效率”即减少提供同等能源服务的能源投入。这里，“能源服务”是一个很重要的概念，它将人们关注的焦点从能源使用本身，引导到人们享受到的最终服务上来。因此，终端能源利用水平，应以提供的服务(如灯的光照度)来衡量，而不是用消耗能源的多少(如电灯功率)来表示。能源效率可以分为开采效率、加工和转换效率、贮运效率以及终端利用效率。通常所说的“能源效率”是指后三个环节的总效率，四个环节的效率的乘积是“能源系统的总效率”。

“经济”即提高能源经济效益，降低单位产值能耗。按照世界能源委员会的定义，“节能”即“采取技术上可行、经济上合理以及环境和社会可接受的一切措施，来更有效地利用能源资源”。为此要在浙江能源系统的所有环节，从资源的开采、加工、转换、输送、分配到终端利用，采取一切合理的措施，来消除能源的浪费。可见，“能源效率”和“节能”是两个紧密联系而又明确区分的概念，前者主要依靠技术手段提高能源资源的利用效率，后者则侧重于能源的经济效益。

“洁净”即减少能源开发和利用引起的环境污染、生态退化和健康损害。浙江省的能源环境问题主要有：煤炭等化石燃料燃放排放二氧化碳和二氧化硫问题；大量燃煤及汽车尾气引起的城市大气污染；居民烧煤和柴草产生的室内污染对健康的影响；农村过度消耗生物质能造成的生态破坏。

“安全”即保障能源可靠和合理的供应。“可靠”着重于能源实物产品的可获得性，即浙江省必须依靠多种手段来保障经济社会发展所需能源产品持续稳定的供应；“合理”着重于能源产品的价格，即必须防范能源市场和能源价格波动对宏观经济的威胁，研究利用市场化的手段解决浙江省的能源安全问题。

“持续”即可持续发展。能源工业可持续发展是指能源工业的发展既满足经济发展的需要，又不对人类生存的环境与生态、健康与生命造成不能容忍的破坏；既满足当代人对能源的需求，又不对后代人满足其需要的能力构成危害。它包含了能源的可持续利用和能源工业的可持续发展两个方面的含义。

“科学”即依靠科学技术发展能源产业。无论是提高能源效率，减少环境污染，还是实现能源可持续发展战略，都离不开现代科学技术。因此，“科学能源”是“素质能源”的核心和立足点，是对能源系统的最为迫切的要求。

2.“物本能源观”向“民本能源观”的转变

“数量能源”向“素质能源”的转变，迫切需要可持续浙江能源系统以新的理念制定浙江的能源战略和政策，以满足经济发展和人民生活提高的需要。

从“数量能源”转变为“素质能源”是观念上的一大突破。这一观念的出发点是“以人为本”，即能源要为提高人民物质和精神生活水平服务，简单地说就是能源要“为人民服务”。这就是“能源服务民本化”的新理念，也符合“三个代表”和“立党为公、执政为民”的重要思想。

“能源民本化”是“能源素质化”的战略目标，“能源素质化”是“能源民本化”的必然要求。浙江省能源宏观结构的优化调整、能源企业的经营运作、能源法规的制定，必须以“民本化”为最终目标，走“素质能源”之路。

“能源服务民本化”以尽力提高洁净能源的供应数量，并且提高质量(包括产品质量、服务和经营质量)、提高效率(能源利用效率及经济效率)以及降低价格为中心。从本质上来说，从“物本化”到“民本化”是经济思想的质的飞跃，也是可持续浙江能源系统的客观要求。

3.“线性、数量驱动与数量平衡的能源—经济配置观”向“非线性、双轮驱动与效益优先的能源—经济—环境配置观”转变

改革开放以来，浙江的国民经济一直保持较快的增长势头。1978—2005 年，全省 GDP 年均增长 13%，高出全国同期水平约 3.4 个百分点，已经成为全国经济最具活力、发展最快的省市之一。浙江是经济大省，但浙江的陆域矿产资源尤其是能源资源贫乏，主要矿产能源的资源量为：煤炭保有储量 1.2 亿吨，为全国的 0.1%；水力资源总量 930 万千瓦，为全国的 0.9%；陆域基本无油气资源，海上待探明的除已被上海开发的平湖油气田外，只有 100 亿～200 亿立方米天然气、100 万～200 万吨凝析油三级储量。商品能源的 90%以上依靠外省调入或进口，这决定了浙江能源对区外具有彻底的先天依赖性。

根据《中国能源统计年鉴》(2001 年)，我们分析计算得到浙江省与其近邻安徽省的能源经济类型区指标如表 6-1 所示。

表 6-1　浙江能源资源、生产、消费分布集中程度比较

	能源分布集中指数	能源生产分布集中指数	能源消费分布集中指数	能源资源分布与生产分布差异系数	能源生产分布与消费分布差异系数
浙江	3	31	261	0.10	0.12
安徽	258	225	280	1.15	1.22

(资料来源：根据《中国能源统计年鉴》2001 分析计算得到)

根据能源经济类型贫能区的一般标准：能源分布集中指数＜100，能源生产分布与消费分布差异系数＜1，浙江属于典型的贫能区（安徽属于富能区）。浙江只能实行与其能源经济类型区特点相适应的能源战略，包括能源发展战略、能源消费战略。

日本是世界上少有的经济总量大，而能源资源主要依赖进口的国家；浙江是中国经济的大省，又是能源资源主要依赖外省调入的资源小省。两者具有相似性，因此研究日本工业化阶段能源和经济之间的关系，对浙江省有重要的借鉴意义。

日本在1973年第一次世界石油危机之前，能源消费随国民经济（GDP）线性、同步、高速增长（即能源消费增长速度与国民经济增长速度保持相对稳定的比例），但是1973年的石油危机却使日本经济面临前所未有的困难。1973年到1981年之间（其间还经历了1979年的第二次石油经济危机），日本大力进行能源结构的调整，采取"两稳两兴"的能源战略（稳油兴气，稳煤兴电，降低国民经济对能源尤其是进口石油的高依赖性），不但成功地防止了第二次石油危机对日本宏观经济的影响，而且GNP持续高速增长，GDP曲线与能源消费曲线之间的线性关系趋于离散。

研究认为，浙江与日本具有相类似的能源经济类型区特点，日本能源结构和工业结构发展的历史，给浙江以有益的启示：树立依靠能源供应结构、经济消费结构的"双重优化（双轮驱动）"，以提高能源经济综合效益，进而实现浙江能源—经济—环境（3E）的协调发展的思路，是可以规避风险，并且可以带动整体经济持续发展的新观念，从而突破"线性的、数量驱动"的能源经济的局限性。值得注意的是：调控与优化能源结构必须有稳、有降、有升，更需要有优化结构调控的中心点和跨越式发展的突破点，否则优化效果很难实现（日本当时能源结构是以油为中心，稳煤、升电，并以液化气为能源战略突破点，因此取得了能源优化结构驱动国家经济的成功）。

四、高新技术对解决人类面临的能源问题的重要作用

随着智力经济的发展，能源虽然在生产力能量中的比重逐渐下降，但其在生产力要素中仍然占有不可替代的重要地位，而且人类对能源素质的要求越来越高，能源的发展将更加依赖于高新技术。

如果说18世纪工业革命中，人类由于能源的需求开始大规模利用煤炭和石油，而逐步将其消耗为短缺资源，又反过来受制于这种资源的话，那目前高新技术所开发的能源资源则开始发生了质的变化。太阳能、风能等可再生能源的商业化使用，使得能源的可持续利用由可能变为现实。考虑高新技术对解决人类面临的能源问题的作用，关键是要知道这些技术什么时候可以达到商业化阶段，使用这些技术还有哪些问题需要解决（见表6-2）。

表 6-2　新能源和可再生能源技术

能源种类	优　点	缺　点	应用现状
矿物能源	资源丰富；占据市场主导地位，因而价格富有竞争力(不过竞争力有可能因为每吨燃料征收 25～85 美元的碳税而降低)；庞大的上下游基础设施，巨型跨国公司；既定的市场渠道；既定的管理体系。	在敏感地区进行勘探开发以及二氧化碳和其他排放物对全球生物多样性构成威胁；从勘探开发到炼制、分销、发电都是资本密集型业务；并非无限期的可持续利用；过分依赖政治上易变的供应商对能源安全造成威胁。	目前我国选煤、型煤、水煤浆技术已达国际领先；循环流化床、增压流化床联合循环、煤气化联合循环发电、污染控制、煤炭气化液化技术与国际水平有一定差距，个别领域有突破，如神化煤液化每桶 18 美元可盈利。
大规模水力发电	不排放二氧化碳；兼有防洪、灌溉、改善航运条件等功能。	与土地利用冲突，而且社会、环境和生物多样性成本较高；水的供应变化日益增大；对供应安全性的担心；管理体制更加严格。	我国是世界上技术可开发水能资源最多的国家，约 378GW，很有开发潜力；目前我国水力发电装机容量为 4521 万千瓦。
生物质能	比矿物能源产生的二氧化碳少；供应可能丰富；成本具有竞争力。近年我国在秸秆制压块、液化制取酒精、气化发电和供民用燃气，甜高粱生产乙醇方面取得了一定进展，但还不能大面积推广。	与土地利用冲突，而且担心种植生物燃料对生物多样性将产生不利影响；大规模的生物质能发电可能是土地和运输密集型的；与更长期的重新造林需要冲突，在水土流失和用水成为大问题的热带、干旱地区尤其如此。	美国利用生物质能发电已达 700 万千瓦；目前我国工业沼气工程年产沼气 10 亿立方米，全国农村已建成 763 万个户用沼气池；1998 年全国秸秆和材薪消费约合 2.07 亿吨标准煤，占生活用能的 56.7%。

续表

能源种类		优 点	缺 点	应用现状
核能	裂变	二氧化碳排放量低；技术成熟；既定的网络利用途径；既定的管理体系。	裂变资源铀矿并不丰富；初期投资和退出费用高；与矿物能源相比价格上没有竞争力；存在着临界事故和放射性物质泄漏等潜在问题，对安全的关注导致无力承担保险费；建设在偏远地方与环境和规划冲突；漫长而成问题的规划程序使项目规划期需要15～20年。	目前核电在世界一次能源消费中的比重为7.6%，在电力结构中的比重为17%；近期核电的发展主要集中在亚洲，我国正在筹建的核电站有4座。
	聚变	核聚变使用的氘、氚发生反应后产生惰性气体氦，不存在任何临界事故和放射性物质泄漏。从1升海水中提取的氘和氚进行受控热核聚变反应所产生的能量就相当于300升汽油。		尚未商业化，预计商用期在2030年左右。我国在这方面的研究处于国际领先水平。 氘的分布极广，在海水中，每6700个氢原子中就有一个氘原子。可以认为，核聚变的资源是取之不尽的。
地热能		不排放二氧化碳；成本低。	限于部分地区，因而利用网络成问题。	全球地热能年均增长4%；我国地热井已有2000多口。
风能		在许多国家和偏远地区都有可持续的供应来源；不排放二氧化碳和其他污染物；技术已具备市场化条件；成本竞争力日益提高，已接近新的燃气发电和火力发电成本。	干扰显而易见，影响野生动物并有噪声；利用网络成问题；风强度的间歇性导致发电能力利用率低。	全球风力发电年均增长24%，装机容量已达1765万千瓦；我国并网风电装机容量已达35万千瓦，风机国产化率在40%以上。

续表

能源种类	优　点	缺　点	应用现状
波浪能	能源供应丰富，并且可持续；不排放污染物，没有噪声和不能接受的看得见的干扰；维修成本低。	地处偏远使利用网络成问题；供应时断时续；还不具备大规模商业化的技术条件；成本没有竞争力；还未走出研发阶段。	在我国经济发达的东南沿海地区开发波浪能和潮汐能可提高这些地区低污染优质能源的比例。
潮汐能	能源供应可持续；不排放污染或产生噪声。	有潜力的地方供应有限；对生态有不利影响；还未通过研发阶段。	
太阳能	小规模经营有效；政府和国际机构大力扶持；随着单位成本降低，技术已具备商业化条件；能源供应可持续，不排放任何污染物，低收入国家供应丰富；不需要资本密集型的基础设施。	能流密度低；受昼夜、季节、纬度、海拔、气候影响供应不稳定，需解决蓄能问题；与矿物能源和风能相比投资成本高；利用网络成问题。	全球太阳能电池发电年均增长 20%，2000 年底光伏发电保有量已超过 1000MW；我国太阳能光伏发电装机达 2 万千瓦，太阳能热水器在我国发展最快，全国保有量已达 2600 万平方米。

对于中国来说，由于煤炭在能源供应总量中的重要作用，发展可商业化的洁净煤技术和煤炭转化技术是当务之急，而大力发展高新技术，利用我国丰富的可再生能源资源，则是我国能源可持续发展的长远战略举措。

第二节　可持续能源系统的“双重动力论”

传统的线性能源经济学理论主要利用能源弹性系数来分析能源与经济之间的关系，并根据预测的经济增长率和既定的能源弹性系数来确定能源消费总量，体现了依靠提高能源增长速度来拉动国民经济增长的思想。

但实践证明，能源生产和消费总量的持续增长并不一定能保证国民经济的持续高速增长，而能源结构的优化和效率的提高、国民经济产业结构的调整和升级却可以抵御能源危机对经济的冲击。因此，线性能源弹性系数理论已不能适应能源经济发展的需要，必须发展双重结构拉动的能源经济学理论，对可能引起能源弹性系数变化的各个因素进行分析研究，以此作为确定能源消费总量的依据，并探讨从主要依靠能源数量增加来推动国民经济增长的方式，转变为在一定数量能源增加量的前提下主要依靠产业结构和能源结构双重优化来推动国民经济持续发展的方式。

一、线性能源经济学理论及其局限性分析

(一)线性能源经济学理论常用的指标

传统能源经济学理论分析能源和经济之间关系常用的两个指标是：能源密度和能源弹性系数。

能源密度，又称能源强度，是能源使用效益的一个重要度量指标。能源密度数值越小，说明单位能耗产出越大。能源密度的定义为：

$$U=E/Y \tag{6-1}$$

式中，E 为能源消耗量，Y 为经济产出量，U 为能源密度。

能源密度有两种表示形式：常用的是单位 GDP 能源消耗，这时经济产出 Y 取货币指标；另一种是单位实物产品的能源消耗，这时经济产出 Y 取实物指标。实物指标便于单项产品之间进行比较，常用于宏观经济综合能耗分析以及国家之间宏观经济能耗的比较，当用于国家之间的比较时，需要进行货币转换。

能源弹性系数是衡量能源增长率和经济增长率比例关系的一个重要指标。能源弹性系数的定义为：

$$\eta_E=\frac{\mathrm{d}E/\mathrm{d}t}{E}\Big/\frac{\mathrm{d}Y/\mathrm{d}t}{Y}=\frac{\mathrm{d}E}{E}\Big/\frac{\mathrm{d}Y}{Y}=\frac{g_E}{g_Y} \tag{6-2}$$

式中，η_E 为能源弹性系数，g_E 为能源增长率，g_Y 为经济增长率。

能源弹性系数有能源生产弹性系数和能源消费弹性系数之分，由于存在商品能源进出口和能源库存变化等因素，能源生产弹性系数与经济发展之间的关系远不如能源消费弹性系数直接、密切。通常国内外普遍采用的是能源消费弹性系数，简称能源弹性系数。另外，在国家经济发展和产业结构调整中，单位产值能耗可能下降，但国家现代化、电气化程度的提高却使得单位产值电耗不一定下降，电力弹性在一定程度上偏离于能源弹性。因而，电力消费弹性系数反映了电力消费增长率和同期国民经济增长率之间的比例关系，也是能源经济分析中常用的一种弹性系数。

(二)线性能源经济学理论的局限性分析

1. 能源密度用于国际比较时有较大的偏差

一般在进行能源密度的国际比较时，必须进行货币转换，且 GDP 都用美元表示。对许多发达国家来说，由于彼此之间的金融市场有较高的连动性和开放性，甚至形成了统一的货币体系(如欧盟)，因此国际金融市场的汇

率就是很好的转换率。而对于发展中国家来说，由于货币市场的相对独立性和封闭性，国内货币与硬通货币之间的汇率相对于其购买力的比值有很大的偏差。

如果用购买力平价进行货币转换，由于我国国内价格结构与美国有很大差别，除了深加工、高技术的某些工业品的价格偏高之外，大部分原材料价格偏低，第三产业尤其是医疗、教育的价格要比美国低很多，这使得获得可靠的购买力平价汇率相当困难。当然，我国已成为 WTO 中的一员，随着我国逐步融入国际经济社会，我国的价格体系和金融体系必将逐渐与国际接轨。

2.能源弹性系数无法解释能源经济关系中的反常现象

能源弹性系数作为分析能源经济关系最常用的一个指标，既简单、又实用。但能源弹性系数把结构变动、节能等因素对国民经济的贡献，统统归结于能源消费总量的变化，容易引起概念上的误导，也无法解释实践中出现的一些反常现象，比如能源弹性系数小于零或等于零的情形。因此，有必要对能源弹性系数及其影响因素作一个全面的分析。

以下标 0 表示初始年份，下标 n 表示第 n 个年份，则有：

$$Y_n=Y_0(1+g_Y)^n \tag{6-3}$$

$$E_n=E_0(1+g_E)^n \tag{6-4}$$

$$E_n=U_nY_n=U_nY_0(1+g_Y)^n \tag{6-5}$$

$$g_E=(\frac{E_n}{E_0})^{\frac{1}{n}}-1=\frac{[U_nY_0(1+g_Y)^n]^{\frac{1}{n}}}{U_0Y_0}-1=(1+g_Y)(\frac{U_n}{U_0})^{\frac{1}{n}}-1 \tag{6-6}$$

又因 $U_n=U_0(1-\varepsilon)^n$，其中 ε 为 n 年来的名义节能率，于是得到能源弹性系数的表达式：

$$\eta_E=\frac{g_E}{g_Y}=1-\xi(1+\frac{1}{g_Y}) \tag{6-7}$$

在 $g_Y>0$ 的情况下：

(1)若 $\varepsilon<0$，则 $\eta_E>1$，能源密度 U 变大，此时能源消费增长速度快于经济增长速度，经济系统的节能效果变差；

(2)若 $\varepsilon=0$，则 $\eta_E=1$，能源密度 U 不变，此时能源消费增长速度等于经济增长速度，经济系统的节能效果与初始时刻相比没有变化；

(3)若 $0<\varepsilon<\frac{g_Y}{1+g_Y}$，则 $\eta_E<1$，能源密度 U 变小，此时能源消费增长速度小于经济增长速度，经济系统的节能效果变好；

(4)而当 $\varepsilon>\frac{g_Y}{1+g_Y}$ 时，有 $g_E<0$，$\eta_E<0$，这是在节能幅度较大时，能源消费负增长，却仍然保持经济正增长的情形；在 $g_Y>0$ 时，定义 $\varepsilon_{up}=\frac{g_Y}{1+g_Y}$ 为名

义节能率的正向临界点，超过此临界点，即使能源投入不增加，也可以保持国民经济的持续增长。

在 $g_Y<0$ 的情况下：

(1)若 $\varepsilon>0$，则 $\eta_E>1$，能源密度 U 变小，此时能源消费下降速度比经济衰退速度快，经济系统的节能效果变好；

(2)若 $\varepsilon=0$，则 $\eta_E=1$，能源密度 U 不变，此时能源消费下降速度等于经济衰退速度，经济系统的节能效果与初始时刻相比没有变化；

(3)若 $\frac{g_Y}{1+g_Y}<\varepsilon<0$，则 $\eta_E<1$，能源密度 U 变大，此时能源消费下降速度比经济衰退速度慢，经济系统的节能效果变差；

(4)当 $\varepsilon<\frac{g_Y}{1+g_Y}$ 时，有 $g_E>0$，$\eta_E<0$，这是能源密度 U 急剧增大，经济衰退的情况下，能源消费却呈正向增长的情形；在 $g_Y<0$ 时，定义 $\varepsilon_{down}=\frac{g_Y}{1+g_Y}$ 为名义节能率的反向临界点，低于此临界点，在能源投入增加的情况下，国民经济也可能陷于衰退的境地。

不难理解，随着科技进步，能源密度 U 变小，经济系统节能效果变好。但是，为什么会出现名义节能率小于零，甚至经济衰退时，能源消费却正向增长的极端情形呢？

首先从国民经济产业结构变化的角度进行分析，令 $Y=\sum Y_i$，$\alpha_i{}'=Y_i/Y$，$E=\sum E_i$，$\alpha_i=E_i/E$，$U_i=E_i/Y_i$，其中 Y_i 和 $\alpha_i{}'$ 分别为第 i 个产业部门的增加值及其占 GDP 的比重，E_i 和 α_i 分别为第 i 个产业部门的能源消耗量及其占国民经济能源消耗总量的比重，U_i 为第 i 个产业部门的能源密度，则有：

$$U=\sum U_i a'_i \tag{6-8}$$

代入能源弹性系数的表达式，得：

$$g_E=(1+g_Y)\left(\frac{U_n}{U_0}\right)^{\frac{1}{n}}-1=(1+g_Y)\left(\frac{\sum_i U_i a'_{i,n}}{\sum_i U_i a'_{i,0}}\right)^{\frac{1}{n}}-1 \tag{6-9}$$

可见，名义节能率实际上是国民经济产业结构和各个产业部门能源密度变化的综合反映。一般情况下，随着科技进步，各个产业部门的能源密度都会有不同程度的减小，但如果产业结构由低能耗产业向高能耗产业转移(如发展中国家在工业化起飞过程中，重工业比例快速上升的情况)，且其对名义节能率的影响大大超过了部门能源密度减小对名义节能率的影响时，就会出现名义节能率 $\varepsilon<\frac{g_Y}{1+g_Y}$，能源弹性系数 $\eta_E<0$，即经济衰退，而能源消

费却持续增长的极端情形。

同样的，能源结构的变化，也会引起能源综合效率的变化，这是因为各个能源品种的转换效率有很大的差别，煤炭的效率较差，而油气效率较高，优质能源比例的提高必然会促使能源效率的提高，在此不再赘述。

因此，要保持国民经济持续高速发展，不能单纯依靠能源数量的增加，还要依靠产业结构和能源结构的双重优化和调整。

3. 能源弹性系数忽视了科技进步和其他生产要素的作用

考虑科技进步在经济增长中的作用，建立如下全要素生产函数：

$$Y=A(t)f(K,L,E,M) \tag{6-10}$$

式中，K,L,E,M 分别表示资本、劳动、能源和非能源原材料投入，Y 表示经济产出，$A(t)$ 为广义科技进步。

对上式两端求全导数，可以得到：

$$\frac{\mathrm{d}Y}{\mathrm{d}t}=\frac{\mathrm{d}A}{\mathrm{d}t}f(K,L,E,M)+\frac{\partial Y}{\partial K}+\frac{\mathrm{d}K}{\mathrm{d}t}+\frac{\partial Y}{\partial L}\frac{\mathrm{d}L}{\mathrm{d}t}+\frac{\partial Y}{\partial E}\frac{\mathrm{d}E}{\mathrm{d}t}+\frac{\partial Y}{\partial M}\frac{\mathrm{d}M}{\mathrm{d}t} \tag{6-11}$$

上式两端除以 Y，并且定义 $\eta_k=\frac{\partial K}{\partial Y}/\frac{K}{Y}$ 为资本弹性系数，$\eta_L=\frac{\partial L}{\partial Y}/\frac{L}{Y}$ 为劳动力弹性系数，$\eta_E=\frac{\partial E}{\partial Y}/\frac{E}{Y}$ 为能源弹性系数，$\eta_M=\frac{\partial M}{\partial Y}/\frac{M}{Y}$ 为原材料弹性系数，而 $g_Y=\frac{\mathrm{d}Y/\mathrm{d}t}{Y}$ 为经济增长率，$g_K=\frac{\mathrm{d}K/\mathrm{d}t}{K}$ 为资本要素增长率，$g_L=\frac{\mathrm{d}L/\mathrm{d}t}{L}$ 为劳动力要素增长率，$g_E=\frac{\mathrm{d}E/\mathrm{d}t}{E}$ 为能源要素增长率，$g_M=\frac{\mathrm{d}M/\mathrm{d}t}{M}$ 为原材料要素增长率，$g_A=\frac{\mathrm{d}A/\mathrm{d}t}{A}$ 为广义技术进步增长率，则得：

$$g_Y=g_A+\frac{1}{\eta_K}g_K+\frac{1}{\eta_L}g_L+\frac{1}{\eta_E}g_E+\frac{1}{\eta_M}g_M \tag{6-12}$$

由上式可以看出，经济增长是多因素共同作用的结果，能源只是实现经济增长的要素之一。将上式再进行一些变换：

$$g_E/g_Y=\eta_E\left[1-\left(\frac{g_A}{g_Y}+\frac{1}{\eta_K}\frac{g_K}{g_Y}+\frac{1}{\eta_L}\frac{g_L}{g_Y}+\frac{1}{\eta_M}\frac{g_M}{g_Y}\right)\right] \tag{6-13}$$

易知，要得到我们定义的计算能源弹性系数的公式，必须假定技术进步率和其他要素增长率为零。也就是说，传统的线性能源经济学理论将科技进步和其他生产要素投入对经济增长的贡献，统统归功于能源投入的增长。只有在这种假设条件下，才可根据能源弹性系数的高低和能源要素增长推断经济增长速度。

在经济增长过程中，广义科技进步一方面减少了各种生产要素的投入；另一方面改变了各种生产要素之间的替代和互补关系，各种生产要素不可能保持同样的增长速度。这种增长速度的差异最终导致经济结构的变化,经济结构的变化又会影响能源弹性系数。我国在经济发展水平较低的情况下,以较低的能源弹性系数实现高速经济增长主要是经济结构向低能耗方向转变。

值得一提的是,科技进步只是为各种生产要素之间替代和互补关系的变化提供了技术上的可能,这种可能是否会成为现实,还取决于市场中各种要素的价格变化趋势,即还要有科学规范的制度来保证经济上的可行性。定义生产要素 i 和 j 的交叉价格弹性为:

$$\omega_{i,j}=\frac{\partial(X_i/X_j)/(X_i/X_j)}{\partial(P_i/P_j)/(P_i/P_j)} \tag{6-14}$$

式中,X_i 和 X_j 分别表示生产要素 i 和 j 的投入量,P_i 和 P_j 分别表示生产要素 i 和 j 的市场价格。

如果交叉弹性系数 $\omega_{E,J}<0$,表明能源和其他生产要素对价格变动的反应是一致的,能源和其他生产要素不具有替代性,它们之间是互补关系。如果 $\omega_{E,J}>0$,则意味着能源和其他生产要素之间是相互替代关系,即当能源价格上升时,可通过增加非能源要素投入,减少能源投入来降低能源价格上升对产出的影响。交叉弹性系数的绝对值越大,要素之间的替代或互补性越大。

以上运用经济学原理论证了科技进步在经济发展中的基础性作用,以及市场通过价格对资源配置所起的决定性作用。这从理论的角度告诉我们,能源、经济的持续快速发展,产业结构和能源结构的优化升级,一方面离不开科技进步,另一方面离不开健康有序的市场。总而言之,经济持续快速发展的动力源泉是"创新",一是技术创新,二是制度创新。

二、双重结构拉动的能源经济动力学理论

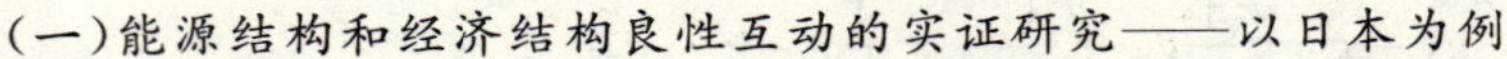
(一)能源结构和经济结构良性互动的实证研究——以日本为例

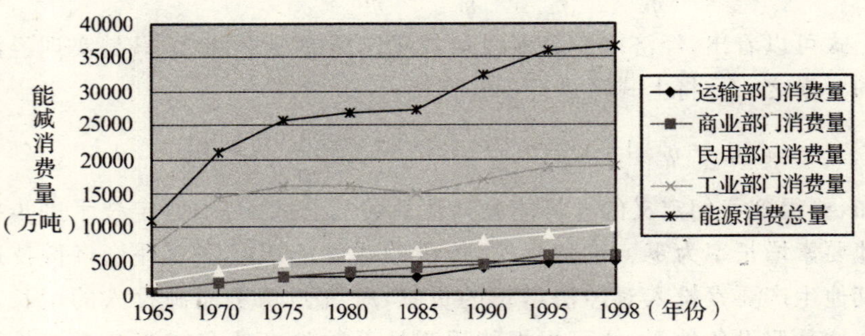

图 6-2 日本终端能源消费部门分布结构变化趋势

日本是世界上少有的经济总量大,而能源资源主要依赖进口的国家,研究日本能源和经济之间的关系,对我国有重要的借鉴意义。

日本在1973年第一次世界石油危机之前，能源消费随国民经济(GNP)线性、同步、高速增长(即能源消费增长速度与国民经济增长速度保持相对稳定的比例，呈明显线性关系)，但是1973年的石油危机却使日本经济面临前所未有的困难。1973年以后到1981年之间(其间还经历了1979年的第二次石油经济危机)，日本控制能源消费总量稳定在4亿千升油当量水平上，而大力进行能源结构的调整，采取"两稳两兴"的能源战略(稳油兴气，稳煤兴电，降低国民经济对能源尤其是进口石油的高依赖性)，不但成功地防止了第二次石油危机对日本宏观经济的影响，而且GNP持续高速增长，GNP曲线与能源消费曲线之间的线性关系趋于离散。

能源结构的优化和能源消费量的减少是以国民经济产业结构的优化和调整为依托的；否则，不可能在能源消费总量相对稳定的情况下，保持国民经济的持续快速增长。面对石油危机引发的石油价格不断上涨，世界经济陷入严重停滞的局面，日本放弃了战后以来实施的以重、化工业为龙头带动整个经济发展的路线，由"贸易立国"转向"技术立国"。在制造业中，对原材料型产业进行大力调整，放弃了原来的竞争型体系，实行以稳定发展为前提的新体系。对能够维持国际竞争力的钢铁业、石油化工业、造纸业等，在加大实施节能措施的同时，引进计算机强化工程管理和质量管理，并重点发展深加工度、高附加值产品带动整个产业的发展。对无力适应新形势的纺织业、有色金属业等，则采取转产或向海外转移的对策。对装配加工产业(电子、汽车、数控机床、产业机器人)则采取大力扶持措施，以技术尖端行业为核心，以低能耗、高效益、高科技为方向，发挥强大的国际竞争力，带动整个日本经济持续发展。工业结构的调整使得日本从1973年到1985年的十多年时间里，工业部门能源消费数量持续下降，从而为摆脱石油危机，保持国民经济持续高速增长创造了条件。

(二)日本能源结构和工业结构发展的历史启示

(1)能源线性弹性系数理论遇到了历史事实的挑战，必须突破传统的"线性弹性系数理论"，发展"非线性能源经济学理论"。

(2)树立了依靠能源结构和产业结构的双重优化和调整，既可以规避风险，又可以带动国家整体经济持续发展的新观念。

(3)产业结构调整必须以低能耗、高效益、高科技为方向，淘汰落后的生产力，发展具有比较优势和国际竞争力的产业。

(4)调控与优化能源结构必须有稳、有降、有升，更需要有优化结构调控的中心点和跨越式发展的突破点，否则优化效果很难实现(日本当时能源结构是以油为中心，稳煤、升电，并以液化气为能源战略突破点，因此取得了能源优化结构驱动国家经济的成功)。

(5)日本是一个只有少量煤矿而需全部进口油气(1999年进口石油2亿

吨，成为亚洲最大的石油进口国）和核原料的大国，但由于成功的能源战略和产业政策，使得日本不但以较小的影响度过了两次世界石油危机，还以此为契机使日本的产业结构得到了高级化、软化、服务化，使高科技产业比重稳定增长，日益成为经济增长的“火车头”。这一切都值得我国借鉴。

第三节　可持续浙江能源系统的总构想

我国能源开发继续遵循“以电力为中心，以煤炭为基础，积极开发油气，重视开发新能源和可再生资源”的战略方针。这是根据中国国情和能源工业自身发展规律确定的。在21世纪，电力的战略地位变得越来越重要，发展的主要措施是充分利用水能资源，积极发展水电，大力发展核电，增加煤炭用于发电的比例。根据资源条件，电力工业发展要遵循“以火电为主，水火电并举，适度发展核电，同步发展电网，提高电力经济效益”的方针。根据浙江经济发展和能源供应的特点，按能源、经济、环境协调发展的原则，以满足经济发展和人民生活需要，保持社会经济可持续发展为总体目标，保证能源支撑国民经济发展的能力进一步增强，并使生产和消费结构得到优化。

依照我国“开发与节约并举，把节约放在首位”的能源发展方针，结合浙江实际，未来浙江能源发展战略方针应定位为：

充分利用两个市场和两种资源确保浙江能源的稳定供应，实行多品种、多渠道的市场多元化方针。建立健全有利于组织资源、调节市场的能源市场体系。按照“适度超前，积极平衡”的要求，遵循“政府引导、市场运作”的方针，坚持“开放竞争、高效有序”的原则，加快能源建设步伐。全力加快电源电网建设，要优化发展火电，积极发展核电，推进利用天然气发电，进一步开发水电，建设厂网配套、布局合理的现代电网，积极拓展变电通道，落实煤、气资源，建立储备基地，确保稳定供应。因地制宜，创造条件开发利用新能源和再生能源，实现能源结构逐步优化。要强化节能工作，提高能源利用效率，减少环境污染。引导建立和完善市场化运作的节能服务新机制，充分调动各方积极性，提高节能工作效果，实现经济社会可持续发展。

笔者认为，浙江能源持续发展不能局限于能源系统本身，而应树立大能源系统观，将能源与经济、环境等视为一个完整的有机整体，建立一个既要发展经济和能源工业，又要保护环境的可持续的能源系统。

克服浙江经济增长能源“瓶颈”的对策应以可持续的浙江能源系统为总思路，以建立稳定、经济、清洁、可靠、安全的能源供应保障体系为中心，以可能采取的政策方案为轮辐，构想“总体对策轮”，并从“开源”和“节流”两个层面入手,以能源结构的调整和优化为主线,以提高能源效率、促进3E协调发展为目标来实施浙江的能源可持续发展战略。其初步构想是:电力先行,节能优先;渠道多样,结构多元;综合决策,3E协调。

一、电力先行

电力先行是经济发展的客观规律,世界银行的统计数据(1994)表明,人均GDP每增加一个百分点,电力增加1.5%。为了保证电力先行,防止再次出现缺电局面,近期应加强电源建设,努力实现“三个确保,两个争取”的目标,提高电力供给能力,缓解浙江省电力的“瓶颈”制约;长远来看,应改进浙江省的电力规划,建立电力先行的度量指标,做到始终保持合理的电力备用率和供电可靠性。

二、节能优先

2005年,浙江电量缺口达750亿千瓦,构成了浙江经济新一轮发展的要素“瓶颈”。克服能源要素制约,不能仅仅着眼于改善要素供给(电力先行),而必须坚持节能优先的战略方针,以大幅度提高能源效率为中心,以转变经济增长方式、调整经济结构、加快技术进步为根本,以法制为保障,以提高终端用能效率为重点,从三个层次推进能源节约型经济体系建设。在微观层次,建立具有能源消耗内在约束能力的现代企业制度和能源管理制度,强化外部成本内部化;在中观层次,充分发挥价格杠杆作用,理顺各类能源价格,科学引导消费,普遍推行峰谷电价政策;在宏观层次,加快节能型社会建设,建立节约能源的生活方式和社会文明,以能源的有效利用,促进浙江经济社会的可持续发展。

三、渠道多样

浙江是“能源消费大省”,又是“能源资源小省”,能源资源极其贫乏,形成了能源与经济增长之间的矛盾。能源供应的对外依赖程度高,是浙江一个不容忽视的事实。充分利用国内外两种资源、两个市场,努力做到能源供应渠道的多样化,进一步实施“买进来”和“走出去(参与开发)”策略,是今后解决浙江能源供应的重要途径。

四、结构多元

浙江主要依赖传统的非清洁能源——煤炭,新兴能源的比重过低,能源结构不合理。专家预计21世纪将是“复合能源时代”。国外的实践也证明,靠少数能源产品支撑经济增长是十分脆弱的,世界各国尽管资源状况不同,但都在采取“多元化”的能源政策。浙江能源资源贫乏,绝大部分能源供给依赖区外，更应该顺应世界能源发展趋势，结合浙江实际，积极开发水电、优化发展煤电、重点发展核电、大力发展天然气发电并因地制宜发展太阳能、生物质能等可再生能源，走结构多元之路。

五、综合决策，3E 协调

3E 矛盾变化的规律说明，在浙江省能源稀缺，经济高速发展的阶段，必须严格按经济规律和自然规律办事，坚持辩证思维，实行能源、环境和经济综合决策。研究认为，要实现浙江能源的综合决策，必须做到"三化"。

1. 能源规划一体化

能源、经济与环境相协调，是实施可持续发展战略的重要保证。目前三者之间存在脱节现象，规划和决策体制落后于市场经济体制改革，特别是缺乏综合决策和规划体制，程序不规范，政府与市场边界不清，相互衔接、协调不够，应建立能源—经济—环境相协调的决策和规划体制、能源规划成本效益分析以及环境影响社会评价，推进综合资源规划方法，把资源和环境纳入国民经济核算体系，把环境成本纳入能源价格；应用经济手段防止能源生产利用对环境的损害，建立与国际接轨的能源、经济与环境统计体系。

2. 能源管理协调化

长期以来，"能源管制化"是能源经济管理的主要方式，这是与能源产业的自然垄断属性以及能源产业的公共事业属性相适应的。但近几年，即使在管制最严厉的电力系统，各国也纷纷解除管制，引进市场竞争的改革，原因是不适当的管制大大降低了能源系统的效率。可见，简单的政府管制或者市场竞争都不能满足现代能源管理的要求，必须协调政府管制和市场规律之间的关系。形象地说，就是用两只手(一只政府宏观调节有形的手和一只市场规律无形的手)遵循规律，相互协调、科学优化、智力集成地发展经济和预防化解经济危机。既不是一只无形的手盲目漫游，也不是用有形的手限制着经济的正常发展与运行，更不是两只手各行其是，或者相互斗争。"能源协调化"是能源管理重要的方法论，是非常重要的新观念。

3. 能源决策法规化

"能源"(如石油)作为一个经济概念，是不断被重新认识的：从认为能源是"产品"到"商品"再到"战略品"。由此可见：它的价值和重要性是不断提高的，管理能源的决策层次也随之不断提高。各国都是由主要决策者亲自制定能源战略，并将它送交立法程序，以法制化方式去监督实施，如：美国尼克松的"能源自给计划"、福特的"能源十年计划"、卡特的"能源法案"、里根的"油气价格管制及开源节流法案"，日本的"月光计划"，德国的"能源计划"，等等，都是能源法治化的例证。

我国改革开放以来，能源政策的决策程序和制度具有明显改进，但能源行业仍然是计划经济的壁垒，计划经济体制影响仍时隐时现，至今仍缺乏民主、科学的决策程序和制度。例如，1996 年，政府有关部门决定三年内不建新的常规燃煤电厂，就没有经过专家验证。到了 2003 年，出现了全国性的电力供应紧张，又决定每年新投产 3000 万千瓦的机组，同样缺乏决策的民主性和科学性。特别是在重大决策前缺乏法定的民众参与程序，这是有些能源决策容易产生失误的重要原因。

浙江能源决策之所以需要法治化，一是便于统一多头领导的矛盾，二是以法律来分清“政府行为”与“商业行业”的界限和职责，三是能源重要战略决策失误的部门要负法律责任。因此，建立“能源法治化”是能源战略的重大保证条件。

本研究认为：在确定浙江经济发展战略和制定浙江发展经济社会规划时一定要体现可持续发展的思想，坚持能源、环境与经济统一规划，全面安排，综合平衡，实现自然再生产和经济再生产的统一；在决策浙江经济发展规模和确定增长速度时，一定要充分考虑环境与能源资源的承载能力，正确处理经济发展规模和实现生产力合理布局与能源优化配置的统一；调整产业结构，发展能耗少、污染轻、效益好的产业和产品，实现经济效益与能源效益、环境效益的综合统一。

第四节　基于 3E 协调的浙江能源产业可持续发展指标设计及实证分析

能源产业作为国民经济系统中的一个子系统，一方面它为国民经济系统服务，另一方面它又通过能量流、信息流、物质流与国民经济系统其他子系统紧密联系。因此，测度能源产业可持续发展，必须综合考察能源产业自身的发展程度以及与国民经济系统的 3E 协调程度。现构建如下（见图 6-3）。

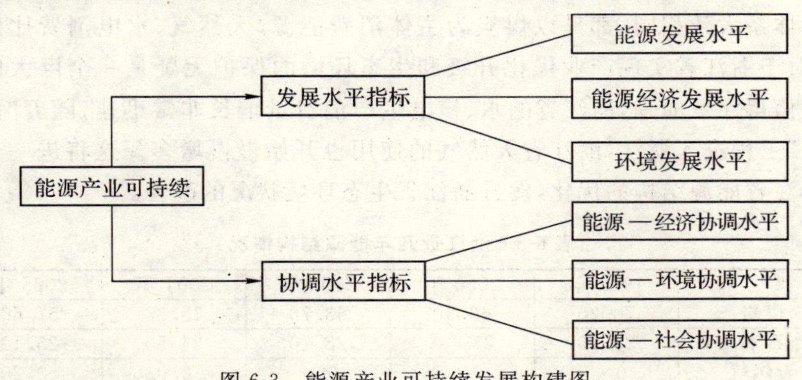

图 6-3　能源产业可持续发展构建图

一、发展水平指标

（一）能源发展水平指标

A1：能源资源开发利用率，是煤炭、石油、天然气等矿物能源开发过程中的综合资源采收率。由于经济的发展，对能源的需求也日益增长，省委、省政府加大对能源的开发及向外省购煤的力度。

A2：能源加工转换效率，即能源加工转换实际产出率（见图 6-4），表示在一定时期内能源经过加工、转换后产出的各种能源产品的数量与同期内投入加工转换的各种能源数量的比率，是衡量浙江省能源加工转换装置的生产工艺水平和能源管理水平的重要指标。转换效率高说明生产工艺水平高。从图 6-4 可以看出，浙江近几年的能源加工转换效率依然在较低的水平，甚至比“九五”初期还低，更不用说跟国际先进水平比较了。这说明随着能耗的持续增加，浙江能源企业没有通过加大生产管理能力，推广先进技术等手段来提高加工转换效率，导致中间消耗提高；也说明我们在能源加工转换生产高一级能源方面重视不够，投入力度不大。

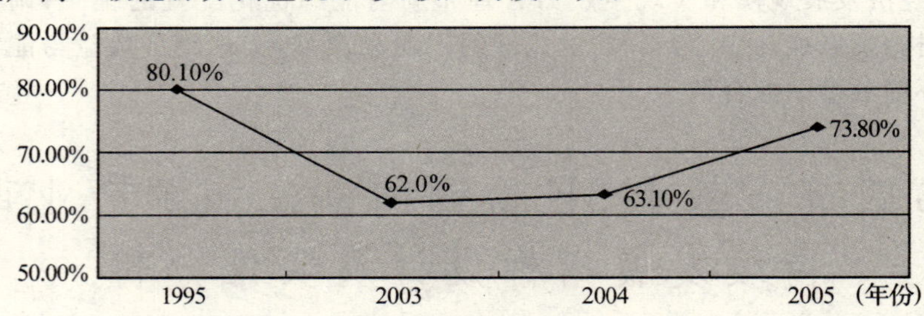

图 6-4 浙江近年能源加工转换效率

（数据系作者根据历年《浙江省能源利用状况白皮书》整理计算而得）

A3：能源结构优化度（见表 6-3、6-4），它反映我国（省）能源消费结构与世界平均水平的差距。由于浙江省的能源消费结构体系与我国的能源消费结构体系大致相同，都是以煤炭为主体消费能源，天然气、水电消费比例较低，对于浙江省实现产业优化升级和生态环境的保护无疑是一个巨大的挑战。值得注意的是，浙江省的水、核电生产消费量增长非常迅速，随着“西气东输”工程进入浙江，浙江省天然气的使用也开始慢慢增多。这将进一步促进浙江省能源结构的优化，促进浙江省生态环境状况的改善。

表 6-3 浙江近几年能源结构情况

	1995 年	2000 年	2003 年	2004 年	2005 年
煤炭	70.20	66.50	63.70	58.30	57.60
石油	23.10	27	28.70	24.50	25.10
天然气	0	0	0	0.036	0.20
水电和核电	3.90	3.30	6.60	9.70	10.30

表 6-4　中国近几年能源消费结构

	1999 年	2000 年	2001 年	2002 年	2003 年	2004 年	2005 年
煤炭	68.00	66.10	65.30	65.60	67.10	67.70	68.00
石油	23.20	24.60	24.30	24.00	22.70	22.70	23.45
天然气	2.20	2.50	2.70	2.60	2.80	2.60	3
水电和核电	6.60	6.80	7.70	7.80	7.40	7.00	5.50

A4:石油自给率(见表 6-5),该指标反映了我国能源供应的安全性。石油俗称工业的血液,属于战略性物资,如果石油的自给率过低,会加剧石油资源供应紧张的局面,大量依赖国外进口,油价容易受到国外油市的变动影响,从而导致成本上升,减缓经济发展速度。由于浙江省石油全部依靠外部输入,因此我国的石油对外依附度直接反映了浙江省的石油供应安全性。石油自给率的高低对浙江省的能源状况以及经济社会发展有着重要的影响。

表 6-5　1990 年以来我国石油进口依存度与自给率

年份	进口量(万吨)	消费量(万吨)	进口依存度(%)	自给率(%)
1995	3095.16	16065	19.30	80.70
1999	5743.00	21073	27.30	72.70
2000	8832.00	22439	31	60.60
2002	10842.20	24779.80	33	67
2003	13189.60	27126.10	36.50	63.50
2004	17291.30	31699.90	45.10	54.90
2005	17163.20	32535.40	42.90	57.10

(数据系作者根据国家统计局及国家发改委的相关数据整理计算而得)

A5:煤炭出口率(见图 6-5),定义为煤炭出口总量与煤炭产量的比值。我国煤炭主要都是自给自足,参与世界煤炭市场竞争比较少,主要是国际贸易的合作需要,因而煤炭产业的国际竞争力较差,对世界煤炭市场的影响力也比较小。浙江省的煤炭资源相当有限,主要的长兴煤矿在两三年内也将无煤可挖,届时浙江省将彻底成为无煤区。浙江的煤炭消耗将完全依靠国家的煤炭输入支持。

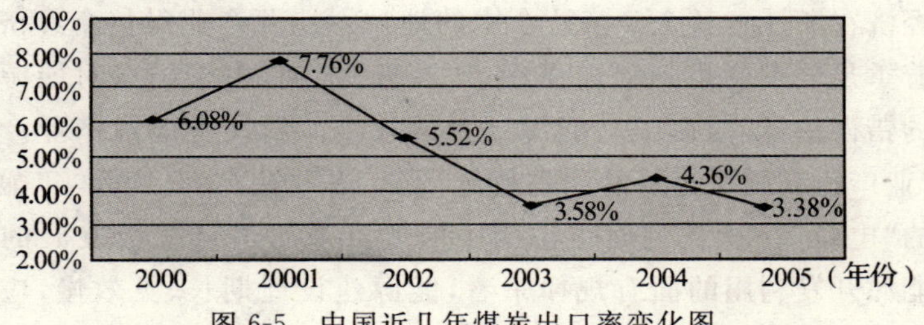

图 6-5　中国近几年煤炭出口率变化图

(数据系作者根据国家统计局、发改委、海关总署、煤炭工业协会的数据整理计算而得)

A6:一次能源自给率(见图 6-6),定义为一次能源自产量占能源消费总量的比例。浙江省是我国能源资源贫乏省份之一,主要是矿产资源的原煤,保有储量仅约 9650 万吨。陆域尚未发现油气资源,天然气的生产量仅约 500 万立方米。因此,煤炭、油气等矿产能源主要依赖于外部输入。预计 2008 年左右,浙江就将退出产煤省行列,能源供应依赖外部输入的比例越来越高。

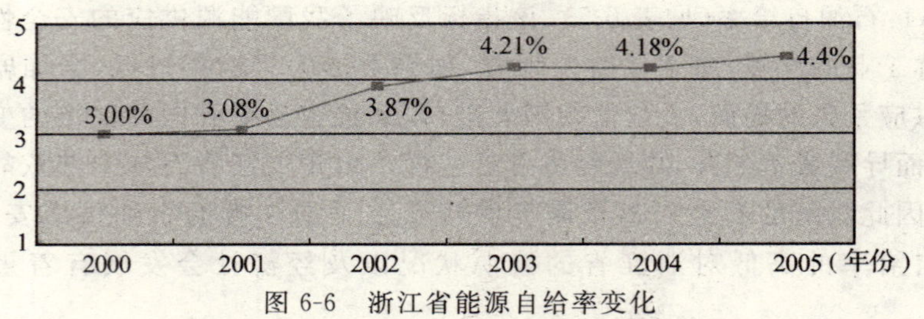

图 6-6 浙江省能源自给率变化

(数据来自 2005 年浙江省能源利用状况白皮书)

(二)能源经济发展水平指标

B1:能源产业产值增长率(见图 6-7),该指标反映了能源产业自身的经济发展速度。随着浙江经济的日益壮大,经济结构的重型化发展,最近几年浙江省能源产业自身得到了极大的发展,为浙江省的经济社会发展作出了巨大的贡献。

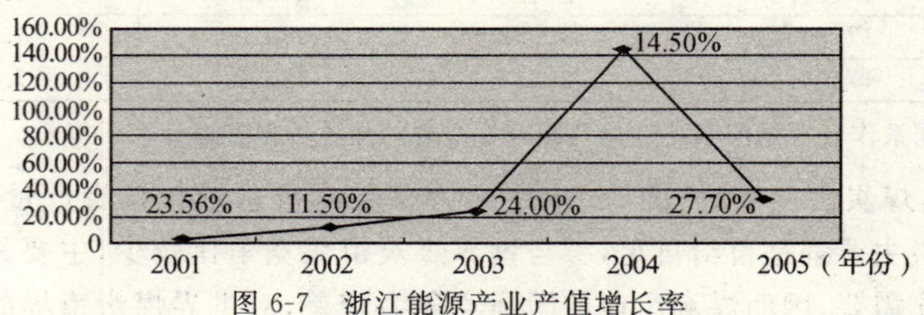

图 6-7 浙江能源产业产值增长率

(数据根据浙江省统计年鉴 2006 整理计算而得。其中能源产业包括煤炭采选业;石油加工、炼焦及核燃料加工业;电力、热力的生产和供应业;燃气生产和供应业,下同)

B2:能源产业产值占全部产业产值的比重(见表 6-6),该指标反映了能源产业经济在浙江省整个经济社会中的地位。能源产业对整个经济社会的发展有着举足轻重的推动促进作用。“九五”末期,由于国家对能源未来需求形势的错误估计,限制了对能源项目的投资。浙江省能源产业产值增长缓慢,产业产值在国民经济的比重持续下降,以致在 2003、2004 年酿成了全省严重的“电荒”。这从侧面也说明了能源产业对经济社会发展的推动力量。从能源开发利用的固有规律来看,能源建设周期长、见效慢,应先于经济发展。能源建设必须先行,其中电力尤其要超前发展,否则将阻碍国民经济的正常发展。

“电荒”极大地刺激了浙江省的能源投资力度，能源产业得到了重点“关照”，产业产值大幅度增长，所占比重得以提升。

表 6-6 能源产业产值比重

	2000 年	2001 年	2002 年	2003 年	2004 年	2005 年
能源产业产值(亿元)	532.42	551.36	614.55	762.1	1866.77	2384.03
企业产业产值(亿元)	6603.65	7882.47	9779.04	12864.23	18729.06	23106.76
占比(%)	8.06	6.99	6.28	5.93	9.97	10.32

B3：能源产业长期利润率(见表 6-7)，该指标反映能源产业自我积累、自身发展的能力。随着浙江省能源产业的日益成熟，能源产业的利润率呈明显上升趋势。能源产业自身发展能力得到了积累提高。

表 6-7 能源产业长期利润率

	2001 年	2002 年	2003 年	2004 年	2005 年
利润总额(亿元)	26.52	51.45	61.20	100.27	125.89
销售总额(亿元)	1230.10	1366.62	1474.00	2339.48	2453.72
占比(%)	2.16	3.76	4.15	4.29	5.13

B4：能源市场完善度，定义为能源市场体系、价格体系及监管体系适应能源产业发展的程度。随着经济的发展，能源开发度的提高，能源产业经济得到发展，在浙江省整个工业经济中的地位逐年提高，并依靠自我积累、自我发展，保持着增长的利润率，通过政府宏观调控能源市场、价格体系及监管体系来适应自身产业的发展。当然浙江省能源市场的完善还需要进一步提高，对诸如理顺煤电价格关系以及能源产品价格的市场形成机制的建立等问题应该加以研究、协调，促进能源市场发展，推动经济社会的进步。

(三)环境发展水平指标

C1：二氧化硫排放增长率，见图 6-8。

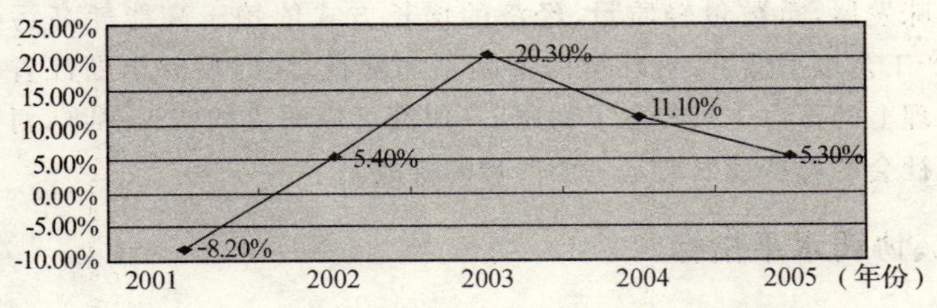

图 6-8 浙江省近几年二氧化硫排放增长率

(数据来自《浙江统计年鉴》2006)

由于浙江电源结构中以非清洁能源——煤炭为主，这种以煤为主的能源消费结构存在诸多的问题，环境污染是以煤为主能耗结构的直接结果。

根据环境监测，浙江省的大气污染处于煤烟型，主要污染物是烟尘、二氧化硫和氮氧化物。

C2：工业废气排放增长率，见图 6-9。

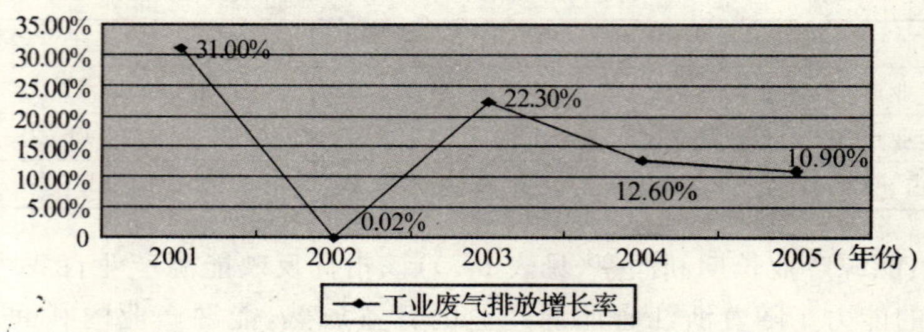

图 6-9 浙江省近几年工业废气排放增长率

（数据来自《浙江统计年鉴》2006）

C3：工业固体废物产出增长率，见图 6-10。

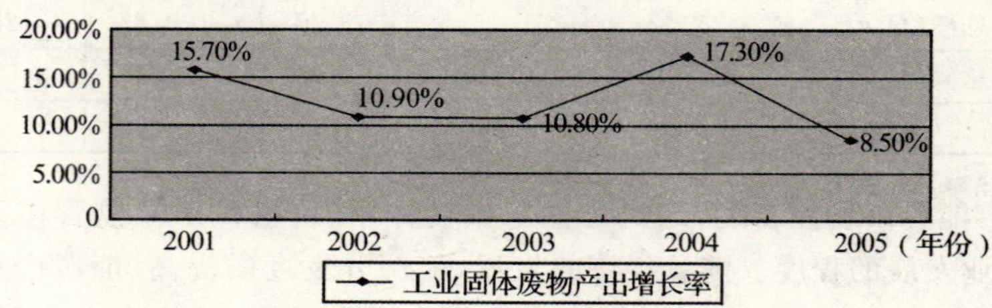

图 6-10 浙江省近几年工业固体废物排放增长率

（数据来自《浙江统计年鉴》2006）

相关资料表明，二氧化碳排放中的 85％和二氧化硫排放中的 80％都是由燃烧化石能源引起的。以上三图反映了“十五”期间浙江省环境污染物排放的增长率一直维持在一个比较高的水平上，且涨幅波动较大。这一方面是因为浙江省工业规模持续增强，另一方面也说明了浙江省企业更追求经济的一味发展，重数量轻质量，经济的增长方式依赖于高能耗高污染高排放，生产工艺水平低下，对环境的影响不加重视，同时反映出浙江省在废物排放管理上的不力。只要有了物质，一切都可以解决的错误思维，对于浙江省经济社会的可持续发展是一个严峻的挑战。

二、协调水平指标

（一）能源与经济的协调水平指标

D1：单位 GDP 能耗，是反映能源使用效率的重要指标（见图 6-11）。从图中可以看出，近年浙江省单位 GDP 能耗呈逐步降低的趋势，GDP 能耗越小，能源使用效率就越高。

D2：能源产业固定资产投资占全社会固定资产投资总额的比重（见

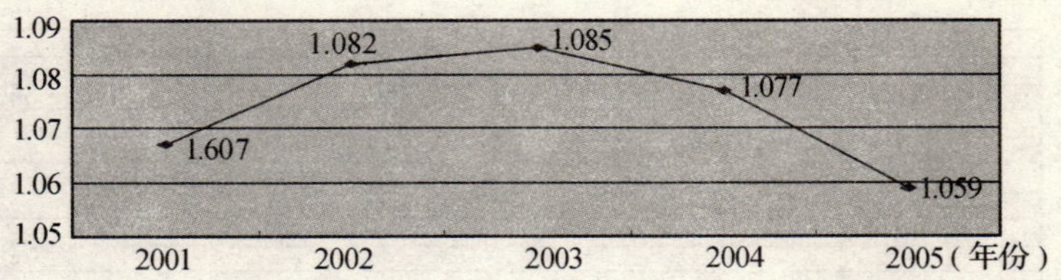

6-11　浙江省近几年万元 GDP 能耗(2000 年价,标准煤/万元 GDP)
(数据来自 2005 年浙江省能源利用状况白皮书)

图 6-12),是能源投资力度的重要指标。能源投资力度必须与经济发展速度相适应,投资力度太大会造成资源的浪费,太小会限制能源产出,成为经济社会发展的"瓶颈"。"十五"初期能源产业固定投资比例下降,直接导致了 2003、2004 年浙江省严重的"电荒",极大地制约了经济的健康发展。之后浙江省能源固定资产投资比重得以提高,但我们也必须防止该比例过大。2006 年上半年,浙江省能源产业的重心——电力、燃气的生产和供应业的固定资产投资延续了年初首次出现的负增长态势,同比下降 7.7%。经过前几年电力投资的快速增长,当前面临基数过大、潜在产能过剩问题,也是明确限制的行业,出现增速下滑也是合情合理的。这说明浙江省已经认识到这个问题,并采取了有力措施,保障了能源产业投资的适当比例。

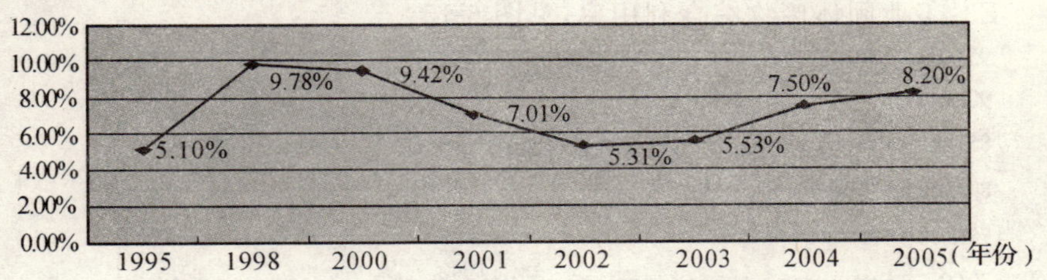

图 6-12　浙江省近几年能源产业固定资产投资比重
(数据系作者根据历年浙江省统计年鉴整理计算而得)

(二)能源与环境的协调水平指标

E1:工业废水排放达标率(见图 6-13),经过处理的工业用水对自然环境的破坏性才比较小。浙江省工业废水排放达标率近五年一直维持在 95%以上的较高水平,说明省委、省政府对废水排放的严格有效管理,同时说明浙江省工业企业环保意识的增强。根据对浙江省八大水系、运河、湖库 171 个省控断面水质监测的结果,2005 年浙江省江河库湖水质比 2004 年明显好转,其中 64.9%的监测断面水质达到或优于地表水三类标准,比上年增加了 12.8 个百分点。

E2:工业废气净化处理(见图 6-14),特别是消除烟尘、粉尘,减少对环境的污染排放。

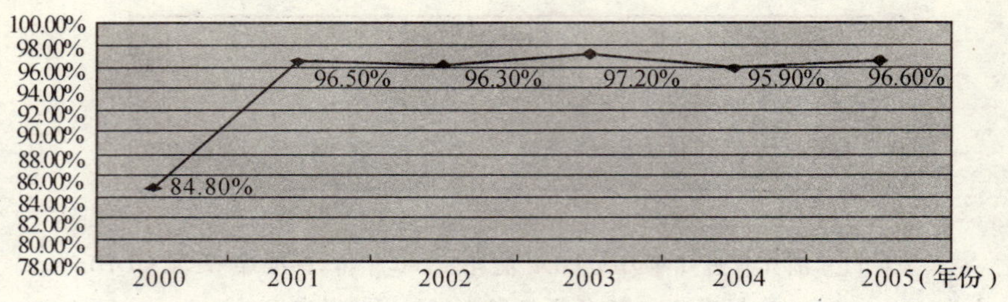

图 6-13 浙江省近几年工业废水排放达标率

(数据系作者根据 2006 年浙江省统计年鉴计算而得)

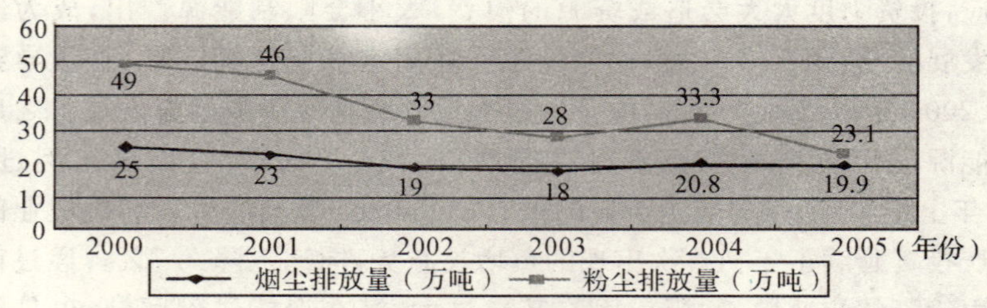

图 6-14 浙江省近几年烟尘、粉尘排放情况

(数据来自 2006 年浙江省统计年鉴)

E3:工业固体废物综合利用率,见图 6-15。

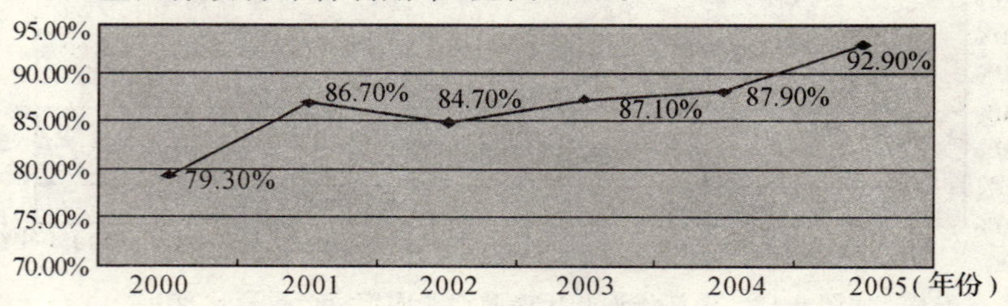

图 6-15 浙江省近几年工业固体废物综合利用率

(数据系作者根据 2006 年浙江省统计年鉴计算而得)

随着越来越多的企业意识到不能以牺牲环境为代价来拉动经济的增长。浙江省被列为第一批实行绿色 GDP 示范省份之一,省委、省政府高度重视,全力打造绿色浙江、生态浙江,加大工业三废的处理及环境治理。以上三图可以说明,浙江省在能源利用与社会环境保护的协调上取得了一些成绩,但还有很多不足,需要我们加大投入力度,增强政策实施成效。

(三)能源与社会的协调水平指标

F1:人均能源消费量(见图 6-16)。浙江省人均能源消费量逐年攀升,可以看出浙江省能源需求呈现全面快速增长的趋势。

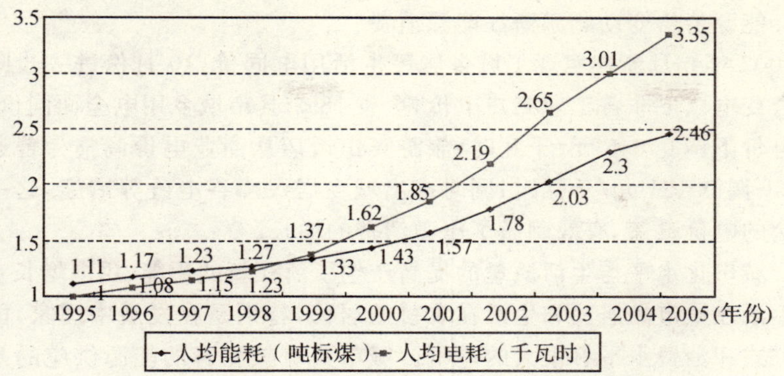

图 6-16　浙江省近几年人均能源消费量

（数据来自浙江省能源利用状况白皮书，部分数据系作者根据相关数据计算而得）

究其原因，笔者认为可以归结如下。

1. 浙江经济发展阶段促使能源消费急剧增长

任何国家和地区在不同的经济发展阶段，能源消费强度和能源消费量的增长速度是不同的。

能源消费强度变化与工业化进程密切相关。随着经济的发展，工业化阶段能源消费强度一般呈缓慢上升趋势，当经济逐渐成熟进入到后工业化阶段后，经济增长方式发生重大改变，能源消费强度开始下降。工业化早中期阶段，由于各个国家能源效率和产业结构差距较大，导致不同国家或地区能源消费强度具有很大的差别，后工业化阶段伴随能源利用技术的进步与成熟，各国能耗强度总体降低并趋于一致。先期工业化国家和新兴快速工业化国家所展示的能源消费强度这种演变趋势和规律表明，尽管当今世界节能技术日趋成熟，但是在完成工业化进程之前，大幅度降低能源消费强度仍很难实现。

2. 浙江经济结构变化推动能源消费

产业结构与能源消费量有着密切的联系，不同的产业结构对能源的需求量是不同的。根据产业经济学理论，产业结构演变规律为：第一产业→第二产业→第三产业；产业结构演变一般也经历三个阶段，即劳动密集型→资本（能源）密集型→技术密集型。在不同阶段，经济对能源的依赖程度不同。同样数量的国民经济总量，因经济部门结构的变化而有不同的能源消费量。第二产业中工业的能耗强度比服务业的能耗强度要高得多。

改革开放以来，浙江省工业化进程加速，经济实力明显增强，产业结构得到重大调整，第一产业在国民生产总值中的比例下降，第二、第三产业上升，这直接推动了能源的大量消耗。

3.能源价格变动刺激浙江能源消费

2002 年 6 月浙江实现了城乡居民生活用电同价，10 月份进一步降低农村综合变电以下非普工业到户电价，全省 18 个县市城乡用电全面同价；氯碱行业电价下调 0.045 元/千瓦时，旅游宾馆饭店从商业电价调整为普通工业电价，下调 0.191 元/千瓦时；同时推出城乡居民峰谷电价等措施，这一系列新出台的电价政策，有效刺激了电力消费的增长。

4.城市化水平与生活质量的提高产生了浙江新的用能、用电增长点

生活在城市的居民和生活在农村的居民，特别是在发展中国家，能源利用的方式和消费水平有很大的差别。城市具有较完善的能源供应的基础设施，包括电力供应、天然气等；农村居民的能源消费大多还需要依赖于分散的可再生能源资源的采集和传统方式的利用。可见，城市化水平越高，人均能耗越大。随着居民收入水平的进一步提高，浙江省消费结构加速转型，从目前的千元级、万元级的小康型消费，向以住房、家用轿车（高耗能）为主的 10 万元级的富裕型消费转变。而人均能耗尤其是人均用电量与生活质量之间却是直接的和正比的关系。

F2：环境治理费用占 GDP 的比重（见图 6-17），虽然图中折线平直，但由于浙江 GDP 总量在增加，所以每年投入环境治理的费用还是在增加，说明省委、省政府高度重视对环境的治理。

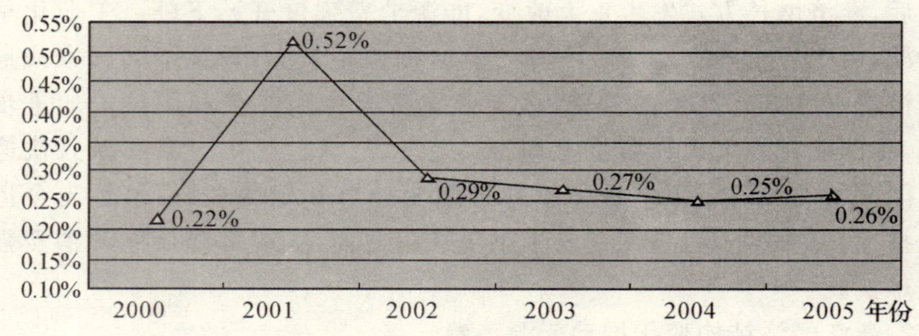

图 6-17　浙江省近几年环境治理费用占 GDP 的比重

表 6-8　浙江省工业环境治理运行费用

	2000 年	2001 年	2002 年	2003 年	2004 年	2005 年
环境治理费用(万元)	136441	360156	233463	267776	287098	352178
GDP(万元)	6141030	6898340	8003670	970020	11648700	13437850
比重(%)	0.22	0.52	0.29	0.27	0.25	0.26

（数据来自《浙江统计年鉴》2006）

三、浙江省3E协调发展的“双轮驱动”分析

这里运用双重结构拉动的能源经济动力学理论，即在一定数量能源增加量的前提下主要依靠产业结构和能源结构双重优化来推动3E协调，实现经济可持续发展的方式。结合浙江省的现状分析以及借鉴日本运用双重结构拉动经济持续发展的成功经验，笔者认为浙江省目前存在的3E之间的矛盾，能够运用“双轮驱动”得到有效解决。以下结合浙江省自“九五”至“十五”的发展实践进一步综述，通过优化浙江省经济结构和能源结构来促进浙江省3E系统的协调发展。

(一)经济结构优化对3E协调发展的作用

“九五”、“十五”期间，浙江省经济除第一产业外，第二、第三产业用能均保持较快增长(见表6-9)。

表6-9　浙江省各产业能源消费变动情况　(单位:万吨标准煤)

产业＼年份	1995	2000	2004	2005
第一产业	224	256	287	335
第二产业	3341	4590	7430	9135
其中:工业	3260	4441	7235	8935
第三产业	397	655	1052	1533
其中:生活消费	270	362	439	1028

(数据来自历年《浙江省能源利用状况白皮书》)

在产业用能结构中，图6-18反映了浙江产业结构变动与能源消费总量的变化关系。

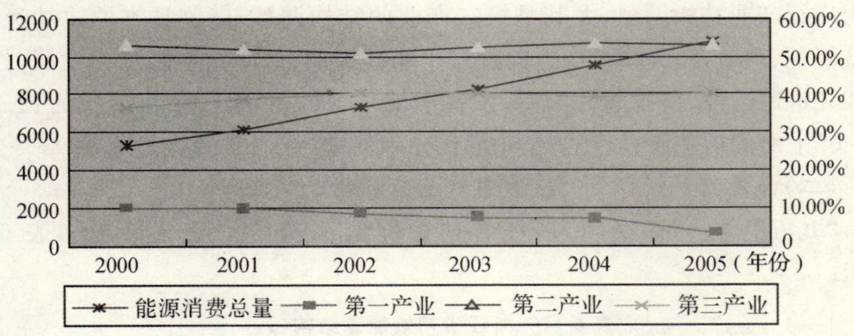

图6-18　浙江产业结构变动与能源消费总量的变化关系

(数据来自历年《浙江省能源利用状况白皮书》和《浙江统计年鉴》)

由图6-18可知:在全社会能源消费总量中，2005年第一产业占2.8%，比1995年的5.29%下降2.49%；而高能耗的第二产业占75.9%，比1995年下降3.8%。其中，第二产业能源消费绝对总量，2005年的9135万吨标准

煤比 1995 年的 3341 上升了 5794 万吨标准煤。2005 年低能耗的第三产业占 12.7%，比 1995 年增长 35.4%。能源消费总量增长速度平稳上升，以第二产业比重略微下降，总量强势上升的形式间接地表现了出来。

“十五”期间，在国家实施积极的财政政策背景下，浙江省工业化、城市化、现代化进程加快。浙江省调整了农业、工业行业结构，对纺织等行业进行了较大幅度调整。受此影响，一方面，轻工业比重（规模以上工业总产值结构）开始由 2000 年的 54.1% 下降到 2005 年的 45.9%。而重工业由 45.9%上升到 54.1%（见表 6-10）。

表 6-10　浙江省轻重工业比重变化

工业＼年份	1999	2000	2001	2002	2003	2004	2005
轻工业（%）	56.50	54.10	55.50	55.00	51.70	46	45.90
重工业（%）	43.50	45.90	44.50	45.00	48.30	54	54.10

（数据来自《浙江省统计年鉴》2006）

随着产业结构中的这种变化，与之相应，全省能源消费也随之快速增长。但由于浙江“无油、缺煤、少电”，资源匮乏，95%以上消耗的能源需从省外调入。因此，能源供需缺口逐年拉大，瓶颈制约和环境压力亦趋凸显。能源供需态势已由“七五”至“九五”期间的结构性、区域性、阶段性短缺，演变为 2003 年的煤、电、油三大常规能源全面短缺。

由上述分析知，三大产业，尤其是第二产业内的结构调整，对浙江省能源消费总量具有非常大的影响作用。同时，又由于浙江省能源严重匮乏的供给特点决定了浙江省不适宜发展高能耗项目的产业模式。这就要求：浙江省需大力进行产业结构调整，尤其是第二产业的结构调整，借鉴日本的成功经验，以低能耗、高效益，高科技为方向进行产业结构调整，向结构轻型化发展，打造浙江先进制造业、科技软件园等；发挥浙江环境效益，将浙江打造成为长三角“龙头”上海的后花园；以经济结构的优化来促进浙江 3E 的协调发展。

（二）能源结构优化对 3E 协调发展的作用

“九五”、“十五”期间，浙江省初始能源消费结构变化情况如表 6-11 所示。

表 6-11　浙江省初始能源结构（%）

	1995 年	2000 年	2003 年	2004 年	2005 年
煤炭	70.2	66.5	63.7	58.3	57.6
石油	23.1	27	28.7	24.5	25.1
天然气	0	0	0	0.036	0.2
水电和核电	3.9	3.3	6.6	9.7	10.3

（数据来自历年《浙江省能源利用状况白皮书》）

由表 6-11 可知：浙江省煤炭比重呈逐年下降态势，“九五”期间下降 5.2 个百分点，而“十五”期间虽然浙江省发电用煤大量调进，快速增长，但煤炭比重仍然下降了 8 个百分点，这主要是因为这个时期浙江省的水电和核电及外购电量发展比较迅速，所占比例持续上升。在此期间浙江省煤炭消耗量仍大幅度增加，与此相应，空气二氧化硫污染的主要原因是浙江省大量的燃煤设施排放二氧化硫所致，受外来影响较小。

另一方面，石油比重“九五”期间以年平均 1.3 个百分点的速度提高，近几年比重基本稳定。“十五”期间，由于核电、抽水蓄能发电及外购电的快速增长，电力比重比“九五”提高了 7 个百分点，新能源（清洁能源）比重提高明显。全省初始能源消费结构得到优化，因此在煤炭绝对总量从 1995 年的 4391 万吨上升到 2005 年的 12032 万吨的情况下，二氧化硫排放量从 1995 年的 76.33 万吨仅上升到 83.1 万吨（见图 6-19、表 6-12）。

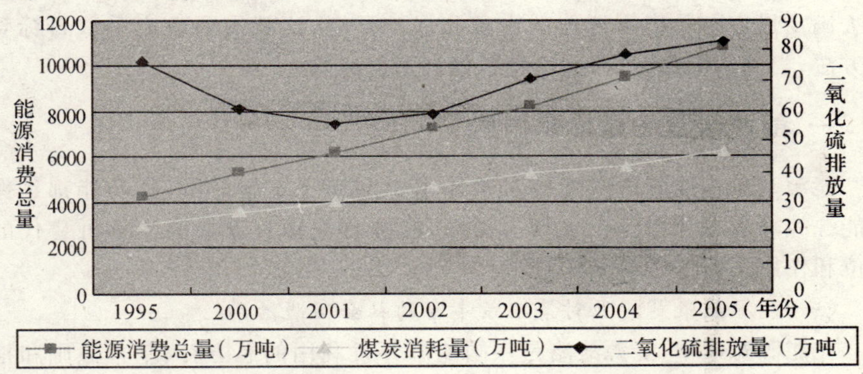

图 6-19　浙江省煤炭消费和二氧化硫排放量比较

表 6-12　浙江省能源消费品种结构变动情况（%）

		1995	2000	2003	2004	2005
初始结构	原煤	70.2	66.5	63.7	58.3	57.6
	石油	23.1	27.0	28.7	24.5	25.1
	电力	3.9	3.3	7.6	9.7	10.3
终端结构	原煤	52.2	38.8	30.4	23.8	21
	石油	25.5	31.3	26.3	21.6	21.9
	电力	14.9	19	30.9	44.3	45.9

（数据来自《浙江省能源利用状况白皮书》）

由上述分析得知，能源结构的优化能有效降低浙江省对煤的依赖程度，从而有效地控制、降低二氧化硫的排放量，达到 3E 的协调发展。

第五节 实现可持续发展的能源政策

可持续发展能源战略及其政策要解决的关键问题是如何扩大可靠的和支付得起的能源供应范围，同时减少能源使用中的负面影响，即政策和政策体制应着重于扩大供应能力、激励能源效率的提高、加速可再生能源的普及、拓展先进清洁化石燃料技术的使用、提供核电的发展机会。

能源战略和政策的目标主要是利用市场效率来实现可持续发展，并采取额外的措施加快改革，消除障碍和市场缺陷。只要有恰当的体制、信息和管理体系，市场就能够有效实现可持续发展的目标。但是不能期望市场自身去满足最容易受伤害群体的需求和保护环境，这就需要政府采取目标管制方法，尝试不同的方法，并借鉴其他国家的经验。

一、能源政策的地位和作用

能源政策与能源法在能源对策体系中同属于实施对策，其功能都是保证能源战略思想和目标的实现。然而，能源政策却有着能源法不可替代的地位和作用。

（一）能源政策是能源对策中最丰富的社会实践活动

在能源对策中，能源战略是一国能源开发利用的总方针、基本原则和根本性的措施，能源法是能源战略实施的制度选择和制度安排，能源政策则是能源战略实施的具体手段和措施。与能源战略和能源法相比，无论是对策的内容、方式还是条件，能源政策都更具有实践性。其表现是：第一，对策内容更丰富。能源政策是根据能源战略实现的需要，针对能源供给与需求、生产与消费、国内与国际形势等能源问题的具体情况制定和实施的对策，这就使能源政策必须将能源战略中确定的带有根本性的措施分解成一系列有内在联系的具体措施，如计划、税费、价格等，同时要排除各种阻碍，追逐能源战略目标的实现。另一方面，大部分能源问题都可以通过能源政策解决，通过能源法解决的能源问题却是有限的。能源政策不仅包括现存的能源问题对策，还包括未来能源问题的对策，因此，能源政策内容既比能源战略具体，也比能源法丰富。第二，对策方式更灵活。能源投资的风险性、不确定性及国际流动性，决定了一国能源对策中既要有相对稳定、形式规范的对策，还要有应变力和适应性很强的对策；同时，这两种对策又必须是统一和结合的对策，能源政策正是这种统一和结合的对策。作为相对稳定、形式规范的对策，能源政策要体现能源战略的思想、目标和重点，与能源法规范性和制度化接轨。作为应变力和适应性很强的对策,能源政策又是能源战略、能源法与市场的媒介,其存在方式灵活多样,既有渐进,又有突变,既表现为政治、军事、外交手段,又表现为经济、技术、数量等手段。第三,对策条件更方便、经济。能源政策广泛的内容、灵活的方式往往同对策形成和变化的条件有关,能源政策的形成和变化一般不需要严格的科学论证程序和繁杂的法律程序,只要能对能源问题迅速作出反应,提出解决问题的方案和措施即可,对策形成和变化的技术成本较小。能源政策的上述特点为能源战略、能源法的制定和完善提供了实证经验和理论分析背景。

(二)能源政策是能源战略实施的有效措施

能源战略的实施实质上是能源战略从总方针、原则和根本性措施变为行为准则、规范和可操作制度的过程,在这种变化过程中能源政策的作用是积极有效的。能源政策是实施能源战略的行政措施,而政府及其行政行为的性质就成为考察能源政策作用的出发点。其表现是:第一,克服市场不足和提供信息服务的自由裁量。能源无论是作为自然资源,还是作为资源产品都必须纳入市场配置才能实现其价值。然而,市场配置并不能顾及能源作为公共商品的特殊性,既不能保证能源对经济和社会可持续发展的满足,也不能保证能源在同代人或几代人之间的公平分配。这就要求政府在依赖市场配置的前提下,通过宏观调控手段对能源总需求与总供给和安全供给进行引导;通过经济刺激手段对能源的合理开发利用提供机制;通过行政检查监督使能源开发利用者在自身利益最大化的同时,追求能源经济和社会效益。与能源法及其制度生硬的规则相比,政府通过这些能源政策可以灵活而经济地实现能源战略。第二,有制度和程序依据的依法行政。能源政策无论存在方式怎样,在现代法制社会条件下,大部分都能在法律上找到根据,如战略储备、价格管制、计划供给、税收等。能源政策有的已上升为法律,并以法律制度的实施为存在条件,有的需要符合法定构成才能有效力可言,有的必须符合一定的行政程序,因而能源政策从制定到实施具有依法行政的约束。但能源政策作为整体而言并没有改变其政府抽象行政行为的性质。第三,内容和方式的有效率选择。能源政策较能源法更能反映能源市场生产与消费、供给与需求的现实。这就使能源政策对效率要求更为直接,只要能弥补市场不足,达到能源有效率的开发利用,能源政策的内容和方式可以随时作出调整。

(三)能源政策是能源法及其制度有效运作的前提

能源法及其制度的有效运作,不仅需要能源法及其制度本身的合理安排,还需要立法、执法和司法等法律制度或其他制度的完善。特别是能源政策的健全完善与能源法及其制度运作有直接联系,在一定情况下能源政策是能源法及其制度运作的前提和基础。其具体表现是:第一,供给意识形态。能源政策的性质和特点决定了其一般先于能源法而产生,能源政策从制定到实施过程中的理论观点、实践分析,特别是关于政策成本与绩效的研究将直接为能源立法和制度的实施所借鉴、吸收。能源政策作为意识形态的给养有助于能源法经济观的形成,有助于制度成本与绩效的分析,为能源法及其制度的选择提供思路。第二,供给制度安排。一项或一组成功的能源政策往往是一项或一组能源法律制度的雏形。能源政策形成的条件方便、经济,给能源政策提供了更多的选择机会,使之具有适应性和可操作性,有些还具有稳定性、连续性。这就使能源政策上升为能源法成为可能,也为能源法规范设定、制度构建、结构安排的科学化及合理化提供了条件。能源法的不少制度安排都是以能源政策为基础,或者是在能源政策的基础上提炼的,甚至能源法律制度结构和法律框架思路也都与能源政策有关。第三,供给制度实施的条件。能源法及其制度是通过政府实施的,而能源政策的推行正是政府实施能源法及其制度的行动。一方面,不少能源政策与能源法在内容和范围上都有交叉和竞合,这一类能源政策的推行往往与能源法的执行是在同一个行政行为过程中进行的,如税收。另一方面,能源政策可以及时弥补能源法及其制度的不足,为其实施排除偶发或突发性障碍,并以能源政策的随时调整,保证能源法及其制度的稳定。第四,供给制度创新的选择。由于能源政策的推行和能源法的执行是由同一机构——政府完成的,而能源政策的推行在先,所以能源政策推行的成本与绩效往往可以被用来说明能源法及其制度实施的成本与绩效,并为能源法及其制度创新提供一个可供比较、选择的方案。

二、能源政策的形成和变迁

能源政策是一国政府为实现能源战略,根据本国国情而采取的具体对策。因此,能源政策的形成和变迁一般是根据不同类型的国家进行考察的。

(一)工业化国家能源政策

工业化国家较早地采用了能源政策推进本国经济的增长,如日本在20世纪40年代复兴时期采用的开发国内能源政策,60年代采用的综合能源政策。英国50年代开始采用能源政策,1965年、1967年先后颁布有关能源政策的白皮书。当然,70年代前工业化国家采用能源政策的背景是不同的,如日本是因为能源资源匮乏,主要依赖进口,受国际政治和经济动荡影响较大;而英国则是因为能源消费结构的变化,从50年代以前90%的煤炭到石油、核电和天然气的大量使用。然而,工业化国家形成有共性的能源政策则是在70年代以后。

20世纪70年代后的二十多年中,工业化国家能源战略经历了开源—安全—效率—持续的变迁,能源政策相应的做了调整,其立足点依然是保证能源供给的安全和稳定，减少或消除对进口能源的依赖性，特别是减轻或消除对进口能源的脆弱性，这是工业化国家能源主要依赖进口的现实决定的。作为能源政策立足点，能源安全和稳定供给与效率及持续战略并不矛盾。相反，它们是这些战略的组成部分和基本要求，如果能源供给缺乏安全和稳定，根本谈不上能源效率和持续发展。以80年代中期为界，工业化国家能源政策可以分为两个阶段，主要能源政策有：

战略石油储备政策。石油危机使工业化国家感到石油供应是不安全的，为了应付各种突发事件，必须在本国建立起一定数量的战略石油储备，用以减少或避免因石油供应突然中断而造成的损失，有效制止禁运和控制油价的上涨。战略石油储备政策的采用保证了工业化国家石油供给，消除了人们心理上的“缺油感”，并有效地阻止了石油禁运和油价上涨。1993年第四季度工业化国家的石油储备中，美国为20412.8万吨，可以用98天；日本为8132.4万吨，可以用116天；荷兰为1156万吨，可以用206天。

能源进口多元化政策。为了减少对中东地区进口石油的依赖，避免受制于人，发展适应性强的能源系统，工业化国家普遍实行能源进口多元化政策。进口多元化包含能源进口地区的多元化和能源进口种类的多元化，一些国家增加了从拉美、东南亚、英国北海、非洲以及俄罗斯和中国进口和投资，减少向欧佩克成员国家进口石油，增加向非欧佩克产油国进口石油。如日本压缩石油进口量的同时，增加了煤炭和液化天然气的进口，到1993年分别达到12239.18万吨、531亿立方米；西欧国家增加了从俄罗斯进口天然气的数量，到1990年已占其消费量的30％。

开发本国资源政策。廉价石油时代，工业化国家能源工业大多因为投资成本高，无力维持经营。有的国家降低本国能源产量，德国甚至实施“健康收缩”政策。石油危机后，有资源条件的国家纷纷转变能源政策，提高能源自给程度，重视国内能源生产，加强政府对能源开发的支持和干预。不少国家采取财政支持措施，甚至直接投资和控股，鼓励本国资源开发，并取得了显著效果。如英国北海石油开发，已使国内石油自给并转向出口；挪威、荷兰天然气开发，法国、加拿大和德国的煤炭开发，法国核能的开发也带来了本国能源工业的振兴。

能源替代政策。能源结构从单一性向多样化转变是石油危机后工业化国家普遍实行的能源政策。能源品种多样化不仅可以为各国提供能源的多向性选择，而且可以保证能源的安全供给。目前替代政策以煤炭、核能为主要支柱，因利用方式、技术水平及环境影响的限制，现在都有较大的局限性。其他能源如太阳能、生物质能、海洋能、氢能等新能源的开发尚处在研究和实验阶段。

节约能源政策。石油危机的爆发，在工业化国家的直接反映就是节能政策的采用。无论各国采用节能政策的动机、内容和方式有多大的区别，节能政策在客观上都起到了合理使用能源的作用。被认为是工业化国家发展典范的日本得益于其成功的节能政策。日本强调能源需求合理化而不侧重能源自给自足，在工业化国家中日本的单位产值能耗最低，从1965年的177.80亿日元下降到1992年的127.7亿日元。工业化国家节能政策主要内容有：设立各种节能机构督促节能计划实施，如美国能源部的工业节能委员会、法国的节能委员会等；采用各种经济刺激手段鼓励进一步节能，如实行合理的能源价格构成政策和税收政策，刺激能源的经济利用；通过传递信息和劝告，促使能源用户关心能源管理和节能；采用级差电费率、税减率、财政、信贷、国家贷款和补贴等手段，鼓励节能及其投资；推荐和强制应用确保节能的措施和规章，如限制时速、室内最高温度控制、保温标准、能量表计、淘汰或停用超标耗能设备等；鼓励推广节能技术及其产品，提高能源效率。

转换产业结构政策。转换产业结构是现行的产业结构转向省能的知识密集型结构的政策。这项政策因各国资源状况及技术开发实力不同，效果也有差异。日本是转换产业结构政策的代表，20世纪70年代后，日本通产省提出的《70年代通商产业政策设想》就把"创造性和知识密集化"作为产业结构长期发展的方向，发展新材料、生物工厂、新智能文件等低能耗、高增值尖端技术产业。产业结构的转换成为第二次石油危机后日本单位能耗降低的主要因素。

能源环境政策。在能源开发利用的同时，防止和防治环境污染是工业化国家能源政策的重要组成部分。20世纪70年代中期开始，工业化国家普遍加强环境保护政策，在能源工业领域中大力推进防治污染技术和工艺，使环境状况得到好转。然而，化石能源燃烧时产生的污染并未得到根本解决，核电站和核废料的处理也还存在隐患。各国都在采取各种手段，控制能源污染源，保证核安全，建立高效率、低环境负荷的能源体系。

能源外交政策。为了保证石油安全供应，工业化国家制定了能源外交政策，用以改善同产油国的关系。日本积极向产油国提供资金和技术援助。西欧国家则寻求同海湾国家的贸易和经济合作，并努力改善同非欧佩克国家的关系。美国则通过发展同沙特阿拉伯、科威特等海湾国家的关系，力求保证石油安全供应。综观国际风云事件可以清楚地看到，能源外交政策在满足工业化国家石油安全供给方面起了积极的作用。

（二）发展中国家能源政策

发展中国家能源进口国与能源出口国面临的能源问题是截然不同的。前者是因石油短缺引起的，后者是因石油"过剩"引起的，两者的能源政策有质的区别。

发展中国家能源进口国面临的能源问题比工业化国家更为严重，实际上是遭受石油危机打击最严重的国家。这些国家占发展中国家的80%,他们大多数能源消费以石油为主,而且主要是依赖进口,经济落后,工业比重低。其能源经济的特点是:人均能源消费量低,单位国民生产总值能源消耗高,非商品能源消费比重高,社会能源消费严重不足。石油危机结束廉价石油年代,导致工业化国家经济增长缓慢的同时,也使这些国家出口换汇数量锐减,而用于支付石油进口的外汇收入比重大增,严重影响国民经济增长率,处境极为困难,而举债进口石油又使之陷入沉重的债务危机。为了解决或减轻能源问题的压力,发展中国家能源进口国采取的能源政策主要有:第一,加强本国油气勘探和开发,增加国内油气产量的政策。近几年来,有的发展中国家已采取引进外资、同外国石油公司合作开发等多种措施,力争提高国内石油产量,取得一定的效果,如印度、巴西已逐步实现石油自给。第二,大力发展替代能源,改变能源消费结构政策。包括扩大可再生能源资源,特别是水力资源的开发利用,1985年巴西和巴拉圭合作建成了当时世界上最大的水电站——伊泰普水电站。用酒精代替石油作汽车燃料,增加煤炭使用量,调整产业结构,提高能源价格,制定较稳妥的经济发展计划,降低能源需求的增长速度等。第三,加强国际能源开发利用合作政策。这项政策在阿根廷、巴西、秘鲁、中国等国推行获得了较大的成功。

发展中国家能源出口国因石油危机获得巨额石油收入,但仍处于单一的石油经济状态。随着石油价格的回落,石油收入锐减,经济状况开始恶化,社会动荡不安。为了改变目前不利的状况,其采取的能源政策主要有:第一,加强产油国的团结和合作政策。能源出口国单个政府无力同西方石油公司讨价还价,为了捍卫国家权益必须加强各产油国的国际合作。作为产油国收税和获取矿区使用费计算依据的石油“标价”以及租让协议“OPEC组织模式”和国有化能源政策都是产油国国际合作的成果。第二,“限产保价”和“夺回市场”政策。20世纪70年代产油国采取“限产保价”政策,力图稳定价格,保证本国利益;80年代产油国转而采用“夺回市场”政策,力图重新控制国际能源市场,这些政策的实施为产油国控制国际能源市场起了重要作用。第三,资源开发和保护政策。多年来,大部分产油国都实行了严格的能源保护政策,以克服在能源早期开采的放任自流、破坏资源的短期行为,并放慢了开发速度。

三、中国能源政策的特殊性

中国实行计划经济四十余年,又是以煤炭为主要能源结构的国家,使得其能源政策既不同于工业化国家能源政策,又不同于发展中国家能源政策。中国在向市场经济渐进的过程中必然要借鉴工业化国家的能源政策;同时,中国也面临着与发展中国家有共性的能源问题,这就使中国能源政策的形式、内容、措施与工业化能源政策和发展中国家能源政策有一定的联系。但中国能源政策毕竟有其特殊表现，而且还具有明显的特殊性。

（一）能源政策的宗旨是实现政府对能源资源的配置

在中国，能源政策是优化政府配置能源资源的手段。中国长期实行政府配置资源的计划经济，政府配置一切资源，对战略物资——能源资源的配置更是名正言顺，毋庸置疑。因为中国的能源资源主要是作为自然资源的矿产资源，国家对自然资源享有永久主权，政府对能源资源的配置就成为铁律。然而，政府对能源资源仅通过计划指标实现配置有些不适，能源资源开发利用引发的能源问题涉及面宽、关系重大，具有方向性，并不是计划指标所能解决的，而且有的能源问题根本不是计划指标问题，加上 20 世纪 80 年代初中国能源供给严重不足的现实及对国际能源形势的认识，于是作为优化政府配置能源资源的手段，能源政策应运而生。能源政策推行十余年来，无论对政策效果如何评价，政府在能源资源配置中的地位和作用得到加强和完善，中国能源资源配置总体效率的提高也是客观的。如节能政策在各级政府机构的组织安排下，取得了很大的成功。全国平均每万元国民生产总值能耗由 1980 年的 13.36 标煤当量下降到 1990 年的 9.26 标煤当量，降低 31%，累计节能 280 百万吨煤当量，1992 年全国节能 40 百万吨煤当量，节能率达到 6.9%。能源政策的推行，缓和了中国能源供需矛盾，改善了用能状况，对改善环境，提高国民经济总体效益发挥了作用。

（二）能源政策内容丰富，但不确定，有明显过渡性

十余年来，中国能源政策涉及政府配置的所有方面，如能源投资体制，企业经营机制，中央与地方的关系，能源布局，能源技术及其装备，能源价格、税收、信贷，能源进出口，能源环境，能源节约，农村能源建设等。凡是能源资源配置中需要政府解决的问题都可以用能源政策的形式表现出来，以至于能源政策无所不在，无处不有，甚至连能源法及其制度安排都成了能源政策的内容。然而，中国能源政策尚未构成完整的科学体系，一方面政策本身有随意性、模糊性和试验性；另一方面政策之间缺乏逻辑联系，非但不配套，还常处于抵触和冲突状态。不仅如此，能源政策还缺乏严谨的成本效益分析，经常导致失误。作为政府配置能源资源的手段，中国能源政策存在的这些问题是无法避免的。能源资源本是市场配置的客体，政府规制只在于弥补市场配置不足，能源政策功能在于实现政府规制，而不是替代市场配置。随着中国从计划经济向市场经济渐进步伐的加快，能源资源政府配置将逐步为市场配置所替代，中国能源政策也将从政府配置的手段过渡为弥补市场配置不足的手段。因此，按照市场经济的要求完善中国能源政策是必需的。

(三)能源政策形式多样,效力靠政府权威维系

中国能源政策不仅内容庞杂、涉及面广,而且表现形式复杂多样,从中央政府到地方政府以及各级主管机关都在制定不同的能源政策,加上半官方性质的能源政策研究成果,使能源政策交叉和重叠成为可能,不仅降低了能源政策的科学性,也减弱了能源政策的效力。除个别能源政策,如节能政策外,中国能源政策的实施没有能源法的约束,而是靠政府权威维系。这就使中国能源政策经常处于无程序和无规则的境地。

中国能源政策的上述特殊性表明,在过去的十余年中,中国能源政策在解决中国能源问题过程中发挥了巨大的作用,然而已不适应中国向市场经济渐进的现实与中国可持续发展的要求,中国能源政策的调整是必需的。《中国 21 世纪议程》在确立中国持续能源战略的同时,提出了战略实施措施和具体目标,这就使中国能源政策的调整有了明确的指导思想和理论根据。

四、可持续的能源政策

(一)使市场更好地发挥作用

1. 用最小的政府干预解决外部性问题

市场在能源投资决策和能源价格的确定上发挥了日益重要的作用。自由化能源市场越来越盛行,其部分原因在于以市场为导向的经济模式成功地带来了经济效率的提高。市场强迫相互竞争的生产商降低生产中昂贵的投入并通过提高生产率获得收益。这形成了持续不断地进行技术革新的压力,迫使企业不断提高将资源转换成有价值商品的效率和服务效率。在计划经济国家中或者市场经济国家中的垄断部门则缺乏这种压力。同样的,由于任何国家的投资都是在未来信息不完全的情况下做出的,错误的投资(有时候是巨大的)是经常发生的。在市场经济体制中,消费者可以从投资效益不好的供应商转到收取较低价格的竞争者。这就迫使价格高的供应商降低价格,而相应的税收就会被供应商的股东承担,而不是消费者或纳税人承担。

在一个由垄断、国有企业占支配地位的国家中,或者在市场经济国家中的垄断部门,消费者缺乏这样的选择。社会的所有成员必须要承担一项没有经济效益投资的所有损失,且对垄断生息来说,没有压力放弃这样的投资直至该工厂或设备的运行寿命结束。政府官员或垄断企业的管理者在决定价格时,将长时期出于政治的考虑或取决于不同利益集团如农场主、居民或工业家的相对游说强度,几乎没有动力去提高现存设备的运行效率,甚至没有考虑消费者是否有相应的支付能力。

例如 20 世纪美国的能源市场,它比绝大多数国家的市场更具有竞争性,实现了能源供应成本的极大降低。1990 年美国消费者花费了 3%的收入购

买能源,而能源支出占总消费支出的比重已低于3%,尽管在这段时期内能源消费基于能源的享受而急剧增加(例如,电器、集中供热和制冷、交通和电子设备)。

在竞争的作用下,市场比行政系统能更好地分配资源,但是市场无法充分考虑能源供应和使用中的社会和环境成本。减少市场扭曲,为市场机制开拓道路,使可持续能源在市场中占据合适的位置,就成为政府制定政策的依据。在经济系统中,有着不同的方法去描绘市场中政府的相对角色。依据政府对经济进行干预的范围和形式描绘了政府的作用。一个高度国家干预主义手段有如下特征:国有企业和机构、中央规划、受政策管制的价格和价格补贴,还有命令控制性的法规条例。非干涉主义、以市场为导向的手段有如下特征:私有企业(仅在纯粹自然垄断下出现垄断)而非国有企业,价格主要由市场决定,处理外部性的主要方法是价格调节(税收和税收减免)。对于任何市场和市场的子部门或者任何特定的公众关心的市场,有许多途径让它在一定干预范围内定位自己的干预程度。无论处于任何位置,社会都有机会去提高市场和政府的运营绩效。

环境的外部性是一个日益增长的挑战,需要政府某种形式的干预。因为现有的能源系统距离可持续依然差得很远,需要努力将负面外部性特别是环境的负面外部性内部化来改进市场运转。这部分集中在政策分析上,旨在寻找依靠信息和价格政策在市场中的作用来解决外部性的政策,从而达到最小化政府干预的目的。用最小的政府干预来影响价格的政策包括征收排放税、提供财政补贴、对环境友好技术给予激励,以及提供信息和道德依据去改进人们的行为方式。

(1)排放税

经济学家已经证明,某些时候设定相当于外部负面价值的单位排放税能够促使消费者和公司减少排放,直到边际成本等于排放税。

排放税有以下几个明显的优点:

①它和一般的市场规则能够达到激励相容。排放税可以保持对创新的持续激励,从而使企业减少排放降低纳税成本。

②如果每个工厂减少排放使得最后所有工厂的减排成本都相等,那么社会就达到总减排水平最小化。

③排放税避免了政府介入技术选择或者私人行为选择。社会的每个成员以各自的排放量为基础缴纳排放费用。但是他们不会禁止引起污染的活动。社会成员可以根据税率选择他们喜欢的行为和技术,但是社会最终将达到总量的减排。

(2)经济激励

改变市场失灵的另一种方法是给环境友好技术提供补贴(经济激励)。

激励形式包括投资补贴、投资免税以及确保某种技术下的供应者价格。20世纪90年代,《英国非化石燃烧公约》利用对电网用户收费的收益向风力发电以及其他有益技术的投资者提供补贴。美国政府对风力发电投资者免税,德国对风力发电确保最低的上网电价。巴西电力工业需要将收益的1%用于提高电网效率工程。国际范围内的一个例子是,全球环境基金和《京都议定书》推行的清洁发展机制,该机制是从工业化国家向发展中国家转移资金,用于鼓励更清洁的能源技术的投资。

经济激励与排放税拥有同样的效果。

①如果设计合理,经济激励也可以与边际相等原则的最小化成本一致。比如激励可以设计为奖励需要最低补贴的技术,从而对于降低成本的革新给予不断地激励。

②经济激励不会遇到税收增加的政治反对。财政上的补贴最终由政府收益支出,而政府收益一般来源于税收,但是这种激励和税收之间的联系是不明显的,因此也很少导致负面的政治反对。

③对于专门技术的降低成本和商业化战略提供经济激励相对比较容易,因为规模生产会带来规模经济和在制造、传播和应用方面的知识经济。

(3)购电法

这是以价格为基础的一项政策,该政策明确说明为可再生能源支付的价格。实际获得的可再生能源量取决于特定地区可以获得的可再生能源类型及相对于并网价格的成本。购电法提供给可再生能源开发商的是得到担保的电力销售价格以及电力公司的购电合同。

(4)信息和道德方法

提供信息和道德理由来改变公司和家庭对于现行价格的反应。这个方法不包括改变市场价格。公司和家庭在调整其市场行为以反映全部社会成本时,政府需要为其提供道德理由,为此政府可以用榜样引导并鼓励其他人效仿。政府可以在其有直接控制和管理权的经济部门(比如国有公司、公共地、公共建筑)采取行动,同时确保社会其他成员——消费者、劳工组织、持股人以及公司经理也采用自愿行动。利益集团和政府可以鼓励消费者通过绿色市场、生态标签甚至产品抵制的购买决策,来实现环境和社会效益与经济成本相平衡。劳工组织在他们的合同谈判中可以包含环境和社会目标。投资者可以提供道德基金将实体行为按照成本、环境和社会标准分类。

当然,道德观是短期易变的。当人们的注意力从一个问题转移到另一个问题的时候,工业化国家消费者的选择和道德考虑变化非常快。而且,如果具有很高环境收益的技术或燃料在短期内有着较高的成本的话,选择环境友好技术对于世界一般极端贫穷人口的代价太大。

2. 用市场导向的方法解决外部性问题

完全依靠市场的办法是非义务性的、没有干涉的，因此消除外部性实现环境目标的机会较低。管制、干涉方法可能有较大的机会实现环境目标，但是其成本较高而且政策上可能有困难。近年来，出现了包容两方面的政策。下面分别讨论这些符合政策的财产权和市场导向的管制方法。

(1)分配财产权

经济学认为，在分配财产权受法律保护的时候，市场是最有效的；在不能保证所有权的情况下交易是很难进行的。因此，一种建议就是把容易产生环境损坏的公共资源用某种财产权形式明确下来。在这种思路中，分配财产权能使参与者使用法律的机制来决定排放污染的合适补偿，甚至制定合适的排放标准。

(2)市场导向的法规

市场导向的法规是一种目标管理的法律形式，例如经济范围内排放限制等，是义务性的，所有公司和家庭都会受影响，并且不服从还会导致财务上的惩罚。市场导向的法规不同于传统的命令和管制法规，而更像一种环境税收，参与的方式取决于公司或家庭。一些人通过削减排放或获得制定技术标准，对实现总体目标有所贡献；而另外一些人则通过付费而使其他人做得更多，从而补偿他们不愿意排放或获得技术的行为。

最著名的市场导向的法规案例是限制交易许可机制。这是一个适合于任何实体(即各公司、整个国家或全球)的设置了总排放限制的法规。排放限制的份额通过某种方法(历史水平、拍卖，或这些方法的融合)作为许可权分配给每个参与者。这些份额提供了一种特殊的权利，它允许污染可以像任何财产一样进行交易。

①美国二氧化碳交易许可政策。在政策范围内，可交易排放许可计划为公司(或家庭)融合了管制和类似于市场的灵活机制。总量上的管制设置了允许排放的最大值，并且许可来分配给参与者。市场的灵活性是通过明确排放许可作为可交易财产而实现的。参与者根据自身的利益决定削减排放量以及是否获得买卖许可证。合适的许可证交易价格为技术创新和新的减排实践提供了持续的经济激励。

②可再生能源配额制。工业化国家(欧洲、北美、澳大利亚)已经在电力上实施了可再生能源配额制(Renewable Portfolio Standard，简称 RPS)。RPS 要求电力供应商(或购买者)确保市场上所售的电力有一个最小的百分比来自于风能、太阳能、生物质能、小水电或其他指定的可再生能源发电。为了降低总成本，与污染许可交易方法一样，电力供应商能相互买卖绿色证书(可再生电力生产认证)。对可再生电力没有保证价格，只有保证的市场份额。这保持了削减成本的竞争压力，因为可再生电力生产上的任何成本

的削减都会带来更高的回报或对某个可再生电力生产者而言更大的市场份额。每个电力购买者都支付了由该领域新的可再生能源发电、传统电力供应组成的综合电价，RPS 督费率的影响微不足道。RPS 的初始目标要适度，要给出市场调节、缓解竞争压力以及降低可再生能源成本实现商业化的时间。

③车辆排放标准。这是一项针对能源替代技术的政策。车辆排放标准(Vehicle Emission Standard，简称 VES)要求汽车生产上保证各类车辆达到最高排放标准的最小销售份额。该政策源于 1990 年加利福尼亚州，它已经成为了该州致力于提高地区空气质量的关键。VES 允许生产商进行相互交易，以实现整体目标；这一灵活性降低了实现减排目标的成本。近来 VES 在推进如电力—石油混合动力、蓄电池电动车以及燃料电池电动汽车等革命性的新车辆技术中起着重要的作用。

(二)强化技术创新

目前使用的技术在实用性和经济性方面均不足为提供 21 世纪所需要的能源服务，并同时保护人类的健康和环境稳定。充分支持先进技术和新技术是能源可持续发展政策必须考虑的问题。

能源创新可以划分为三个阶段：研究和开发、示范、推广。这里的推广包括新技术的早期应用和广泛普及。每一个阶段有截然不同的要求，要面对特定的障碍，并且要求不同的政策措施来克服这些障碍。例如，政府的支持(投资、激励、法规、政策等形式)在研究和开发阶段通常是非常重要的，特别是对于新技术的长期研究。

在这些新技术、工艺、建筑设计和基础设施到商业化之前需要几年甚至几十年(取决于技术)来研究、开发和示范。一旦技术实现了商业化，一般要花费几十年来占有主要的市场份额。为了在一代或两代人的时间内通过技术来实现可持续发展必须强调沿着创新链加速发展的必要性。

研发和示范活动不能对私营部门产生足够的激励。但是这些活动的结果能够对全社会产生巨大的效益。在这种市场失灵的情况下，政府就必须进入并支持研发和示范活动。通过财政手段支持研发和示范，维持高水平的科研基础，建立教育系统以及形成吸引人的创新环境是政府的中心任务。决定政府是否应该财政支持能源研究的主要标准如表 6-13 所示。

国内许多新的能源技术能够减少燃煤带来的有害影响，从而增强环境安全和国家安全，如太阳能电池、风涡轮、太阳能集热器、电动车和燃料电池等。随着这些新技术成本的降低和逐步普及应用，会促使燃煤逐步让位于电力生产，促进经济的电气化。对低排放或零排放的替代能源的开发，特别是有潜力的清洁煤技术与可再生能源，将使中国今后处理全球气候变化问题时处于更有利的地位。

表 6-13 能源技术创新链:障碍和政策选择

	研究和开发	示 范	推广普及	
	(实验室)	(试点项目)	早 期 (技术成本降低)	广泛推广 (克服制度障碍并增加投资)
主要障碍	①政府考虑发放资金问题 ②私营公司不能获得他们研发投资的全部收益	①政府考虑对有困难的示范项目提供基金 ②私营部门获得利益困难 ③技术风险 ④资金成本高	①对成本降低提供资助 ②潜在的成本降低不确定性 ③环境和其他社会成本不完全内部化	①投资、储蓄和法规制度及过程的软弱 ②对传统和缺乏竞争力技术的补贴 ③不含外部性的竞争技术的价格 ④零售、供给、融资和服务上的问题 ⑤缺少消费者和市场的信息 ⑥环境和其他社会成本不完全内部化
克服障碍的政策选择	①制定研究工作的优先权 ②直接的公众基金 ③税收激励 ④强制技术标准 ⑤鼓励合伙研发网络和协作	①对示范项目直接支持 ②税收激励 ③降低成本或贷款担保 ④对示范项目的能源产品提供短期价格担保	①临时津贴 ②税收激励 ③政府采购 ④资源协定 ⑤有利的出口退税政策 ⑥有竞争的市场和主动改革	①分段取消技术补贴 ②促进竞争措施 ③在能源定价方面全部计算外部性 ④“绿色”标签和营销 ⑤让利和其他市场机制 ⑥改革零售融资和消费者信贷方案 ⑦清洁发展机制

(三)鼓励实行科学的投资导向

通过适当的政策,应将投资导向于那些具有最佳环境效益的项目,如投资于清洁生产技术(提高能源利用效率或实行煤炭洗选等)、天然气的使用、高效工业锅炉、可再生能源技术等。要采取一些比命令与控制手段更为有效的市场激励手段。政府要加强环境管理,在发挥市场机制作用的同时,完善法规和标准,加强大气污染的管理力度,制定并推进各项污染控制计划。目前中国实行的两大举措(污染物排放总量控制和跨世纪绿色工程)以及全国人大修订的《大气污染防治法》,都是这样的实际行动。

(四)提高能源利用效率

自 1980 年以来,中国的能源强度下降了 50%以上(能源强度系指每单位国内生产总值所消耗的初级能源,这一比值可用于衡量任何一个国家经济的能源效率)。但是,中国仍然是世界上单位能耗最高的国家之一。中国的能源强度是美国的 4 倍左右。同时,中国的工业过分地依赖于低效率、小规模的能源密集型产业,主要耗能设备的能效远低于西方工业化国家,在提高能效上有着巨大的潜力。通过技术进步与结构调整,将极大地提高能源利用效率,从而减少煤用量和污染物排放量。

(五)开发替代能源

如果使用天然气,每单位能源排放的二氧化碳最少,而煤炭则比天然气要多72%~95%(世界资源研究所,1997)。从气候变化和大气污染这两方面看,天然气是最有吸引力的化石燃料。同时,还应寻求其他替代能源并开发可持续的非化石能源。中国目前的能源结构中,天然气、核能与可再生能源所占比例过小,如能加大投入,潜力巨大。

另外,中国的能源结构也应多样化,低碳和无碳能源都应积极开发。有必要加强对石油、天然气的勘探开发,大力发展水电,适当发展核电。此外,氢能、燃料电池、风能、太阳能、生物质能以及地热等,虽然离商业化还要有更大的投入,但从长远看,对于人均能源资源量远低于世界平均水平的中国而言,这些新能源技术具有很大的吸引力和开发潜力。采用这些相对清洁的可再生能源,大气污染将会逐步消失。

(六)推行清洁煤技术

为了控制温室气体,在工业生产中除着力提高能效外,"清洁煤"技术也应作为能源长期战略的一个组成部分。要积极开发污染物排放更少、能效更高的新技术,并不断降低成本,使其更有竞争力。近年来,煤气化联合循环等技术已发展成熟,颇具吸引力。可以预见,随着这些清洁煤技术的广泛应用及其成本的不断降低,清洁煤技术同传统燃煤技术的竞争力将会增加,从而有可能减少传统燃煤产生的二氧化碳及其他污染物量。

五、能力发展

(一)能力发展的必要性

能源系统和社会、经济及可持续发展的环境因素等多个方面都有着密切联系。为了满足人类需要,促进发展,消除世界上普遍存在的贫困状况,必须保证能源服务的可行性。这些能源服务的产生和传递建立在基于能源部门内部、经济领域和整个社会的行为政策之上。能源服务的销售、使用和配给则依赖于很多能源以外的因素和机构。政策制定、法规执行和监管都对公共部门和私人部门的员工素质和机构能力要求很高。

如果能源系统有助于可持续发展,那么机构和个人的能力发展以及许多不同利益相关方的能力建设,都是必要的。所有的利益相关方在政策规划和实施上都起着重要的特殊作用。我们需要分析他们在能源系统和相关的政策对话中需要什么样的能力发展以及发展到什么程度。

能力发展已经成为管理中的一个基本要素,它的概念也有了新的范围。管理必须包含三个基本要素:政治体制的形成;当局在一个国家经济和社会资源管理中锻炼的过程;政府机构设计、规划和执行政策的能力。管理需要公众系统中的能力;由于政府职能已经改变了,所以有效地执行这些职能的能力也该随之改变。

对于新的能源系统的结构和功能进行更好地了解和更清晰的诊断是必不可少的,但是在关于宏观经济改革、政府管理、国家的作用的讨论中却往往忽视了这一点。在必然包括能源解决途径的新的运行环境下,要求政府根据他在维系市场和能源系统运转中的责任去扮演一个重要的新角色。这样的改变也会对私人生产部门、科技界和公众社会的行为产生影响。这些都是为什么需要进行能力发展的最重要的原因。

(二)能力发展的利益相关者

在可持续发展的能源框架中,一个首要的目标是要辨别出各式各样的利益相关者及其在能源领域中的明确角色。利益相关者可以来自公共部门,也可以来自私人部门。在国家层次上和地区层次上,能力发展和能力建设活动能带来不同结果,利益相关者就是这些活动的"天然的"接收者。利益相关者也是重要的传播者。在能力发展的讨论中,他们是主体和客体。在可持续发展的能源的讨论中,一些最重要的利益相关者包括:政府,公共部门,民用设施和政府机关,私有生产部门,民众社团,学术界、研究机构、专家、科学家、咨询机构,媒体。

表 6-14 中列举了 14 种主要的利益相关者,主要是基于他们在能源部门和能源系统中的不同功能来划分的。表中对各自功能进行了概要的罗列,重点指出了哪些能够影响能源系统对可持续发展挑战的整体能力的关键角色和责任。

表 6-14 中第 1～6 项中包括的利益相关者及其活动属于"政府"的广义范畴,与政策的制定和执行相关。他们的功能主要体现在政治、法律、制度、经济、社会、环境和技术等方面,因此本质上就非常复杂。第一群体是对政策方面负责。第 7～10 项中列出的利益相关者组成了私人生产部门。这个部门既包括能源供应和服务的生产,也包括使用能源作为投入以支持经济和社会中其他活动和产出。在这个范畴的利益相关者中,能源使市场化的商品具有私有产品的大多数功能。第 11～14 项中列举的利益相关者是系统的其余部分的能力的可得性或者"供给"的一部分。他们经常被看成是能力发展的传播途径。他们通常包括那些尽力为可持续发展而工作的非政府组织或者民众社团组织,也包括提供学术意见或者技术成果的能源专家。

图 6-20 说明了能源系统中利益相关者的作用和相互关系。

表 6-14　可持续发展能源中的利益相关者

利益相关者	功能/活动
1. 立法机构/任职官员	确定国家政策重点；社会、经济和环境目标；法律框架的氛围
2. 政府宏观经济和发展规划	确定发展目标和宏观政策；总体经济政策；跨部门事务；补贴和贸易政策；可持续发展目标和框架
3. 政府能源机构或者部门	设立部门发展目标；技术发展重点；制定政策和设立标准的职能；法律和法规框架；激励体系；联邦、州以及局部地区各层次的管辖
4. 能源规章制度团体	拥有监控和监督的职能；实施规章制度；对收费和激励政策的实施进行管理
5. 市场协调组织	分配实体；拥有运行协调职能；实施规章制度；对收费和激励政策进行协调管理
6. 非能源政府机构/部门	部门政策；跨部门事务；与能源政策的相互关系；公共部门能源消费者；需要社会服务供给的能源投入
7. 能源供应行为	私人公司和公共事业；管理能源供应，电力生产；燃料管理和运输；为一些研发投资
8. 企业和生产型行业	开展贸易；经济增值；利用电力；私人部门能源消费者
9. 能源设备和终端使用设备制造商	为能源部门和其他部门提供设备，包括交通工具和器械用具；影响能源终端使用的效率；采用/推广技术；为一些研发投资
10. 信用机构	为大型和小型能源生产提供融资方案；为使用能源的企业提供资金；为居民能源用户提供融资方案
11. 民众/非政府组织	消费者的参与和意识；监控和监督；环境和社会方面主张；对平等的考虑
12. 能源专家和咨询公司	决策咨询，问题定义和分析；系统开发；专家服务提供；方案分析；信息共享
13. 学术界和研究组织	研发，知识的创造和共享；正规和非正规教育；技能培训；技术调整，应用和创新
14. 媒体	提高，倡导意识；信息共享；新闻咨询，新闻监督功能；监视，公共透明度

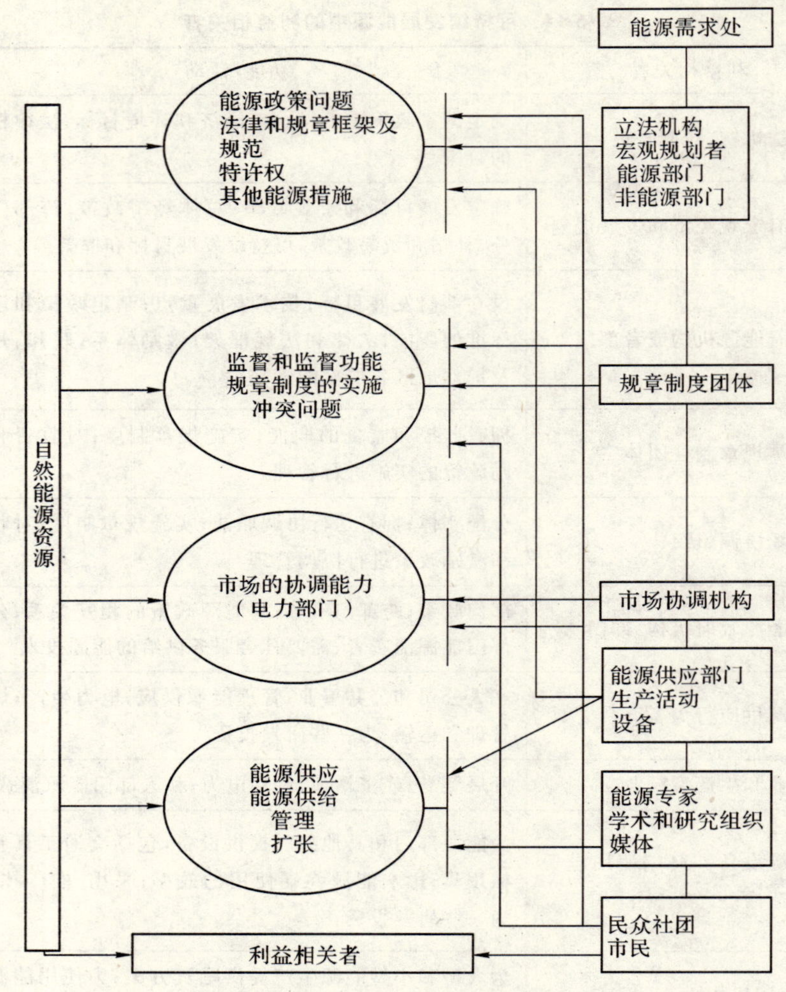

图 6-20　能源系统中利益相关者的作用和相互关系

（三）能力发展的主题

能力发展必须强调发展、加强利益相关者在能源系统中的角色方面的功能。在确定作为整体系统之不同结果的责任时还必须考虑利益相关方之间的联系。能力需要评估因国家而异，但均应集中关注新增、附加能力，以应对研制或决定该国能源系统新市场或技术条件。根据前述三大类利益相关方，能力发展的主体分述如下。

（1）第一类，政府或者公共部门机构

在大多数能力发展项目中构成优先目标群体，这是因为许多国家进行的改革过程对国家结构施加了两项关键影响。政府和公共部门需要确保政策的有效管理。能源政策的实施需要个人、机构和系统共同努力致力于：评估(分析),问题确认,目标定义和优先权,目标确认,权利共享框架内的战略发展,计划手段,行动和实施方式,行为发展,发展和实证分析的工具管理。

由于它们对于政策环境的影响而需要引起公共部门注意的主体包括:

①能源和可持续发展的联系;

②国际和国家发展背景;

③国家能源系统的特点;

④能源和其他部门的联系;

⑤能源和社会、环境目标的联系;

⑥能源供给多样性和安全;

⑦能源资源的理性使用;

⑧能源技术选择和趋势;

⑨自然和农村能源挑战领域;

⑩能源工业组织和规章;

⑪规章和立法的不同模式;

⑫补贴和税收的角色;

⑬市场和非市场激励及处罚系统;

⑭冲突估计和管理;

⑮不同能源战略的可行性;

⑯估计未来能源蓝图的能力;

⑰地区和子地区的结合。

(2)第二类,私人生产部门

当政府必须建立可持续发展能源政策时,私人生产部门扮演着重要的角色,决定着这些计划的经济、社会和政治寿命。工业和私人部门之中,公共政策可以作为一种方法批准小的但是重要的资源分配,支持致力于可持续发展目标的商业和工业能力建设的努力。私人部门的能力发展(包括信用机构、企业家、设备制造商)必须扩展主体,包括:

①能源部门改革和产品生产活动重新管制的影响;

②已经存在或潜在能源市场的大小和属性;

③城市和农村地区的能源商业机会;

④能源服务投资的不同商业模式;

⑤已存在的技术信息和新的选择;

⑥特许权、许可证、特许费和其他选择;

⑦证实环境友好技术选择的市场分析;

⑧能源效率的需求和选择;

⑨工程评估和资金投入的不同方法;

⑩国内市场上的全球化对贸易的影响;

⑪和全球环境公约包括京都议定书相关的机会。

(3)第三类,利益相关的其他群体

利益相关的其他群体如此多样,很难用单一的能力发展主体列表来表示。这里国家特性必须是决定因素。既然这个群体可以作为能力发展的方法,它的成员就应该具有对于国家实际能源现状的准确的信息,这一能源现状可以作为高效政策辩论、规划和实施的基础和其他利益相关方共享。这个全体的能力发展应该集中在信息如何获取、共享和改进上面。包括以下主题:

①现有能源服务的可获得性、质量和实际成本;

②产品、社会服务和环境质量的国内趋势;

③在支持变革中消费者的角色和市场力量;

④妇女、少数民族和农村人口能源缺乏的影响;

⑤能源价格和服务的宏观改革影响;

⑥改进能源系统的国际可获得的技术选择;

⑦消费者对服务改进的意愿和支付能力;

⑧服务提供和投资的不同模式;

⑨能源和可持续发展的联系;

⑩世界能源背景,能源供应安全,全球化影响。

(四)能力发展计划和实施

能力发展计划从技术和管理的角度来讲是复杂的,其中涉及的各机构应在综合能力发展计划内设计和实施行动。能力发展过程是反复的,同时有短期和长期维度。任何能力发展过程的起始点都要清晰地定义目标。定义的目标越明确,结果就越具体,越接近目标,越面向最终结果。能源能力发展的潜在结果包括:扩大能源服务的数量,已获得和易承担市场工具的引入;新的能源管理体系的建立;扩大农村能源服务的机制或者引入适合本地资源条件的清洁能源技术的机制(见图 6-21)。

(1)能力评估

能力评估是循环的下一阶段,它将提供关于关键的人或者机构的基本信息。能力评估是双边的,它包括评估发展过程中的主体人群的能力,同时也评估即将成为目标,或者能力传播方法人群的能力。

合格标准主要建立方法去限制能力建设努力中个人和参与方的范围。

设计、规划和谈判需要设计培训,人力资源发展,组织管理的专家,确定成本。

(2)实施和运营

实施和运营将涉及不同的专门知识资源以及不同选区的利益各方。在这一阶段,国内专家机构、非政府组织和地方专家的角色居于中心。好的组织和能力建设活动实施中的一致性是不可少的。实施计划必须依赖于存在的准确的专业知识及地区和国家水平上的能力可获得性。组织一种系统方法去共享于可获得的专业知识以及任何可获得的资金资源来促进潜在角色的参与是必要的。

(3)监测和控制

对于过程开展时跟踪变化以及提供一个可观的基础决定是否应该调整是不可缺少的。如果国内需求和环境改变,即使是涉及的最好的能力发展计划都必须改变。

评价和评估有短期调停作用以及长期系统设计和重新定向作用。评估阶段应该考虑利益各方对于短期培训、咨询或者意识提高的满意程度,也应该考虑作为总体目标的长期能力变化的承诺。

成功的能力发展结果最重要的是确保在政府结构中的清晰的授权和权力范围,确保相关职员组成一个有能力的团队,拥有能力去实施可持续能源计划、政策和发展途径。能力发展是一个反复的过程,需要长期的承诺,通过许多短期行为实施,包括公共部门的资源和人员的付出。

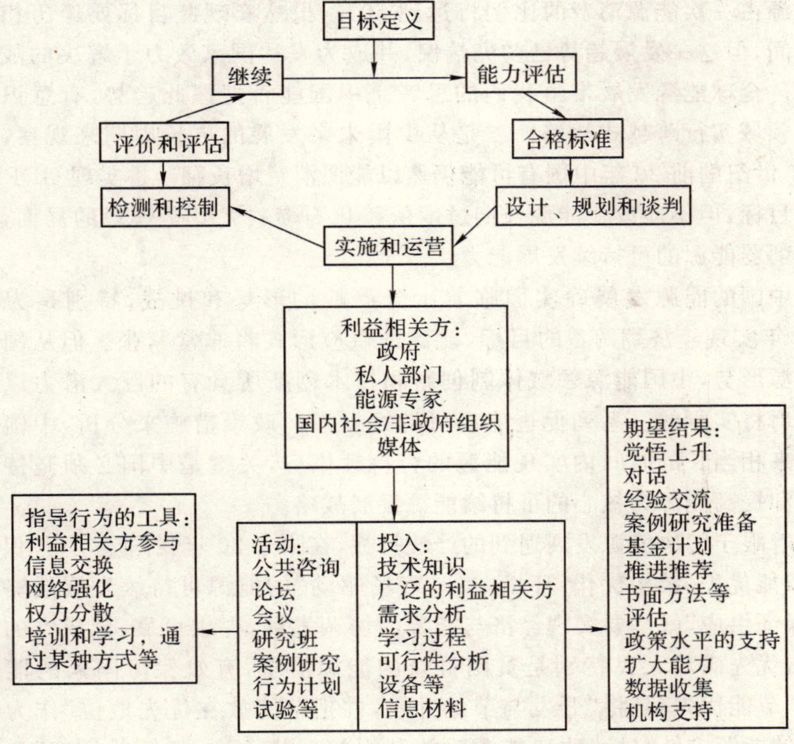

图 6-21　能力发展的计划和实施

第七章　实施可持续的能源发展战略

全面建设小康社会的目标对能源供应及其供应质量提出了较高要求，采取正确的能源战略对于保障能源供应、解决当前的突出矛盾、应对未来的挑战具有决定性意义。如果将考虑问题的视角拓展到世界范围和中国未来发展的更长周期，可以发现两个具有长远战略意义的问题。一是从全球特别是发达国家能源发展的趋势看，由目前的多元化结构转向可再生能源时代，逐步实现对化石燃料的替代已毋庸置疑。有关机构预计到2060年可再生能源占一次能源消费的比例将达到50%，虽然实现此目标要经历相当长的时间，但这一发展趋势已初见端倪，并成为发达国家致力于解决的战略性问题。全球能源发展带给我们的思考是中国能否把握此趋势，有意识地在能源领域实行跨越式战略。二是从中国未来发展的更长周期来观察，尽管在21世纪的前20年中国有可能仍然以能源消费增长翻一番实现GDP翻两番的目标，但不能改变能源长期过度依赖化石燃料尤其是煤炭的局面，这将严重削弱能源的可持续发展能力。

中国的能源发展确实面临着十分严峻的形势和挑战，特别是为保证2020年实现经济翻两番的目标，能源的供应形式将非常紧张。但从国际国内能源形势，中国能源领域体制创新和技术创新所具有的巨大潜力以及中国政府将实行的一系列促进能源可持续发展的政策措施来分析，中国仍能在未来相当长的时间内实现能源的可持续供应，关键是中国必须坚持加强节能和提高能源为核心的可持续能源发展战略。

着眼于解决能源发展遇到的严峻挑战，在未来20年我国应实行“保证供应、节能优先、结构优化、环境友好、市场驱动”的能源可持续发展战略。所谓“保证供应”就是要实现经济与能源的协调发展，提供可靠、低成本的能源服务，优先满足人民特别是贫困群众的能源需求，有效保障国家的能源安全。“节能优先”是将“开发与节约并重，并把节能放在优先地位”作为我国长期的能源方针，显著改变能源粗放利用的现状，不断降低单位GDP能源消耗水平，力争到2020年实现GDP翻两番、能源消费翻一番的目标。“结构优化”就是加快发展清洁能源、优质能源，初步实现能源结构的多元化，并在煤炭的洁净利用方面取得突破。“环境友好”就是在能源的生产和利用中，对环境和健康的影响力争降到最小，实现能源与环境的统筹发展。“市场驱动”就是充分发挥市场配置资源的基础性作用，让市场决定能源的价格、数量和技术选择，政府有选择地进行干预，以使能源安全、环境质量和能源研究妥善地结合起来。

第一节　能源发展战略概述

一、能源发展战略释义

“战略”一词起源于军事学，其含义是指对战争全局的筹划和指导。“战略”一词用于经济学等领域，是在第二次世界大战以后。当时，随着一系列新独立的发展中国家的出现，经济发展问题日益突出。在这种背景下，形成了一门新兴的以发展中国家的经济发展问题为研究对象的学科——发展经济学，“发展战略”作为发展经济学中的一个概念和用语提了出来。美国发展经济学家赫希曼（A. D. Hirschman）是较先使用“发展战略”一词的，1958年耶鲁大学出版的他的一部著作，书名即称《经济发展战略》（*Strategy Economic Development*）。联合国从20世纪60年代开始，先后制定了60年代、70年代、80年代三个10年的“国际发展战略”，使“发展战略”的概念开始在世界范围内流行。

“战略”一词引入经济学，虽然使用的对象和范围有所变化，但其基本含义没有变。经济发展战略就是研究经济发展中带有全局性和规律性的东西。或者说，是指从经济发展的全局出发，分析构成经济发展全局的各个局部、部分、因素之间的关系，找出影响并决定经济发展的全局或局部因素，而相应作出的筹划和决策。

由于决策对象的不同，经济发展战略具有层次性。它包含三个一级层次：

宏观经济发展战略——指整个国民经济的发展战略；

中观经济发展战略——指地区经济和部门经济发展战略；

微观经济发展战略——指企业经济发展战略。

能源发展战略属于中观经济发展战略。

根据经济发展战略的基本内涵，笔者对“能源发展战略”定义为：

能源发展战略，是指一个国家（或地区）在一定时期内，为使能源的发展同国民经济发展、人民生活水平提高及环境相互协调所提出的能源发展目标，以及为实现这一目标所采取的方针、政策，选择的发展途径、步骤等，它是对能源发展的全局性的筹划和指导。

二、能源发展战略的意义和依据

能源问题能否解决，怎样解决，取决于一国采取什么样的能源对策体系，而能源对策体系的科学性则取决于一国能源发展战略的选择和安排。这是由能源发展战略的性质、特点、功能及其在能源对策体系中的地位决定的。

（一）能源发展战略的意义

1. 一国经济和社会可持续发展战略的重要组成部分

能源是社会生产力的核心和动力源泉，是一国可持续发展的物质基础。无论是本世纪还是下个世纪，甚至以后的各个世纪，各国都必须妥善解决能源问题，这就必须制定解决能源问题的长期的、带有方向性的行动纲领，否则经济和社会的可持续发展就是无本之木，无源之水。当然，一国经济和社会可持续发展战略的内容是丰富和广泛的，不仅涉及人口、环境、资源、生态等社会生活、经济发展的各个方面，而且涉及将来一国发展的进程安排。任何方面的发展都要以能源问题的解决为前提，因而各种发展战略都是以能源发展战略为前提或者同能源发展战略相结合的。从各国已公布的 21 世纪议程看，能源发展战略无不涉及经济和社会可持续发展的各个方面，并构成各国 21 世纪议程的重要内容。

2. 一国总体战略目标实现的行动纲领

能源是制约一国经济和社会可持续发展的"瓶颈"，没有能源的安全和有效的供给，任何经济和社会发展目标都难以实现。能源发展战略对能源供给作出长期的合理安排，能使一国总体战略目标落到实处，有可靠的物质基础作保证。如中国要保持国民生产总值平均每年以 8%～9%的速度增长，就必须保证一次能源达到 14 亿吨标准煤，发电量增加到 13000 亿千瓦/小时左右，使年节能率达到 4%以上，为此中国就要采取相应的能源发展战略。又如，工业化国家要实现经济发展先于世界的总体战略目标，就要采取保证能源安全供给的能源发展战略。

3. 一国能源对策的指导思想

一国究竟采取什么措施、制度、方法解决能源问题是由能源发展战略确定的。能源发展战略是经济与社会可持续发展战略的组成部分和总体战略目标的行动纲领，是一国能源发展的指导思想及长期性、根本性规划。解决能源问题的关键是能源发展战略的实现，政府的能源政策和国家能源法都应体现能源发展战略，把能源发展战略作为采取行动和手段、设立和实施制度、制订计划和措施的根据。而能源发展战略一般也对能源政策和能源法作出指导性安排，如《中国21世纪议程》对中国制定和实施《节能法》及其配套政策、法规和标准的安排，对中国逐步取消对能源不合理财政补贴，提高能源价格的安排。又如《美国国家能源发展战略》对公用事业控股公司法案(PUHCA)、公用事业管理政策法案(PURPA)及行政管理所做的“让电力工业有更多竞争，降低用户负担，提高发电与用电效率与灵活性”的安排。可见，能源发展战略是一国能源对策的精髓和灵魂，不仅决定了能源政策的重点和能源法律制度的安排，而且还预示了能源对策的未来。

4. 一国能源发展规律及特殊性的总结

能源发展战略是在研究能源对经济社会可持续发展满足需求的基础上进行的理论分析和安排。因此，能源发展战略不仅要对一国的社会制度、经济结构、能源资源条件、技术水平等具体因素进行全面分析，而且要对能源生产和消费的成本与绩效进行分析和诊断，特别是对现行能源政策和能源法进行研究，从而进一步揭示能源发展的未来，保证能源对经济和社会可持续发展的满足。

(二)能源发展战略的依据

1. 能源发展战略以一国国情为客观依据

能源发展战略作为可持续发展战略、行动纲领和指导思想必须从一国实际出发，即从国情出发进行客观、综合地考察分析，针对一国能源开发利用中的主要问题，提出科学、可行的战略方针、纲领及理论观点。必须作为能源发展战略基本依据的有：人口发展、能源资源存量、能源结构和经济格局、能源生产和消费水平、能源资源配置机制，特别是经济和社会可持续发展，总体战略目标对能源供给的特殊要求及障碍的排除。如中国能源发展战略就应以中国下述国情为依据：13亿人口，能源资源蕴藏丰而不富，后备能源资源严重不足；资源分布不均，经济中心偏东，能源中心偏西；以煤炭为主的能源结构，严重的环境污染，能源运输的紧张状况；能源效率低，能源工业必须从计划经济向市场经济渐进及《中国21世纪议程》确定的目标等。又如《美国国家能源发展战略》就是以美国能源供给的安全保障迫切性的解决，进一步提高能源效率和改善能源利用与环境协调关系的实际为客观依据的。

2. 能源发展战略以国际承诺和义务为主观依据

地球的整体性和相互依存性决定了可持续发展的国际性，即没有任何一个国家能单独实现可持续发展，只有建立起新的公平的促进全球可持续发展的伙伴关系，才可以实现一国的可持续发展。这就要求各国政府切实地负起责任，履行国际承诺和义务。能源是可持续发展的直接制约因素，而且开发利用具有跨国界和国际性，各国的能源发展战略必须以切实履行其国际承诺和义务为目标。必须确保在一国主权管辖的或控制的范围内提高能源和资源的使用效率，减少废弃物的产生，防止和防治污染，不致损害其他国家和地区的环境；必须将环境和发展内涵纳入决策，安排旨在保证可持续发展的能源政策和能源法及其制度；各国都必须依据《21 世纪议程》、《里约环境与发展宣言》等文件确立自己的能源发展战略。因此，一国能源发展战略必须与国际承诺和义务相一致。

作为能源发展战略依据的一国国情同国际承诺和义务具有统一性，表现为以国际承诺和义务为方向、标准，针对本国国情制定适合于本国达到国际承诺和义务的能源发展战略，而不是仅仅考虑本国特点保证能源需求的满足。特别是能源利用水平较低的国家的能源发展战略必须立足于本国如何实现国际承诺和义务，而不是迁就本国落后的能源利用水平。

（三）能源发展战略的制定原则

能源发展战略是指在一个比较长的时期内，能源发展符合客观规律性的设想，包括能源发展的战略思想、战略目标、战略重点、战略步骤和战略方针政策措施等内容。如何制定中国的能源发展战略，是一个重要的实际问题，也是一个重要的理论问题。在制定能源发展战略时，必须考虑以下四点：

(1)目的性。能源发展战略不是孤立的，而是整个经济发展战略的一个组成部分，必须与经济发展战略相适应。在制定能源发展战略时，必须考虑同经济发展战略的关系。

(2)长期性。考虑到经济发展战略的长期性和能源开发周期的长期性以及战略本身的要求，能源发展战略必须考虑长期性，要考虑到 21 世纪末或更长的时期。同时，考虑在这个长时期中的各个发展阶段和时期的配合，要考虑发展的步骤。

(3)全面性。能源发展包括各种能源的生产、输送、加工、转换、贮存、利用和节约、进出口以及能源与经济、社会、科技、教育等各个方面的关系，这里当然有重点和非重点之分，必须抓住重点。

(4)合理性。能源发展战略必须从中国国情出发，找出客观规律。对这些规律性的东西，不仅要有质的分析，而且要有量的分析，无论是战略思想、目标、重点、步骤，还是方针政策、措施途径，都要符合中国实际，符合客观规律。

第二节 能源发展战略的形成与变迁

一、世界能源发展战略的形成与变迁

能源发展战略的内容一般包括战略思想、战略目标、战略重点、战略步

骤、战略方针、能源政策、能源法及其制度分析和安排,其中最主要的是战略思想。能源发展战略的形成及其变迁主要以能源发展战略思想的形成和变迁为标志,各国能源发展战略形成和变迁有不同的时代背景,以能源发展战略思想和目标为主线可以将能源发展战略分成四种,按其形成的先后顺序排列,体现了能源发展战略形成和变迁的全过程。

(一)开源战略(1973 年以前)

18 世纪产业革命以后,能源的大量开发利用成为各国经济发展的主流,其开发程度和规模直接决定了一国经济的增长,特别是煤炭的大规模开发利用和大量廉价石油的供应改写了工业化国家的经济发展史。在这段"黄金时期",能源增长速度较高,能源弹性系数一般大于 1,此时各国普遍持有的能源发展战略是以日益增长的能源供给保证经济社会发展日益增长的需求。而任何提高能源消费水平的研究和开发都被认为是不合算和不经济的。这种开源战略一直持续到 20 世纪 70 年代。开源战略对鼓励人们开发利用能源,保证工业化国家基础建设工业的高速增长起了积极作用,但对开源不作限制,造成了能源资源的破坏和浪费,形成了到现在还无法根治的环境污染和公害。开源战略只适用于以能源稳定充足供应为前提条件的能源利用,而实际上由于受资源、经济及国际政治的影响,其前提条件往往是不充分的,最终常常形成"能源饥饿症",导致全社会高消费和高浪费。

(二)安全战略(1973—1985)

石油危机的发生使工业化国家和一些油气输入国陷入极度的困境,迫使各国进行能源发展战略的调整。石油源源不断的供应线被切断,欧佩克国家不仅逐步控制市场配额而且具有价格控制权,使过去"一厢情愿"的市场交易成为真正的讨价还价。资源主权和国家利益的矛盾,中东海湾地区的国际政治冲突,使安全的石油供给受到了严重"威胁",各国纷纷把保证能源安全供给作为能源发展战略。安全战略要求:从多方面限制能源的高消费和高浪费,大力开展节能技术研究和推广。对社会和生活用能采取严格定量限制,用较少的能源保证社会和经济稳定增长和运行,寻找其他能源如核能、煤炭、太阳能以及实行合成能源材料替代日益恶化的石油供应环境。实行能源构成多样化及来源地域的多渠道,用以减少对石油的依赖,特别是减少对中东和海湾国家石油的依赖。安全战略的实施以国家强制手段为主,具有过渡性。

(三)效率战略(1986—1991)

安全战略开始只是为了应付石油危机,大多数国家都是为了扼制石油危机带来的经济危机和防止石油危机的再度到来而被动采取了安全战略。然而,安全战略的实施不仅保证了大多数国家,特别是工业化国家能源的安全供给,而且带来了整个国民经济结构从高密度向低密度,从粗放型经营向集约型经营的变迁。经济增长与能源消费量相分离的原理被充分证实，从而导致开源战略被彻底摒弃和效率战略被各国采纳的结果，这正是安全战略作为过渡战略所起的历史性作用。效率战略要求：充分发挥市场配置能源资源的作用，辅之以国家的政策和法律措施（充分依赖市场作用的政策和法律），通过提高能源部门的竞争能力，价格、税收、信息等经济刺激手段，降低能源和其他成本，保证能源生产和取得更大的经济效率。效率战略特别要求正确处理市场配置和政府节能措施（如机动车速度限制、室内最高温度限制、保温标准、能量表计、防治污染、监测能源定量等）的关系。既不能没有市场，又不能没有政府，只有两者有机结合起来才有利于能源效率的提高，这就需要用法律协调二者的关系。因此，效率战略较以前的能源发展战略相比更强调能源法及其制度的安排。效率战略的实施使能源得到合理化地开发利用，减少了对能源的需求，使经济增长不减弱的同时，带来了各国环境状况的改善，这从某种程度上又弥补了安全战略的不足。

（四）持续战略（1992 年至今）

效率战略突出的是能源经济效率的实现，而实践中能源经济效率又直接同经济、政治和环境诸因素相互作用，处理不好与这些因素的关系，能源经济效率无从实现。而且单纯追求能源经济效率，也容易出现短期行为，导致走向战略目标的反面，石油价格回落后，欧共体一些国家放松节能努力和投资的实践就是佐证，显然效率战略也不能代表能源发展战略的方向和未来。1992 年联合国环境与发展大会确定可持续发展战略成为能源发展战略思想变迁的契机，能源发展战略作为可持续发展战略的组成部分，被确定为全球和各国发展战略，持续战略由此产生。持续战略要求：各国应从本国国情出发，根据《21 世纪议程》要求，制定切实可行的能源对策（能源政策、能源法），提高能源效率，保证能源供给，满足人口、经济、社会、环境的持续发展。持续发展是能源供给与需求、能源生产和消费、能源投入与产出、能源现在和未来、能源问题和对策的归属和目标。持续发展使能源发展战略真正成为稳定、科学、长期的战略。因此，持续战略是迄今为止能源发展战略从形成和变迁过程出现的最为理想的能源发展战略，而且也是接受和采纳国家最多、代表利益最广的能源发展战略。

上述能源发展战略的形成和变迁及其种类，是就能源发展战略思想和目标的突出点而言的。实际上就能源发展战略本身形成和变迁阶段而言，从开源战略经过安全战略过渡到效率战略，到以后的持续战略，每一种战略虽有其特定的能源思想和目标，也有一定的承袭性，除了开源战略有较大区别外，其他三项战略在战略措施、战略方针，甚至战略思想方向都有一定程度的一致性和交叉。如能源的安全供给、能源经济效率、能源与环境问题的解决等，三种战略均已涉及，只是强调的程度、战略重点及方法上不尽一致。

从能源发展战略的总体看，随着人们对能源问题认识的深化，能源对策实践的丰富，能源发展战略也经历了一个不断完善的过程，逐步从盲目开源、被动供给，发展到主动、有效率供给，最终实现持续供给。

二、中国能源发展战略的形成与变迁

中国能源发展战略思想经过了开源—效率—持续的变迁。

从中国近五十年的能源对策实践看，中国能源发展战略思想大致经过了三种变迁。

（一）开源战略思想（1949—1986）

中国能源发展战略形成较晚，实际上却存在着一种开源战略思想，这种思想可以表述为："能源是国民经济发展的重要物质条件，经济要发展，能源也要发展，经济发展多，能源生产也必须多。能源消费弹性系数越大越好，由于能源生产上不去，因而不得不节约能源，能源消费弹性系数不得不降低。多少年来，能源供应很紧张，能源已成为制约经济发展的重要因素，所以要大力开发能源，能源生产愈多愈好。"中国在计划经济的四十年中一直按这种思想行事，中国能源问题及能源制度不合理都是以这种战略思想为根据的。然而，它也使坚持能源自给自足、封闭型经营的中国免受石油危机的冲击，以至于长期以来在中国能源供给上不存在是否安全的问题。

（二）效率战略思想（1986—1993）

随着向市场经济的渐进，能源发展战略研究也开始受世界能源发展战略的影响，我国终于形成了新的战略思想："经济发展固然受到能源的制约，而能源发展也受经济的制约，而且受到能源储量、能源运输、环境污染等方面的制约。"因此，经济发展和能源发展既互相促进，又互相制约。在一定情况下，不一定是能源生产和消费越多越好，最重要的是大力提倡广义节能，降低单位能耗，讲究能源开发使用的经济效果和社会效果。在这个前提下，尽可能多地生产需要的能源，以尽可能少的能源满足经济发展和人民生活的需要。新的"效率战略"同传统的"开源战略"相比，具有以下三个特点：①指出经济的发展受能源的制约，而能源的发展也受经济和其他因素（如能源储量、运输、环境污染、生态平衡等）的制约。②强调节能是一种积极主动的方针，不是迫不得已采用的权宜之计。节能比开源有十大优点：第一，节能是一种不要资源的"开源"；第二，节能不要煤矿、油田和电厂的建设；第三，节能是就地取得的能源，不要任何能源输送设施建设；第四，节能是很快可以取得的能源；第五，节能的经济效益好；第六，节能是一种无污染能源；第七，节能可以促进技术进步；第八，节能可以促进管理水平的提高；第九，节能途径广，任何人力、物力、财力和自然资源的节省以及经济效益的提高都可节能，因为它们都是用能源换来的；第十，节能可以调动各行各业的力量,而开源只能依靠少数能源生产部门的力量。由此可见,节能无论在任何时候都应放在首位。③提高能源经济效率和社会环境效率是大力开发能源的前提,离开这个前提,能源开发越多,浪费也就越多,整个经济效益和社会环境效益就会更差。

这项战略内容还包括:努力改善能源结构和布局,积极开发石油和天然气,大力发展水电和核电;能源价格合理化;厉行节能,加强能源管理,推进节能技术改造,以煤代油,发展热电联产;能源工业的发展以电力为中心,以煤炭为基础,加快农村能源电气化的建设;依靠技术进步,提高能源生产和利用效率;扭转大量烧煤造成的煤烟型大气污染和农村能源过度消耗生物质能引起的生态环境恶化的局面。效率战略与传统开源战略相比,将开源与节约放在同等重要位置上,突出了提高能源效率的地位,并针对中国能源问题的特殊性作出了安排。能源效率战略的提出标志着中国能源发展战略已经从理论研究成为行动纲领。由于中国正在从计划经济向市场经济渐进,效率战略思想和战略本身的实施仍然有一个过程。

(三)持续战略思想(1994 年至今)

为了履行国际承诺和义务,改变中国传统能源生产和消费方式,满足中国可持续发展的需要,《中国 21 世纪议程》将 20 世纪末以前中国可持续发展能源发展战略和政策表述为:贯彻开发与节约并重的方针,改善能源结构与布局,能源工业的发展以煤炭为基础,以电力为中心,大力发展水电,积极开发石油、天然气,适当发展核电,因地制宜地开发新能源和可再生能源,依靠科技进步,提高能源效率,合理利用能源资源,减少环境污染。这个能源发展战略的总体目标是,通过加强能源综合规划与管理,制定和实施与市场经济体制相适应的政策法规体系,开发和推广先进的、无害环境的能源生产和利用技术,满足社会和经济发展的需求。从上述能源发展战略内容的表述看,中国能源持续战略与效率战略相比较没有实质性的改变和创新,却依然具有重大意义。它表明中国不仅有了完整意义的能源发展战略,而且能源发展战略正在与世界同步和接轨。

第三节 能源发展战略和政策的回顾与评估

一、综述

改革开放以来,我国对能源问题给予了应有的重视,在不同阶层采取不同的政策、这些政策包括能源开发政策、节能政策、能源技术政策和能源经济政策、能源进出口政策等。这些政策的出台与实施，促进了能源供应的增长和合理利用，支持了国民经济的高速发展。

我国能源工业的成就主要表现在：

一是能源产量迅速上升，成为世界能源生产大国，缓解了长期困扰经济社会发展的能源"瓶颈"制约。一次能源产量由1980年的63735吨标准煤迅速上升到2000年的106988万吨标准煤。原煤、原油产量、发电量分别由1980的6.2亿吨、10595万吨、3006亿千瓦时上升为2000年的10亿吨、16300万吨和13556亿千瓦时，能源生产总量、原煤、原油、发电量产量在世界的位次分别由1980年的第3、第3、第6和第6位变为2000年的第3、第1、第5和第2位。1997年我国能源供需关系发生转折性的变化，能源供应短缺的局面有所缓解，1998年出现前所未有的能源供应相对过剩。2000年以后能源供应再度出现局部、季节性的紧张。

二是能源重大项目建设不断取得新进展。20世纪80年代以来，我国集中人力、物力建设了许多能源重大项目，包括20世纪80年代开始实施的山西能源基地建设、葛洲坝水电站、二滩小电站、三峡工程、大亚湾核电站、大秦运煤铁路、陕京输气工程和西电东送等。

三是能源强度大幅度下降，以较少的能源增长保障经济迅速发展。1980—2000年，我国平均节能率是5.3%，为世界发达国家平均值的4倍；1980—2000年能源消费弹性系数为0.41。我国以较低的能源增长保证了国民经济的迅速发展，取得这一成就主要归功于工业结构的调整和能源效率的提高。

四是为了适应市场经济体制，能源工业管理体制改革不断推进，煤炭市场已经完全放开，电力工业完成政企分开，"厂网分开，竞价上网，政府监管"正在逐步实施，油气工业部分领域也已经放开，石油定价机制逐步与国际接轨。

虽然能源工业取得了巨大的成就，但一些深层次的问题尚未解决，未来我国能源发展的前景仍然十分严峻，供需缺口不断扩大，对外依存度不断提高，能源工业整体效益有待提高，能源服务质量有待进一步改善。

通过回顾和评估我国的能源战略和政策，总结过去能源战略和政策中成功的经验和失败的教训，能够更好地指导未来能源战略和政策的制定，对能源可持续发展具有十分重要的意义。

本报告主要对1980—2000年的能源战略和政策进行回顾和评估，包括综合、煤炭、电力、石油、天然气、农村能源和新能源、能源环境和节能七个部分。

对我国改革开放以来的重要能源政策评估结果列于表7-1中。在68项中，暂不评价的 6 项，给予评价的 62 项中，执行效果好的占 30.6%，比较好的占 53.2%，效果差的仅占 14%。

表 7-1 改革开放以来我国重要能源政策评估结果

	评估政策总数	执行效果好的	执行效果比较好的	执行效果比较差的
数目(个)	62	19	33	10
占百分比(%)	100	30.6	53.2	14

评估结果表明：

我国政府充分重视能源问题，高度认识到能源在国民经济中的重要地位，为能源发展奠定了良好的基础。

在"国民经济和社会发展'九五'计划和 2010 年远景目标纲要"中提出"坚持节约与开发并举，把节约放在首位；大力调整能源生产和消费结构；推广先进技术，提高能源生产效率，坚持能源开发与环境治理同步进行，继续理顺能源产品价格。能源建设以电力为中心，以煤炭为基础，加强石油天然气的资源勘探和开发，积极发展新能源"的能源发展方针，而且努力贯彻执行。

二、主要成功经验

(1)重视能源问题，把能源作为经济社会发展的战略重点，有力地推动了能源事业的发展。1980 年邓小平同志提出"能源是经济的首要问题"，1982 年党的十二大又确定"能源是社会—经济发展的战略重点"。高层决策者的基本认识符合实际，扭转了过去认识上的偏差，有力地推动了能源事业的发展。

(2)发挥部门、地方和个体的积极性，多渠道筹集资金发展能源工业。"集资办电"与"群众办矿"，调动各级政府和社会各界投资能源工业，迅速增加能源供应，扭转了能源严重短缺的局面，也改变了能源工业单一投资的体制。

(3)集中力量建设能源基地。国家集中力量建设能源基地，包括建设山西、神华等煤炭基地，西北油气田，三峡小电站等。1979—1998 年山西能源工业累计投资 940 亿元，生产原煤 49 亿吨、焦炭 4 亿吨、电力 6110 亿千瓦时，累计外运煤炭 31.7 亿吨、外调电力 1240 亿千瓦时，带动了地区经济发展，对促进全国经济社会发展起了重要作用。

(4)重视农村能源建设。在计划经济时期，农村能源是我国能源发展中的一个薄弱环节。20 世纪 80 年代初被政府提到重要的议事日程，1984 年国务院专门成立农村能源领导小组，采取因地制宜、多能互补的方针。重点是开发小水电，解决农村地区用电，发展农村经济。1978 年全国近一半农户每年缺烧 3～6 个月，无电人口达 4.5 亿人，2000 个全国无电人口缩减为 2870 万人。

(5)开发利用核能、水能与天然气等优质能源。秦山核电站、大亚湾核电站、秦山二期核电站、岭澳核电站、秦山三期核电站陆续开工建设和投产。积极发展水电，加速开发天然气，使水电、核电和天然气产量大幅度增长，从 1980 年的 42.8 百万吨标准煤增至 2000 年的 121.2 百万吨标准煤，1992 年开始生产核电。

(6)政府引导，市场运作推进节能。通过政府引导和市场运作，节能工作取得很大成效。政府引导包括组织协调、宣传教育、典型示范、市场监督和经济激励，市场化运作主要是市场定价以及引入以市场为基础的新机制。“中国绿色照明工程”就是一个成功的案例。

(7)强化环境法规，促进能源清洁高效利用。《大气污染防治法》等环保法律法规的实施，大气污染物排放标准和总量控制，为促进节能和能源的洁净利用起了重要作用。

(8)积极开展对外合作。能源工业一直是我国利用外资的重要领域。1982 年颁布《中华人民共和国对外合作开采海洋石油资源条例》。1999 年 7 月，国务院决定在全国范围内从事能源交通建设的外商投资企业按 15%税率征收企业所得税。电力行业“鼓励利用外资办电”。1980—2000 年，能源部门利用外资超过 30 亿美元，通过国际合作吸引国外资金，引进先进技术和管理模式，对我国能源工业现代化起了重要作用。

三、主要教训

尽管在过去二十多年中，能源战略和政策有许多成功的经验，但由于决策思想转变滞后，决策民主化不够，以及执法不严，有些政策执行效果并不理想，甚至很差。主要教训表现在以下方面：

(1)缺乏具有法律效力的国家综合能源战略。由于缺乏具有法律效力的国家综合能源战略，导致能源政策和管理的一系列问题，如盲目、随意决策，部门间政策不协调，区域分割和地方保护，一些重大能源决策问题长期争论不休，国家关键技术选择缺乏战略方向。

(2)缺乏民主、科学的决策程序和制度。改革开放以来，能源政策的决策程序和制度虽有明显改进，但能源行业是计划经济的堡垒，计划经济体制的影响仍然时隐时现，至今仍缺乏民主、科学的决策程序和制度。例如，1996 年以后政府有关部门决定三年不建新的常规燃煤厂，就没有经过充分的专家论证；到了 2003 年出现全国性的电力供应紧张，又决定每年新投产 3000 万千瓦机组，同样缺乏决策的民主性和科学性。特别是在重大贡献能源决策以前缺乏法定的民众参与程序，这是有些能源决策容易产生失误的重要原因。

(3)决策和规划思想转变滞后。1981年五届人大第四次会议上确定“解决能源问题的方针，是开发和节约并重，近期把节约放在优先地位”。1996年八届人大四次会议批准的“九五”计划和2010年远景目标纲要中指出：能源要坚持“节约与开发并举，把节约放在首位”的总方针。但节能优先的方针未能很好贯彻，能源规划的指导思想和方法也不适应新时期的要求。

(4)执法监督十分薄弱。《节能法》颁布实施已六年，除少数条款执行较好外，绝大部分执行较差，甚至未执行。1986年发布《建筑节能设计标准》，到2000年，新增城市居民节能建筑仅占全国新增城市居民建筑总面积的2.3%。

(5)能源政策与相关政策不配套，改革不同步。例如，煤电运政策不协调，改革不同步导致许多问题和矛盾难以解决。

(6)政策实施缺乏统一管理和协调。计划经济形成的部门分割、选定垄断、缺乏统一的能源管理机构和综合决策机制，导致许多跨部门、跨行业的能源政策的实施面临重大障碍，有的很难全面开展，如建筑节能、洁净煤技术等；有的重复交叉，造成浪费，如能源研究开发；有的政出多门，规划难以落实，如可再生能源开发利用。

四、建议

我国将逐步建立起完善的社会主义市场经济体系。因此，中国能源政策的重点要由以促进能源供应的数量扩张为主转向提高能源效率，优化能源结构，大力发展清洁能源和可再生能源。为此，我们建议：

(1)推进决策民主化和科学化。当前能源领域民主决策的程度较低，对能源的合理开发利用十分不利。一是条块分割，各自为政，缺乏有效的协调统一的综合决策能力和机制。二是学术性和民间咨询机构的作用发挥不够。三是决策咨询机构的独立性和社会化程度不够，人员构成和知识结构不合理。四是决策和规划手段与方法落后。建议能源决策程序和制度法制化，制定国家机构组织法，重大决策要通过人大审议，扩大公众参与。为了保证决策的科学化和民主化，必须建立现代化的决策咨询机制。首先，决策咨询机制要统筹规划，合理分工，加强协调。其次，要建立灵活高效的柔性用人机制，加强决策咨询人才的培养和储备。再次，要采取有效措施，决策咨询系统不受长官意志的束缚，独立自主地进行决策研究，客观科学地进行决策咨询。

(2)制定国家综合能源发展战略。按照全面建设小康社会的目标，能源发展将面临严峻的挑战。一是过度依赖化石燃料，对可持续发展造成重大影响。二是能源环境面临巨大压力。三是能源安全尤其是石油安全问题越来越重要。

由于缺乏综合能源战略指导能源发展，导致一系列政策和管理上的问题。相关部门互不协调，地方和部门各自为政，一些重大问题争论不休。这些问题往往造成宏观决策不当，增加了能源发展的不确定性，导致严重的浪费。我国加入 WTO 后，面临加速市场化改革和政府职能转变的新形势，上述问题更显突出。因此，研究制定国家综合能源战略是一项迫切的任务。

(3)建立能源、经济、环境综合决策和规划体制。能源、经济与环境相协调是实施可持续发展战略的重要保证。目前三者之间存在脱节现象，规划和决策体制落后于经济体制改革，特别是缺乏综合决策机制，程序不规范，政府与市场边界不清，相互衔接、协调不够。应建立能源、经济与环境相协调的决策和规划机制，能源规划进行成本效益分析以及环境和社会影响评价，推行综合资源规划方法；把资源和环境纳入国民经济核算体系，把环境成本纳入能源价格；运用经济手段防止能源生产利用对环境的损害；建立与国际接轨的能源、经济与环境统计体系。

(4)建立统一管理机构和协调的能源决策机制。我国正以市场化改革应对日益严峻的能源挑战，近年来不断加快能源体制市场化改革，能源管理体制已经发生很大变化。政府的主要职能是经济调节、市场监管、社会管理和公共服务。

我国能源管理机构虽已进行了多次改革和改组，但目前仍缺乏统一管理机构，存在机构重叠、多头管理、职责不清等问题。能源是我国最重要的基础产业之一，涉及面广，综合性强，国际影响大，无论是战略、政策和规划的制定，市场准入、市场和行业监管，还是信息收集和分析、能源安全、重大建设工程等发展和改革的重大问题，都要求建立统一的管理机构协调能源决策机制。

第四节　可持续能源发展战略实施措施的依据、目标和行动

根据《中国 21 世纪议程》，中国能源持续战略的实施措施和具体目标有四方面。

一、综合能源规划与管理

这项战略措施的依据：中国亟待建立适合中国国情和社会主义市场经

济的能源、环境、经济综合规划与管理机制，进而采用经济手段与政策引导，理顺能源价格，改变投资和利益分配机制，加强能源生产和利用的管理。

目标：建立一套适合中国国情和市场能源经济体制要求的能源、环境、经济综合规划办法，并推广到各级能源管理部门，2000年前，制定国家和地区级的能源、环境、经济综合规划及相应的实施方案。加强能源管理，改善能源供应结构和布局，提高清洁能源和高质量能源比例，加强能够减缓总体需求增长的能源生产、分配和消费技术的开发和应用，使较少的能源提供较多的能源服务，同时减轻环境污染。加强农村能源和电气化建设，改变农村消耗生物质能引起的生态环境恶化状况。

行动：加强制定能源、环境、经济综合发展规划的组织机构建设，进行综合能源规划和管理的能力建设，协调国家和地区之间综合发展方案。加强能源环境的立法工作，制定和实施中国的《节能法》，修改、补充各行业、部门的节能规章制度，完善各级能源经济制度，加强企业的能源审计，促进节能工作的进行。通过费用—效益分析各项能源生产和部门的利用技术、政策措施和发展方案，进行可持续发展影响评价和选择，促进无害环境能源技术的推广和运用。支持对各种环境无害的能源系统的研究、开发、转让和使用，加强石油、天然气和煤层气的开发利用，对天然气勘探工作采取一定优惠政策。加速电力工业的建设和现代化，提高电能在能源消费中的比例，缓解电力不足。采用国产与引进并举的方针发展核电。大力加强农村电气化建设和县级以上农村能源综合建设。建立国家和地方级的能源、环境、经济信息系统，建立适应于社会主义市场经济体制的能源、环境、经济评价指标体系。学习国外先进的综合能源规划和管理经验，研究适合中国国情的综合规划方法、管理手段和政策工具等。

二、提高能源效率和节能

这项战略措施的依据：中国经济发展从粗放经营转向集约经营走资源节约型道路，同时为了防止污染、抑制温室效应，就必须节约能源、提高能源效率。

目标：建立全国统一的节能管理体系。建立和健全节能管理程序和审批制度及相应的政策法规。对能源生产、运输、加工和利用全过程进行节能管理，通过技术进步、提高能源效率、降低单位产值能耗。调整产业结构和价值结构，优化能源配置，提高能源效益。2000年前，达到年节能率高于2.2%，能源消费弹性系数低于0.5，即一半以上的能源需求增长量通过节能来满足。加强能源消费的引导和管理，尽可能减少能源需求。

行动：将节能工作纳入国民经济和社会发展计划，建立专门的节能管理机构负责节能工作规划和政策的制定，制定节能目标和措施，组织节能工作的实施。制定和实施《节能法》以及相配套的政策、法规和标准，逐步取消对能源不合理的财政补贴，提高能源价格，使其能真正反映经济和环境成本，运用经济鼓励手段，推动节能工作开展。制定产业政策，促进第三产业的发展，提高低能耗技术密集型产业的比例，限制高能耗小企业的发展。开发和推广先进节能技术，提高终端用能设施的能源利用率，对节能效果显著的项目提供税收和贷款优惠条件。制定能源消耗的定额标准。在城市和有关行业部门逐步成立节能技术服务中心，提高全社会节能意识，并在节能领域加强国际合作。

三、推广少污染的煤炭开采技术和清洁煤技术

这项战略措施的依据：为履行国际承诺和义务，控制用煤，减少二氧化碳和二氧化硫等温室气体的排放，中国以煤为主的能源系统必须向对环境无害的可持续模式转变。

目标：加强少污染的煤炭开采技术与清洁煤技术的开发、应用、推广，促进传统的煤炭开采和加工利用方式向对环境无害化方向转变。提高煤炭利用效率，减轻环境污染，增强中国迎接环境挑战的应变能力。

行动：制定和健全有利于发展少污染煤炭开采技术和清洁煤技术的政策法规，补充完善有关土地复垦验收和用煤标准，调整煤炭、电的价格，利用经济手段促进煤炭开采中矿井水和甲烷的资源化管理，促进煤矸石综合利用和煤炭高效、清洁利用。推广和运用先进开采技术和工艺，提高煤炭转化的二次能源的比例，开发引进先进高效的烟气净化技术与装备，建立清洁煤技术信息系统，开展煤渣、粉煤灰的资源化利用技术。积极开展煤炭开采技术和清洁煤技术的国际交流与合作。

四、开发利用新能源和可再生能源

这项战略措施的依据：中国的能源结构建立在不可再生的化石燃料基础上，必将逐渐导致能源资源耗缩是不可持续的。而可再生能源才是未来能源结构的基础，只有更大规模地集中利用可再生能源，才能使中国寻求到一条可持续发展的能源道路。

目标：加强新能源和可再生能源的开发利用，提高能源转换效率，降低发电成本，提高可再生能源在能源结构中所占的比例。2000 年前，水电装机容量达到 8000 万千瓦以上，太阳能利用量达到 200 万～300 万吨标准煤，风力发电机容量达到 20 万千瓦，地热利用量达到 80 万吨标准煤，提高生物质能利用效率，利用方式逐步转变成以生产沼气或清洁液体燃料为主。

行动：把开发可再生能源放到国家能源发展战略的优先地位，采取适当的财政鼓励措施和市场经济手段，增加国家在开发可再生能源方面的投入，

吸引地方政府和用户共同参与,加速水能资源开发,加强生物质能的开发利用,加强太阳能直接和间接利用技术的开发,扩大用能利用规模,开发海洋能,加强各种新能源和可再生能源先进技术开发和开展国际合作。

上述中国能源发展战略措施的依据、目标和行动安排表明:顺应中国从计划经济制度创新为市场经济的渐进过程中,中国能源发展战略措施带有明显的过渡性。一方面,适应中国国情和社会主义市场经济体制,把追逐能源经济效率和可持续发展作为战略措施的依据和目标。另一方面,把政府的规划、管理等行政行为作为战略措施的主要内容开始强调法律作用,却很少顾及能源资源市场的功能和绩效,而且将市场功能与绩效的发挥建立在依赖政府行为的基础上。这种战略措施的安排反映了中国制度创新的客观进程,也证明了中国能源发展战略还有一个不断完善的过程。

第五节 浙江 3E 协调发展的综合决策机制分析

2006 年以来,全省国民经济持续快速发展,工业化、城市化、现代化进程加快。与之相应,全省能源消费也随之快速增长,部分地区环境污染日益加剧,能源供需矛盾日益明显,瓶颈制约和环境压力亦趋凸显。这不仅严重制约了浙江省经济社会的发展,也给人民群众生活带来了不同程度的影响,能源瓶颈制约已成为浙江省近年来经济社会发展中一个十分突出的问题和全社会普遍关注的焦点。

随着国民经济的进一步发展,以损害环境和大量能源投入为代价的粗放式增长方式是不可持续的,必然会影响子孙后代的发展。在浙江省经济发展过程中,经济发展与能源、环境不协调的问题日益突出。浙江省要实现经济可持续发展,关键就要使能源、环境与经济发展之间有一个协调的关系。

因此,目前摆在浙江省面前的问题是:如何在实现经济增长的同时,保护环境和节约能源。针对这个问题的分析,来探讨如何建立浙江能源、经济与环境协调发展综合决策机制,通过建立浙江能源、经济与环境协调发展综合决策机制来推动浙江的可持续发展,是在新的历史条件下浙江政府决策方式的必然选择。只有这样才能实现经济发展、能源合理利用、环境保护同步进行;经济效益、能源效益、环境效益同步提高;经济质量、能源利用、环境质量同步改善的多重目标。

能源、经济、环境是密切相关,互相影响的。能源—经济—环境的关联

(见图 7-1)反映了三者之间的相关性。能源作为经济动力因素的同时也是一种障碍。能源的逐渐耗竭及能源带来的生态、环境问题,都将严重阻碍经济的发展。能源在开发利用过程中对自然界产生一定的破坏作用,其废弃物对环境造成污染。废气物以气体、液体、固体形态存在,气体废气物是大气污染的根源,液体和固体废气物则是江河土地污染的元凶。

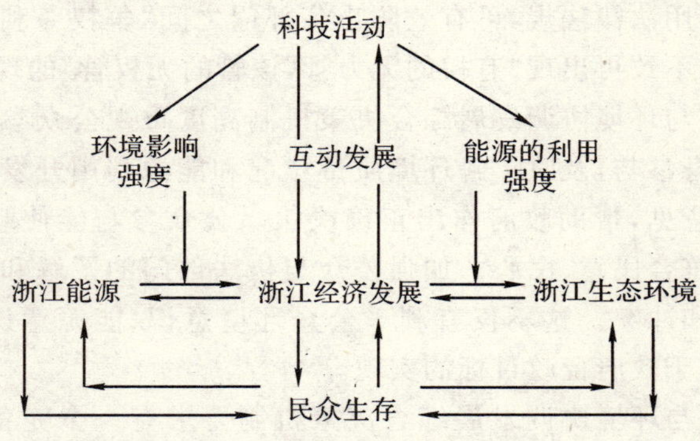

图 7-1 能源—经济—环境的关联

环境是经济发展的基础。根据环境的定义,大气、水、海洋、土地、矿藏等,既是环境要素,也是能源,是生产力的重要因素。环境作为经济、社会发展的物质条件,作为经济发展的基础,它既可以直接地促进经济的发展,也会阻碍经济的发展。环境污染和生态破坏已成为危害浙江人民健康,制约经济和社会发展的重要因素。经济又是环境的主导。浙江经济的快速发展对环境产生两方面的影响:一是正面影响,即通过经济与环境的协调发展,使生态环境得到保护,资源得到合理、永续利用。二是负面影响,不恰当的经济发展,将对资源和生态环境造成破坏。

一、浙江能源、经济与环境协调发展综合决策机制分析

(一)区域经济与能源、环境协调发展的综合决策机制

建立能源、经济与环境协调发展综合决策机制,保障在重大立法、政策和计划等宏观决策中综合考虑能源、环境与经济的协调发展是实施可持续发展战略的必然选择。这是因为,就实施可持续发展战略而言,能源、经济与环境协调发展综合决策机制具有以往各种类型的决策机制所无法比拟的优势。

能源、经济与环境协调发展综合决策机制是能源、经济与环境相互协调、持续发展这一基本原则在决策层次上的具体化和制度化。通过对各级政府和有关部门及其领导的决策内容、程序和方式提出具有法律约束力的明确要求,可以确保在决策的“源头”(即拟订阶段)将环境保护、能源合理利用的各项要求纳入到有关的发展政策、规划和计划中去,实现经济发展、能

源合理利用、环境保护同步进行，经济效益、能源效益、环境效益同步提高，经济质量、能源利用、环境质量同步改善的多重目标。

综合决策机制要求浙江的环保部门、能源管理部门与经济管理部门在制定和执行有关决策时进行广泛的合作，并采取协调一致的行动。在贯彻和执行有关的政策和计划时，各部门通过相互协调、积极配合，严格执行环境保护、能源利用法律法规，可有效防止各部门之间“争权夺利，推卸责任”，堵塞执法漏洞，不致再出现“有权的无力管，该管的无权管”的现象。

能源、经济与环境协调发展综合决策机制高度重视公众参与的作用，公众可以通过亲身参与，及时了解环境质量状况和能源利用开发情况，并对政府提出建议和意见，帮助政府作出正确决策。公众参与能使政府的决策反映实际情况并符合民意、民心。加强公众与执法部门的了解和支持，减少相互之间的摩擦和冲突。这不仅有利于公众环境意识、能源意识和法制意识的提高，也有利于政府行政目标的实现。

能源、经济与环境协调发展综合决策机制要求有一个完备的决策监督体制与之相适应。将各部门及其领导的决策行为置于环境法、能源利用规划的监督之下，可以有效地防止他们滥用职权、超越职权，或逃避法律、规则、责任，并在决策者违反法律、规则或构成犯罪时依法及时追究其相应的法律责任，借以敦促各级政府和相关部门依法行政，增强环境法、能源合理利用开发规划的权威性，维护环境法、能源合理利用开发规划的尊严与统一。

（二）浙江能源、经济与环境协调发展综合决策机制分析

浙江是能源、环境与经济发展矛盾十分突出的省份，虽然经过从外省调入各类能源暂时稳定了“源头”问题，但是能源开发和利用不尽合理，经济的发展完全是建立在能源的高消耗之上，同时带来了高污染。虽然主要废气物排放总量大幅下降，部分地区环境质量有所改善，但全省环境形势依然严峻，不少地方和部门对能源、环境和经济发展问题缺乏通盘考虑，因此率先在全国建立能源、经济与环境协调发展综合决策机制显得尤为迫切。浙江省委、省政府强调，任何时候、任何地方都不能以高能源消耗、牺牲环境为代价来换取经济增长，都不能用当前的发展去损害未来的发展，都不能用局部的发展去损害全局的发展。

目前浙江省在能源、经济与环境协调发展综合决策机制方面的研究和建设仍然比较少，尽管可持续发展理念已经在浙江省“十五”发展规划中得到重视和体现，但是“十五”规划的实施中，仍然存在缺乏对整个浙江省的能源、经济与环境进行监控和协调的机制。虽然浙江省资源节约和集约利用水平不断提高，政府提出了实施循环经济“991 行动计划”和工业循环经济“4121 示范工程”。生态环境建设力度加大。新增污水日处理能力 50 万吨、

垃圾日处理能力1600吨，设市城市污水处理率和垃圾处理率分别达55%和90%。农村规模化畜禽养殖污染治理率达80.4%。全省八大水系、运河和湖库地表水达到和优于三类标准的断面占64.9%，同比提高12.8个百分点。综合决策机制要求环保部门、能源管理部门与经济管理部门在制定和执行有关决策时进行广泛的合作，并采取协调一致的行动，实现可持续。

实施能源、经济与环境协调发展综合决策机制是完善决策机制、提高科学决策水平的重要组成部分，浙江省在综合决策时必须遵循坚持可持续发展、能源开发与保护并重、预防为主、实事求是、科学民主等五项原则，尽快建立和完善10项综合决策制度，包括：重大环境影响评价制度，能源科学利用指标，能源、环境与发展科学咨询制度，部门联合会审制度，有利于可持续发展的资金保障制度，能源、环境与发展综合决策公众参与制度，可持续科研开发和成果推广制度，资源、环境保护目标管理与考核奖惩制度，重大决策监督与责任追究制度，能源、环境与发展综合决策教育培训制度。

二、建立和完善浙江能源、经济与环境协调发展综合决策制度

(一)能源、经济与环境系统流程图分析

在浙江进入新一轮的经济扩张期之后，能源、环境与经济协调发展的矛盾越来越明显，严重影响浙江经济的健康稳定发展。经济目标、环境目标与能源目标的冲突加剧，为使这种冲突缓解到最小化，就必须实施能源、经济与环境协调发展综合决策机制，就要在决策过程中对经济、社会、能源、环境等因素全面考虑，根据周密的科学原则、全面的信息和综合的要求制定切实可行的政策并予以实施。这是一项涉及面广、多变量、多层次、多目标的复杂大系统问题和多目标综合决策问题，因而成为协调浙江能源、环境同经济社会发展之间矛盾、提高经济运行质量和环境质量的关键。

从能源、经济与环境系统流程图(见图7-2)的总体分析中，我们可以得出：①三个正环，一个负环，说明社会经济的两种发展前景，即可持续发展和“增长的极限”，可持续发展要求正环自动调节能力强于负环。②正环1加强方法：提高能源利用率、能源投入与可用能源挂钩、优化产业结构。③正环2加强方法：增加环境治理方面的投入以提高废弃物的回收利用率。④正环3加强方法：有效进行污染预防以降低污染率、提高废弃物的回收率。⑤负环与正环呈对偶关系，正环加强负环自然减弱。

依据区域可持续发展的基本原理，浙江能源与经济、环境协调发展的综合决策，就是在战略决策过程中通盘考虑经济发展因素与环境保护因素、能源合理利用因素，把浙江的经济与环境、能源纳入统一的决策体系，由权威的决策机构，采取科学有效的决策方法，制订出切实可行的决策方案予以实施。通过综合决策，实现经济决策效益与能源决策效益、环境决策效益的高

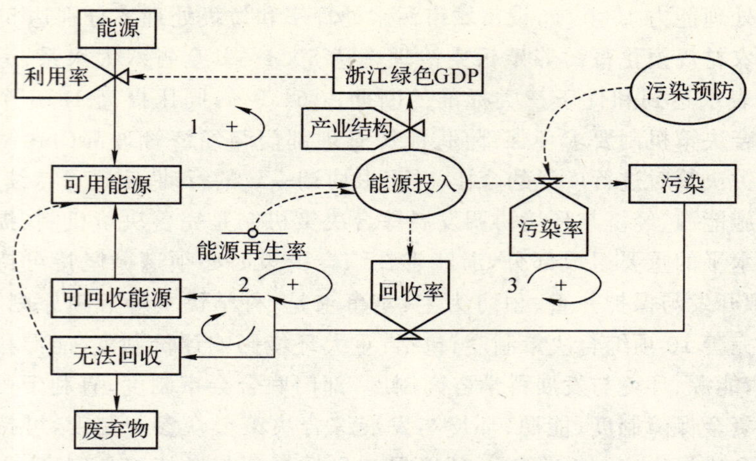

图 7-2　能源、经济与环境系统流程图

效统一，确保浙江经济与能源、环境持续协调发展。从决策学角度分析，经济与能源、环境协调发展综合决策的运行模式由低级到高级、由简单到复杂，包括单一的经验型决策模式、综合的知识型决策模式和系统的智能型决策模式，其中系统的智能型决策模式为决策的主体模式。无论何种决策模式，综合决策过程都必须坚持协同与重点相结合、科学与可行相结合、效率与效益相结合的基本原则，把以往单一的分离式经济决策与单一的分离式能源决策、单一的分离式环境决策，通过协调控制与综合约束行为，借助于决策支持系统和公众参与专家系统方法，纳入综合决策系统，进而由最高决策者不断生成综合决策方案。

（二）建立综合决策制度的具体对策

面对浙江发展中存在的日益严重的能源、环境问题和经济社会问题，以及经济管理部门和能源管理部门、环境管理部门相互分割独立行使职权的行政体制，必须把建立和完善能源、经济与环境协调发展综合决策机制视为综合决策的首要途径。具体对策为：

第一，打破经济与环境的各市行政分割堡垒，建立协调一致的综合决策管理体制。一是建立宏观经济与能源、环境协调发展的综合决策机制。深入分析综合决策的宏观背景、运行环境相互作用及相互联动的内在机制，把能源决策、人口决策、经济决策、环境决策、社会决策等单项决策过程统统纳入综合决策体系之中，实现决策过程综合化、协同化和一体化；二是改革经济管理部门与能源管理部门、环境保护部门相互分割的行政体制，建立自上而下的环境与发展协调一致的综合决策制度，避免现行行政管理中“一事多主、权力分散、决策不力、措施不当”以及遇事相互推诿的现象；三是建立经济与环境协调发展综合决策机构。浙江计委、经贸委应会同浙江环保局等有关单位周密协商,将各部与能源开发利用、环境保护有关的部门进行调整,建立分工明确、责任到位、职能统一的综合决策机构,保证经济与环境协调发展综合决策过程的顺利实施并取得预想的效果。

第二,编制浙江经济与能源、环境协调发展规划,实施能源、环境与经济发展多向协调调控机制。充分发挥规划在指导资源优化配置,加强宏观调控方面的高层次指导功能,把编制经济与能源、环境协调发展规划作为实现经济与能源、环境协调发展综合决策的重要手段;依据经济社会发展与能源、环境的协调发展机制和相应的综合决策运行机制,建立自上而下和自下而上的多向调控模式及协调管理机制;发挥区域、中心城市和地区协同一体化综合发展规划对能源优化配置,理顺区域间空间联系和空间组织,实现能源、环境可持续发展等方面的宏观调控作用。

第三,建立并发展与浙江能源、环境相协调的综合决策负责制及定量考核制度。综合决策定量考核内容包括宏观调控能力与受控水平、人口总量与质量控制、产业活动与产业发展中环境污染与生态破坏的防治、能源综合开发利用与保护、可持续生产与生活消费、公众环境意识提高与公众参与水平等。考核对象包括各级市政府和行政首长,将综合决策效果作为衡量各级市政绩的主要指标,作为衡量区域可持续发展能力的主要量度。

三、如何实施浙江能源、经济与环境综合决策机制

(一)技术层面

建立浙江能源、环境与经济发展综合决策支持系统的首要问题是解决方法和技术上的问题。必须拓宽现有的经济分析方法,将能源因素、环境因素考虑到经济分析方法中去,建立一个对于经济和能源、环境现状进行综合评价和监督的指标体系和决策分析模型(见图 7-3)。

对于浙江而言,可持续发展应该有能源、经济、环境方面的指标与此模型图相匹配。笔者认为根据可持续发展的经济、能源、环境三个方面可以对指标作如下指定:

(1)经济方面指标:浙江省生产总值以及工业生产率;

(2)能源方面指标:能源类型(清洁型、污染型等)、能源消耗量、利用率、回收率、能源的获取形式,如一次能源(风能、太阳能、水能)、二次能源(电能、汽油)以及能源自身的绿色性;

(3)环境方面指标:水环境指标、大气环境指标、土壤污染指标、噪声指标、固体废物指标。

这是把浙江能源开发利用、环境保护纳入省经济规划综合决策的基础性工作。使经济政策有利于持续发展,就必须调整好经济活动和能源、环境之间的大量复杂关系,采取平衡兼顾的措施。理想的综合经济、能源、环境

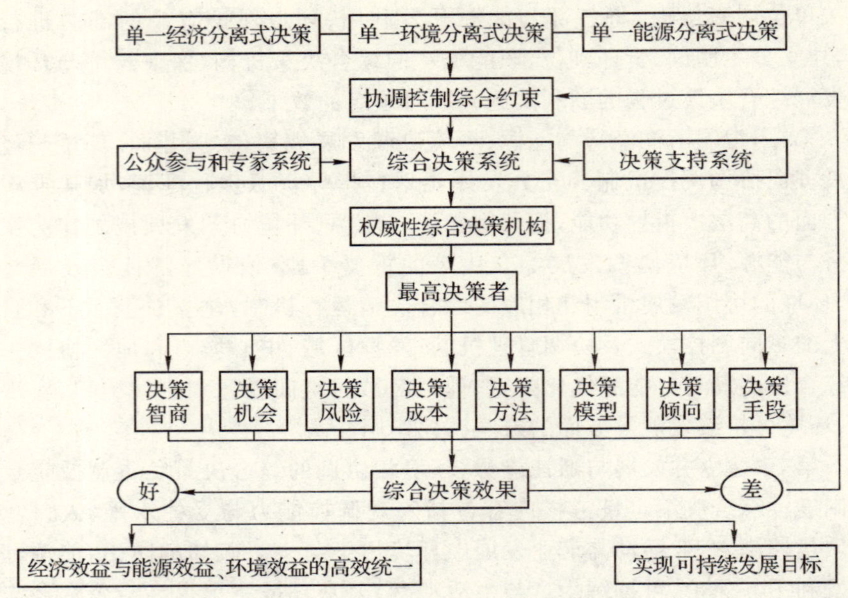

图 7-3 浙江能源、经济与环境综合决策模型图

政策模型应当包括经济与能源、环境领域的所有变量，但是在可预见的未来阶段，由于数据收集的困难，这一理想模型很难马上实施。不过，在局部和特定的范围内，以经济与环境的主要关系为重点，对经济与环境进行综合分析还是可能的。

建立可以反映能源、环境问题的浙江经济收入计算体系，这在制定浙江经济计划时强调能源浪费、环境恶化的影响至关重要，因为传统的财会计算方法难以充分反映能源、环境问题及其状况。作为浙江经济收入计算系统工作的必要补充，应考虑发展一个卫星财会系统，将自然资源领域的变化同传统的收入计算方法联系起来。浙江省现有的经济核算体系都以经济核算为主，不涉及能源、环境核算。因此，它存在三个缺陷：①没有将环境视为财富；②没有计算能源的消耗；③总是将环境治理费用加进浙江经济收入，而不是将环境破坏造成的损失从国民收入中扣除。这些缺陷使目前浙江省的经济核算体系不能分析和核算经济和能源、环境之间的相互作用以及由此产生的许多问题，例如，经济活动将废弃物排放到空气和水里，引起环境的恶化，增加了生产成本，这个成本如何计算？哪些部门应当对此负责？等等。因此，我们必须建立能源、环境核算体系，并将这些核算体系纳入浙江省经济核算体系，形成能源、环境与经济一体化的“卫星核算”。通过能源、环境核算，提供能源和环境变化的资料，便于制定经济中长期发展规划。

在建立能源、环境指标体系之后，就应当着手考虑建立综合的信息分析和信息处理系统问题。要充分了解造成能源高消耗与浪费、环境恶化的诸多复杂因素，就必须收集和处理经济、地理、能源、环境、机构和文化方面的大量数据与信息，进行跨学科的广泛研究。这个运作工作量极大，极富挑战性，因而，目前在浙江迫切需要建立这方面的分析与研究机构；但从发达国家和发展中国家的经验来看，开展这种跨学科的组织活动困难重重。

同时，对于环境决策和综合决策来说，建立一个在可持续发展方面有丰富经验的专家队伍的信息库也是十分有必要的。在环境决策和综合决策过程中，专家队伍将发挥重要的作用，尤其在技术分析和信息处理方面，他们会发挥关键的作用。专家提供的技术和信息将影响环境决策和综合决策的可行性及决策的执行、监督和评估。

参考发达国家和发展中国家的经验，环境综合决策信息分析的内容包括：①资源和生态环境发展的趋势分析——环境生态质量与数量、环境资源的使用、环境资源所有权和管理、在既定的技术条件下资源利用的生态极限。②关于在主要政府部门和社会群体中推行资源和生态利用的政策和经济手段，这些政策和经济手段有国际性的，也有国内性的，诸如债务、贸易、产业结构调整、利率、税收、价格政策、政府财政收入和支出、就业和收支平衡。③评估上述政策和经济手段所产生的影响，以及各部门和社会群体的责任。④评估资源容量和生态环境对于不同社会群体的重要性和相关意义，分析环境容量与人口、收入、健康以及社会福利的关系。⑤对有关政府部门责任和利益的详细分析，包括林业、农业、住房、渔业、能源、交通、工业和旅游等。在分析的过程中，必须计算每个部门利用能源的数量及其对生态平衡的影响。另外，要研究政府各部门是如何对待经济、社会和环境的相互关系的，每一个部门的目标是什么，他们如何达到这些目标。⑥跨部门分析：检验主要部门之间的关系。分析部门与部门之间的影响，例如各部门对于自然生态、人类健康、资源流动以及自然景观的影响，在分析中应当注意到体制、法规和计划问题的一致性。⑦对于被各部门和各利益集团支配的资源和生态的可持续性的评估，包括生物多样性、生态过程、自然资源储备、自然资源产出的可持续性、经济的持续性、社会福利和社会平等。但是，在信息的收集过程中，信息的可靠性是至关重要的，错误的信息将导致错误的判断和错误的决策。⑧对于体制约束和社会约束因素的分析，包括政策、计划过程、体制的作用、立法、教育、公民意识、培训、技术、资金配置、发展过程的监督，等等。

在上述工作的基础上，建立一个分析框架和分析模型。这个模型可以对经济政策、经济计划的环境影响进行诊断，对信息的不确定性和不适宜性的评估以及所拟的对策同其他替代政策方案的比较。

(二)制度层面

1.关于部门之间的合作与协商问题

要建立浙江能源、经济与环境综合决策机制,还必须建立部门之间的合作与协商制度。能源、经济与环境综合决策既是一个探索的过程,又是一个参与的过程。所谓探索是指在制定综合决策之前,决策者应当会同专家对决策的目标和实际状况进行研究和评估,提出发展目标和具体的运作手段,并随着政策的实施进行监督和修正;所谓参与过程是指被实施政策的地区和产业的各利益群体和个人都将参与政策的讨论和政策的制定,并参与政策的实施,这些参与者或者在实施综合决策的过程中获得一部分利益,或者在政策的实施过程中失去一部分利益。综合决策就是在对各种利益群体冲突目标的协调中达到可持续发展的总目标。

在建立实施综合决策的部门合作和协商制度的过程中有几个值得注意的问题:①介入综合决策的各个利益集团,不论是政府部门还是地方社区,都要考虑到他们在综合决策过程中的实际关系和实际利益,这是他们作为参与者的激励机制所在,考虑到所有权关系和对于整个综合决策的顺利实施是十分有意义的。②在迅速发展的状态下,必须考虑到综合决策计划的变通问题。一旦条件发生变化,如果计划不改变现实,就会被现实改变。③一旦执行综合决策的行动开始,就会出现既得利益者和受损失者,如果一部分人拒不接受改变这一现实,那就要与其进行协商,争取建立合作关系。综合决策实施管理部门,应当考虑如何最大限度地降低综合决策实施过程中的负面影响。④决策体制和决策方法的设计,包括责任的划分、政策的制定、计划过程本身的程序以及将能源、环境因素纳入宏观和微观经济决策的程序与方法。⑤在众多的部门和利益群体之间建立沟通的方式,提供沟通的机会和建立公众参与环境保护和实施可持续发展战略的制度。⑥为参与者一道工作提供理由和机会,共同确定所要解决的问题和共同提出解决问题的方法。跨部门的和多部门的合作在综合决策中首先要建立一个政策框架。⑦在综合决策的框架中必须非常明确即将推行的综合决策与政府现行政策的关系,明确与政府现行政策的冲突点和综合决策与政府现行政策相容的部分,由此来确定推行综合决策的条件以及如何将综合决策纳入政府的现行政策。制定一个综合决策的最基本的因素是要研究如何把政策变成有效结果的行动。

浙江能源、经济与环境综合决策机制的建立和发展必须由政治意愿来推动。笔者认为需在浙江省政府下面设立直属机构:浙江省可持续发展执行局来推动能源、经济与环境综合决策机制的建立和发展,开展工作。浙江可持续发展执行局应该作为综合决策的主要决策机构,为省政府提供自下而上的领导。而浙江省可持续发展执行局,应该由浙江省环境保护局、省改

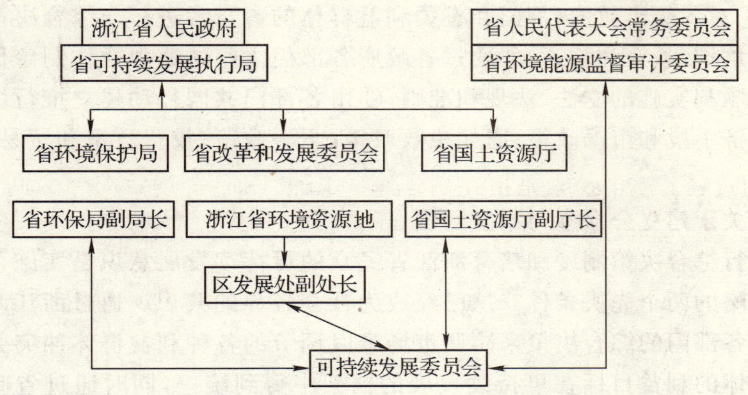

图 7-4　浙江能源、经济与环境综合决策机制部门协商合作图

革与发展委员会、省国土资源厅里各设立的负责可持续发展的部长组成(见图 7-4)。而这些参与者应该是政府官员、政策实施对象中的各利益群体的法人和有关专家。推行综合决策要求有相应的、数额巨大的资金投入和富有工作经验、管理能力和协调能力的工作人员参与。因此,部长的选择非常重要。

由各个部门的可持续发展部长组成的可持续发展委员会负责编写各年度及月度的能源利用开发、经济协调、环境保护方面关于可持续发展的总结和报告。这份报告应该交给由省人民代表大会常务委员会领导的省环境能源监督审计委员会来评审。如果没有省环境能源监督审计委员会这个外部监督,综合决策机制可能流于形式,而且这种监督机制以及运转机制在浙江省还需要大力加强。

跨部门的综合决策需要满足下列条件:①决策者必须有明确的综合决策要求和决策目的;②决策者必须明确提出所要解决的问题是什么。对于这些问题的分析可以产生两个方面的意义:第一,揭示综合决策目标的方向和综合决策的重点;第二,为参与者提出参与的理由并提供一起工作的机会,在共同的参与中一起提出可以接受的解决方案。在综合决策的考虑中,优先解决的问题应当满足下列条件:一是这种问题对于可持续发展是至关重要的,它直接关系到人们的社会福利和人类赖以生存的生态环境的平衡;二是这种问题已经列入政府的经济社会发展规划;三是这种问题已经影响到人们的生存和生态环境,如果不加以解决,可能后患无穷;四是对于这类问题的解决可能产生良好的效益;五是在决策体系中强调这类问题是非常合适的,因为在常规的决策过程中,人们往往对社会发展(诸如经济、社会、文化和环境因素的其他问题)和生态方面的发展不太重视。

浙江省要把部门之间的合作与参与变成实际行动,还必须采取有效的措施：①对各级市政府、部门和有关利益群体的参与者进行与综合决策有关问题的培训、教育和沟通；②通过省政府各部门之间的通力合作制定保证综合决策顺利实施的立法、法规和准则；③由各部门共同行动建立推行综合决策的经济手段和市场政策，诸如税收政策、金融政策、投资政策和贸易政策，等等。

2. 关于建立公众参与制度问题

推行综合决策制度和培育浙江省民众的可持续发展意识是实施可持续发展战略的两个先决条件。这已经成为社会各界的共识。通过浙江政府的立法和各部门的综合决策来协调市场难以调节的各种利益群体冲突并使各冲突群体的利益目标在可持续发展的框架中得到统一，同时通过省政府和民间的运作使可持续发展意识深入民众心理，并变为民众潜移默化的行为和素养，在浙江，这将是两个全新的行动领域。

公众应当参与有关环境和资源的决策，从各种目标的定义到各种政策、方案、工程项目的全面审查——我们统称为“可持续性的文化”。浙江需要通过各种方式来建立可持续性文化。

在推行综合决策的过程中，必须特别考虑社区人民的态度和社区自身的传统文化及生活方式。每一个社区会拥有自己独特的自然资源，按照其文化背景能综合可持续性的各个方面。实施综合决策战略，意味着更多地了解各市区人民的知识和文化，这要在法律和制度中逐步形成标准，需要承认社区人民的综合权利。公众参与意味着对于特定社区实施的政策和工程项目必须由当地的人民参与和表决。在社区人民参与的过程中，我们的前提是承认各市区民众对自己的生存环境有控制和管理的权利。但是，我们也要考虑这种权利如何不与浙江能源、经济与环境综合决策机制发生冲突。要建立公众参与制度，必须提高公民环境意识。浙江省民众的能源、环境意识近年来虽然有所增强，但总体水平仍然偏低，因此必须通过各种方式吸收各市区民众参与能源管理、环境保护活动(见图 7-5)。

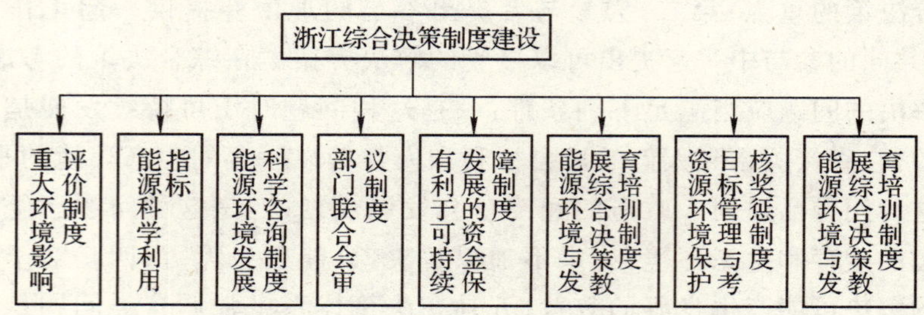

图 7-5　浙江能源、经济与环境综合决策制度建设

因此浙江需尽快建立和完善 10 项综合决策制度，包括：重大环境影响评

价制度，能源科学利用指标，能源、环境与发展科学咨询制度，部门联合会审制度，有利于可持续发展的资金保障制度，能源、环境与发展综合决策公众参与制度，可持续科研开发和成果推广制度，资源、环境保护目标管理与考核奖惩制度，重大决策监督与责任追究制度，能源、环境与发展综合决策教育培训制度。

（三）法律层面

1. 能源、环境影响评估立法与实施，监督与评估机制

环境影响评估就是从人类经济活动和经济政策与人类社会经济活动之间的相互作用出发，运用各种尺度对人类经济活动的适宜性、人类经济活动对环境的影响、环境的承载力、环境对人类经济活动的容纳力、环境能源的经济价值、自然灾害的潜在风险损失等诸多方面进行分析、评价和论证，从而为经济活动的进行、经济政策的制定和实施等决策提供科学依据。

在浙江能源、经济与环境综合决策的过程中，环境影响评估的基本目标是将环境保护纳入经济计划。

环境影响评估的核心是方案的分析和政策决策的分析。每一个重大的、甚至很小的发展项目和发展政策都可能带来不良的环境影响，环境影响评估旨在找出任何情况下，在环境影响方面和社会经济方面都是最佳的项目和决策选择方案。这需要对各类环境评估建立一套基本的评估方案和评估方法。建设新的工厂或对旧企业进行扩建都需要通过环境影响评估。环境影响评估应成为工业许可证制度的必要条件之一。就浙江省的环境影响评估而言，进行环境影响评估的人员培训和提高监测能力是目前的重要任务，而且两方面都需要很多的专家和技术人员。

为了保证环境决策和综合决策按既定的目标实施，必须建立监督和评估机制。在综合决策的过程中，评估包括监督、评价和报告三个部分。评估的目的是推动综合决策的进程，并不断修正目标，以满足变化的需要。评估必须是综合决策的一部分，它贯穿于决策始终并寓于决策因素的每一个方面：目标、参与、沟通、决策体系中的角色的规定、规划、执行和效果。综合决策一旦进入实施阶段，可能会涉及社会的方方面面、不同层次，诸如家庭、农村、城市、公司等省市各级相关利益群体有关的利益群体。

2. 能源立法与实施，监督与评估机制

能源问题是制约浙江省经济持续和健康发展的重要因素。如何借鉴国外立法经验，并结合浙江具体情况，将可持续发展理念全面贯彻和体现在能源立法及相关环境保护立法之中，是浙江面临的重大问题。

（1）加强能源“开源节流”，保障能源持续利用

实现浙江省可持续能源发展，必须改变传统的粗放式经济增长方式，走一条节约资源的新型工业化道路。对于浙江省未来几年的能源高消耗，浙

江省必须加强相关立法，为实现能源持续利用提供有力的法律保障。

首先，应明确规定浙江省保障能源持续利用，从而使"能源持续利用"与"环境保护"、"控制人口"成为同等地位、同等重要的"三大基本政策"。同时，浙江省人民代表大会应该颁布统一的《能源法》，作为规范能源开发利用的基本法，能更充分体现可持续能源战略的基本要求。其次，进一步制定和完善有关的单行法规。一方面，应强化浪费能源的法律责任。《节约能源法》、《大气污染防治法》、《电力法》等应明确规定违反节能义务的法律责任。为此，不仅要对有关节能技术、设备的研究和推广予以高度重视，还应当制定和完善相关的节能标准，并结合社会具体实际，逐步将有关标准上升为法律规范，使其具有强制力，以保证在生产生活各领域中各种高效益、低能耗技术及设施设备得到应用。另一方面，应尽快制定《可再生能源促进法》，并根据浙江省具体情况制定配套的实施细则及相应的地方性法规，从而建立和完善有利于我国可再生能源发展的法律保障体系。

(2)严格控制能源开发利用对环境的不良影响

首先，对浙江省能源开发中给环境造成的污染和破坏行为，应规定明确的法律责任。因此，浙江在修订《电力法》、《煤炭法》、《水法》、《土地管理法》、《土地复垦规定》及《矿产资源法》时，应体现可持续发展思想，对因能源开发给生态环境造成不良影响的行为，要予以严格的法律制裁，以促进能源开发与环境保护协调发展。其次，完善总量控制制度及许可证制度，并在此基础上逐步建立排污权交易制度。制定《污染物排放许可证管理条例》，明确排污许可证的法律地位，确定排污权的初始分配办法及分配标准等。同时，将环境监理机构更名为具有行政管理性质的环境监管机构，专司排污收费职能及监督许可证的有偿转让。在完善总量控制制度和排污许可证制度的基础上，应借鉴国外经验，并结合浙江省当前环境污染的特点、治理能力、经济发展状况等实际情况，通过立法对排污权交易制度作出明确规定。

(3)健全相关的能源监管体制

从欧美各国能源监管体制来看，要实现可持续能源，必须成立统一的监管机构。结合浙江省现行能源监管体制及机构，可在现有各相关部委基础上成立统一的能源监督管理协调机构，作为建立统一的部级能源监管机构的过渡。相应的，在制定《能源法》时，应就该机构对全省能源的统一管理和监督地位作出明确授权规定，从而有利于为这一机构改革确立一个长远的目标并保障其得到持续稳定的贯彻实施，并为该机构提供有力的执法依据。

第八章　浙江省可持续能源发展战略的"总体对策轮"研究

第一节　能源经济类型区分析

能源经济类型区是区域能源经济系统不同特点的真实反映。根据对能源经济类型区的研究，制定相应的区域能源政策，是保证区域能源发展战略实现的重要手段。关于能源经济类型区的研究，我国才刚刚开始。

一、能源经济类型区的划分

（一）能源经济类型区的概念和研究意义

能源经济类型区是指能源资源、能源生产和能源消费特点相似的区域。这一定义反映了能源经济类型区的双重性质。第一，能源经济类型区是一个较大的区域范围，在经过人类漫长的经济活动后，已经形成各具特色的能源经济系统，因而具有较大的独立性和综合性。第二，每一个能源经济类型区又是全国地域中的一个组成部分，它们相互联系，共同作用，形成全国统一的能源经济系统，因此具有一定的不完整性和相互依赖性。

在研究能源经济类型区时，必须清楚它与能源经济区的区别。两者的本质区别有二：第一，能源经济区强调区内能源经济系统应尽可能完整，不管经济区内不同地区之间能源经济特点是否存在差异；而能源经济类型区强调区内能源经济特点尽可能相似，不管其是否能形成一个较完整的能源经济系统。第二，能源经济区划分强调区域的连片性；而能源经济类型区则不然，不管区域之间是否相连，只要其能源经济特点相似，就可以划入同一能源经济类型区。

关于能源经济区的研究，许多学者从不同的角度进行了大量有益的探索，对制定能源发展战略政策，促进能源工业的发展，起到了积极作用。但是，从能源经济类型区的角度进行研究还是不多见，这对于区域差异显著的我国来说是很不正常的，加强能源经济类型区的研究，至少有以下几方面的意义。

1. 能源经济类型区为国家宏观能源区域政策的制定提供了基本图谱

宏观能源经济区域政策包括能源区域发展政策、能源区域消费政策和能源区域投资政策等。宏观能源区域政策的制定，必须根据不同区域能源经济特点进行。宏观能源区域政策实施的目标，是使全国能源经济系统高效、合理地运行，实现能源经济效益最优化。在能源经济系统中，每个能源经济类型区都有各自的能源经济特点，并占有一定地位，具有独特的作用。根据能源经济类型区的划分，制定宏观能源区域政策，能使宏观能源区域政策更符合区域实际，充分体现各类型区的特点，为能源区域政策的制定提供基本框架和图谱。

2. 能源经济类型区的研究为区域经济发展战略的制定提供了基本依据

能源是区域经济发展的重要物质基础，区域经济发展战略的制定必须充分考虑本区域能源经济特点，包括能源供应和能源消费等。如在选择发展区域经济的战略产业时，就不能在缺能区域发展高耗能产业。而关于能源经济类型区的研究，正是阐明不同能源经济类型区的特点以及在全国地域分工中的作用。因此，能源经济类型区的研究是制定区域经济发展战略的基本依据。

3. 能源经济类型区的研究是能源区域发展战略制定的需要

能源发展战略必须落实到具体区域，这就构成了能源区域发展战略。研究能源区域发展战略，可以沿两个途径进行：一是按照能源经济区的区域划分，确定不同区域能源发展战略；二是按照能源经济类型区的划分，确定不同区域的发展战略。两者都是研究能源区域发展战略的基本途径，缺一不可。

二、能源经济类型区划分的原则和指标体系

(一)能源经济类型区划分的原则

1. 一致性原则

能源经济类型区内部能源经济特点具有一致性。也就是说，区内能源资源的丰富程度、能源供应保证程度、能源消费水平等具有一致性。这里的一致性是个相对概念，是相对于不同类型区之间的差异性而言的。

2. 差异性原则

差异性原则是区域划分的一般原则，没有差异就不会有不同的区域，区域之间的差异是形成不同区域的基础。差异性原则要求不同能源经济类型区之间能源资源条件、能源开发模式、能源供应保证程度、能源消费水平等具有明显的区别。

（二）能源经济类型区划分的指标体系

能源经济类型区划分的指标主要有：

1. 能源分布集中指数

它是表示区域能源丰富程度及能源资源在全国地位的指标。其计算公式为：

能源分布集中指数＝区域能源资源总量占全国资源总量的比重×10000

能源分布集中指数的意义是：能源分布集中指数越大，能源资源丰富程度越高，在全国的地位相对越重要；反之，越不重要。

2. 能源生产分布集中指数

它是评价区域能源生产在全国地位的指标。其计算公式为：

能源生产分布集中指数＝区域一次能源生产总量占全国一次能源生产总量的比重×10000

能源生产分布集中指数的意义是：能源生产分布集中指数越大，一次能源生产量在全国一次能源生产中的地位越重要；反之，越不重要。

3. 能源消费分布集中指数

它是评价区域能源消费在全国地位的指标。其计算公式为：

能源消费分布集中指数＝区域一次能源消费量占全国一次能源消费量的比重×10000

能源消费分布集中指数的意义是：能源消费分布集中指数越大，区域能源消费量在全国中的地位越高。

4. 能源生产分布与消费分布差异系数

它是表示区域能源自给程度的指标。其计算公式为：

能源生产分布与消费分布差异系数＝能源生产分布集中指数/能源消费分布集中指数。

能源生产分布与消费分布差异系数的意义是：该系数值越大，能源自给程度越高；该系数值越小，区域能源自给程度越低。当该系数＞1时，区域能源生产量＞区域能源消费量，有多余能源调出区外；当该系数＜1时，区域能源生产量＜区域能源消费量，需要从区外调入能源。

三、能源经济类型区划分方案

根据有关统计资料，对我国其中的30个省（市、区）的能源经济类型划分指标进行了计算，结果如表8-1。

表 8-1　30 个省、市、自治区能源资源、生产、消费分布集中程度比较

地　区	能源分布集中指数	能源生产分布集中指数	能源消费分布集中指数	能源生产分布与消费分布差异系数
山　西	2654	1994	477	4.18
内蒙古	2021	272	246	1.11
陕　西	1598	241	227	1.06
新　疆	967	269	209	1.29
贵　州	507	272	216	1.26
宁　夏	318	107	72	1.49
云　南	281	172	198	0.87
安　徽	258	225	280	0.80
河　南	210	777	527	1.47
黑龙江	205	1310	535	2.45
山　东	183	890	692	1.29
四　川	176	607	644	0.94
河　北	168	511	620	0.82
甘　肃	89	166	220	0.76
辽　宁	76	547	796	0.69
青　海	68	56	51	1.10
江　苏	43	178	558	0.32
湖　南	38	276	387	0.69
北　京	26	70	274	0.26
吉　林	26	229	357	0.64
广　西	25	68	133	0.51
江　西	20	123	175	0.70
福　建	15	93	147	0.70
湖　北	15	168	405	0.42
广　东	10	97	412	0.24
天　津	7	69	210	0.33
浙　江	3	31	261	0.12
海　南	1	3	12	0.25
上　海	0	0	322	0

(资料来源:根据《中国能源统计年鉴》有关数据整理)

由计算结果可以看出:浙江省能源分布集中指数为 3,能源资源丰富程度在全国 30 个省(市、区)中仅略高于海南、西藏和上海;能源生产分布集中指数为 31,全国倒数第 4;能源消费分布集中指数为 261,在全国列第 14 位,

反映了浙江省作为全国的经济大省的能源消费水平；能源生产分与消费分布差异系数为0.12，远远小于1。一般认为同时满足以下两个条件：①能源分布集中指数<100；②能源生产分布和消费分布差异系数<1，即为缺能区，浙江省属于典型的缺能区。

四、基于能源经济类型区的能源战略

区域能源战略指区域能源发展战略和区域能源消费战略的总称。区域能源发展战略是指区域能源合理开发和确保区域能源有效供给的战略。区域能源消费战略是指区域能源高效、合理地利用的战略，包括不同能耗工业的发展战略和节能战略。长期以来，我国对能源经济类型区能源战略研究重视不够，致使区域能源开发、能源消费等长期处于不合理状态。如长期以来，我国高耗能工业的发展集中在缺能区，而富能区却很少发展高耗能工业，造成富能区的高耗能产品不但不能输出，相反要缺能区供给，而且造成缺能区高耗能工业由于受能源供应限制，生产力不能充分利用，使设备闲置和浪费。因此，有必要加强对能源经济类型区能源战略的研究。

我们认为，能源经济类型区能源战略目标应该是：在全国能源发展战略的指导下，根据各能源经济类型区能源经济特点，采取相应措施，充分发挥自己的优势，促进各区域和全国能源有效供给保证程度和能源利用率的提高，取得好的经济效益。要实现上述目标，应该研究制定能源经济类型区能源发展战略和能源消费战略。

1. 浙江作为缺能区的能源发展战略

缺能区能源发展的战略重点有两个：一是进行区外投资，建立区外能源稳定供应的基地；二是积极发展核电。

缺能区选择以上两个能源发展战略重点的理由是：第一，从世界能源开发的历史来看，发达国家尤其是缺能国家无一例外地都把确保区外能源供应作为能源发展的主要目标，其主要手段是在能源丰富的国家合资或独资开发能源。1990年，日本有100多个企业在海外进行石油开发。1981—1991年，韩国的国营和私营公司已在21个国家的一些能源项目中投资。第二，缺能区与富能区及次富能区联合开发能源资源，可以充分发挥富能区能源资源和缺能区资金充足两个优势，克服富能区和次富能区资金短缺和缺能区能源资源缺乏的劣势，富能区和次富能区资金短缺和缺能区能源资源短缺之稳定的能源供应基地，又使富能区及次富能区丰富的资源得到开发，促进了经济的发展。第三，核电是缺能地区能源发展的最佳选择，因为用于发电的核燃料发热量高，不需要大规模运输，克服了运输紧张和运输费用高的限制。

实现上述战略重点，要注意以下几个问题：第一，必须加快能源工业体制改革，制定相应政策，调动各地区进行能源建设的积极性，根据“谁投资谁收益”的原则,中央与地方、地方与地方联合进行能源投资建设。第二,搞好能源输出地和调入地规划。第三,核电站建设必须加快核电技术的研究,防止核污染。

2.浙江作为缺能区的能源消费战略

区域能源消费战略实质上是指能源需求的合理区域的配置,即根据区域能源供给和消费状况,确定区域未来产业的发展方向。

缺能区能源消费战略是:大力发展低耗能产业,尤其是高新技术产业和第三产业,大力采用新技术改造传统产业,降低传统产业耗能,限制高耗能工业的发展,实现缺能区能源需求的区域合理配置。

缺能区能源消费战略提出的理由是:

(1)从产业发展的角度来看,用十分短缺的能源去维持门类齐全的传统产业的规模是很不经济的,特别是许多高耗能原材料工业的比重过大,不但成为产业进一步发展的包袱,而且也是造成能源供需日趋紧张的重要原因。缺能区大部分位于我国经济比较发达的沿海地区,能源短缺已成为制约其进一步发展的主要因素,因此进一步发展高耗能产业是绝对不可能的。而另一方面,沿海缺能区却承担着我国技术与产业结构升级的重要任务,必须更多地面向国际市场。只有大力发展以高新技术和第三产业为主的低耗能产业,才能使其在国际和国内市场利于不败之地。

(2)缺能区传统产业,如机械、纺织、化工、食品等,生产技术落后,能耗高,已成为能源经济效益低下,能源有效利用率低,能源短缺的重要原因。因此必须努力采用新技术,改造传统产业,或者把一些耗能特别高的产业转移到能源丰富的地区。

(3)改革开放以来,虽然缺能区能源严重短缺,但高耗能工业有增无减,因此,有必要提出“限制高耗能工业的发展”作为缺能区能源消费战略,并制定相应政策,使高耗能工业的发展得到限制。

第二节 浙江省可持续能源发展战略的“总体对策轮”

一、浙江能源发展的基本特征

(1)能源供应对外依赖程度高。少煤无油的资源性稀缺仍将长期存在,一次能源过分依赖省外市场决定了浙江在能源问题上的被动地位,稳定性和保障程度低。全省除了一部分水电、核电和潮汐电自己供应外,绝大部分能源都要从外部输入。就电力来看,2005 年全省外购电量 392.2 亿千瓦时,是2000年的30.06亿千瓦时的13倍。

(2)能源消费弹性系数基本稳定，电力消费弹性系数急剧提高。随着技术进步和经济转型，煤炭等污染大的能源比重逐渐下降，而电力作为一种清洁、高效的能源，在能源中的比重不断上升，因而出现能源消费弹性系数基本稳定和电力消费弹性系数上升的特征。

(3)以煤为主的能源消费结构将加剧环境污染。远距离的煤炭运输会增加能源成本，不利于提高浙江经济的竞争力，同时由于燃煤热效率低，运输途损大，易造成能源的浪费。尽管浙江有秦山核电站、温岭江厦潮汐电站等，但是核能、潮汐能、风能等的利用刚刚起步，与煤、石油、水电等比起来微不足道。

(4)浙江能耗指标与国际先进水平相比仍有较大的差距。我国每万元产值所消耗的能源为美国的3倍，日本的7.2倍，也远高于巴西、印度等发展中国家。浙江能源利用效率也很低。

二、浙江可持续能源发展战略的“总体对策轮”

根据能源可持续发展的战略思想、战略目标，浙江能源经济类型区分析和浙江能源发展的基本特征，可构想以下的“总体对策轮”(见图8-1)，并以此为框架展开论述。

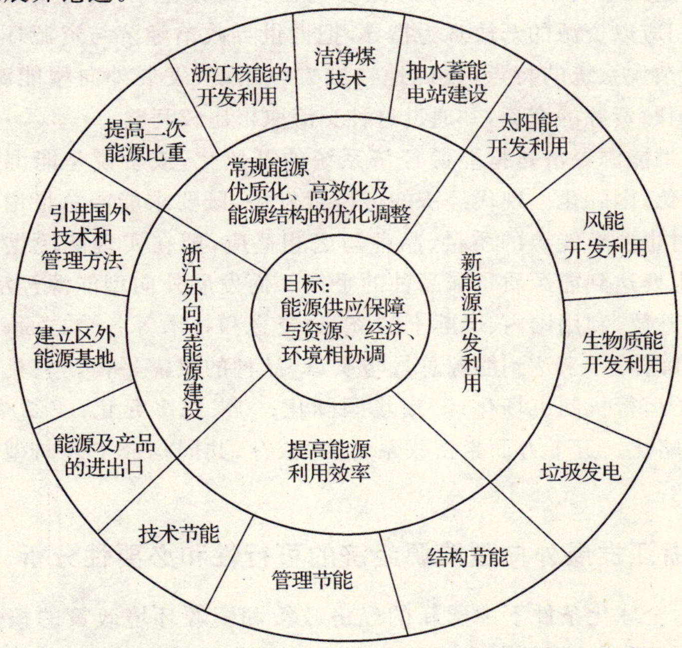

图8-1 浙江可持续能源发展战略的“总体对策轮”

处在轮子中心的是能源发展目标，轮辐代表为实现总目标可能采取的方案，其相关因素之间存在着相辅相成、相互制约、相互交叉的有机联系。

正如 M. E. 波特曾经指出的“像车轮一样，轮辐（即方案）必须从轮毂（目标）辐射出来并反映轮毂（目标）；而且轮辐必须互相连接在一起，否则轮子便不会转动”。

第三节　浙江省外向型能源经济探讨

一、外向型能源经济

根据资源经济学理论，由于各类资源分布的地区差异很大，各地区对生产要素的需求也不一样，区际间的资源流动成为必然。同时，全球能源资源分布与经济发达区域的巨大错位，随着世界经济的全球化发展，各国、各地区能源产供销系统的国际化日益加强。在这样的情况下，一国一地区欲在一个不与全球相联系的局部封闭系统中寻求能源供需平衡是不现实的。事实上许多国家和地区的能源供需平衡无不是通过能源系统的国际化来实现的。如发达国家利用国际矿源的比例均在50%以上，部分还在90%以上。因此，我们应以资源的开放观为指导，把握世界政治经济与资源环境这个非平衡态复杂大系统的特点，正确地选准方位角度，发展外向型能源经济，促进省际、国际资源的交流，并通过这种交流取得比较利益。

外向型能源经济是指能源经济系统的开放化，或者说是能源产供销系统的开放化、国际化。现代经济的可持续发展，既要求能源总量增长与之相适应，同时也要求能源的质量、品种与之相适应，即在实现能源供需总平衡的同时，也要达到能源质量和品种的平衡。而发展外向型能源经济，就是要通过对外开放，利用国内、国际上的资源、资金和技术等各个方面，建立开放资源的保障体系，来达到能源总量与质量、品种的供需平衡。它具有以下五个特征：①运行机制市场化；②市场国际化；③来源多元化；④结构合理化；⑤储备战略化。五个方面紧密联系，互为依存，共同构成了外向型能源经济的主要内容。

二、浙江发展外向型能源经济的可行性和必要性分析

首先，全球化条件下中国新的经济政策和资源环境政策的核心是充分利用四个“两”，即“两种资源、两个市场、两种技术、两种资金”。相应的政策需要四个方向的调整：第一是从主要利用国内资源、高度自给自足，转向充分利用全球资源、保持适度自给率；第二是从封闭型、半开放市场、较高的准入限制，转向降低市场准入，加快对能源、环保产业市场的开放；第三是从主

要利用国内资金特别是政府环保与生态建设投资，转向利用国内国际两种资金，特别是利用国外资金和全社会投资；第四是从较高的关税、较多的贸易壁垒、较高的引入技术成本转向零关税、低成本获取全球环保技术与设备。基于充分利用四个“两”的全球化战略，中国能源全球化政策的核心是“能源贸易自由化”和“能源投资自由化”，即转变市场、促进市场、积极向全球开放市场，这是21世纪初期中国新的能源发展观。中国能源市场国际化也将成为中国能源产业发展的必然道路。现在中国已加入了WTO，这也为中国走向国际增加了砝码。

其次，从浙江自身来看。浙江是个能源小省，能源依靠外来是一个不容忽视的事实。目前浙江一次能源的供给主要来自于国内市场。但从全国范围来看，能源资源的重点将逐步西移，距浙江越来越远。浙江煤炭主要来自于山西、陕西等省。并且随着经济的发展，煤炭储量占全国47.2%的西北地区（陕、甘、宁、新、青）将逐渐成为中国能源工业的重心。能源开发布局的西移20世纪末已经开始，21世纪必将加速。黄河以西煤田将在2010年左右成为中国主要煤炭调出地区，新疆的石油开发将改变中国石油工业的生产布局。资源重心的西移，将给浙江省能源的调入带来运距加长、费用加高等一系列新问题。

因此，从经济计划的可持续发展看，从资源对经济发展的制约看，21世纪初浙江省能源供需缺口仍将加大。根据资源状况和比较利益原则，仅靠省内和国内的资源是不能完全解决经济发展对能源的需要的，应充分利用中国已经加入WTO的有利条件，面向国际国内两个市场两种资源，注重能源安全，发展外向型能源经济，实现能源供应的多元化。再说浙江处于中国的沿海，对于进口能源具有一定的优势。同时，浙江也是中国的经济大省，具有很强的经济实力和技术实力。

发展外向型能源经济应覆盖整个能源的产供销系统，但就一个区域来讲，在不同时期应有不同的侧重点。根据浙江目前的状况，其外向型能源经济的发展重点要做到几个方面。

三、浙江发展外向型能源经济的重点方面

（一）浙江的煤炭供应应立足国内，强化省（区）际协作

1.浙江省煤炭供应面临的主要问题

第一，煤炭供需矛盾日益突出。一是从煤炭需求看：全省煤炭消费量逐年扩大。煤炭消耗的年均增长率，“八五”和“九五”时期分别为11.2%和3.5%，“十五”为10.6%。2005年煤炭消耗量高达9680万吨（其中统调电厂4900万吨），是1990年的3.87倍。预计今后3～5年煤炭需求的年增长率均在10%以上；2010年煤炭需求将接近1.4亿吨，其中统调电厂需求7700

万吨。二是从煤炭供给看:2005年浙江省煤炭产量仅44万吨,并且2～3年内本省煤炭生产将全部退出,所需煤炭将全部依赖省外调入。由于全国煤矿基本建设和技术改造资金投入总体不足,加之安全生产形势严峻、国家限制超能力生产和整治小煤矿,短期内煤炭新增生产能力有限。据国家发展改革委的信息,当前我国对煤炭、铁路、燃煤电厂的投资强度为1∶5∶30,表明今后较长一段时间煤炭供求将偏向卖方市场,煤炭供应将长期趋紧。

第二,煤炭运输的瓶颈制约严重。一是港口中转能力不足。浙江省虽然有宁波等地的深水良港,但散货码头建设滞后,更无煤炭专用码头,煤炭接卸能力明显不足。宁波镇海港、北仑港等码头经常出现海轮排队等待卸煤的情况,等待时间快则3～5天,慢则半个月。二是铁路运输能力不足。目前全国铁路请车满足率仅为35%,严重影响计划合同的兑现。海运到上海港、宁波港的二次装铁路运力明显不足,压港情况比较严重。运煤紧张导致浙江省电厂存煤屡屡告急,2005年厂港总存煤量较正常储备量低50万吨。由于铁路建设滞后,浙江省煤炭铁路运输紧张的局面短期内难以缓解。三是内河通航能力不足。京杭大运河受水位的影响,季节性堵航事件经常发生,严重影响通航能力。

2.解决办法

浙江大量的煤炭输入且主要基地在晋、陕、蒙的“三西”地区,运输能力、港口中转能力和装卸能力将直接影响浙江省煤炭的供应。而由于煤炭行业受到其成本、效益的驱动以及运输、环保等环节的制约,也会对浙江省煤炭的供求关系及其平衡目标的实现产生影响。因此,要千方百计增加煤炭储量,协调运输能力,确保电煤供应的同时,开展能源供应安全研究,积极争取国家批准浙江省进口国外煤炭,加快浙东沿海煤炭中转、加工、配送基地项目的立项与建设,同时要充分利用市场机制、储备制度来调节煤炭供求平衡。

第一,把煤炭供应作为保障经济长远发展的战略问题来抓,努力拓宽供货渠道,增强供给能力。一是强化省(区)际协作,实现优势互补。把煤炭纳入浙江经济协作的主要内容,进一步加强与山西、内蒙等主要产煤省(区)的协作工作。鼓励浙江省企业同省外主要煤炭生产企业建立战略合作关系,形成共赢互利的新局面。二是推进煤炭生产基地建设。抓紧做好省能源集团公司在山西和安徽淮南、淮北煤炭基地建设的前期准备工作,争取尽快动工。鼓励企业到煤炭资源丰富的省(区)投资办煤矿,争取更多的矿点为浙江经济发展服务。三是积极利用国外煤炭资源和市场。充分发挥浙江省临港和海运的优势,鼓励企业扩大煤炭进口业务,弥补国内资源的供应不足。

第二,着力缓解煤炭运输的瓶颈制约,强化煤炭运输的综合协调。加强与铁路、交通部门的联系和沟通,充分挖掘运输潜力,努力提高合同兑现率和铁路请车满足率，千方百计保证电煤及时运输和供应。建立全省煤炭经营网络，及时掌握全省煤炭库存动态，做好煤炭市场需求分析预测工作，提前采取针对性措施。加强港口煤炭专用码头建设。充分发挥浙江省沿海临港资源的优势，抓紧做好煤炭码头的发展规划编制和项目前期工作。重点加快宁波镇海港、北仑港、嘉兴乍浦港等沿海港口散货码头的建设，尽快完成宁波建龙钢铁厂煤码头建设并投入运行。加大镇海 4 号煤码头的改造力度，统筹沿海电厂专用煤炭码头资源，做好部分电厂码头向煤炭经营开放的协调工作，增强煤炭整体接卸能力，减少压港现象。

第三，建立煤炭储备制度。把煤炭储备作为保障煤炭供应的一项长效措施，切实抓好。建立省、市结合的储备制度，完善预警机制和应对方案。加快建设舟山煤炭中转基地，实行大型煤炭经营企业和煤炭交易市场的滚动储备。着力提高防患和应变能力，确保全省 15 天以上使用量的煤炭储备，其中省级储备占 40%。各地要根据本地实际，建立应急储备制度，确定合理的煤炭储备量，并筹措落实储备基金。

（二）浙江省的外向型油气资源建设应走多元化、多边化和多途径之路

1. 进口石油、天然气和液化天然气的必要性和可供性分析

从能源的需求方面来看。能源消费结构的优化是使能源消费从数量增长到质量效益增长的必经之路。石油、天然气是单位热值高、污染小、使用效益好的优质能源。从世界能源消费结构发展演变的一般规律来看，工业化时期石油、天然气消费比重提高是一种必然趋势。在今后几十年内，世界能源消费将呈现以油气为主的能源互补结构，石油、天然气的主导地位仍是不可能取代的。然而浙江由于供给不足，严重制约了石油、天然气消费需求。

随着浙江工业化进程的加速及人民生活水平的显著提高，不仅导致能源的需求量大幅度上升，而且许多工业部门都要通过内燃机化等提高效率，生活用能中对优质能源的要求也越来越高，因此石油、天然气的需求也将会不断提高。

根据国家及有关部门的研究，周边国家如俄罗斯、东南亚地区以及中东、非洲国家油气资源丰富，其中从海上引进 LNG 和从陆上管道引进中亚、俄罗斯天然气的前期工作正在有序地进行，加上“西气东输”工程的实施，多种气源互为补充、相互备用，有利于减少风险，是保障浙江省能源安全的重要手段。鉴于浙江省具备引进 LNG 的港口条件和良好站址，浙江省应抓住这一能源结构调整的战略时机，充分发挥港口优势，大力推进天然气引进项目和 8 台 35 万千瓦 LNG 电厂项目建设，以改善浙江省电源结构和城市燃气结构。

随着宁波镇海炼油厂新的 800 万吨原油加工能力投产，浙江省的石油制品需求得到部分缓解，但远未满足日益增长的需求，除一部分从周边省市输

入外，大部分要从国际市场购买，近三年来浙江省累计从省外调入的油制品，进口量占53.4%。预计到2010年，全省的油制品（含燃气发电用油）进口量将达到1500万吨以上，全部输入量将接近3000万吨。

2.浙江外向型油气资源建设应注意的几个问题

第一，要注意积极开拓国外油气资源基地。

在发展外向型能源经济中，我们不仅要“买进来”，更要“走出去”。“走出去”就是要到能源资源丰富地参与开发，获取能源份额，在国外建立资源基地。

开拓国外资源基地较之于直接进口有其独到的优势。通过建立国外资源基地，可以避免资源价格不稳定带来的损失，可以提高外汇资金的使用效益，还可以充分利用自己拥有的技术、人力等优势，可以稳定、长期地获得资源保证。

浙江在发展外向型能源经济中一定要“走出去”尤其是位于里海周边的中亚国家。虽然中东地区具有很大的石油和天然气资源，但是中东地区石油生产国主要石油储量受到国家石油公司的控制，同时该地区政局十分不稳定，不是浙江建立国外资源基地的首选目标。而位于里海周边的中亚国家就不一样了。虽说这里的石油和天然气的产量没有中东多，但是也是一个石油、天然气资源丰富的地区。哈萨克斯坦陆上探明石油储量为21亿吨、天然气100亿吨。里海大陆架初步探明的石油储量已达55亿～100亿吨。中亚其他国家也具有较丰富的资源。自中亚国家宣布独立后，面对严重的经济危机，很多国家都采取优先发展能源工业，以石油、天然气工业带动国家经济发展的战略。例如，哈萨克斯坦为了发展本国的经济，借助外资优先发展石油工业，以能源出口启动经济；同时为了创造良好的投资环境，哈政府还出台了一系列的政策措施。在短短的几年中，哈的能源领域就出现了30多家合资企业，其中包括世界著名的壳牌公司和阿莫科公司。因此作为中国沿海经济发达而能源短缺的浙江省，也应抓住这一机遇，去这些国家联合开发资源基地。

第二，要注意制订油气资源开发中长期规划，调整和优化能源结构。

从能源和人类的技术发展情况来看，21世纪特别是前半期人类利用的一次能源组成仍将以化石能源为主，但核能、可再生能源的重要性逐渐增加。在化石能源中，石油、天然气在前期仍占主要地位，特别是天然气的开发和利用将有较大的发展。在能源终端利用形式上，电能的比重将不断增大。因此，浙江应该认清自身资源的禀赋特征和世界能源发展态势，结合国民经济和社会发展预测，制订科学的能源中长期开发计划。具体应逐步降低煤炭消费比例，加速发展水电和天然气，依靠国内外资源满足省内市场对石油的基本需求，加大研究和开发新能源和替代能源力度，如核能、太阳能、风能、海洋能、氢能等，初步形成结构多元的局面，使得优质能源和可再生能源的比例明显提高。

第三,要注意建立油气资源储备库,提高市场应变能力。

能源储备具有蓄水池的作用,不仅能够平抑能源市场价格波动,还能够在能源供应紧张时保障能源供给,确保经济社会的正常运行。美国在1991年对伊拉克发动"沙漠风暴"行动时就动用了石油储备。日本自20世纪70年代开始建立了大量的战略石油储备。我国没有能源战略储备库,全系统的综合储备天数仅为21.6天,显然不能保障石油安全。浙江能源的对外依存度极高,在配合国家做好能源储备库建设的同时,还应根据自己的特点建立一批省级能源储备库。目前,国家正拟建国家战略石油储备基地,一期工程圈定的四大基地为浙江镇海、杭州湾附近、山东黄岛、广州大亚湾,这对浙江非常有利,省里应积极配合建设,并考虑与浙江的衔接问题。

第四,要注意油气资源进口的多元化、多边化和多途径。

多元化指进口多种油气产品,多边化指从多国和地区进口油气,多途径是指进口方式的多样化。浙江的石油、天然气要依赖外部市场。因此,浙江在进口能源方面一定要注意"三多"。不能因为缺乏能源而盲目地进口,一定要防止能源品种、结构、地区的单一。要统筹国内与国外的发展。要充分发挥两种资源、两个市场的作用,在国内煤炭、油气资源和运力不足的情况下,浙江省要加强进口煤炭和引进LNG的研究并着手实施,同时鼓励国内企业分享海外油气资源,积极主动融入国际能源市场,并把它作为浙江省获取国外能源的主要途径。国内的能源输入也要走多元化、多边化和多途径的道路,输入来源、输入品种、输入方式及合同类型都要多元化、多边化和多途径,特别是天然气和电力供应直接关系到广大人民群众的生活,更应引起高度重视。

第四节 浙江常规能源的优质化、高效化及能源结构的优化调整

一、浙江常规能源的优质化、高效化必须遵循的指导原则

浙江常规能源的优质化、高效化必须以可持续发展思想为指导。能源供应从以满足经济发展的基本需求为目标,转向保障供给、洁净高效、可持续利用等多元目标,并作为能源结构优化调整的内生决策要素,进而促进能源利用从"量"到"质"的转变和经济、能源、环境的协调发展,为现代化建设提供支持。

必须以保证能源安全为前提。在化石能源相对短缺的资源条件下，一方面要充分利用国内外市场更多地获得化石能源，改善浙江省的能源结构；另一方面又要通过能源结构多元化、市场多元化、能源储备、适当控制对外依存度等措施规避风险、保证能源安全。

必须利用国内外两种资源、两个市场。在经济全球化趋势进一步加强的大背景下，国家和地区一般根据比较成本优势配置资源，自然资源禀赋条件与经济发展的不平衡性使其不可能离开国内外市场。浙江省应充分利用区位优势，尽可能从国内外市场获得油气资源，努力改变以煤为主的不利现状，改善能源结构。

必须远期和近期相结合。从长远来看，能源结构优化调整的目标是实现能源生产和消费从以化石能源为主向以可再生能源为主转变，建立优质、清洁、可持续的能源利用体系。从近期来看，能源结构优化调整的方向是尽可能采用油气等优质能源，加大清洁煤技术的开发应用力度，积极鼓励开发利用可再生能源。因此，目前应积极开发利用天然气，大力推广清洁煤技术，在化石能源安全供应的期限内逐步建立起可再生能源开发利用的技术体系。

必须“软”、“硬”相兼。能源结构优化调整既需要科学技术、能源基础设施建设等方面的“硬”件来保障，也需要相关政策法规等“软”件来支持。因此，必须“软”、“硬”兼用，特别是不能忽视管理手段的应用和政策法规的建设和完善。

二、树立“电力先行”的理念，提高二次能源比重，全力加快电源电网建设

“电力先行”是经济发展的客观规律。“电力先行”主要表现在发电容量、输电网、配电网和热力网都要具备一定的备用量。《中华人民共和国电力法》第三条规定：“电力事业应当适当超前发展，国家鼓励、引导国内外的经济组织和个人依法投资开发电源，兴办电力生产企业。”我国从 1953 年提出“电力先行”，以后又陆续提出“电力工业需要先行一步”、“电力是先行官”、“电力工业必须变落后为先行”以及“电力事业应当适当超前发展”，基本思想都是“电力先行”。

“电力先行”意味着：先行一步、保持备用。即对发电厂、电力网及热力网工程的拨款和修建应考虑比工业企业及其他热力、电力用户投入生产略早一些，以保持必要的备用；其中最主要的是备用发电容量。“电力先行”意味着：发电设备增长高于发电量，发电量与工业产值间保持合理比例。有人说“电力先行”，就是指电力工业的发展速度必须快于国民经济其他工业的发展速度，即电力弹性系数必须大于 1。这种概括是建立在工业产值的增长

小于工业耗电量的增长率的基础上，随着科学技术的进步，在工业产值的增长率可以做到大大高于工业耗电量的增长率的情况下，它就失去了意义。从最近二十年的发展来看，电力弹性系数大于1的年份，缺电都非常严重。从近几年的情况来看，1991—1999年电力弹性系数都小于1，1996年为0.74，1997年下降为0.58，1998年更下降为0.27，可见从1997年开始电力供求缓和了。所以不能简单用电力弹性系数是否大于1来衡量电力是否先行；显然，电力弹性系数持续大于1，意味着经济社会发展对电力的依赖程度增强，电力更要先行。

看来“电力先行”还是应当统一为先行一步、保持必要的备用，在发电、输电、配电配套的条件下，主要的衡量指标是发电设备的备用率和供电可靠性。发电设备备用率计算简单、直观，但备用率仅仅考虑电源的供应能力，不包括输、配电的能力，供电可靠性比较全面，但比较复杂。

必须建立“电力先行”的度量指标。浙江省延续26年的缺电局面，终于在1997年被打破，1998年和1999年继续得到缓和，但电力是否已经先行了，尚缺乏客观的度量指标。如有的发电公司发现原订的销售合同中规定利用小时数和年发电量不能保证时，公司的收益受到影响，惊呼电力供大于求；一些供电企业原来每年售电量都有10%～20%的增长率，现在售电量增长率下降到10%以内，甚至出现负增长，也惊呼电力供大于求，忙于降价促销。这些呼声使人们感觉到电力供大于求了。实际上，在缺电情况下规定的发电设备利用小时数、年发电量和供电企业的收入与电量挂钩的办法，已经不适应电力缓和的情况，不能靠这种感觉和呼声来判断“电力先行”与否。

据一些专家的分析，大部分电网在电力供应缓和之后，出现了负荷增长速度显著超过售电量的增长速度，大部分电网供需基本平衡，富裕容量减少，少数电网供电紧张，部分电网出现了供大于求。“电力先行”的度量指标有两项，一项是电力备用率，另一项是电力可靠性。

第一，电力备用率。电力备用率是电力系统内的可靠容量减去最高负荷，并除以最高负荷以后得出的百分数。备用率包括负载备用、事故备用、检修备用，国际上要求备用率达到25%。凡电路备用率超过25%，属于过渡超前，应尽快调整，如减少新投产容量；如果电力备用率达到25%，则可以说做到了“电力先行”；如果电路备用率低于25%，那么就是还没有做到“电力先行”。当今工业发达国家对计算备用率的各项指标有严格要求。如规定系统可靠容量，可靠容量是指电力系统高峰负荷时，各类发电设备能可靠提供的发电容量。可靠容量不包括厂用电消耗的容量，也不包括受阻容量，是在电力系统高峰负荷时实地测试后证实的容量。系统最高负荷是指电力系统实际出现的高峰负荷。

浙江省目前电力统计中只有发电设备容量的统计，没有可靠容量的统计;另外由于层层趸售,一般电力系统只有统调的最高负荷。总之,浙江省应当建立可靠容量、最高负荷和电力备用率的统计。

第二,电力可靠性。电路备用率仅仅是考虑电源的供应能力,未包括输、配电的供应能力,因此电力可靠性更全面些。世界上一些国家和地区在供电服务承诺中,第一条是承诺电力可靠性,并且每年都要考核。浙江省近年来已经对电力的各种可靠性进行了统计和发布,电力用户的可靠性仅仅是10千伏配电变压器额供电可靠性,最好能抄表到户,电力可靠性计算到用户。

为了保证“电力先行”,要做到始终保持合理的电力备用率和供电可靠性,要改进浙江省的电力规划、电力计划、服务承诺的电力统计工作,让全体电力职工、全省人民都了解各个电网“电力先行”的情况。

发达国家的经验表明,处在工业化加速的国家和地区,能源(尤其是电力)消费增长率超过经济增长速度是一种普遍现象。浙江正进入工业化加速发展阶段,已连续七年电力消费增长超过经济增长,电力弹性已处在大于1的阶段,只有加快电源建设的同时搞好电力平衡,才能保障社会经济发展和人民生活的用电需求。在“十一五”期间浙江省的电源结构将会发生一些变化,气电、热电、核电等将得到进一步的发展,同时还要尽力增加省外电力电量输入,包括华电网输入、合资电厂分电、三峡电站输入、西南和西部水电输入等。

浙江电力建设的基本目标是:到2010年,全省初步形成以大型骨干电厂为重要支撑点,以500千伏省环网为主网架的,布局合理、结构优化、安全可靠、绿色环保的电力保障体系。电源建设的总体要求是:①电源建设合理布局。电源建设要尽量靠近负荷中心,以减轻电网建设和输配电压力,减少电网损耗,提高供电的可靠性和经济性。②优化火电发展。火电项目要充分考虑节能、环保节水等因素,原则上采用单机容量60万千瓦及以上的高参数、大容量机组。③加快发展气电。充分利用西气东输和东海大陆架油气资源,建设燃气电厂;还可以利用港口条件好的优势,进口液化天然气建设LNG电厂,既能优化电源结构,也有利于增强电网调峰能力。④适当发展热电联产。按照以热定电的原则,在热负荷比较集中的工业区或其他企业密集地区,适当发展有一定规模的热电联产项目。⑤因地制宜开发小水电,建设适量抽水蓄能电站。2020年浙江全社会的用电最高负荷将达到6000万千瓦,最大谷峰差将达2520万千瓦。调峰需求将逐步增长。抽水蓄能电站作为调峰的有效手段将会有较大需求,根据预测,至2020年,浙江电网所需新增的抽水蓄能容量在120万~180万千瓦之间,而华东电网同期新增抽水蓄能容量可能达到1000万千瓦。浙江本身具备较多的抽水蓄能电站站址,而且条件比较优越,建设适量抽水蓄能电站有利于平衡电力负荷。

这些电源建设目标实现后，浙江省未来的电力装机容量及其结构如表8-2所示。

表8-2　浙江省电源建设项目及其装机容量规划目标

年　份	全社会装机容量（万千瓦）	其　中				
		水电	燃煤火电	燃气火电	核电	风电等
2000实绩	1281.2	139.9	1091.3	—	30	—
2003实绩	1461.4	199.5	1231.9	—	30	—
2005	2184.0	216.7	1552.3	230	170	15
2010	4450.6	306.7	1708.9	648	170	50
2015	5502.6	426.6	3636	1210	430	100
2020	6634.7	426.7	3786	1992	630	200

在电网建设方面，全省电网建设应贯彻适度超前布点、加快主网建设、加强受端系统、电源分散接入、限制短路电流的原则，尽快形成适应经济发展和电源接入、布点合理、网架坚强、各级电压匹配、运行调度灵活的现代化电网。电网建设的重点是加强500千伏送、受电主通道的建设，加强与华东主网的连接，适应接受三峡电力和全国的要求。要加快在负荷中心建设500万千伏电所的步伐，不断加强和完善电网结构，为逐步实施分层分区运行创造条件，确保浙江电网安全、稳定和经济运行。

三、浙江应重点发展核电

核能是一种长期的战略性能源，如今成为很多国家能源结构中的主要组成部分。世界多数发达国家将发展核电作为能源供应的重要内容。日本和韩国是化石燃料短缺的两个国家，他们均将核能视为关键的能源而予以重点发展，并制定长期发展规划。法国的核电在其一次能源结构中的比例高达38％，美国核电装机容量已占总装机容量的20％。

“九五”以来，浙江境内核电发展较快，1994年秦山核电一期30万千瓦投产运行后，二、三期机组又相继投产。至2004年底，浙江核电总装机容量已达305.6万千瓦，年发电220亿千瓦时。根据核电发展规划，浙江三门境内6台100万千瓦核电机组工程前期工作正在加紧进行。浙江新能源发展的重点是发展核电，也是浙江省电源建设的重点。从长远来看，核电将是彻底解决周期性的电、煤、油等能源的瓶颈的必然选择。在秦山核电基地各期工程相继建设和运营的同时，国家还计划在浙江三门县建设总装机容量为600万千瓦的浙江省第二个核电基地。三门核电站计划安装6台100万千瓦核电机组，全面建成后，装机总容量将达到1200万千瓦以上，超过三峡电站总装机容量。届时，以秦山和三门为北，南依托浙江核电基地的总装机容量将达到1500万千瓦。

四、加快浙江洁净煤技术

1.煤炭在浙江能源结构中的主体地位短期内不会改变

全省煤炭消费量逐年扩大。煤炭消耗的年均增长率，“八五”和“九五”时期分别为11.2%和3.5%，“十五”为10.6%。2005年煤炭消耗量高达9680万吨（其中统调电厂4900万吨），是1990年的3.87倍。今后3～5年煤炭需求的年增长率均在10%以上，2010年煤炭需求将接近1.4亿吨，其中统调电厂需求7700万吨。从煤炭供给看，2005年浙江省煤炭产量仅44万吨，2～3年内浙江省煤炭生产将全部退出，所需煤炭将全部依赖省外调入。

尽管浙江的煤炭主要是靠外地输入，但是煤炭在浙江能源结构中的主体地位在短期之内是不会改变的，因此对于煤炭资源的优化调整，尤其是对煤炭利用技术的改进就显得尤为重要了。

2.加快洁净煤技术

洁净煤技术是减少污染和提高效率的煤炭加工、燃烧、转化和污染控制等新技术的总称。我国已通过科技部广泛资助了一大批洁净煤技术研究、开发及普及活动。目前浙江的洁净煤技术也有了长足的发展。以浙江大学热能工程研究所、国家重点燃烧实验室为研究基地及技术依托，浙江省煤炭集团（现重组为能源集团）成立了洁净煤技术研究开发中心。浙江洁净煤技术的发展主要要采取以下措施：

优化动力配煤。由于各种锅炉都有其设计的适用煤种，而现实中又很难保证能采购到相应的原煤，加上目前煤炭市场趋紧，原煤质量更加不能保证，使得大量锅炉燃用的煤种远远偏离设计煤种，从而出现了一系列的资源浪费、环境污染和锅炉工况不佳等问题。优化动力配煤即可按照锅炉设计的煤质要求，通过相关煤种之间的合理配制来解决上述问题，使锅炉燃烧能够安全、经济，并达到环保排放要求。目前在浙江的技术关键是：采用神经网络方法，考虑煤种混配中的非线性特征，使配煤结果更加科学，实现多煤种、多目标配煤；在多种原煤间自动寻优，实现成本最低、性能最优的配置。浙江要以长兴电厂为示范点，加快动力配煤机制。

采用高效的燃煤技术和先进的发电技术。洁净煤发电技术仍是当今世界上发展中的技术，主要包括常压循环流化床锅炉（CFBC）、增压流化床锅炉联合循环机组（PFBC-CC）、整体煤气化联合循环机组（IGCC）和燃料电池。这些先进技术在浙江处于示范阶段，以后在电厂的改造和新建中，应大力推广这些技术。同时，在火电结构方面要逐步淘汰中小机组，改造中型机组，发展高参数的大容量机组。目前，浙江在电力严重的短缺的情况下，政府规划要建设实施"三个一千"和"一个五百"工程，即确保1000万千瓦，争取1200万千瓦装机建设投产，如果要实施这些项目，就是要发展常规超临界、超临界机组，改造中小型锅炉。

燃烧后的烟气脱硫技术。目前已投入工业应用的烟气脱硫工艺主要有：石灰石—石膏湿法烟气脱硫、烟气循环流化脱硫、喷雾干燥法脱硫、炉内喷钙尾部烟气增湿活化脱硫、海水脱硫、氨水洗涤脱硫和电子束脱硫等。目前，浙江火电厂应用的脱硫工艺主要有三种，石灰石—石膏湿法脱硫工艺、炉后半干法脱硫工艺和炉内喷钙加尾部增湿活化器脱硫。目前，浙江的半山电厂和钱清电厂、萧山电厂和长兴电厂等电厂安装了脱硫技术。但是，各个电厂应该根据自己不同的机组，采用不用的脱硫技术。

五、加快浙江抽水蓄能电站建设

水电是优质的可再生能源和洁净能源，也是水能资源丰富国家在能源开发过程中的首选能源。水电在世界电力总量中占20%左右，在电力中发挥着不可缺少的作用。在中国，水电得到了更多的重视。浙江作为中国水能比较丰富的省份，对水能的利用程度也比较高，到2004年，浙江电源装机中，水电比例达到20.7%。目前浙江省的水力资源开发比例已达60%左右，在全国已属于开发水平较高地区，余下待开发的水力发电资源难度增大、单机容量小、利用小时低、经济价值不高。但从总体来看，浙江省的地形、地貌、气候和水文条件等，对于发展抽水蓄能电站具有得天独厚的优势。因此，加快抽水蓄能电站建设是浙江目前发展水电的重要项目。

抽水蓄能电站已有百年历史，从20世纪60年代开始进入快速发展阶段，其主要原因是：

(1)抽水蓄能技术有了很大进步，尤其在高水头、大容量机组的制造，地下洞室施工技术方面的重大突破，使得许多大型抽水蓄能电站建设从技术问题转向经济问题，即技术上是否成熟，主要取决于经济上是否合理。

(2)抽水蓄能电站的建设与电力系统的发展密切相关，当系统中高参数、大容量火电机组以及大型核电机组投入时，电网的负荷率将进一步降低，抽水蓄能电站就成为电网填谷、顶峰发电不可缺少的部分。

(3)抽水蓄能电站运行灵活，除了调峰、填谷外，还可承担调频、调相、事故备用、负荷备用等任务。

浙江的天荒坪抽水蓄能电站已经投入运行，电站装机容量为180万千瓦，其第二电站也在规划中。据预测，到2020年浙江全省所须新增的抽水蓄能容量在120万～180万千瓦。根据有关勘探资料，浙江省条件较好的抽水蓄能电站址有20个，总装机可达2300万千瓦，建设适量抽水蓄能电站有利于平衡电力负荷。

六、能源结构优化调整的政策措施

1.制定并实施能源结构优化调整的总体规划

在经济全球化趋势进一步加强的大背景下，以可持续发展思想为指导，以现代化建设的需要为依据，制定并实施浙江省能源结构优化调整总体规划，协调各种能源的结构比例、各种能源的发展政策、相关能源管理部门的职能，明确近、中、远期能源发展目标和措施，以保证浙江省有条不紊、高效务实、富有成效的可持续能源系统建设。同时，能源结构优化调整是一项复杂的系统工程，需要各部门和各行业的协调配合。由于不同能源品种分属于不同的行业，不同行业的业务管理又分属于多个部门，因此，要加强对不同部门的组织和协调，打破行业和地区的条块分割，解决行业技术发展不平衡、跨行业合作难等问题，保证能源结构优化调整政令畅通、各部门协调一致。

2.加强政策法规保障

首先，要加大现有政策法规的执行力度。为提高能源效率、推行清洁能源、改善环境质量，我国及浙江省已经出台了许多相关法律、法规和政策，但目前许多法规、政策的执行力度不够，没有真正发挥引导和推动作用。因此，应采取有效措施进一步加强相关政策法规的执法力度。其次，要进一步健全和完善能源结构优化调整的配套政策法规。在鼓励天然气、新能源和可再生能源开发利用等方面还缺乏政策法规的有力支持，因此，有关部门应参考国外的经验，在深入调查研究的基础上，加快相关政策法规的制定与实施。

3.充分发挥市场调节的基础性作用

积极配合全国能源产业的市场化改革，以建立包含环境成本在内的各能源合理比价体系为重点，打破能源产业垄断经营的局面，尽早使市场机制在浙江省能源资源优化配置中发挥基础性作用。应降低风电、核电的市场准入，加快石油、天然气价格形成机制的改革；积极与三大石油天然气集团合作，促使其在浙江境内形成全方位的竞争格局；加快对外开放步伐，鼓励外资及民营资本进入能源产业。

4.建立有效的投融资机制

能源产业是资金高度密集的产业，能源基础设施建设、能源技术开发应用都需要大量的资金投入。应加大财政专项建设资金的支持力度，增加预算内资金投入，借鉴国外经验，适时建立石油风险基金和可再生能源发展基金，保证能源结构优化调整的实施。综合运用投资、财政、税收、价格、信贷的经济政策手段引导社会资金投向清洁能源开发利用领域，鼓励商业银行的资金投入。允许成立非银行能源金融机构，以增加和拓宽其融资手段和融资渠道。在统一、开放、竞争、有序的市场体系下，以股份制为纽带，通过地方、部门、企业之间相互参股、持股的办法，吸引各方面资金参与能源资源开发，为能源企业在国内外资金市场上募集资金创造良好的政策环境。

5.积极开展对外合作

首先，通过技术设备引进，提高浙江省能源开发利用水平，降低生产成本，增强市场竞争能力。其次，要加强人才引进和交流，吸引更多富有经验的技术管理人员参与浙江省清洁煤、天然气、核电、风电和水电的开发利用和管理。要把人才引进和人才培养相结合，建立一支适应浙江省能源产业发展要求的专业化、高水平人才队伍。再次，要逐步扩大开放领域，吸引外商直接参与浙江省能源建设；通过国内企业海外上市直接到海外融资；积极争取全球环境基金、世界银行、联合国开发计划署和亚洲开发银行等国际组织和有关国家政府资金基金的支持。最后，鼓励浙江省内有实力的能源企业参与国外能源开发，通过参股、合作等方式开展跨国经营，开拓国外优质能源供应渠道。

第五节　大力开发利用新能源与可再生能源

太阳能、风能及生物质能等可再生能源具有可再生、清洁、改善生态环境等常规能源所无法取代的优势，对促进浙江省可持续发展具有现实和长远的战略意义。目前，可再生能源的开发利用对浙江省，尤其是对广大农村地区能源供需已发挥了较好的替代作用。

一、太阳能的开发利用

太阳能利用技术主要分为太阳能热利用技术和光伏发电技术，其中太阳能热水器、太阳能空调及建筑、太阳能光伏发电是目前太阳能利用中技术较为成熟、商业化程度较高、开发潜力大的主要领域。

总体来看，目前太阳能发展有以下几个主要特点：

(1)发展速度很快。太阳能热水器全球平均户用比例将从1998年的1%～2%上升到2015年的20%。我国是世界上太阳能热水器最大的生产国和最大的市场，太阳热水器市场正以30%的速率递增。光伏组件的生产在今后10年也将以20%～30%甚至更高的递增速度发展。

(2)市场竞争力越来越强。现在，太阳能热水器的性能价格比已可与电热水器和燃气热水器相竞争。

(3)应用领域不断拓宽。太阳能热利用从低温热利用逐渐发展到太阳能建筑、太阳能空调、太阳能热发电;太阳能光伏发电正在由边远农村和特殊应用向并网发电和与建筑结合供电的方向发展,由补充能源向替代能源过渡。

(4)在能源利用中的地位越来越高。由于常规能源资源的有限性和环境的压力增加,许多国家加强了对太阳能发展的支持。美国制订了政府阳光发电计划,并将光伏发电列入公共电力规划,计划到2010年安装1000～3000兆瓦太阳电池。日本制定了"屋顶光伏计划",安装目标是7600兆瓦。

浙江省属日照四类地区,全年日照时数为1400～2200小时,年太阳辐射能为1280千瓦时/平方米。太阳能供热已成为浙江省可再生能源开发利用的一条重要途径。宁波太阳能电源厂是中国主要光伏电池生产企业,同时浙江太阳能热水器年生产能力达52.2万平方米,并且太阳能从城镇向农村发展,每年推广量以30%的速度递增,并出现了一批集中应用村,到2004浙江全省已推广太阳能热水器120万平方米,年替代商品能源24万吨标准煤。

二、风能的开发利用

1973年的石油危机以后,风力发电作为能源多样化措施之一,被许多国家列入能源规划。到2003年初,全球风力发电装机容量达到3200万千瓦,即总量已经相当于32座标准的核电站,相当于三个浙江的装机容量。发达国家中风电的年装机容量以35.7%的速度高速增长。目前单机容量500千瓦、600千瓦、750千瓦的风电机组已达到批量商业化生产的水平,成为当前世界风力发电的主力机型。从价格上看,目前,美国利用风能发1度电的耗资不到4美分,预计到2020年风能的价格还要比现在降低一半。另外,由于风电机组设计和工艺的改进,使每平方米风轮扫掠面积的年发电量达到1400～1500千瓦时。综合来看,在国际风电市场上,即使在不计算环境成本优势的情况下,目前在较好的风场已具备与火电竞争的能力。

"风力发电是新能源领域中技术最成熟、最具商业化发展的发电方式之一,是浙江新能源的最好突破口"。浙江省气象局气候中心主任苗长明说。浙江属风能比较丰富的省份,全省海岸线总长约6500千米,大多数海岛平均风速在5米/秒以上,年平均有效风速时数约为6000小时以上。少数沿海地区高山顶上的有效风速时数也在6000小时以上,近大陆或面积较大岛屿有效风速时数,约占全年时数的50%～60%。全省可开发利用的风能资源约164万千瓦。浙江风力资源分散在杭州湾中部等近海风能区、温台等沿海风能带和一些内陆风能点。这些地区风能密度都在150～200瓦/立方米以上,可满足风电项目建设的基本气候条件。至2004年末,已开发建成临海括苍山、苍南鹤顶山、嵊泗泗礁、大陈岛、北麂岛等风力电场基地,总装机容量达

3.4 万千瓦，约占全国风电总装机容量的 8%。

三、生物质能的开发利用

生物质能源是指农作物禾秆、柴草和沼气等生物因素而发生的能源。生物质能技术比较多，主要包括如下两种。

1. 沼气工程技术

它是中国最早应用于农村家庭粪便处理和生产气体燃料的一种技术。这种技术取得了很大进展，从单纯的能源利用发展到废弃物处理和生物质多层次综合利用，并与养殖业、种植业相结合，成为高产优质农业和生态农业的一项关键性技术。浙江气候温润，发展沼气的天然条件优越，产气强度高。目前以沼气为纽带的能源环境工程正在进行中。

2. 生物质气化

生物质气化即通过化学方法将固体的生物质能转化为气体燃料。由于气体燃料高效、清洁、方便，因此生物质气化技术的研究和开发得到了国内外广泛重视，并取得了可喜的进展。在国内，已经有很多省份开始采用这个技术，如山东开发的下吸式气化炉、江苏研究开发以稻草、麦草为原料，应用内循环流化床气化系统，产生接近中热值的煤气，供乡镇居民使用的集中供气系统。浙江的小城镇可以推广此项目。

广大农村地区生产、生活用能中，生物质能主要是秸秆、薪柴及沼气的利用，其中秸秆消费从 2000 年的 204 万吨标准煤下降到 2004 年的 130 万吨标准煤，平均每年下降 10.8%。薪柴消费从 2000 年的 422 万吨标准煤下降到 2004 年的 283 万吨标准煤，年均下降 9.5%。全省可利用的畜禽养殖废弃物资源量为 2420 万吨，年可产沼气 23.54 亿立方米，相当于替代 168 万吨标准煤。到 2004 年底，浙江已在大、中型规模畜禽养殖场建起各类大、中型沼气工程 359 处，农村户用沼气池 5.35 万户，可替代能源 2.47 万吨标准煤。全省正在 8 万多户农民家庭推广"猪—沼气—作物"模式沼气工程，形成了以沼气为主的生态农业模式。但全省目前生产沼气仅为 0.35 亿立方米，占可开发量的 1.5%。

四、垃圾发电

目前，以垃圾焚烧无害化处理方式供热发电，已成为一种新的可再生能源资源。至 2004 年，全省已建成投产垃圾焚烧供热发电企业 16 家，日处理工业及生活垃圾总能力约 4350 吨，焚烧发电装机容量约 20 万千瓦，生产电量约 10 亿千瓦时。

五、政策建议

目前浙江省的新能源、再生能源开发利用尚处在起步阶段，多数可再生能源技术发电成本过高和市场容量相对狭小。目前，除了小水电外，可再生能源发电成本远高于常规能源发电成本，从而抑制可再生能源市场。反之，市场小又给成本降低造成障碍，形成恶性循环，使可再生能源产业的发展陷入困境。

国际社会发展新能源和可再生能源的经验归纳为：和传统能源的成本相竞争、经济激励政策、强制市场政策和采用新技术。和传统能源的成本相竞争主要是减少对化石能源的补贴和内部环境成本；经济激励政策包括对可再生能源补贴和税收减免政策；强制市场政策是通过法律、法规和政府规定，强制可再生能源占有一定的市场，其增量成本以公平的方法转嫁给消费者。此外，还要有政府支持、法律保证、引入竞争、依靠科技等手段。为此，我们建议：①加强立法，力争三年内批准和颁布可再生能源利用促进法。②强化政策体系的建设与创新，当前一是要加快风电特许权的试点示范工作；二是要改善投融资环境，吸引外资和民间资本进入；三是做好公共效益基金的实施方案的设计与申报工作；四是加快可再生能源强制性市场政策的研究和试点。③采用适当的经济激励政策，由于可再生能源发电系统中没有燃料进项抵扣，建议风能等可再生能源和小水电一样实施6%的增值税率，并给予进口设备关税减免和所得税减免。④增加对可再生能源的投入，建议将可再生能源的发展列入各级政府的产业发展和科研攻关计划，并纳入财政预算。⑤可再生能源发电装备制造实现本地化，要鼓励外资和民间资本进入可再生能源产业，实现装备制造本地化，从而降低成本。

第九章 基于浙江实证的节能利益相关者分析

第一节 概 述

一、研究意义

人类现在一年内所消耗的矿物燃料，相当于自然历史中花费100万年所积累的数量。中国处于高速工业化和城市化的阶段，处于能源消耗迅速增长的历史时期。这一增长势头与中国人口数量大、人均能源消费基数低的特殊国情叠加，会产生巨大的能源需求冲击。中国能源消费量从1953年的5411万吨标准煤增加到1978年的57144万吨标准煤，再增长到2006年的24.6亿吨标准煤，年均增长速度分别为9.89%、5.35%，同期中国的人均能源消费量从0.09吨标准煤到0.59吨标准煤，再到2006年的1.87吨标准煤。

我国人均占有煤炭经济可采储量(101吨)为世界平均量(222吨)的45.5%；人均占有石油剩余可采储量为世界平均量的6.8%；人均占有天然气可采储量仅为世界平均量的1.5%。而到2005年，中国化石能源探明可采储量约1216.4亿吨标准煤，仅占世界的8.36%，石油占世界探明储量的2.1%；天然气占世界探明总储量的1%。中国作为发展中的大国，要扭转能源和资源的超常规利用，克服能源和资源约束，实现可持续发展，应该“到2040年，实现资源消费和能源消费速率的零增长”(中国科学院可持续发展研究组，2003)。

在新的世纪，我国必须迅速扭转生态环境质量仍然处于“环境库兹涅茨倒U曲线”的左侧态势，克服环境约束，加速通过临界顶点并转向生态环境总体好转的“环境库兹涅茨倒U曲线”的右侧。这是中国发展进程中遭遇的基本挑战。我国主要由燃煤造成的二氧化硫排放大大超过环境自净能力，我国已有约1/3的国土受到酸雨污染。

中国能源效率的巨大差距。我国能源效率为33%，比国际先进水平低10个百分点。2005年，中国终端能源用户用在能源消费的支出为2.72万亿元，占GDP总量的比例为13%，而美国仅为7%；主要产品能耗平均比国际先进水平高46%。据测算，我国能源效率若能达到国际先进水平，每年可减少3亿吨标准煤的消耗，这将使大气环境质量得到极大改善。

中国的能源需求结构发生了急剧的变化。1993年中国从石油净出口国转变为石油净进口国，目前中国石油对外依存度已超过40%。许多专家预计，即使按需求下限测算，到2010年中国石油对外依存度将达到50%。因此，实现第三步战略目标的征程，也将是克服能源制约的历程。要减少大量进口能源的风险和代价，除了“开源”唯有“节流”，即“提高能效”。

中国特色的现代化道路必然是节能之路，这就是结论。

到2010年，我国万元生产总值能耗强度（以2000年可比价计算）要比2005年下降20%。这是全国人民代表大会审议批准的“十一五”规划纲要确定的约束性指标，而2006年全国单位GDP能耗仅下降了1.23%。

需要着重指出的是：节能不仅是要通过技术、政策和体制的改进来促进能源节约，提高能源效率，而且是人们价值观和消费行为的深刻变革。这种变革对节能政策有效性的影响是巨大的。美国和欧盟都很重视能源消费行为的研究，把消费行为当作节能决策的重要依据，政府制定法规引导和鼓励绿色消费。

可见，对我国现阶段节能主体的节能行为特征进行研究非常必要。

节能主要有三条途径：能源利用结构和产业结构调整，能源技术进步和节能管理。节能活动需要诸多利益相关者的投入或参与。他们的角色扮演和关联关系既表现为利益相关者自身所面临的追求和约束的双重性，同时也表现为各利益相关者之间错综复杂的制约关系。本项目中我们将围绕节能利益相关者的行为特征进行深入的研究，因为他们是节能管理的关键目标所在。

首先，在节能的框架下，引入利益相关者概念，运用利益相关者理论、方法对节能活动关键主体：政府、企业、公众和节能中介进行功能定位，配置协调和冲突矛盾研究，理论上有助于我们对节能生态系统进行更深入细致和全面的研究；实践上有利于我们更清晰地认识节能生态结构，明确节能主体的相互关系及其责任义务，建立更合理的节能管理机构体系。

其次，系统行为的发生和发展主要根植于系统内部，各个节能利益相关者的利益驱动乏力是导致节能活动没有取得明显成效的根本原因之一。利益相关者理论也要求对利益相关者的行为特征进行研究，分析影响其行为的各种因素，把握它们的心理规律，进而改变和控制其行为。这是节能管理的基础性研究，旨在探索节能利益相关者为何而行动，其规律何在，以便进一步规范他们的节能行为，引导他们的节能行为，激励他们的节能行为。

综上所述，“节能利益相关者分析”具有重要的理论意义和实际的应用价值，同时作为一项复杂的系统工程，它也面临不小的挑战。

二、国内外研究现状及分析

(一)节能理论研究现状及分析

对能源和社会发展的研究从19世纪就开始了。马尔萨斯(Thomas Malthus)在1798年出版的《人口原理》中就提出了人口增长有超过食物供应增长趋势的思想，并详尽地描述了人口增长和资源的矛盾。

随着资源和环境问题的日益突出，对这一问题的逐渐认识与关注使得节能的重要性越来越明显。1972年，“罗马俱乐部”提出关于世界趋势的报告《增长的极限》，认为资源的紧缺将成为经济发展的瓶颈(晏路明，2001)。

1973年能源危机爆发，西方国家开始重视能源和经济的关系问题，各国都出台了各种节能政策，以提高能源使用效率(International Energy Ageney，1995)。这时的节能以保障本国的能源安全为目的。

1992年召开的里约热内卢联合国环境与发展大会上签署了《联合国气候变化框架公约》(International Energy Ageney，1992)。1997年在日本京都会议上形成的《京都议定书》，将节能视为最经济的减排措施(贾振航等，2006)。世界能源委员会在1995年把能源效率定义为“减少提供同等能源服务的能源投入”，节能与能效的含义趋于一致，节能从推动“安全”进入了推动“安全、效益、环保”的研究(王庆一，2005)。

我国政府在1994年3月公布了《中国21世纪议程》，把提高能源效率和节能作为实现可持续发展的关键措施(陈月英，2000)。

国内学者对节能的研究侧重于介绍国外发达国家能源政策实施的经验和教训(王庆一，2003)；政策的制定、取向分析和政府在节能中的职能(朱跃中等，2005)；具体分析各个制度的制定、影响和节能技术介绍(任慧芳、刘钢，2006)。

由上述分析可知，能源、环境问题日益突出，亟待解决。国内研究侧重于节能的某一个方面，政策、制度、技术或者产业部门，并且大多没有在现今的经济制度转型框架下进行。并且，节能管理需要面对多个利益相关群体，单从一个方面入手，很难满足各个利益相关者的利益需求，激发其对节能工作的投入或参与。本书将在经济转型背景下利用利益相关者理论对我国节能工作进行较深入、全面的研究。

(二)节能利益相关者研究现状及分析

利益相关者是指任何能影响组织目标实现或被该目标影响的群体或个人(Freeman,1984),是任何能影响或被组织的行为、决定、政策、实践或目标所影响的个人或团体(Carroll A. B.,2001)。组织(活动)目标的实现离不开各种利益相关者的投入与参与。米切尔提出有两个问题居于利益相关者理论的核心,其中之一是利益相关者的认定,即谁是利益相关者(Mitchell,1997)。节能中的利益相关者在社会的发展中不断变化发展着。

随着社会的多元发展,节能的目标和价值也处在动态发展之中,它已经作为一项社会性的战略问题为人们所关注(国家经贸委,2004)。与一般的社会活动不同,节能活动含有多重目的和意义,不同的目的和意义对应着不同的利益群体。节能的最终目的是促进社会的可持续发展。节能具有公共性和社会性的特征(陈新华,2006),因此,节能离不开社会公众的投入和参与。

同时,在广义的节能下,节能的目的是“安全、效益、环保”(王庆一,2005)。这些目的实现后所受益的群体为能源供应部门、用能主体和生态环境。这些也成为节能活动中涉及的利益相关者。

随着社会的不断发展进步,媒体、学术界、社会团体等群体也将通过监督、批评及合作等形式对政府、企业及其他用能、管能部门产生影响,成为节能活动中的利益相关者(王革华,2005)。

浦树柔(2004)说,节能是市场机制可以发挥作用的重要地方,又是“市场失灵”较多的领域,需要政府的干预。政府作为节能的管理者,必然也成为节能中的利益相关者。

从系统动力学著名的“内生”理论角度分析,系统的生存与发展关键就是要建立各利益相关者之间的利益均衡机制,形成一体化的共生系统,节能活动的管理面对的是多个相关的利益群体,从这个意义上说在节能管理中引入利益相关者理论,从利益相关者角度研究节能的管理具有非常重要的意义。

国内对节能与能源使用中的利益相关者的现状和管理方法研究有所涉及,如有学者认为环境资源问题的根本原因在于各种不同层次的、当前与长远的、局部与整体的利益冲突,并在全球、国家、企业三个层次上对这些利益冲突进行协调,使其相容。也有学者认为,应通过利益平衡机制来充分调动各类利益主体保护生态环境和自然资源的积极性和主动性,并预防和化解纠纷。

由以上分析可知,节能的利益相关者的范围在不断扩大,国内的研究多涉及微观主体间的利益冲突,并进行了协调方案的制订。但是,在我国经济转轨的特殊时期,节能生态链上的各利益相关者的行为动因、行为主体、行为方式、行为对象都发生了相当大的变化。在此背景下，对节能利益相关者的行为特征进行系统研究显得异常重要。

(三)节能利益相关者的行为特征研究现状及分析

米切尔提出的两个居于利益相关者理论核心问题的另外一个是：研究利益相关者的特征，即管理层依据什么来给予特定群体以关注(Mitchell，1997)。

吕文斌(2003)指出，在经济转轨时期，我国仍主要采用计划经济时期的行政指令为主的管理手段和措施，新的制度还没建立，现今的措施不能发挥功效。王庆一(2005)指出，长期以来，我国政府将节能看做一种资源(第五能源)来管理，这导致了对节能的绩效评价只讲数量、不讲质量。

另一方面，企业、公众等其他利益相关者的行为特征也有所改变。陈全全(2006)说明了企业社会责任的两极分化，一部分企业以获取利益为目标，另一部分企业已经意识到了自身作为“社会存在”而存在。

学术界对于节能、尤其是环保中的各个利益相关者的行为特征研究也有所涉及。如：运用心理学的方法对人们的环保行为特征进行分析；分析非政府组织“草根性”和“亲和性”的特征；分析我国政府在经济转型时期在环境保护中表现出的行为特征；分析企业集群演变过程中的行为特征；分析公众主体在可持续发展中的逐利性；阐述地方政府和企业在节能中的行为特征，指出两者追逐的目标分别为“社会利益最大化”和“个人利益最大化”。

由以上的分析可以看出，国内学者对行为特征的研究多侧重于在整个社会环境之下节能或者是在环境保护当中，很少有具体涉及广义节能中的利益相关者的行为特征研究。同时，定量的行为特征分析还没有检索到相关的论文。本研究将在节能的框架下研究各利益相关者的行为特征，并运用定量与定性有机结合的科学分析方法，具有很强的针对性，是对节能管理研究内容上的一个重要补充和综合。

(四)基于节能利益相关者行为特征分析的引导机制研究

在我国经济向市场逐步过渡的阶段，新形势、新情况的出现使得国家的节能管理出现了新问题。如有学者尖锐地指出了在经济转轨阶段节能管理弱化、节能专项资金有限、节能中心运转不灵和行政体系失去活力等问题。王庆一(2005)也提出了在现阶段的节能措施、政策的不合时宜性。浦树柔(2004)对我国的市场经济的节能机制进行了思考，分析了在1994年取消节能优惠政策后企业的节能行为，提出优惠政策对企业节能的引导作用是很明显的。

在对节能利益相关者管理方法的探索中，各主体的行为特征发生了变化，这就要求应融入对微观主体针对性强的行为经济学。Camerer C.(2003)在描述行为经济学时，说到决策者活动的现实行为环境的特点是不确定、信息不对称和不完全竞争的,决策表现出的是有限理性,有限理性可在政府和社会的正确的引导下逐渐消除。Camerer C. G. Loewenstein & M. Rabin ED(2003)将人们的行为所遵循的原则归结为:回报原则、激励原则和强化原则,适当的奖励和引导可使人们对环境和社会有正作用的行为得到不断重复和深化。

由以上分析可知,我国的节能管理体制存在着手段不灵、激励不够、信息不对称和各方参与受阻等问题。同时,决策者自身具有“有限理性”和追求社会公平等特征,建立一个新的引导机制可在一定程度上解决上述问题。另一方面,政府、企业、公众和节能中介等各节能利益相关者在经济转轨时期的行为都表现出了新的特征,行为是引导人们达到目标的途径,因此,建立基于节能行为特征分析的引导机制是很有必要的。政府、企业和民间组织是三个重要的组织行为主体。民众是形成社会的细胞,政府与民间的有效互动与引导正是节能政策制定与实施的依据与保证。引导机制的建立正是要达到这种互动。

可见,国内对节能政策的制定和执行的研究较零散,只侧重于一类手段或政策,基于节能利益相关者行为特征的引导机制的研究还很少。本研究从节能行为特征的角度分析节能引导机制,这会使得节能引导机制运行起来更能密切联系各个节能主体,效果更加显著。

第二节　节能利益相关者的界定与分类

一、节能利益相关者的界定

(一)简述

1929 年通用电器公司一位经理的就职演说第一次提出公司应该为利益相关者服务。西方学者真正给出利益相关者的定义则是 20 世纪 60 年代以后的事。斯坦福研究院的一些学者利用“利益相关者”来表示与企业有密切关系的所有人。他们给出的定义是:对企业来说存在这样一些利益群体,如果没有他们的支持,企业就无法生存。这种界定方法虽是从非常狭义的角度来看待利益相关者,但是它使人们认识到,企业存在的目的并非仅为股东服务,在其周围还存在许多关乎企业生存的利益群体。

20 世纪 70 年代,利益相关者理论开始逐步被西方企业接受。进入 80 年代以后,随着经济全球化的发展以及企业间竞争的日趋激烈,人们逐渐认识到经济学家早期从“是否影响企业生存”的角度界定利益相关者的方法有很大的局限性。1984年,美国经济学家弗里曼给出了一个广义的利益相关者定义。他认为,利益相关者是“那些能够影响企业目标实现,或者能够被企业实现目标的过程影响的任何个人和群体”。这个定义大大扩展了利益相关者的内涵。弗里曼的观点成为20世纪80年代后期、20世纪90年代初期关于利益相关者界定的一个标准范式。

然而,经济学家们发现采用弗里曼的界定方法,在进行利益相关者理论的实证研究和应用推广时几乎寸步难行。美国经济学家马科思·克拉克逊于1993年,在加拿大多伦多大学专门组织了关于利益相关者管理问题的国际学术会议,与会学者普遍赞同这样的观点,即“企业的目标是为其所有利益相关者创造财富和价值,企业是由利益相关者组成的系统,它与给企业活动提供法律和市场基础的社会大系统一起运作”。与此同时,经济学家们普遍认识到,企业的生存和繁荣离不开利益相关者的支持,但利益相关者可以从多个角度进行细分,不同类型的利益相关者对于企业管理决策的影响以及被企业活动影响的程度是不一样的。20世纪90年代中期,“多维细分法”在利益相关者界定中逐渐成为了最常用的分析工具。从多个维度来细分利益相关者的思路大大深化了人们对企业利益相关者的认识。然而,这些界定方法普遍的缺陷是缺乏可操作性,仍然停留在学院式的研究上,从而制约了利益相关者理论的实际运用。美国学者米切尔提出了一种评分法以界定利益相关者。他指出,可以从合法性、权力性和紧急性这三个属性上对可能的利益相关者进行评分,然后根据分值的高低确定某一个人或群体是不是企业的利益相关者,是哪一类型的利益相关者。

(二)节能利益相关者的界定

按照世界能源委员会1979年给出的定义,节能是“采取技术上可行、经济上合理、环境和社会可接受的一切措施,来提高能源资源的利用效率”。这就是说,节能是旨在降低能源强度单位产值能耗的努力,应在能源系统的所有环节,包括开采、加工、转换、输送、分配到终端利用,从经济、技术、法律、行政、宣传和教育等方面采取有效措施,来消除能源的浪费。需要着重指出的是,节能不仅要通过技术、政策和体制的改进来节省能源,而且是人们价值观和消费行为的深刻变革。由此可以看出,节能是一个关乎社会多方面的行为,它既影响多方面的利益群体,也需要社会多方面的支持。本书认为利益相关者是指任何能影响组织目标实现或被该目标影响的群体或个人,是受一件事的原因或者结果影响的任何人、集团或者组织,是任何能影响或为组织的行为、决定、政策、实践或目标所影响的个人或团体。所以节能的利益相关者主要包括:政府、能源供应行业、企业和生产型行业、能源设备和终端使用设备制造商、信用机构、社会团体、媒体、学术界和研究组织、消费者以及后代。

1. 国家和地方政府

在市场经济国家，能源供应主要靠市场机制，由市场决定能源的价格、数量和技术选择，这是美国制定国家能源战略的基本原则之一。节能则与环保类似，市场的作用很有限，具有公共事务的性质，必须由政府主导。这从市场经济国家政府在能源领域的管理职能和机构设置可以看得很清楚。根据发达国家的经验，政府在节能领域主要做以下几件事：①制定能源价格、税收等经济政策，强化市场信号；②制定、实施法规和标准，促进市场良性竞争和耗能产品的市场转换；③提供信息服务；④资助和鼓励研究开发；⑤促进和协调各种节能组织的活动；⑥政府机构自身节能。政府通过其职能，可以有效地促使社会多方面节能。

2. 能源供应行业

能源供应行业的职能主要包括：管理能源供应、电力生产、燃料管理和运输并为一些研发投资。在节能行为中，能源供应行业可以研究节能方案与新的节能技术，开发新能源。但是，能源供应行业往往缺乏节能的积极性。因为节能将减少能源消费，并提高能源供应的成本，这将导致倡导节能的企业减少利润在竞争中处于不利的地位。

3. 企业和生产型行业

企业和生产型行业是能源的主要使用者，他们的态度对节能是十分重要的。企业和生产型行业可以倡导企业内部的节能意识，采取节能的措施，采用节能的设备。但是倡导节能导致的成本下降往往不容易看到，而采取节能行为导致的运作成本上升却很明显，所以很多企业和生产型行业不愿意节能。企业的节能意识需要外部力量的介入。

4. 能源设备和终端使用设备制造商

能源设备和终端使用设备制造商可以研发新节能技术，并将其运用到能源设备和终端使用设备中，这将让使用其产品的企业在生产时节能。但由于研发的投入增加了其成本，使节能产品价格高于一般产品。所以企业往往不愿购买其产品。这将打击能源设备和终端使用设备制造商的积极性而不会再生产节能设备和进行研发。

5. 信用机构

信用机构可以为能源部门和小型能源生产提供融资方案，为使用能源的企业提供资金，为居民能源用户提供融资方案。虽然信用企业无法直接对节能造成影响，但它可以控制生产企业的资金来促使企业节能。信用企业可以评估生产企业的融资项目，倡导其节能。如果生产企业的融资项目会造成能源的浪费，信用企业将拒绝提供资金支持。但由于存在竞争，如果信用机构不贷款给这些企业将造成市场份额的减少，并且节能往往不会对信用机构带来直接的影响，所以信用机构将不会有很大的积极性去倡导生产企业节能。

6. 社会团体

非官方的社会团体由一些意识到能源危机的民众自愿组成。他们可以举办一些活动来向社会介绍能源的状况、节能的重要性以及节能的措施来倡导全社会节能。他们也可以向一些浪费能源的企业抗议，督促他们节能。社会团体的宣传可以改变社会的风气、提高全社会的意识。但是这样的社会团体对生产企业的影响力往往不强，生产企业很难因为他们的抗议而去采取节能。

7. 媒体

媒体在节能中的作用和社会团体有些类似，他们主要就是向社会宣传节能、监督生产企业并对生产企业的浪费行为提出新闻质询。媒体的舆论压力会影响企业的经济效益但其作用有限，往往无法得到生产企业的重视。同时，媒体的关注能否造成影响，还要与对全局了解的专家和政府部门的配合。

8. 学术界和研究组织

学术界和研究组织研究当前能源状况，并向全社会介绍来引起重视。同时，他们研究新的节能技术并应用到生产中，促使生产企业节能。另外，节能新问题及新思想也要足以引起学术界和研究组织的重视。两者之间的作用与反作用为节能推波助澜。但另一方面，学术界和研究组织的研究项目需要资金支持，他们的技术在生产中的应用也需要企业的配合。

9. 消费者

消费者在选择消费品的时候，可能因为企业不注重节能而拒绝购买他们的产品，因为消费品是否节能有可能直接影响他们的支出，这将有效地使能源使用行业开始节能。但另一方面，产品由于增加了节能技术，往往使其成本也随之上升，结果致使节能产品价格高于普通产品，使消费者望而却步。这又打击了行业节能的积极性。所以，这就要求政府出台政策予以引导，同时也需要消费者提高节能意识，积极参与到社会节能中来。

10. 后代

后代是节能行为的被动影响者。当代如果过度浪费能源，后代将会能源短缺。我们不能只考虑当代人的利益，也要考虑后代的利益。

二、节能利益相关者的分类

(一)分类的理论依据

美国学者米切尔曾经详细研究了利益相关者理论产生和发展的历史，归纳了 27 种有代表性的利益相关者定义，并提出了一种评分法。米切尔评分法中三个属性：①合法性，即某一群体是否被赋有法律和道义上的或者特定的对于企业的索取权；②权力性，即某一群体是否拥有影响企业决策的地位、能力和相应的手段；③紧急性，即某一群体的要求能否立即引起企业管理层的关注。

要成为一个企业的利益相关者，米切尔认为至少要符合以上一条属性，即要么就是对企业拥有合法的索取权，要么能够紧急地引起企业管理层关注，要么能够对企业决策施加压力，否则不能成为企业的利益相关者。根据企业的具体情况，对上述三个特性进行评分后，企业的利益相关者又可以被细分为以下三类：①确定型利益相关者，他们同时拥有对企业问题的合法性、权力性和紧急性；②预期型利益相关者，他们与企业保持较密切的联系，拥有上述三项属性中的两项；③潜在的利益相关者，是指只拥有合法性、权力性和紧急性三项特性中一项的群体。

（二）节能利益相关者的分类

根据米切尔的分类方法，针对上文所作的节能利益相关者界定，将节能利益相关者分为确定的节能利益相关者、预期的节能利益相关者和潜在的节能利益相关者。而米切尔的三个属性，我们将加以运用并结合到节能领域中去。合法性指某一群体是否被赋予法律和道义上的或者特定的采取节能行为和从节能行为中获益。权利性指某一群体是否拥有影响节能行为的地位、能力和相应手段。紧急性指某一群体所采取的行动是否能够立即对节能产生影响。

对节能利益相关者重要性的实证研究通过问卷调查完成，被调查的对象是中国计量学院经济与管理学院的师生。调查问卷要求被调查者结合中国社会的实际情况，对前面界定出的十类利益相关者的三个属性的重要性用数字1～9进行排序。“1”代表最重要，“2”代表很重要，以此类推，“9”代表最不重要。2007年5月，笔者在中国计量学院进行了问卷调查，共发出问卷365份，回收有效问卷249份，有效收回率达68.2%。笔者利用SPSS11.5软件对有效问卷进行了数据分析，包括描述性统计、配对样本T检验。数据分析与研究结论如下：

依据表9-1，节能利益相关者合法属性的重要性均值递减排序依次为：政府、企业和生产型行业、消费者、能源设备和终端使用设备制造商、信用机构、社会团体、媒体、学术界和研究组织、能源供应行业、后代。

依据表9-2，节能利益相关者权利属性的重要性均值递减排序依次为：企业和生产型行业、政府、消费者、能源设备和终端使用设备制造商、信用机构、社会团体、媒体、能源供应行业、学术界和研究组织、后代。

依据表9-3，节能利益相关者紧急属性的重要性均值递减排序依次为：企业和生产型行业、政府、消费者、能源设备和终端使用设备制造商、信用机构、社会团体、媒体、学术界和研究组织、能源供应行业、后代。

表 9-1 节能利益相关者合法属性的重要性评分的描述性统计

	N	Minimum	Maximum	Mean	Std. Deviation
政府	249	1.00	5.00	1.3743	1.35873
能源供应行业	249	1.00	7.00	2.9857	2.29210
企业和生产型行业	249	1.00	5.00	1.8854	1.59227
能源设备和终端使用设备制造商	249	1.00	6.00	1.9363	1.77020
信用机构	249	1.00	7.00	2.3572	2.07857
社会团体	249	1.00	7.00	2.4085	2.28035
媒体	249	1.00	7.00	2.8498	2.41914
学术界和研究组织	249	1.00	7.00	2.9001	2.37402
消费者	249	1.00	6.00	1.9139	1.79825
后代	249	1.00	8.00	3.8514	2.84538

表 9-2 节能利益相关者权利属性的重要性评分的描述性统计

	N	Minimum	Maximum	Mean	Std. Deviation
政府	249	1.00	7.00	1.5371	1.55636
能源供应行业	249	1.00	9.00	7.4472	1.76837
企业和生产型行业	249	1.00	8.00	1.3587	1.48532
能源设备和终端使用设备制造商	249	1.00	9.00	2.5379	2.17867
信用机构	249	1.00	9.00	2.9385	2.39062
社会团体	249	1.00	9.00	2.9638	2.31790
媒体	249	1.00	9.00	3.0833	2.29583
学术界和研究组织	249	2.00	9.00	4.7341	2.03729
消费者	249	1.00	9.00	2.2923	2.17512
后代	249	5.00	9.00	8.7638	1.34628

表 9-3　节能利益相关者紧急属性的重要性评分的描述性统计

	N	Minimum	Maximum	Mean	Std. Deviation
政府	249	1.00	7.00	2.3095	1.87029
能源供应行业	249	1.00	9.00	7.7593	1.89227
企业和生产型行业	249	1.00	6.00	1.4397	1.38573
能源设备和终端使用设备制造商	249	1.00	8.00	3.8974	2.78577
信用机构	249	1.00	9.00	4.3394	2.25761
社会团体	249	1.00	9.00	3.9953	2.32926
媒体	249	1.00	9.00	4.2792	2.57482
学术界和研究组织	249	1.00	9.00	5.6923	2.18695
消费者	249	1.00	9.00	2.3473	2.04993
后代	249	2.00	9.00	8.0239	1.69058

表 9-4　节能行为中的利益相关者分类表

节能利益相关者		合法性	权利性	紧急性
确定利益相关者	1. 政府	高(1.3743)	高(1.5371)	高(2.3095)
	2. 企业和生产型行业	高(1.8854)	高(1.3587)	高(1.4397)
	3. 消费者	高(1.9139)	高(2.2923)	高(2.3473)
预期利益相关者	4. 能源设备和终端使用设备制造商	高(1.9363)	高(2.5379)	中(3.8974)
	5. 信用机构	高(2.3572)	高(2.9385)	中(4.3394)
	6. 社会团体	高(2.4085)	高(2.9638)	中(3.9953)
	7. 媒体	高(2.8498)	中(3.0833)	中(4.2792)
	8. 学术界和研究组织	高(2.9001)	中(4.7341)	中(5.6923)
潜在利益相关者	10. 能源供应行业	高(2.9857)	低(7.4472)	低(7.7593)
	11. 后代	中(3.8514)	低(8.7638)	低(8.0239)

理论上重要性排序的最小均值为 1，最大均值为 9，均值越小，利益相关者越重要。我们将均值划分为 1～3、3～6、6～9 三个区间。这三个区间分别

代表重要性高、重要性中和重要性低。利用米切尔的分类方法,我们依据表9-4可以知道,政府、企业和生产型行业、消费者三个属性的重要性上都为高,是确定的节能利益相关者。能源设备和终端使用设备制造商、信用机构、社会团体的三个属性的重要性中两项为高,只有一项为中,是预期利益相关者。而媒体、学术界和研究组织虽然两项为中,但都较偏向高,因此也是预期利益相关者。能源供应行业和后代在权利性和紧急性的重要性都偏低,为潜在利益相关者。

同时,我们将各个调查问卷中三个属性的评分总计一下,再用SPSS 11.5软件进行配对样本T检验(略去配对样本T检验表)。结果显示,政府、企业和生产型行业、消费者之间的重要性无显著差异,能源设备和终端使用设备制造商、信用机构、社会团体、媒体、学术界和研究组织之间的重要性无显著差异,能源供应行业与后代之间的重要性无显著差异。而这三组利益相关者之间的重要性差异显著。这验证了前面利用米切尔的分类方法得出的结论。配对样本T检验显示了我们对节能利益相关者的分类是合理的,且具有统计意义。

附　录

一、利益相关者分类的调查问卷的设计

对利益相关者的分类,是在米切尔评分法理论的指导下完成的,但其实际数据取得的方法借鉴了吴玲和贺红梅在《基于企业生命周期的利益相关者分类及其实证研究》中的调查问卷。将已界定出的利益相关者列在一张表格内,调查问卷要求被调查者结合中国社会的实际情况,对前面界定出的几类利益相关者资源的重要性用数字1～9进行排序。“1”代表最重要,“2”代表很重要,依此类推,“9”代表最不重要,并对调查的结果按1～3、3～6、6～9三个区间进行分类。另外,被调查者被设定为学历为大学本科以上所学专业为经济类专业的人。

二、调查问卷的样本

节能利益相关者调查表

节能利益相关者:简单来说就是谁影响节能以及节能影响谁。

要求:对节能利益相关者的重要性程度按1～9进行评分,“1”代表最重要,“2”代表很重要,以此类推,“9”代表最不重要。通常1～3之间代表关键核心利益相关者,3～6之间代表预期型利益相关者(重要性次于1～3区间),6～9之间代表潜在利益相关者(重要性更次区间)。

表1 节能利益相关者合法属性(即某一群体是否被赋予法律和道义上的或者特定的采取节能行为和从节能行为中获益)的重要性评分表

节能利益相关者	评 分
政府	
能源供应行业	
企业和生产型行业	
能源设备和终端使用设备制造商	
信用机构(为节能的企业提供资金、融资方案等)	
社会团体	
媒体	
学术界和研究组织	
消费者	
后代	

表2 节能利益相关者权利属性(即某一群体是否拥有影响节能行为的地位、能力和相应手段)的重要性评分表

节能利益相关者	评 分
政府	
能源供应行业	
企业和生产型行业	
能源设备和终端使用设备制造商	
信用机构(为节能的企业提供资金、融资方案等)	
社会团体	
媒体	
学术界和研究组织	
消费者	
后代	

表 3 节能利益相关者紧急属性(即某一群体所采取的行动是否能够立即对节能产生影响)的重要性评分表

节能利益相关者	评 分
政府	
能源供应行业	
企业和生产型行业	
能源设备和终端使用设备制造商	
信用机构(为节能的企业提供资金、融资方案等)	
社会团体	
媒体	
学术界和研究组织	
消费者	
后代	

三、数据分析

对于收集来的样本,利用 SPSS11.5 统计软件系统对数据进行加工(包括样本数、最小值、最大值、平均值、方差等),并进行样本配对,得出结论。

第三节 基于浙江实证的节能利益相关者的利益要求分析

一、节能利益相关者的利益要求概述

(一)节能利益相关者的利益要求根源

节能工作就如同一个企业一样,在最大限度地实现节能的基础上,也要关注其利益相关者的利益要求。Jensen 和 Meckling 在现代企业理论中,把企业理解为不同个人之间一组复杂的显性契约和隐性契约的交汇所构成的一种法律实体。节约能源是全社会共同的责任。因此,节能也可以说是不同个人或者群体之间一组更为复杂的显性契约和隐性契约的交汇构成的法律实体。在这种法律实体中,交汇的契约不仅有与企业之间的契约、与节能中介的契约,还有与政府和社会公众之间的契约等。

在节能工作中,例如政府出台了节能的相关法律、法规,企业、社会公众等就必须在节能法律法规许可范围内进行生产劳作;又如社会公众在生活中节约水、燃气等资源，这是由于他们自身的习惯等自我行为引起的。实际上，这些法律法规和习惯等自我行为都是界定人们相互行为关系的一种约束机制。法律法规等属于正式的约束机制，而习惯、行为准则等自我行为则属于非正式的约束机制。正式的约束机制就是一种显性契约。非正式的约束机制就相当于前面所说的隐性契约。正式契约和非正式契约并存于节能利益相关者之间的各种契约中。

美国管理学家多纳德逊和邓非将企业与其利益相关者之间所遵循的所有契约形式总称为综合性社会契约(integrative social contract)，这在节能中同样适用。节能工作开展过程中，对节能利益相关者的利益要求必须作出反应，因为节能是全社会的责任，是节能利益相关者显性契约和隐性契约的载体。只有慎重考虑并满足节能利益相关者的利益要求，节能工作才能持久深入。

在对综合性社会契约的论证中，多纳德逊和邓非考察了两种不同的支持性观点。第一种被称为"工具性观点"，其核心思想是之所以要关注利益相关者的利益要求，是因为这样做将使企业变得有利可图。对于节能而言，关注利益相关者的利益要求，凝聚社会最大程度的力量，能减少节能工作的阻力，完成甚至超额完成节能目标，造福社会。以一个生产企业为例，如果以适度降低税收为节能优惠措施，企业必将积极配合节能型生产以获取优惠，取得更大的利润。第二种观点是"规范性规则"，其核心思想是不论企业的经营状况如何，它都有一种伦理责任，应当对利益相关者的要求作出恰当的回应。可以理解为，在考虑节能利益相关者利益要求的时候，更多的是考虑在满足其利益要求时，他们本身所获得的节能效益有多少，而不是去考虑为了达到节能利益相关者的利益要求，所要花去的成本是多少。节能作为一件关系到每一个企业、每一个个人切身利益的事，应当对节能利益相关者的利益要求作出相应的回应，以培养利益相关者的节能积极性，并对其行为进行积极的引导。多纳德逊和邓非在综合性社会契约论中，对两种观点兼收并蓄，成为我们要慎重考虑利益相关者利益要求的根源。

(二)节能利益相关者利益要求的形成和发展

在综合性社会契约的观点下，节能应该对节能利益相关者的利益要求负责，即节能必须兑现其与节能利益相关者所签订的各种显性契约和隐性契约。节能虽然也有着长久的历史，但由于真正进入社会生活、进入人们意识的时间不久，尚属新兴行业，故对于理解利益相关者利益要求的形成过程，必须借助社会责任感来展开。

1.早期的社会责任观与节能利益相关者的利益要求

传统经济理论认为，企业只要尽可能高效率使用资源以提供社会需要的产品和服务，并以消费者愿意支付的价格销售它们，个人只要尽可能满足自己的需求就尽到了自己的社会责任。企业、个人等社会角色唯一的任务就是在法律许可的范围内，追求自己的利益最大化，如果做到了这一点，他们就实现了其主要的责任。然而，这一来源于古典主义经济学中的行为标准，从来就没有在社会各成员，甚至是企业的实践中被无条件地实行过。就连亚当·斯密自己也承认，由于社会的原因，这一标准有无数的例外。尽管如此，利润最大化这个传统的理论基石在亚当·斯密之后近200年左右的时间里依然稳立不倒。但是在18世纪末期以后，社会责任观开始发生了一些微妙的变化。那时西方企业的规模普遍都还很小，企业家们行为节俭。但与此同时，也有一些小企业主、少数富有的个人和社会团体捐助学校、教堂和穷人们。当然他们这样做完全是个人行为，被认为是一种乐善好施的举动。随着财富的积累，人们的社会活动持续增加。进入19世纪以后，已经有一些企业初具规模，进而可以在一定程度上影响当地的经济、政治和文化生活。然而，在整个19世纪中，这些参与社区建设、向穷人捐款、兴办教育等等的慈善活动还是比较少、范围也比较狭窄。为了防止"过度活跃"，在"社会达尔文主义"思潮"弱肉强食、适者生存"的影响下，整个19世纪人们对于社会责任观并不是非常热衷。大家更多的是考虑如何动用各种资源让自己获得好处，至于众多利益相关者的非经济性的利益要求，是不需要过多考虑的。

2. 近现代社会责任观与节能利益相关者的利益要求

进入20世纪以后，随着工业的大力发展产生了许多负面的社会影响。批评家们开始指责"社会达尔文主义"的残酷和冷漠，并意识到社会各成员，特别是企业必须对社会负起责任。到20世纪20年代，共出现了三种支持扩大企业社会责任的观点。第一种观点是"受托人观"，即认为管理者是受托人(trustee)，公司赋予他们相应的权力和地位，他们的行为不仅要满足股东的权益，而且要满足顾客、雇员和社会的需要。第二种观点是"利益平衡观"，即管理者有义务来平衡(balance)那些与企业有关联的集团之间的利益。也就是说，企业管理者就是各种各样的互相冲突的利益团体之间的利益协调人。第三种观点是"服务观"，他们认为企业有义务承担社会项目去造福或服务于公众，而管理者个人也可以通过成功地运营企业来减少社会不公、贫穷、疾病，从而为社会作出贡献。这些观点的迅速传播促进了一些企业领导人在实践中开始实施完全不同于以往的社会责任活动。在一些先行者的带领下，20世纪早期的西方企业、个人和社会团体等普遍对其应承担的社会责任更加关注，范围也比以往有所拓展。他们开始主动捐款，资助社区活动和红十字会事业，帮助当地政府完善义务教育和公共健康制度。当然，最大的转变是他们开始真正地重视社会责任与其有密切关系的各种利益相关者的利益要求，使得社会各成员在积极承担社会责任的同时可以满足自身的利益需求，促成两者之间的互动，形成良性循环。

20世纪中期以后，随着利益相关者理论的迅速发展，社会责任的观念继续得到了发展和扩大，并且得到了学术界的广泛支持。同时，现实中各社会成员也开始积极地承担起各种社会责任，主动地甚至是前瞻性地考虑其利益相关者的利益要求。

20世纪70年代以后，社会责任承担的项目范围不断扩大，甚至开始实施大范围的社会行动，项目范围涉及教育、公共健康、就业福利、住房、城区改造、环境保护、资源保护、双职工家庭的婴儿护理中心等，在每一个领域，所实施的项目多达几千个。而人们也开始对节能领域进行关注，节能作为社会责任的一个重要组成部分，得到了人们的肯定。对节能方面的投入也开始增加。

到了20世纪90年代左右，衡量一个社会成员的社会责任感已不仅仅看他是否接受社会责任这一观念，而且还要看他在主动寻求社会需求、实施具体项目以帮助实现这些需求过程中的表现。应该说与早期的社会责任观念相比，现代的社会责任的概念完全是全新的。在这种企业社会责任观的指引下，社会责任各领域必须充分了解其利益相关者利益要求的内容，并尽量调用资源来满足这些利益相关者合理的利益要求。也就是说，现代社会责任各领域利益相关者利益要求之所以能够受到越来越多的重视，正是因为现代社会责任观的确立。当然，随着社会契约的不断变化，社会责任的理论和实践同样也会随着时间的推移而不断发展，从而对利益相关者利益要求的认识也会不断深化。

正是随着社会的不断发展，节能意识在20世纪渐渐融入社会生活中。在社会责任观的影响下，节能也必须充分了解并深入思考节能利益相关者的利益要求，在有限的资源条件下，协调并尽量满足其利益相关者合理的利益要求。这也是社会责任观在节能方面的内涵。

(三)节能利益相关者利益要求的内容

至此，我们已经分析利益相关者利益要求的根源，是一份综合性社会契约，无论是从“工具性”还是“规范性”的角度来看，节能过程中，我们都应该切实履行好这份契约。历史的发展逐渐明晰了在整个节能过程中，必须考虑节能利益相关者的利益要求。

那么，节能利益相关者的利益要求究竟有哪些呢？企业要求节能工作能降低其生产成本，提高生产利润，并达到他的战略目标；社会大众要求节能降低生活开支，改善生活环境，从而提高生活质量；政府则追求节能带来的社会和谐，保护国家的资源，防止过度开发利用，防止环境的破坏，提升国家形象，从而促进国际间的贸易、文化等的交流与合作。显然，这些利益相关者的利益要求都源自于他们与节能之间所存在的综合性社会契约。以社会公众作为例子，为了自身发展的需要，消费者购买一台节能设备。按照通常的理解，消费者只是在购买节能产品设备时与节能产生某种“交易关系”，交易一结束，就意味着交易关系的结束。但是实际上，这种交易的关系在某种程度上仍然存在着，因为消费者在购买了一台节能设备以后，他已经对节能工作进行了一定程度的投资，他与节能已经在很大程度上保持了关系。通过购买，节能设备的所有权已经转移到消费者手中，但是这个所有权并不简单，它还包括消费者要求节能设备的售后服务、节能设备的质量好坏、所能达到的效益等。消费者可以通过抱怨、投诉等方式将自己对节能的意见表达出来，从而达到与节能的一种互动和交流。可见，不能认为购买行为结束就是交易关系的结束，也不能认为消费者仅仅具有购买价廉物美的产品和服务的利益要求。

值得指出的是，上面所列举的各种利益相关者的利益要求只是一种一般性的描述。“一般性描述”隐含着两层含义：第一，上述所列举的利益相关者的利益要求是不全面的，它并没有以科学的调查方法和严格的统计结果为基础。也就是说，据此方法，实际上还是很难清楚一个利益相关者的利益要求究竟有哪些，在这些利益要求中哪些利益要求排在更为优先的位置，哪些并不为利益相关者所看重？如果节能仅仅知道某一利益相关者的一些利益要求，但不知道这些利益要求的优先顺序，那么这种信息对于节能而言，实质意义并不大，必须从整体上把握节能利益相关者的利益要求。第二，在科学的调查基础上研究得来的利益相关者的利益要求，结论只能是在常态下节能利益相关者的利益要求，而不是针对某一具体企业或者某一具体的个人而言的。要进行特定研究，所采取的方法应该是案例研究法。

总而言之，对于节能而言，清楚地了解其利益相关者的利益要求的内容是非常必要的。只有这样，节能工作才能合理地利用现有的资源，满足其中或者全部的合理要求，从而担负起应有的社会责任，更为圆满地履行其综合性社会契约。

二、节能利益相关者的利益要求分析

（一）节能利益相关者利益要求的研究假设

在研究节能利益相关者利益要求的内容时，首先应先对每一类利益相关者的利益要求进行分析，即了解每类节能利益相关者有哪些利益要求；其次，对节能利益相关者的利益要求进行进一步分析，找出利益要求之间的优先顺序，哪些利益要求必须慎重考虑，哪些利益要求可以相对关注得较少一点。

一般来说，不同的节能利益相关者具有不同的利益要求。而对于每一类节能利益相关者，利益要求之间的轻重缓急也存在着差异。根据陈宏辉对利益相关者利益要求本质的分析，这些差异产生的根源就在于与利益相关者所签订的综合性社会契约的内容十分复杂。在节能的过程中，节能所履行的社会责任表现在契约方面，对于每一个节能利益相关者是不同的，而这些利益相关者在长期受到节能所带来的契约利益时，即使有所差别，也逐渐理解、接受，至此，对于利益的期望也形成了一定的差别。

根据陈宏辉对企业利益相关者的研究，对节能利益相关者，可以做同样的假设：从总体而言，每一类利益相关者对节能都有特定的利益要求，并且对各种利益要求的重视程度之间存在差异。

（二）节能利益相关者利益要求的研究方法

对于节能利益相关者的利益要求分析，在确定节能利益相关者的基础上，必须分析出每一类节能利益相关者的利益要求有哪些。但由于可供参考的理论文献较少，根据实际经验和自身想法所归纳总结出来的各节能利益相关者的利益要求也缺乏科学的方法支撑。

因此，针对节能利益相关者的利益要求分析这一内容，进行问卷调查是比较可行的方法。在问卷调查的基础上，根据各被调查者的自身理解与认识，科学地归纳总结出节能利益相关者的利益要求及其优先顺序。

（三）节能利益相关者的利益要求分析

在以往文献资料的搜集过程中，有关企业的利益相关者被中外学者纷纷提及。前面曾经提到，根据陈宏辉对利益相关者的分类方法以及节能在社会中的作用和目标，将节能利益相关者由其对于节能工作的重要性、主动性分为核心利益相关者和蛰伏利益相关者和边缘利益相关者，其中又分别包括社会公众、企业、政府、节能中介和后代等。如图 9-1 所示。

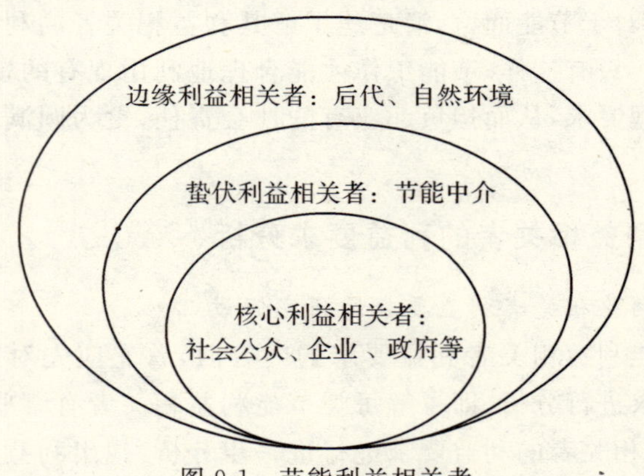

图 9-1 节能利益相关者

1. 核心利益相关者

核心利益相关者是直接左右节能发展的利益主体，主要包括：社会公众、企业和政府。他们对节能来说，各自都有自己不同的利益要求。

(1)社会公众

对于节能来说，社会公众是与节能息息相关的一个群体。生活中，每个人的点滴行为汇聚在一起，能造成对节能的巨大影响，有好的一方面，也有可能造成不良的严重后果。因此，分析社会公众对于节能的利益要求至关重要。

通过对 20 岁以上各个年龄层、各种职业人员的问卷调查，可以归纳出社会公众对节能的利益要求，如图 9-2 所示。

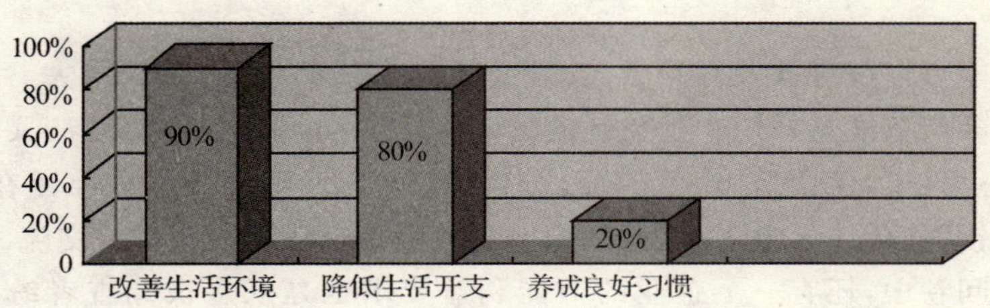

图 9-2　社会公众利益要求调查

从图 9-2 中可以看出，有 90％的人认为社会公众，也可以说是他们自身，希望节能可以改善他们生活的环境。随着经济的全球化发展，温室气体等废弃物的排放使得全球气温逐年升高，这给人们的生产生活带来了巨大的影响。他们迫切需要通过节能来减少资源的浪费和能源的污染，从而提高他们自身周围生活环境的质量。

另外，80％的人认为，社会公众希望通过节能来降低他们的生活开支。以电冰箱电耗举例，容积为 362 升的冰箱根据颁布的电耗限定值，从 1990 年的 1.44 千瓦时/天降至 1993 年的 0.97 千瓦时/天，降低电耗幅度 32.6％。以现在每度电 0.6 元计算，100 度电可节省将近 20 元。由此可以说明，不管是在电耗方面，还是在建筑节能等其他节能方面，人们都可以通过节能，或者使用节能产品等行为来降低他们的生活开支。

从问卷中显示，还有 20％的人认为通过节能，可以帮助他们养成良好的生活习惯，比如随手关灯、节约用水等。随着节能意识的深入，人们能够逐渐养成一些节能的生活习惯，这些细微的举手之劳在全国范围内，就足以造成相当可观的节能数字。同时，也能反过来进一步降低社会公众的生活开支，改善他们的生活环境。

那么，在这三个利益要求中，哪个是社会公众最看重的利益要求呢？通过对调查问卷 2(见本节附录)的总结，70％的人认为，改善自身生活环境是社会公众最看重的节能利益要求，其次是降低他们的生活开支和养成良好的生活习惯。

(2)企业

企业是最直接接触各种能源物资的场所，作为人们生产生活的物资的生产基地，他们的行为对节能也有着直接的影响。同时，在综合性社会契约的影响下，企业承担着社会责任。分析企业的节能利益要求，能在很大程度上使企业直接产生节能行为，并在较大范围里产生影响。

企业始终会以利润最大化为自己的目标，因此，降低生产成本、提高企业效益也自然而然地成了企业对节能利益要求的重要内容之一。有这样一个例子，成都银河王朝大酒店节能灯改造工程，总投资 26.92 万元，年节电 103.4 万千瓦时，节约电费 84.78 万元(0.82 元/千瓦时)，3～8 个月就收回了投资。可见，通过节能，企业可以达到有效降低成本、提高生产效益的目的。

节能可以说是涉及每一个人，涉及子孙后代的大事，责任重大。企业希望借助参与节能这样一个公益性的活动，既美化企业自身的形象，又能为社会做一点善事，使消费者、供应商、分销商、政府等对企业不只停留在“不顾一切赚钱”的传统形象上，以增加企业与以上各个环节的合作与交流。

在问卷中，还有一个企业的节能利益要求也是众多被调查者纷纷提及的，即提高企业核心竞争力。这一点与前面提到的利益要求有着密切的联系。企业始终是以盈利为目的的。企业希望通过参与节能，在降低成本、提高生产效益的基础上，综合增加其核心竞争力，从而使自己获得市场，赢得商机，获得较高的利润。

此外，从长远利益的角度来看，企业必定希望自己能长期发展下去。而节能不仅可以使企业大大降低生产成本，还可能美化企业形象，加强企业与市场的合作，这就为企业的长期发展提供了一个保障的基础。企业也只有获得长期的发展，才能在市场中稳固自己的地位。因此，谋求企业自身长期良性的发展是企业对节能的又一个利益要求。

在企业的这些利益要求中，他们又是怎么看待这些利益要求的优先顺序的呢？根据问卷调查结果显示，80％的人认为，企业最看重的利益要求是降低企业生产成本，提高企业效益，这也跟企业的经营目标一致；其次看重的利益要求是谋得企业的长期发展，因为企业能够长期良性发展，是企业一切活动开展的基础；接下来分别是企业提高核心竞争力和提升企业自身形象的利益要求。

(3)政府

政府在节能中扮演的是一个什么样的角色呢？政府是节能的提倡者，也是推动者。那么，政府对节能究竟是基于什么样的一些利益要求呢？问卷调查中，被调查者涉及的关于政府的一些利益要求比例如图 9-3 所示。

图 9-3 显示，分别有 70％和 65％的人认为，政府有保护国家资源、保护人类环境的节能利益要求。节能虽可以说是地球上每个人的权利和义务，但政府，不论是哪个国家的政府，作为每一个大家庭的“家长”，他们更有责任要去维护家庭的财产。国家资源和人类生存的环境就是社会大家庭的财

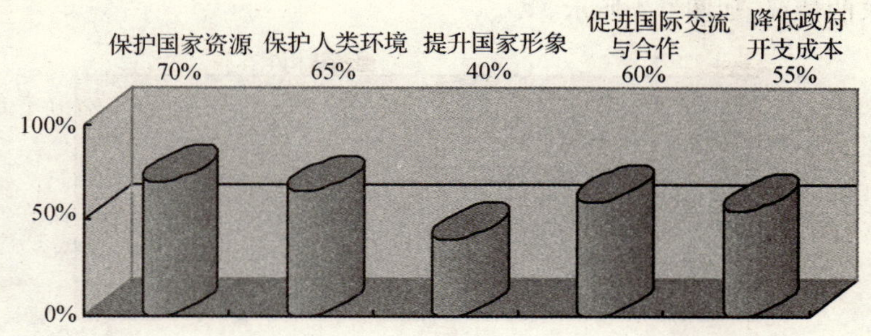

图 9-3 政府利益要求调查

产。只有这样，政府才能得到民众的信任，国家才能长治久安。

在国家稳定的基础上，对外交流是国家经济发展的需要，而一个国家是否具备良好的国际形象，也是能成功对外交流合作的一个重要因素。因此，分别有40%和60%的人提出，提升国家的国际形象、促进国际间的交流与合作是政府迫切希望达到的利益要求。节能关系到整个人类的生存和发展，积极投身于节能中，能引起社会的好感，国际的认同，这对于提升国家形象，促进国际的交流合作有极大的促进作用。

另外，与社会公众一样，有55%的人认为政府也有降低政府开支成本的利益要求。

那么对于政府，他的利益要求的优先考虑顺序又是怎么样的呢？通过对有效的问卷调查的分析，对保护国家资源和保护人类环境这两个利益要求，75%的被调查者认为，其优先考虑程度基本相当，有60%的被调查者认为，接下来政府应重点考虑的利益要求是降低政府开支成本。我国政府机构能源消耗约占全国能源消耗总量的5%，每年仅能源费用就超过800亿元。2003年，全国政府机构电力消费达911亿千瓦时，超过全国8亿农村居民的生活用电量。政府机关人均能耗和人均用电分别为城市居民家庭平均值的7.6倍和10.9倍。通过节能，能大大降低开支，进而使政府成为社会的榜样，带头做好节能工作。对于提升国家在国际中的形象，促进国际交流与合作这两个利益要求，45%的被调查者认为，政府重视的程度相对较低。

2. 蛰伏利益相关者

蛰伏利益相关者是与节能关系密切、对节能工作的开展产生相对较大影响的个人或群体，主要包括节能中介，即我们通常所说的节能咨询、宣传机构。

节能中介作为节能的宣传、咨询机构，担当着节能与企业、社会、政府沟通的工作，是节能与社会各成员的桥梁。节能中介的工作行为对节能也有着举足轻重的影响。作为一个这样的中介机构，他们对于节能的利益要求又是什么呢？根据问卷调查的内容，同样用一个图形来表示节能中介的利益要求的情况，如图 9-4 所示。

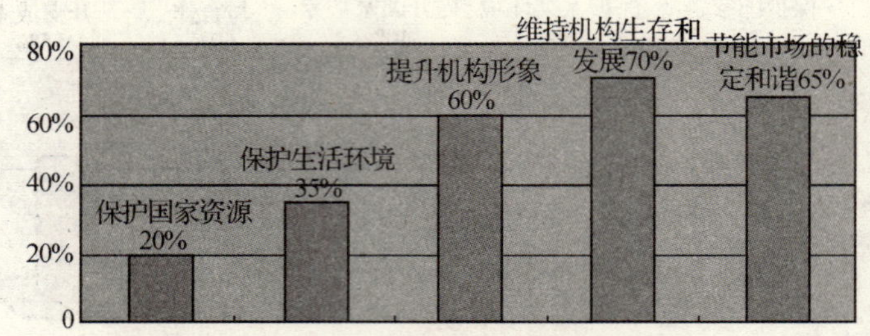

图 9-4　节能中介利益要求调查

从图 9-4 中可以看出，70%的被调查者认为，节能中介对节能的利益要求是维持机构生存和发展。同时，还有 65%的被调查者提到了节能机构希望节能市场稳定和谐发展的利益要求。此外，部分被调查者提到了有关提升节能机构形象、保护生活环境、保护国家资源的利益要求。

同样，这些利益要求中，众多被调查者认为，节能中介作为一个服务性机构，更多的是看重节能保护国家资源和人类的生活环境。其次，节能市场的稳定和谐是相对重要的利益要求，因为节能市场的稳定，不管是从国家，还是从企业、机构和社会大众的角度出发，都具有长远意义。再次，则显示出节能中介维持机构生存发展、提升机构形象的利益要求。这也突出了节能中介服务性的一个特点。

3. 边缘利益相关者

边缘利益相关者是指被动地受到节能的影响，在节能工作看来，他们是重要性程度不高的群体。这里所提到的即自然环境。

自然环境是节能的承载者。节能工作开展得顺利、深入，则能有效地改善自然环境；否则，自然环境就会受到严重的破坏。对于节能来说，它是受到节能影响的被动者，只有在自然环境受到严重破坏的时候，才能提醒人们关注节能。

另外，自然环境是社会中的一个相对的客体，因此，它对于节能的利益要求也相对较少，主要集中在保持生态平衡、人与自然的和谐以及提高自然环境经济效益这两部分利益要求中。

有 85%的被调查者认为，对于自然环境而言，更看重的是保持生态的平衡以及人与自然的和谐，其次是提高自然环境经济效益。因为，自然环境是人类长期居住的地方，保持生态的平衡不仅有利于自然环境的发展，为人类社会提供良好的生存环境，也为将来人类的子孙创造了一个良好的发展开端和空间。至于自然环境的经济效益，应当在保持良好的生态环境的基础上适当考虑发展。

由此，对众多节能利益相关者的利益要求进行了分析，了解了节能利益相关者的各利益要求的内容以及各利益要求的优先顺序，这对于更好地开展节能工作起到相当关键的推动作用。

附　录

节能利益相关者利益要求分析的问题调查问卷设计

一、对于节能利益相关者的利益要求分析的问卷调查设计分为两个步骤

1. 分析节能利益相关者的利益要求

设计背景资料是希望了解被调查者的一些有关学识、经验等方面的情况。不同的年龄，不同的学识，不同的职业，对于节能利益相关者的利益要求的理解可能存在着不同程度的差异。

在节能利益相关者的利益要求分析的部分，为了防止限制被调查者的思维，避免出现局限思考的情况，针对每一类节能利益相关者，设置了相对大的空间，以便被调查者能扩散思维，根据自身的学识和经验，广泛搜罗他们所认为的各节能利益相关者的利益要求的内容。

2. 节能利益相关者的利益要求的排序

同样分为两个部分，第一部分对于背景资料的考虑与前一份问卷调查的思考相同。

通过对调查问卷 1 中，各被调查者的回答，总结归纳出所有的节能利益相关者的利益要求的内容，并设置成调查问卷 2 中的排序选项，请被调查者根据自身的认识、见解，对各个节能利益相关者的利益要求的内容选项进行优先排序，即哪一个利益要求是该节能利益相关者最优先考虑、最希望实现或者说是最看重的一个利益要求，哪个是第二要考虑的利益要求，这样以此类推。利益要求的优先排序能够使节能工作合理安排资源，优先满足节能利益相关者最希望被满足的要求，也能加大节能利益相关者参与节能的积极性。

二、节能利益相关者的利益要求分析问卷调查的展开

该问卷通过网络发送和现场发送的形式，在 100 个人中展开调查。实发 100 份，收回 100 份。被调查者的职业包括学生、军人、商人和公司职员等，年龄在分布在 20～55 岁之间。被调查者中，专科学历的占 22%，本科学历的占 78%。对于回收的问卷，进行了统一的整理，并对调查问卷的内容进行总结与统计，抽样中得出持有相同观点的被调查者比例。

节能利益相关者利益要求问题调查问卷 1

问卷编号＿＿＿＿＿

各位朋友：我们正在进行一项有关节能问题的调查工作，旨在了解节能利益相关者的利益要求。希望您能抽出宝贵时间，给我们提供如下真实信息，调查不记名，答案也无对错之分。我们保证这些数据资料只是用于分析研究，并在任何时候都不会公开企业和个人的信息。

一、背景资料

1. 性别：□男 □女

2. 您的年龄：□20～30 岁 □31～40 岁 □41～50 岁 □51 岁以上

3. 您的学历：□大专 □本科 □本科以上

4. 您的职业：＿＿＿＿＿＿＿＿＿＿

二、节能利益相关者的利益要求分析

我们首先将节能利益相关者分为企业、政府、社会公众、节能中介、自然环境和后代六大类。请您在根据您的经验和对这些节能利益相关者的一些认识的基础上，在以下各节能利益相关者中写出您认为他们各自期望的利益要求。

1. 企业：＿＿＿＿＿＿＿＿＿＿

2. 政府：＿＿＿＿＿＿＿＿＿＿

3. 社会公众：＿＿＿＿＿＿＿＿＿＿

4. 节能中介：＿＿＿＿＿＿＿＿＿＿

5. 自然环境：＿＿＿＿＿＿＿＿＿＿

6. 后代：＿＿＿＿＿＿＿＿＿＿

衷心感谢您的合作！

节能利益相关者利益要求问题调查问卷 2

问卷编号＿＿＿＿＿

各位朋友:我们正在进行一项有关节能问题的调查工作,旨在了解节能利益相关者的利益要求。希望您能抽出宝贵的时间,给我们提供如下真实信息,调查不记名,答案也无对错之分。我们保证这些数据资料只是用于分析研究,并在任何时候都不会公开企业和个人的信息。

一、背景资料

1. 性别:□男　　□女

2. 您的年龄:□20～30 岁　□31～40 岁　□41～50 岁　□51 岁以上

3. 您的学历:□大专　　□本科　　□本科以上

4. 您的职业:＿＿＿＿＿＿＿＿＿＿＿＿

二、节能利益相关者利益要求排序

我们认为,每个节能利益相关者都有自己一定的利益要求。在对调查问卷 1 进行归纳总结后,我们总结了一些节能利益相关者的利益要求,请您根据我们提供的节能利益相关者,结合您对节能利益相关者的利益要求的认识,将利益要求进行排序,将您认为某一利益相关者最重要的利益要求排在第一,次重要的排在第二,以此类推。

1. 您认为企业对节能的利益要求是:(请排序)＿＿ ＿＿ ＿＿ ＿＿

A. 降低企业生产成本,提高企业效益　B. 提升良好的企业形象

C. 谋求企业长期的良性发展　D. 提高企业核心竞争力

2. 您认为政府部门开展节能工作的利益要求是:(请排序)＿＿ ＿＿ ＿＿ ＿＿ ＿＿

A. 保护国家资源　B. 保护人类环境

C. 提升国家在国际中的形象　D. 促进国际交流与合作

E. 降低政府开支成本

3. 您认为社会公众在节能中希望得到的利益是:(请排序)＿＿ ＿＿ ＿＿

A. 改善自身生活环境　B. 降低生活开支　C. 养成良好的生活习惯

4. 您认为节能中介机构(节能咨询、宣传等机构)希望从节能工作中得到的利益是:(请排序)＿＿ ＿＿ ＿＿ ＿＿ ＿＿

A. 保护国家资源　B. 保护生活环境

C. 提升机构形象　D. 维持机构的生存和发展

E. 节能市场的稳定和谐

5. 您认为自然环境在节能工作中能够得到的益处是：(请排序) ____ ____

A. 保持生态平衡、人与自然的和谐　B. 提高自然环境的经济效益

衷心感谢您的合作！

第四节　节能利益相关者的利益机制

一、节能利益相关者利益机制概述

(一)节能利益相关者利益机制的定义

所谓利益机制就是指追求利益的内在冲动。节能是从维护自身的利益出发，对节能工作外部环境中各种经济现象及其变动的反应方式和节能利益相关者不同成员行为之间的相互依存、制约和影响方式。由于政府、企业和公众舆论的利益与对应的效益、分配和激励具有耦合关系，节能利益相关者的利益机制一般包括节能利益相关的利益协调机制、节能利益相关者的利益激励机制和节能利益相关者的利益约束机制等。

(二)节能利益相关者利益机制的构成

节能利益相关者利益机制的构成，主要取决于两个因素：①节能中各类利益相关者的利益结构。在节能工作中，其利益相关者可以分为政府、企业和公众三个基本类别。节能工作的各类成员，面对生产经营活动的外部环境，他们的利益具有一些共同的组成要素，诸如政府的利益需求、企业追求利润最大化的需要、社会的可持续发展需要的利益等。由于不同类别成员与节能工作的关系和在节能工作中所处的地位不同，他们之间随着价格、政策、税收和经济利益等方面的差异，来源于不同需要的利益也有所不同。这两个方面便造成了节能工作中不同成员的利益结构。也就是说，各成员所需要的利益在利益总体中的重要性存在着不同的比重。②节能工作的组织状态。节能行为通常并不单纯是某一类节能利益相关者的利益需要的产物，而是节能工作中各类成员的利益要求的合力的产物。这种合力所处的状态，主要取决于节能工作的组织状态。节能工作组织状态可以从利润归属状态和决策活动组织状态两方面进行考虑。节能工作利润的归属状态固然与节能决策活动的组织状态有着内在联系，但同一利润归属状况的节能活动通常又可能共存几种不同类别的节能决策活动组织状态。

（三）节能利益相关者利益机制的特征

节能利益相关者利益机制的基本特征是维护节能工作各利益相关者的合法利益，在保证社会利益和生态环境不受损害的条件下，政府采用正当的手段谋求企业最大的利益。在中国，在节能降耗工作中，节能利益相关者的利益机制同可持续发展的方针相适应，企业的利益基本上同企业的经营效果脱节，未能更好地发挥节能利益机制的效应作用，使节能降耗工作未能很好地展开。

二、建立节能利益相关者利益机制需遵循的原则

原则是一种规范，是人在行动过程中应该遵循的尺度和准绳，正确的原则有利于人们的实践活动。要使利益协调顺利地进行，必须首先把握其基本原则。

（一）节能利益相关者间统筹兼顾原则

统筹兼顾，是指在节能工作中协调节能利益相关者间各种各样的利益关系过程中，不能为了一方的利益而牺牲或抛弃另一方的利益，而应兼而顾之，使之相互促进。在节能工作中，在建设资源节约型社会的同时，政府要通过采取法律、经济和行政等综合性措施，提高企业资源的利用效率，以最少的资源消耗获得最大的经济和社会收益，保障经济社会可持续发展。从政府到企业再到公众，都要积极行动。

（二）节能利益相关者间利益均衡与非均衡原则

所谓均衡原则，就是注意在节能利益关系中利益相关者各方之间寻求一定的平衡，使社会利益关系的倾斜不超过社会承受能力允许的临界点，避免不正常利益之争，避免因企业和资源利益矛盾尖锐而破坏社会可持续发展。所谓非均衡原则，就是注意在节能利益关系中政府、企业和公众各方之间造成的一定的利益涨落，利用利益关系的倾斜形成利益差别和利益流动，在利益均衡基础上保持动力与活力。均衡与非均衡是对立统一的关系，均衡不等于均等，不意味着利益关系格局的静止和僵化。为了调动利益主体企业的积极性，必须允许某种程度上社会利益的非均衡、不同步发展，明确承认合理的利益差距方能带动和促进社会整体利益的迅速增长。节能工作和活动亦如此。

（三）节能利益相关者需遵循规范化原则

规范原则要求节能利益关系协调必须按照一定的理念、程序和框架进行，而不能凭主观意志任意进行。规范化原则最大的作用就是有助于节能降耗的真正实现。协调所要达到的目标应该是在风险共担、利益均沾的利益观念指导下确定的，为这样的目标而采取的协调措施就容易取得企业和公众的参与和支持，政府对资源节约型社会的建设的信心也相应增强。

(四)各类节能利益相关者利益要求实现状态的对应平衡原则

这种平衡不是要求在节能工作中对每一种利益相关者都等量齐观，而是在对利益相关者进行科学分类的基础上，节能工作应该对"优先的利益相关者"的利益要求给予更多的重视，使其利益要求得到更多的实现；对于某些利益相关者而言，适当降低其利益要求实现程度也是恰当的。利益冲突的平衡最终取决于利益冲突各方的力量平衡制约关系。要提高节能率，就必须运用市场经济的激励机制将利益与节能直接挂钩，让公众、企业和政府都能从节能事业中获得应得利益。实际上，在这些利益中，政府收益最大，其次是企业，最后才是公众个人。所以，依据这一点，要转换好各自在节能工作中的利益角色。

三、节能利益相关者利益机制的重要性

如何协调众多利益相关者的利益要求是节能降耗工作的一项基本工作，我们可以将"节能工作和活动"从根本上理解为一种节能利益相关者之间利益冲突的协调机制，它通过运用多种手段和方式，整合企业、政府和公众的内外部资源，来协调节能工作中所面对的多种利益相关者利益要求之间的冲突。在任何一个节能降耗工作中，节能工作和活动都是一系列的激励、保障和争议解决过程中的安排，它被用来规定节能中各种利益相关者的行为和利益关系。也就是说，节能工作活动不仅关注政府的利益，也不仅关注生产型行业、能源供应商之间的相互制衡，而且更要关注节能利益相关者利益要求的实现情况，并协调所发生的利益冲突。

将节能降耗工作理解成各利益相关者的利益协调机制，而不是将它理解成"企业利益的实现机制，生产型行业、能源供应商和可持续发展之间的制衡机制"，是源于利益相关者理论对节能目标、节能本质的理解，也源于我们对节能工作和活动中各种利益相关者的利益要求及其实现方式、实现程度差异的认识。在将节能工作和活动的目标理解为"为所有的利益相关者和社会有效地创造财富"，将节能工作和活动的本质理解成"利益相关者之间相互关系的联结"(A Nexus of Relationship among Stakeholders)后，我们认为一项成功的节能工作或活动必须依靠一种协商的机制来履行它与其利益相关者之间所存在的各种显性契约和隐性契约。随着时代的变化，作为节能利益相关者的一大类企业来说，现代企业中的剩余权安排不再是集中对称地分布于物质资本所有者之中了，剩余索取权和剩余控制权在更大范围内的分享和让渡已经成为不可逆转的趋势了。因此，那种将节能降耗工作仅仅理解为物质资本所有者为实现其利益要求而设计的一套制度安排的看法，既不符合理论的发展，也与现实相悖。

与此同时，节能工作和活动与其利益相关者之间的"相互交流"充分说

明，各种利益相关者因其在节能工作和活动中都投入了一定的专用性资产，承担了一定的经营风险，都会向节能工作者索取他们认为应得的利益。当这种索取的要求得不到满足时，他们就会威胁撤出其投资，从而向节能工作实施者施加压力，影响节能工作的正常运行。也就是说，将节能降耗工作的眼光仅仅放在企业的身上，或是放在生产型行业、能源供应商、社会可持续发展之间的相互制衡问题上，都不足以解决节能工作和活动正常运作的根本问题。当然，我们承认在许多情况下，生产型行业、能源供应商的激励、约束、监督问题非常重要，是任何一个节能降耗工作安排中不可或缺的内容，但决不能以此来代替节能降耗工作的全部。就拿企业这一大类利益相关者来说，美国 Sears Roebuck 公司总裁罗伯特·伍德在谈到公司的可持续发展问题时，他反复强调要把股东的利益放在最后一位来加以考虑，"不是因为股东不重要"，"而是因为，在很多情况下，除非他先满足顾客、雇员和其他利益相关者的需要，否则，他是得不到满意的回报的"。

直到最近，很少有国家特别是政府部门采取协调一致的能源管理方案。综上所述，建立节能利益相关者利益机制来得更为重要。

四、建立节能利益相关者利益机制的途径

通过对节能利益相关者的分类可知，节能利益相关者有政府、企业和公众三大类，以下就分别从政府的推动机制、企业的协调机制、公众的约束机制以及和三者相联系的能源服务公司的建立等来说明节能利益相关者利益机制的建立途径。

（一）加强政府管理经济职能，建立符合节能工作的利益机制

随着市场经济体制的逐步建立，传统的节能管理体制和机制已经无法适应新形势的要求，出现了节能管理弱化、机制失灵的状况。因此，就节能利益相关者中的政府这一方而言，建立、健全新的政府节能管理体制和政策支持体系就成了当务之急。

首先要完善政府节能机构。国务院设立资源节约办公室，定期召开资源节约特别是节能方面的跨部门协调会，研究解决节能方面的问题。

其次要将节能工作纳入各级政府工作日程，切实加强领导、分管领导对资源节约工作的抓紧抓实。

最后要设立节能管理专项资金，用于节能政策法规和标准的研究制定、公众宣传、教育培训、信息传播和奖励表彰等活动。

总的来说，市场机制是推动生产要素流动和促进资源优化配置基本运行的机制。政府部门不直接干预企业生产经营的具体事务，而通过经济杠杆与行业政策等措施，按既定的社会目标，引导、调节和规范企业的经营活动，并矫正市场缺陷，促进市场完善，保证市场的健康运行。政府监督管理

部门按照相关的法律、法规，评价、控制与处理各类经济活动。只有这样，企业才能自觉根据国家有关能源政策，制定切实可行的节能降耗措施，在不破坏社会可持续发展的前提下实现企业利益最大化，更好地开展节能工作。

（二）建立利益约束机制，健全法制，规范逐利行为

从节能利益相关者公众角度来讲，主要是建立约束机制。约束机制在节能工作中相对于激励机制而言，其作用在于“防”，就是通过一定的法律法规，防治各市场主体的资源过度浪费行为，约束他们的生产和生活过程，以保障节能工作的顺利进行。

在节能降耗工作实行过程中，由于市场发育不完全，竞争机制尚在形成过程中，市场规则也不健全，用经济手段甚至非法手段谋取利益的行为大量存在。这些不规范、不正当、不合法的逐利行为，侵犯和损害了社会成员的合法利益，是造成利益分化中无序现象产生的重要原因。因此必须建立利益约束机制，从而建立资源节约型社会。

实行节能工作，需要通过法律和法规来规范社会不同主体的行为，调整社会利益关系和格局，以强制形式来体现政府意志，目的是节约资源、保护环境、遏制浪费。对高能耗、高水耗、高电耗和高污染的行业和领域实行严格的市场准入标准和合格评定制度。建立和完善重点用水行业取水定额标准和主要用能设备的能效标准。加强能效标准体系建设。建立用能产品强制性能源效率标识制度。用循环经济的理念重新梳理和修订主要耗能、耗电、耗水行业中节能、节电、节水的设计规范和设计标准。制定绿色建筑和绿色社区建设的设计标准，对新建居民社区的分质用水、中水回用、太阳能利用、新型节能建筑材料的使用制定技术导向目录。

国际经验表明，健全的法律法规是能源可持续发展战略的基石，但我国能源领域的法律建设却非常滞后，已经影响到能源的改革和发展。尽管先后颁布了《电力法》、《矿产资源法》、《煤炭法》和对外合作开采陆上石油和海上石油条例等一系列法规体系，但大部分法律法规是在计划经济体制背景下制定的，历时太长，已不符合改革和发展的需要，必须根据形势变化修订和完善。

为促进全国能源的综合规划和利用，保证能源效率的提高，首先应从法律保障我国能源安全角度出发，制定涵盖整个国民经济的《能源法》。其次，今后相当长时期内我国能源行业改革和发展的最大障碍，将是行业内的垄断经营和区域市场分割等违反市场经济规律的行为，应抓紧制定和修订《反垄断法》、《反倾销反补贴条例》、《保障措施条例》等维护公平竞争、整顿和规范市场经济秩序的法律法规。最后，加快制定《石油法》和《天然气法》等行业法，将对保障我国能源安全和可持续供给，维护行业的公平、公正、有序竞争起到重要作用。

我国能源体系的一个最大缺陷就是法律法规不配套，为促进节能，应根据需要完善《节能法》，并加快制定《节能法》配套法规和实施细则，引导和规范全社会用能行为，重点是制定《节约石油管理办法》、《能源效率标识管理办法》等。为保证法律法规的落实，公众应在加强执法，完善法律法规的基础上，健全执法体系，加强监督检查，依法实施管理。

(三)完善企业的经营机制

企业作为节能的主体，该如何狠下工夫抓节能？这不但需要改善企业外部环境，还要处理好企业和政府之间的关系，认真落实国务院发布的《全民所有制工业企业转换经营机制条例》中规定的14个方面的内容。同时，强化企业自负盈亏的责任，使企业形成以效益为中心，利润最大化的自我发展机制和以成本为中心，费用最小化的自我约束机制，从而迫使企业积极主动地考虑节能降耗工作。

(四)完善和发挥能源价格机制

随着社会主义市场经济的建立，作为社会主义市场经济调节器的价格机制，必将发挥越来越大的作用。一方面，能源等生产资料的价格对生产同类商品的企业来说是公平的竞争工具，企业为了在市场占据有利地位，必须在保证商品质量的前提下，尽量降低能耗和物耗来降低成本，以商品的价廉物美来取胜。另一方面，能源等生产资料价格，对生产不同商品的企业来说是调整生产方向和生产规模的信标。因为，价格比例在一定程度上是社会劳动在各类企业分配的选择条件，从而促进生产部门大体地按比例协调发展。目前，逐步改变现有能源商品价格不合理的状况，提高能源商品价格，给企业施加一定的外部压力，使其从自身的经济效益出发；大力发展节能降耗工作。在运用能源价格机制时，不但要考虑能源商品的需求关系，还要考虑能源商品的需求弹性，这样才能很好地运用能源价格机制。

(五)完善和建立节能利益分配机制

节能利益分配包括三方面，一是国家与企业之间的利益分配，它主要通过国家对能源税收政策、法制、法规以及贷款利率等来调整。二是企业之间的利益分配，主要通过市场竞争机制以及能源价格等来实现。也就是说，强化节能降耗与促进经济利益变动之间的相互制约的联系和作用。三是企业内部节能奖励机制，企业奖金额不但要同经济效益密切联系起来，而且要使节能降耗在分配中起作用，从而加强职工的节能降耗意识。这里需要注意做好对能源的计量、定额、统计和节能监测等基础管理工作，为节能分配工作提供标准和依据。

(六)完善节能技术研究和开发机制，努力发展节能技术市场

科技进步是当代社会发展的决定因素，世界经济增长越来越依赖于科学技术的进步。在节能领域，节能降耗依赖于科技进步则更为突出。日本

将节能技术应用于生产部门，使其1985年国内生产综合能耗比1973年减少了31%。当今世界科技发展日新月异，产品更新换代日益加快，原来经过技术改造的企业可能又会重新面临落后的问题，这就要求企业不断改造，不断进步。目前，我国经济正处于高速发展时期，由于资金短缺而相对忽视了节能技术的开发、研究和推广应用的资金投入。

政府应发挥调控作用，利用多种渠道积累资金，科技人员应根据节能技术市场需要，努力开发新技术，国家应努力培育和发展节能技术市场，加速把已开发成功的节能技术转化为生产力，从而使节能技术研究和开发处于良性循环阶段。

(七)建立健全畅通的利益表达机制

随着我国社会主义市场经济的发展，出现了不少新的利益阶层和利益群体，他们的利益往往与其他社会阶层和利益群体存在着一定的矛盾和冲突。在改革中，相对来说利益受损的那部分个人、企业又由于利益表达机制不通畅，往往导致能源协调紧张，环境恶化，在有的地方甚至还发生了严重的对立。要深化改革，就必须平衡、整合社会各阶层的利益，建立畅通的利益表达机制，从而使其一方面能够为其他利益主体准确把握，实现相互沟通，相互理解，达成共识；另一方面能够为政府和公众及时察觉，并进而作出及时的调整。

比如信息传递机制，如石油期货市场和股票价格的影响。石油期货市场和股票市场的效率性，也就是在某一市场中的价格波动导致另一个市场价格波动的程度。如果石油影响实质GNP，它将会影响那些以石油为直接或间接生产成本的公司的收益。因此，石油价格的增加将会导致预期收益的减少，如果股票市场能够有效地将石油价格提高所导致的现金流支出资本化，就会带来股票价格的迅速降低。如果股票市场不是有效的，对石油价格变动的调整就将滞后。举例来说，如果信息波动要比其他市场更早地冲击石油市场，石油期货的价格变动就会早于其他市场的价格变动。

所以，要建立有效的利益表达机制，才能更好地促进节能工作的开展。

第五节 基于利益相关者视角的浙江企业节能行为特征及引导机制

一、节能利益相关者的系统结构分析

(一)节能利益相关者系统结构分析

系统一词，来源于古希腊语，是由部分构成整体的意思。今天人们从各

种角度研究系统,对系统下的定义不下几十种。比如说:“系统是诸元素的给定集合”,“系统是有组织的和被组织化的全体”,“系统是有联系的物质和过程的集合”,“系统是许多要素保持有机的秩序,向同一目的行动的东西”,等等。尽管学者们提出的系统定义众多,具体说法有这样那样的差异。但不难看出,其中有三项是普遍的、本质的东西:其一是系统的整体性;其二是系统由相互作用和相互依存的要素所组成;其三是系统受环境影响和干扰,和环境发生相互作用。系统论认为,整体性、关联性、等级结构性、动态平衡性、时序性等是所有系统的共同的基本特征(杨建梅,2002)。

系统论的基本思想方法,就是把所研究和处理的对象,当作一个系统,分析系统的结构和功能,研究系统、要素和环境三者的相互关系和变动的规律性,并优化系统观点看问题,世界上任何事物都可以看成是一个系统,系统是普遍存在的。

由此可以得出,利益相关者的系统结构分析就是要分析系统中利益相关者的组织构成、功能定位、相互关系、行为特征、行为目的及对外界对系统的影响因素,并对此系统进行优化。

(二)节能利益相关者理论在节能中的应用

按照世界能源委员会 1979 年给出的定义,节能是“采取技术上可行、经济上合理、环境和社会可接受的一切措施,来提高能源资源的利用效率”(王庆一,2005)。这就是说,节能旨在降低能源强度,应在能源系统的所有环节,包括开采、加工、转换、输送、分配到终端利用,从经济、技术、法律、行政、宣传、教育等方面采取有效措施消除能源的浪费。

20 世纪 90 年代,国际上普遍用“能源效率”(energy efficiency)来替代 70 年代能源危机后提出的“节能”(energy conservation)一词。之所以用“能源效率”替代“节能”,是由于观念的转变。早期节能的目的,是为了通过节约和缩减来应付能源危机,现在则强调通过技术进步提高能源效率,以增加效益,保护环境。本书的节能研究就是在为了能源效率的提高的定义下进行的。

1. 节能利益相关者的组织构成分析

如何定义节能利益相关者,目前并没有现成的文献可以参阅。米切尔明确指出,有两个问题居于利益相关者理论的核心:一是利益相关者的认定,即谁是组织的利益相关者;二是利益相关者的特征,即管理层依据什么来给予特定群体以关注(Mitchell,1997)。由此,可以从三个属性对可能的利益相关者进行分析,这三个属性是:①合法性,即某一群体是否被赋有法律和道义上的或者特定的对于企业的索取权;②权力性,即某一群体是否拥有影响企业决策的地位、能力和相应的手段;③紧急性,即某一群体的要求能否立即引起企业管理层的关注(Mitchell,1997)。

根据节能行为规范中所涉及的个体和群体的分别研究和能源消耗、生产的相关者研究，节能利益相关者包括社会公众、能源供应部门、用能主体、生态环境、媒体、学术界、社会团体、政府、管能部门等，进一步研究应该从节能活动和现象所涉及的利益出发，根据其相关度系统化。

基于企业和组织的具体情况，对合法性、权利性和紧急性三个特性进行分析后，组织的利益相关者又可以被细分为以下三类：①确定性利益相关者，他们同时拥有对企业问题的合法性、权利性和紧急性。为了企业的生存和发展，企业管理层必须十分关注他们的愿望和要求，并设法加以满足。②预期型利益相关者，他们与企业保持较密切的联系，拥有上述三项属性中的两项。③潜在的利益相关者，是指只拥有合法性、紧急性、权利性三项特性中一项的群体。米切尔提出，这个关于利益相关者分类的模型是动态的，即任何一个个人或者群体获得或失去某些属性后，就会从一种形态转化为另一种形态。

由以上的研究中我们可以解决第一个核心问题，将在节能活动中的利益相关者进行界定与分类。节能中的利益相关者主要可分为三类：节能主体、宏观部门和中介。为研究的需要，可将这三类进一步按照米切尔的分类方法进行细分：①确定的利益相关者：能源提供部门、用能主体、政府、管能部门。②预期的利益相关者：社会团体、媒体、学术界、社区居民。③潜在的利益相关者：生态环境。

2.节能利益相关者的功能定位分析

(1)节能利益相关者的角色定位及相互关系

角色被定义为“处于一定社会地位的个体依据社会客观期望，借助自己主观能力适应社会环境所表现出的、具有情景性的行为模式”。角色行为是个体实际的“角色扮演”(刘静艳，2006)。

①政府。政府的角色行为包括制定节能的政策、实践和工作框架，制定总体规划、建立节能管理的一系列制度和体系以及对企业、居民和社会团体等的管理。因此，在节能行为中，政府既是一个“游戏规则”的制定者，也同时扮演着管理者、倡导者、支持者和企业节能的监督者等多重复杂的角色(吕文斌，2003)。

从节能管理实践来看，政府的角色行为与其理论上的角色规范之间还存在较大幅度的偏离。在节能管理中，涉及不同级别的政府和不同利益的团体与个人。就中央政府与地方政府而言，政府之间关系的内涵应该是利益关系、权力关系、财产关系和公共行政关系，利益关系决定其他关系，其他关系是利益关系的不同表现形式。利益驱动性也会使政府在制定节能决策时，特别是对一些环境敏感区和资源敏感区进行不违法但是不合理的资源开发，造成环境和自然资源开发的短期经济行为，引起逆向选择和道德风险，资源配置的低效和无序，导致节能管理的“标签化”。

②耗能企业。耗能企业的角色行为具有“双刃剑”的功能。一方面为社会节能的发展及环境系统注入新的人流、物流、资金流、信息流以及能量；另一方面，追求经济效益最大化的原则，造成环境资源的破坏甚至是恢复的不可逆转性。因此，耗能企业尤其应遵循企业伦理道德，坚持资源消耗最小化行为守则，并处理好节能收益和政府补偿的关系。

同时，企业与政府之间的良性互动关系也十分敏感。在市场经济条件下，市场行为主体即企业或个人是“经济人”，其生产行为或消费行为都是以追求经济利益最大化为目的，而不是“社会人”。企业参与节能，首先要让企业分享节能带来的利益，如生产效率提高，单位能耗减少，社会声誉扩大。事实上，企业参与节能在一定程度上来说是高成本的运作，需要政府的大力支持与投入。政府的节能，还能带动社会的共同节能。两者之间的关系是互利互惠、良性循环的，尽可能地降低冲突的层面。

③社会公众。在节能参与中，社会公众既是利益主体，也是构成节能型社会的主要组成部分，同时也是节能行为影响的敏感者和承受着。社会公众可能扮演着管理者、经营者以及环境的组成要素的角色，收益主要体现在环境生活水平的提高和经济节省的增加，以及周围环境得到改善。因此，社会公众既是利益主体，也是利益载体，其扮演的特殊角色，使得社会公众在节能中的角色扮演颇为引人关注。

值得注意的是，由于节能的社会性，公众参与节能是十分重要的。然而事实上，公众主动扮演节能参与者并不顺利，人们更多地关注节能的利益分配问题。从理论上讲，公众在节能和环境保护中扮演着重要的角色，但由于节能意识的淡薄和节能在我国发展的不同阶段，大多数的公众参与都处在较低层次，公众参与的权力未得到法律和行政上的保障，公众参与的作用还没有完全发挥出来。

④生态环境。生态环境是能源系统的介质，是一切节能活动的载体。企业对自然资源的开发利用要坚持自然资源的经济价值、社会价值和环境价值相统一，建设生态兼容的基础设施，实行废弃物最小化策略，尽量减少使用不可再生资源，从有生态标志的供应商那里购买能源，在建设过程中考虑能源效率最大化。政府还要积极开展环境教育，通过建立资源、环境教育中心及小册子等，进行资源和环境教育，并通过建立规章制度来规范企业和公众的节能行为，提高全民的节能意识。

显然，在上述利益相关者的角色扮演和关联关系方面，既表现为利益相关者自身所面临的追求利益和受到约束的双重性，也同时表现为各利益相关者之间错综复杂的制约关系。如各级政府间的利益冲突，企业面临利润获取和社会责任的冲突，社会公众面临市场参与、环境保护的冲突，生态环境面临资源保护和经济自养的矛盾双重性等。各利益相关者之间错综复杂的关系主要体现在负责环境保护、资源有效利用目标的主体和经济收益目标主体之间的权力抗衡和制约，如政府与企业，是互利还是互斥，社会公众和企业是尊重还是冲突，生态环境和企业是保护还是破坏等一系列问题。

(2)企业在各节能利益相关者中的地位

企业是经济运行的微观主体，既是大部分物质产品的直接提供者，又是绝大多数能源的消耗者，因此企业行为的特征与转变对于整个国民经济发展模式的转变具有重要的意义。目前我国有很多企业仍处于粗放型发展阶段，一些企业正在由粗放型向集约型生产方式转变。而要实现经济发展向集约型转变，企业行为，包括企业经营目标、经营思想理念、生产方式、环境管理方式等需要有较大的转变。

企业在建设节约型社会中处于基础地位，企业行为的转变对促进节约型社会的建立将产生重大的影响。这主要表现在以下两个方面：

①企业是发展经济和提高技术水平的主体。企业是社会经济生活的基本单位之一，是物质生产资料和生活资料的提供者。企业同时也是科技创新的主体。在激烈的市场竞争中，企业必须重视对自身的技术改造，对国外先进技术成果的引进和利用，提高劳动生产率，不断开发新技术新产品。实现节约生产需要做许多具体的工作，如防治污染、减少废弃物排放、开发对环境无害的产品等，都要依靠新技术。企业是技术开发的生力军，企业在开发技术之后可以立刻应用到生产经营中，产生经济效益和社会效益。如日本在1950—1970年间，只用了100亿美元就掌握了工业发达国家在半个世纪内开发的大部分科技成果。若这些成果都由日本重新研究开发，至少需60年时间和需花费1000多亿美元。

②企业是环境污染、能源浪费的主要责任者，企业有责任减少环境污染，提高能源使用效率，实现社会的可持续发展。2002年，我国第一、二、三产业和生活用能分别占能源消费总量的4.4%、69.3%、14.9%和11.4%。其中，企业用能占68.3%，且自1990年以来一直保持在70%左右的水平，虽然统计口径不完全可比，但与国外能源消费构成相比，我国企业用能比重明显偏高，是能耗大户。企业节能对维护国家能源安全、建立节约型社会有决定性作用。

根据预测，能源的短缺现象将在相当长的时期内延续下去，如果按今后的经济增长速度为年增6%～8%计算(实际很可能达到8%～10%)，到2010年我国的能源需求存在3亿～6亿吨标准煤缺口。由此可见，今后我国能源的供需矛盾将日益尖锐，其中石油、电力供应紧张尤为突出。由此，能源问题能否顺利解决，对我国经济发展具有重大的意义。要解决我国的能源问题，除了加速能源开发生产和进口一部分能源以外，最有效的途径之一是节能降耗，尤其是作为能耗大户的企业。

因此，对作为节能利益相关者的企业进行详细研究具有重要的意义。

二、企业节能行为特征的定性分析

（一）节能行为的性质与特征

根据世界能源委员会1979年给出的定义，节能是“采取技术上可行、经济上合理、环境和社会可接受的一切措施来提高能源使用效率”。节能的目的是通过技术进步提高能源使用效率，以增加效益，保护环境。由此，对节能行为可从以下两个方面来理解。

1. 节能是亲社会性行为

人类的环境行为大致可以分为两类：一类是建设和保护环境行为；另一类是消费和破坏环境行为。由此，我们可将节能行为归类为前者，即环保行为。环保行为具有亲社会性的特征。在社会心理学中，亲社会性行为是指一切有益于他们的行为，如分享、助人、合作、同情、关心他人的利益、福祉等。亲社会性行为有各种不同的表现形式，从一般有益于他人的助人行为到为人类的生存与发展作出贡献、甚至作出自我牺牲的利他行为，都属于亲社会性行为的范畴。由此可见，节能行为体现了人类对自然界的尊重和对自然资源的保护，实现这种行为有时需要作出自我牺牲。节能行为表现出了亲社会行为的积极内涵，其本质是有利于人类生存和发展的积极社会行为。

2. 节能是经济行为

无论是企业、个人还是政治家，追求节能效益都是节能的主要动机。2003年，我国节能量达到1亿吨标准煤，价值约1910亿元。目前，我国单位产值能耗为世界平均水平的2.3倍，主要用能产品单位能耗比国外先进水平高40%；我国工业产品能源、原材料的消耗占企业生产成本的75%左右，若降低1个百分点就能取得100多亿元的效益。对于一个企业来讲，节能降耗不仅能减少对能源的使用，降低生产成本，在绿色消费日益深入人心的今天，还能在消费者中产生正面的影响，扩大社会声誉，间接地提高销售量，有利于企业的可持续经营。

（二）企业行为的性质与特征

企业行为是指企业从事的生产、交换、分配与投资等生产经营管理活动。在市场经济体制中，追求利润极大化成为企业的动力机制，企业能否盈利取决于生产要素的成本与商品的销售状况。

早期公司立法强烈的个人本位主义，使人们对公司的认识一直停留在把公司看成仅仅是股东们共同出资、共同受益的组织体，追求股东利益最大化也就成了公司的唯一目的，因此，公司的定义也往往被说成是依法设立的、以营利为目的的社团法人或企业法人。在19世纪末和20世纪初，随着企业力量的不断壮大，以及工业发展对社会负面影响的日益暴露，社会对企业的关注程度提高。人们开始探讨企业在追求自身经济利益最大化以外，还要承担带有一定公共性的社会责任。作为现实生产力的主要载体，企业实施其行为是要与承担社会责任达到内在的统一。原来被喻为影响企业生存发展的一些外生变量，如环境保护、节约能源、以人为本等，应逐渐变成内生变量，成为企业行为体系中必不可少的因素。

同时，随着现代市场经济不断发展，现代企业制度也不断完善，尤其在社会日益重视生态环境问题和公众生态环境意识愈来愈高的情况下，工业界日益认识到，企业生产经营对资源的浪费和生态环境的破坏，不仅造成环境恶化、能源枯竭，降低公众的生活质量，损害社会利益；而且损害企业声誉，影响消费者的选择，不利于市场竞争，最终反过来危及企业生存和发展的基础。

因此，企业是一个"多面体"。作为经济范畴的企业，它追求最大利润；作为法律范畴的企业，它要做好"企业公民"；作为道德范畴的企业，它要承担社会责任。

(三)企业节能的动机分析

1. 企业节能行为的动机结构

任何企业行为都是与企业动机相联系的，节能活动也不例外，对企业的节能行为可通过图 9-5 的一个基本框架来说明。根据图 9-5 所示，企业节能行为主要受两个因素的制约，一是外部环境，二是企业主体的行为目标。外部环境对企业节能行为产生的动机表现在以下两方面。

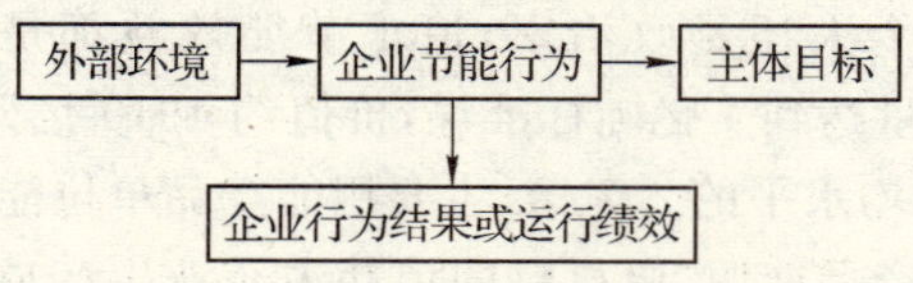

图 9-5 企业节能行为动机框图

(1)事业动机

这是指企业具有强烈的社会责任感，把自身生存和长远发展作为最终目标，自觉地承担包括节约能源在内的各项社会职责。

长期以来，人们为了眼前的和局部的狭隘利益，不惜过度开发自然资源，同时任意排放废物、生产垃圾，超过了生态环境所能承受的程度，导致了各国不同程度的资源匮乏和环境污染问题。有理性的人们在盲目求发展的热潮过去后，终于醒悟了。人们认识到如果当代人仍以自我为中心，为了眼前的局部利益而继续向自然无止境地索取和污染的话，人类终究会受到大自然的惩罚。能源问题的解决势在必行。而能源问题首先是人们的经济活动所引起的，所以解决能源问题要追根溯源，必须从经济活动中寻求突破口。企业首当其冲地负有不可推卸的主要责任。所以少数大中型企业成为现代商品经济中的进步模式，采取自觉的节能行为，建立循环经济的生产方式，采用清洁生产的技术，主动承担起节约能源、保护环境的社会责任。可以想见，在事业动机的推动下，只要企业具有投资实力和适用技术，能源问题终会找到解决途径。长期向企业宣传“环境意识”，实际上就是在激发企业决策者的事业动机。

(2)行政动机

这种动机的特点是，企业以政府的法律、方针、政策为主要信号，以政府的偏好为其行为调整的方向。从20世纪70年代西方国家提出可持续发展问题，至今各国为了经济的长远发展，纷纷采用可持续发展的模式，把节能贯彻到经济政策的制定和执行中。而可持续发展经济政策的实施，微观上要求企业将生产经营活动同自然环境、社会环境的发展相联系，使企业的生产经营活动能促进环境的良性发展，即采取合理的环境管理行为。目前，由于消费者保护利益运动和生态环境运动的压力所迫，政府对企业的调控日趋严格化。各国政府制定的法令、政策都旨在强迫和引导企业来进行节能，也起到一定程度的作用。在这种行政动机的驱动下，企业领导更多的是为规避违反法令、政策所带来的风险，有可能导致企业走向消极的能源管理行为。如企业为满足社会和法律的要求，被迫花费节能成本，添置和运行节能设备，开发和购买节能技术等。同时，合理的能源管理在一定程度上也会使企业节约生产成本和得到更多收益。

另外，企业作为现代经济中的基本单元并发生某种经济行为，必定有一定的利益动机和追求一定的利益目标，在商品经济条件下，企业的利益目标集中体现在利润动机上。

(3)利润动机

首先是出于市场机会的考虑，如日益强大的绿色消费市场及大有发展前景的绿色产业，都预示着企业可能获得极佳的市场机会及相应的丰厚利润回报。其次企业通过采取合理的节能管理行为可降低原材料用量、提高产品质量，使成本相对节约，产品的功能价格比提高。此外拥有强烈绿色意识的消费者愿意为绿色产品支付更高的价格，环境管理能使企业在竞争中占有优势地位，获得更多的利益，最后还能获得各种有形或无形的优惠政策，同时有利于树立良好的企业形象。基于这种动机，企业将权衡得失，采取某种能源管理行为，投入一定量的成本来获得最优利润。

2.企业节能动机的作用机理分析

根据资源最优配置理论，企业在边际生产成本与边际收益相等时达到企业最优生产量，此时，企业获得最优利润。假设市场条件不变，在不考虑环境污染等外部不经济时，企业的最优生产量为 X，见图9-6(a)。现在考虑到外部不经济性时，企业的原有边际成本现改称为边际私有成本(MPC)，企业的全部边际生产成本应该是边际私有成本(MPC)与边际外部成本(MEC)

之和，称为边际社会成本（MSC）。如图 9-6(a)所示，在考虑边际外部成本之后，MPC 线向上移动成为 MSC 线了，与企业边际收益曲线（MR）相交，决定了此时的最优产量 X'，X' 小于 X。

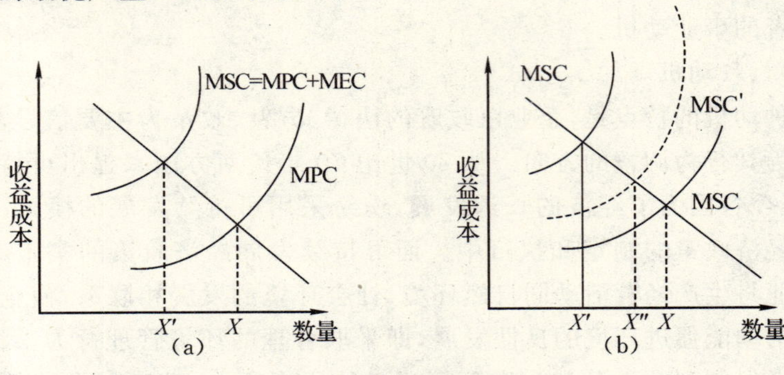

图 9-6 企业节能动机的作用机理分析

在不受政府干预只有市场经济的条件下，没有诱导和限制企业减少产量。因为企业不愿意自动支付边际外部成本 MEC，所以形成资源的不当配置。这里政府有必要介入私有的市场经济以减少污染。我国目前的实际情况是，企业在政策和法规的压力下，不同程度地加强内部环境管理，实际上支付了一部分的边际外部成本，假设实际支付的总边际成本为 MSC′。如图 9-6(b)所示，从企业自身出发，生产的最优产量为 X''，同样没有达到资源的最优配置，带来环境污染等外部不经济性。在利润动机的驱动下，企业可能采取消极的或不自觉的节能行为，尽量减少自己的外部成本支出，使其最优生产量尽可能增加，在 X'' 与 X 之间。行政动机使企业支付当前国家政策规定范围内的外部成本，而事业动机驱使企业采取积极的能源管理行为，支付更多的外部成本，尽量不向社会转嫁其污染、浪费成本。它们在不同的阶段都有一定的效果，可用图 9-7 说明。通过以上分析，我们知道，除大力加强企业的环境意识，刺激其事业动机外，必须通过政府更多地运用环境立法、环境罚款、税收、补贴等法律手段和经济手段，使企业外部成本内部化，即使 MPC＝MSC＝MC，鼓励和引导企业走向积极的能源管理行为，实现资源的最优配置，解决资源短缺问题。

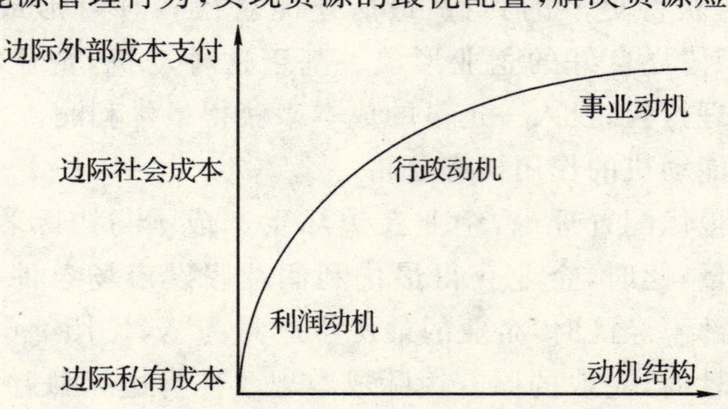

图 9-7 行政动机和事业动机的效果分析

(四)企业节能行为特征分析

1992年诺贝尔经济学奖获得者、美国芝加哥大学经济学和社会学教授加里·S.贝克尔博士认为,人类行为就是成本—效益分析的结果,只有当预期成本小于或等于收益时,人类的行为动机才转化为现实行为;人类在追求效用最大化的过程中,能给人类带来正效用的一切因素都要进入其收益函数,一切给他们带来负效用的因素,都要进入其成本函数。而当人类行为的边际收益等于边际成本时,人类的行为才会终止。因为此时实现了净收益的最大化。

由此,根据成本—收益计算,便可解释和预测人类的行为倾向。在贝克尔看来,人的各种活动的目的只有一个,那就是追求效用最大,而不管这些人的职业或者现任的活动是否具有商业性质。换句话说,人类的一切活动都蕴含着效用最大化动机,都可以运用经济分析加以研究和说明。

根据贝克尔对人类行为的研究,我们可将企业节能的行为效价和行为成本作为企业节能行为的行为特征。

1. 企业节能的行为效价

(1)提高生产力。通过改进生产工艺、节能技术使得生产过程中原材料和能源利用的效率更高;同时,减少了废弃物排放和污染,这同样意味着效率的提高。

(2)提升技术。因为节能技术符合国际和国家的技术倡导方向,对企业而言,有利于借此契机从金融、技术、管理等方面获得协助而进行技术提升,同时可促进"官—产—学—研"的有机结合。

(3)获得成本效益。成本效益主要来自于能源和原材料的成本节约,使得企业产品的个别成本低于社会成本,取得经济效益。

(4)增加出口机会。目前各国对产品"绿色性"要求越来越高,尤其是欧洲。节能技术如清洁生产技术可帮助企业获得 ISO14000 认证,这样,企业就增加了出口的机会,获得了更广阔的发展空间。

(5)提高竞争力。生产的全球化、市场的全球化已经是不可否认的事实,并且这种趋势有增无减。在这种形势下,企业必然要提高自身的全球性竞争能力。企业通过工艺创新、产品创新和材料创新,可在生产效率、成本、产品、服务、价格和基于"绿色"的人气方面获得更多的竞争优势,从而在全球化竞争中处于有利地位。

(6)获得社区认可。在现实生活中,生产企业经常遇到的问题是和所处的社区发生矛盾冲突,而许多冲突发生的原因与企业的工业垃圾丢弃、资源过度使用和污染物排放有关。节能技术可以有效地避免这种情况的发生,从而大大提高企业在社区中的声誉,优化生产环境。

2. 企业节能的行为成本

企业进行节能的成本主要是一些费用支出，如材料成本、人工成本、制造和管理费用和资本成本，同时还要承担节能技术产品的高风险。

若企业不进行节能，将会发生更大的成本支出，描述如下：

(1)对市场反应不灵敏，绿色消费已越来越深入人心，如企业不进行绿色生产，就有面临破产的风险。

(2)观念转变落伍，科学技术作为第一生产力，在知识经济时代，作为第一生产力的知识是日新月异的。知识作为观念的基础对企业从员工到决策者都提出了更高的要求。然而，那些没有意识到这种要求的企业在观念和企业文化上的落后势必导致企业行为的落伍，这种结局也是不言而明的。

(3)生产技术标准落后，加入 WTO 后对企业的生产标准提出了更高的要求：全球经济一体化使得 ISO14000 环境管理体系成为衡量企业生产产品的技术基础，使得环境标志成为企业公共福利的一种共识。那些得不到环境标志这一"通行证"和 ISO14000 认证书的企业，不可能取得国际市场的准入许可，同时也会失去境内市场，被淘汰出局是明确无误的。

(4)不关注国家环境法律政策，为了改善生存环境和保护人类健康安全的需要，国家通过制定节能法律法规来干预企业行为，从而减少企业对能源的浪费，实现国民经济的可持续发展。那些对节能法律法规视而不见，以牺牲环境和公共利益为代价来追求短期经济效益的企业势必受到政府的严厉制裁和消费者的唾弃，导致生产成本的增加和市场的丧失，这种失策的代价是沉重的。

3. 企业节能的行为效价与行为成本分析

为了分析方便，我们先设几个假定前提：企业是市场经济中的理性主体，其以自身利益最大化为目标；在相同的市场条件和消费者偏好下，相同的产量带来相同的直接经济效益，即消费者不会因为产品是否为绿色产品来改变其消费偏好；政府没有对市场经济运行中的资源环境外部性问题进行任何的经济或行政干预，企业完全根据内部的成本效益比较进行经营决策。

节能对于不节能的生产方式而言，其对企业生产成本的影响简化到以下三个方面：

首先，从资源利用效率角度来看，企业单位产出的生产成本降低了，即企业的平均成本降低了。节能一方面通过技术上的改进提高了资源利用率，减少了原材料的投入数量；另一方面，通过企业的废物利用、污染治理等，将废弃物转化为资源再投入使用，通过自身的循环生产降低企业的生产成本。这里将由于减少自然资源的消耗而带来的企业生产成本降低幅度记为 ΔC_1。ΔC_1 的变化与要素价格成正比，当自然资源定价较高时，ΔC_1 也较大，即企业通过实施循环经济模式减少的成本越多，其推行循环经济生产模式的积极性也就越高。

其次，从技术研发成本的角度来看，进行节能增加了企业的固定成本投入。节能要求企业具有相当的技术水平，包括余热利用技术、节电技术、废物利用技术和污染治理技术在内的许多技术的研发，都需要相当的人力资源和物质资本的支持。特别是对于技术水平差、经济落后的发展中国家企业来说，如此高额的技术研发成本是难以承担的。本书把由于技术研发所导致的企业生产成本的上升幅度记为 ΔC_2。ΔC_2 的变化是与企业自身的技术吸收能力及技术创新能力联系在一起的，两者之间是呈负相关的。即企业研发能力越强，ΔC_2 的变化就越不明显，实施节能所带来生产成本上升的不利影响也就越弱。

最后，从生产效率的角度来看，贯彻节能的企业通过先进的生产和排污技术带来了生产效率的大幅度提高，随着节能的继续和扩大，其成本优势会逐步显现，这里用 ΔC_3 来表示。

基于上述描述，直观来看，若 $\Delta C_1+\Delta C_3>\Delta C_2$，则企业进行节能的生产成本低于不进行节能的生产成本，在收益不变的条件下，即使没有政府的政策或其他因素的推动，企业的最优决策也是主动进行节能。反之，若 $\Delta C_1+\Delta C_3<\Delta C_2$，企业则会维持原来的生产方式，不进行节能。但是，由于这三种成本因素的影响途径不同，不能简单地加以合并，下面用图形来进行较为深入的分析，如图 9-8 所示。

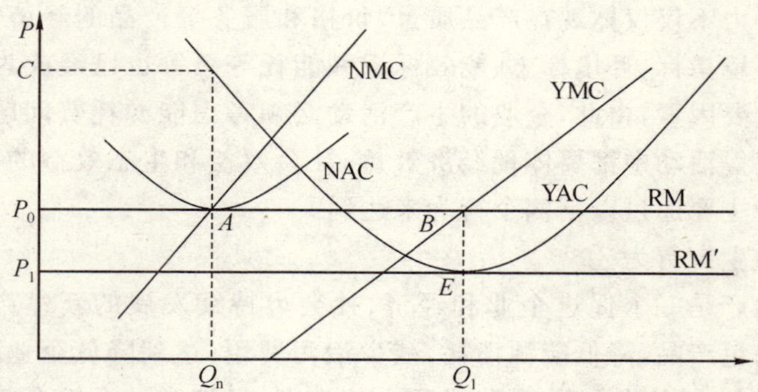

图 9-8　节能与不节能下的边际成本分析

图 9-8 中，YMC 和 NMC 分别代表节能与不节能下的边际成本，YAC 和 NAC 即代表节能与不节能下的平均成本，RM 是边际收益。基于第二条假设前提，两种模式下企业的边际收益是不变的。在节能生产模式下，首先，企业资源利用效率上升，减少要素投入量，使得边际成本和平均成本都降低固定单位 C_1，即平均成本向下移动，边际成本向右下方移动。其次，企业的技术进步，导致生产效率的提高，不仅降低了企业的平均成本，同时还延

长了边际成本递减的过程并使得其上升阶段变得平缓，这一影响可看做 ΔC_3。最后，研发成本的增加 ΔC_2 可以看做一种固定成本，其对边际成本没有影响。

由图 9-8 可见，在不进行节能的生产模式下，企业在 A 点达到了均衡。此时，企业获得正常利润。但在节能生产模式下，企业的最优生产规模远远大于原来的模式。这是与现实相符的，资源利用效率提高及大型技术和设备的投入，只有在大规模生产的条件下才能充分发挥其效能，进而使所获收益能够弥补初始投入的研发成本并为企业带来经济利润，而且率先改进技术并达到最优规模的企业还能获得额外的超额利润。图 9-8 中，率先采取节能生产模式的企业在达到均衡时，其平均成本 RAC 位于原来的边际收益曲线 RM 以下，则该企业可获得图形 P_0BEP_1 所表示的超额利润。当其他企业普遍达到该水平时，企业的边际收益变为 RM′，即产品价格下降到 P_1，社会福利改善。

但是，就目前来看，中国企业规模普遍较小，尚未达到节能技术推广所要求的最优程度。另外，由于生产技术水平差、技术研发能力低等原因，企业利用废旧资源进行生产的成本大大高于利用初次资源的成本。由此可见，以追求自身利润最大化为目标的企业必然会选择粗放的线性生产方式，节能不可能通过企业内在的利益动机自发建立起来。

三、企业节能行为的界定与分析

（一）企业节能行为的界定

企业进行节能，受到事业动机、行政动机和利润动机的驱动，这是因为企业的竞争力不仅仅体现在产品质量、价格和服务等产品的经济特性上，而且产品的环境指标、环境标志、能效标识和能耗等级等也已经成为体现企业竞争力的重要因素，由此，企业的生产活动必须考虑能源耗费问题，在生产、管理和销售等活动中都要体现经济效益、社会效益和生态效益的协调统一。企业的节能主要通过以下四个行为来达到。

1. 清洁生产行为

清洁生产是一个促进企业和经济、社会可持续发展的新生产方式。它通过生产绿色产品，降低能源消耗，减少治污费用，达到降低企业生产成本、提高企业竞争力的目的，从而获得巨大的生态、经济和社会综合效益。我国自 1993 年以来，已逐步在 27 家企业进行了清洁生产审计示范工程。清洁生产投入的费用大大低于末端治理费用，其比例关系大约是 1∶5；无/低费用方案投资直接产生的经济效益比是 1∶10 以上；污染物总量平均减少 30%，运行费用节省(包括节水、节能和降低原材料消耗)20%左右，产生了巨大的经济效益和环境效益。

2. 绿色营销行为

营销是企业实现利润的最后环节。营销做不好，产品卖不出去，企业自身难以为继,更不用说对社会作出贡献了。所以,凡是具有发展眼光的企业,要努力做好营销工作。绿色营销行为指企业为占领市场而进行的经营活动遵循兼顾生态、经济、社会利益统一的可持续发展原则,它包括市场开发策略的制定—回收利用的过程。

绿色营销行为要求企业在开始进行市场开发策略制定时,就自觉地把经济收益、节约资源、环保放在突出地位上。在销售渠道上,不仅以简洁、方便、快捷的方式把产品送到消费者手中,而且在促销方式上要以“消费者教育”为目的。所谓“消费者教育”是指企业通过有计划、有组织、有目的地传播消费知识、传授消费经验、培养消费技能、倡导消费观念来吸引消费者,售出商品的销售活动。这样,企业通过“消费者教育”扩大市场占有率的同时又能倡导文明的社会消费观念、形成健康合理的消费结构。

“回收利用”是绿色营销行为的另一重要内容。企业必须改变把产品推销出去即算大功告成的传统营销模式,这种做法已不能解决产品在退出市场、进行消费过程中所导致的资源浪费。“回收利用”作为营销的一部分,要求企业在开发市场,进行产品宣传以提高产品知名度时,也就相应搞好该产品最终报废的准备工作,目的是使废弃物再资源化,减少能源耗费成本。企业开展“绿色营销”活动,也就是节约资源、保护生态环境。美经济学家莱斯·R.布朗早在20世纪80年代就指出,回收利用“为把一个浪费型的世界材料工业转变成一个可持续发展的工业,提供了一种新的有力的手段”。“回收就是财富,扔掉就是废物”,回收利用还能产生新的产业,扩大经济活动范围,增加就业渠道。面对我国失业人口持续增多,就业空间缩小,而“废弃物再资源化”领域几乎还是一片空白的情况下,“回收利用”产业的开发无异于给我国创造较好的就业途径,增加效益来源。

3.生态消费行为

系统论告诉人们,一个系统在进行能量、物质和信息输出的同时,也必然有能量、物质和信息的输入以维持系统的平衡。

企业是一个开放的系统,它向社会提供产品的同时,本身也必须消费一定的资源才能维持企业的生存与发展。如为生产而引进各种设备,为满足企业职工生活需要而购买各种产品等(其实企业的生产过程也是消费资源的过程)。从这个角度讲,企业也是一个消费者,所以企业在消费过程中也要体现“生态平衡”、“环境协调”、“节约资源”等思想。企业的这种消费方式和消费观念除了能节约资源、提高企业的竞争力和增加公众信任度之外,还必将影响社会上的其他消费者的消费趋向和消费观念,引起新的消费需要。

4.绿色管理行为

从某种意义上说,实施可持续发展的核心工作就是对各类资源进行最佳利用的管理工作,也就是如何把闲散资源在代内和代际之间进行公平、合理地调配以及在代内如何把已配置到不同地区、不同产业的资源进行有效利用。所谓绿色管理指企业从原料开发到产品最终处置的整个过程中，都应严格实施资源管理工作，从而把资源浪费和环境污染控制在最小范围。

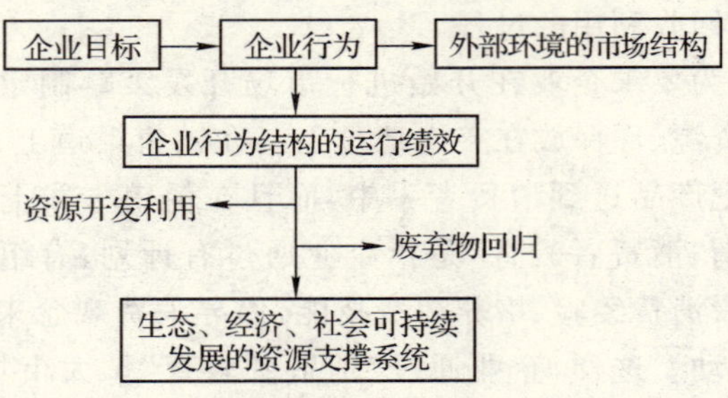

图 9-9　绿色管理的行为—结构—绩效图

管理工作是企业各项活动的黏合剂，它可以把企业内部活动有机协调起来，凝成企业立足于市场的强大合力。所以一个企业的管理好不好，直接关系到这个企业的生存与发展。当前，节约能源已成为每个企业都必须面对的一个重要课题，在这种情况下，对企业来说，只有自始至终贯彻能源管理工作，从对产品设计的最初管理到产品报废的终端管理，从对能源使用的节约管理到排污物的预防管理等，才能降低成本，提高经济效益，实现资源的最佳利用。懒散的管理分离了企业有效运转，大量浪费资源，其结果就是企业必然在市场竞争中败下阵来。

总而言之，上述四种企业行为的最大特征在于其行为的出发点把资源和生态环境的承载能力、经济效益的持续增长和社会长远发展考虑在内，表现出一种长期化的行为取向。

（二）企业节能行为的影响因素分析

一个企业是否进行节能，会不会引进或开发节能新技术，受多种因素的影响。由于企业的节能动机有事业动机、行政动机和利润动机，再根据目前对此的研究，大体可从三个纬度归纳这些影响：在社会纬度上，社会标准和压力是外在的影响因素，体现为公众和投资者的压力、政府管制的压力、市场的压力、社区关注、顾客需求、社会责任和公众印象等；在企业纬度上，主要体现为高层管理者和 CEO 的洞察力、个性、效力、领导力、环境意识和社会公德以及他们对创新过程的经济效率和机会、风险和不确定性的权衡；在技术纬度上，技术的成熟性、适用性和技术难度影响了企业的选择。此外，缺乏技术机会和产生新知识的基础、在整个供应链中产业贸易关系、企业的技术和组织能力、技术轨迹等也不同程度地影响了企业的节能决策。

根据企业是否有计划地进行清洁生产的创新行为，有学者将影响因素分解为企业态度、企业感觉到的社会压力和对创新过程的控制程度三个部分。

结合节能的特征和我国的实际情况，我国企业的节能行为的影响因素远远大于以上三个部分，从所有制上讲，我国的国有企业仍然没有完全脱离计划经济的思维，"等、靠、要"的观念对企业的战略规划有着根深蒂固的影响；对于民营企业而言，从创建到成长，通过各种方式占政府的便宜是一种普遍现象。这就有了针对不同项目到各级政府计委、经委项目审批部门"跑项目"的现象。因此，本书增加一个影响因素，定义为优惠政策，根据我国的具体情况，具体可分为政策措施和金融支持两部分。这样，就可以建立一个企业节能行为的影响因素分析图，如图 9-10 所示。

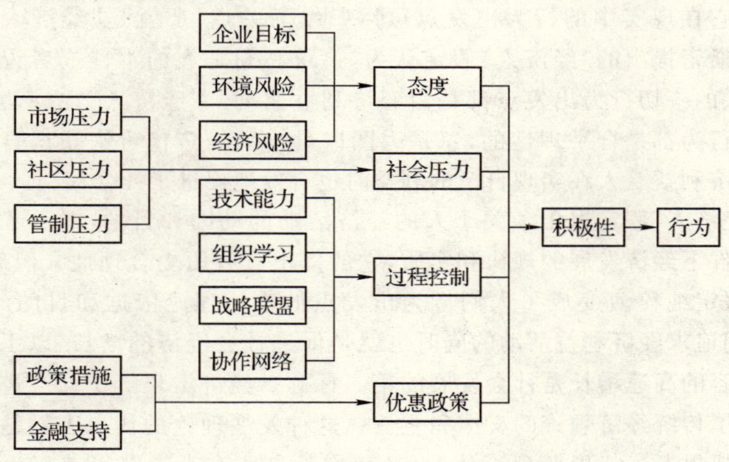

图 9-10　企业节能行为的影响因素及相互关系

（三）企业节能行为的四分图模型

为了更加清晰地分析企业节能行为发生的动因特征，我们用四分图对其进行描述。并且，前面已经得到描述企业的节能行为的两个纬度，即行为成本和行为效价，如图 9-11 所示。

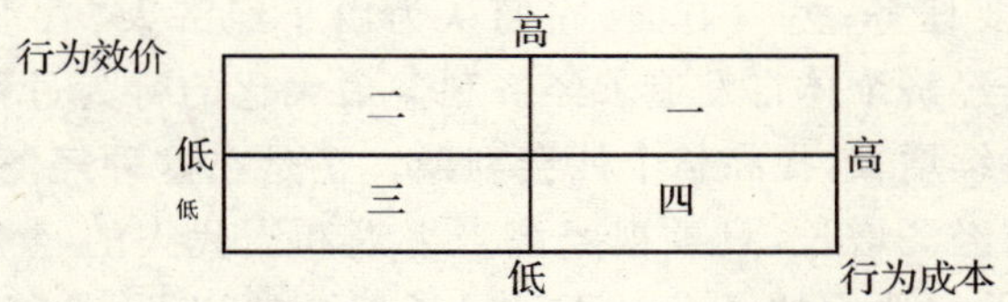

图 9-11　企业节能行为四分图

对企业的节能行为而言，第一象限表示高成本—高效价行为，即此类行为的发生可能会使企业付出高成本（法规处罚、资源浪费、人力成本提高），获得高效价（节约时间、经济收益、社会效益等）；第二象限表示高成本—低效价行为，即此类行为的发生可能会使企业付出高成本（法规处罚、资源浪费、人力成本提高），获得低效价（节约时间、经济收益、社会效益等）；第三象限表示低成本—低效价行为，即此类行为的发生可能会使行为者付出低成本（法规处罚、资源浪费、人力成本提高），获得低效价（节约时间、经济收益、社会效益等）；第四象限表示低成本—高效价行为，即此类行为的发生可能会使行为者付出低成本（法规处罚、资源浪费、人力资本提高、企业生存能力），获得高效价（节约时间、经济收益、社会效益等）。

（四）企业不节能行为产生原因分析

1.传统经济发展观：企业行为的理论基础

由英国经济学家亚当·斯密开创的西方传统经济发展理论，该理论核心以及它在现实中的行为出发点可以归结为一点，那就是“经济人”假定。亚当·斯密提出的“经济人”假定认为，追求私利是人的本性或者说是一种天性，人的一切行为出发点都是由经济利益驱动。“经济人”在一切经济活动中的行为都是合乎理性的，总是力图以最小的经济代价来获得自身的最大的经济利益。人在实现自己的利益时也有效地促进了社会福利。

“经济人”假定提出了关于人的经济活动的动因和目的，揭示了在一定历史条件下经济发展的规律和实质，它的提出具有历史合理性。但后来“经济人”假定纯粹演变成了人们行为出发点的唯一理论依据和目的，人们认为，他们追求经济利益活动的同时也就是促进社会经济的增长，以工业化为主要内容的高速增长是社会发展的第一标志。经济增长等于社会进步的发展观成了传统经济理论的支撑和主流。这种发展理论的代表人物是美国经济学家凯恩斯。凯恩斯理论认为，经济增长是所有人类获得美好生活的先决条件，持久经济发展的成功将解决人类基本经济问题的不足，他们认为，经济的增长是国家实力和社会财富的体现，是国民生活幸福的象征，有了经济就有了一切。

在理论与现实（对消费品的需求）的双重作用下，承担社会主要生产任务的企业，一方面加大资本积累，扩大生产规模，把增加产出，实现经济增长作为它们的首要任务；另一方面，它们认为由于经济人“看不见的手”的调节，在它们单个经济个体自发追求经济利益最大化的行为过程中，就可以实现经济协调、持续增长，提高整个社会利益。正是在这种经济发展观的支配下，企业只追求经济增长，只重视经济当事人和当代人的经济利益最大化，而忽视或较少关注他们的活动是否过量耗费自然资源，是否带来其他社会问题，是否对当代人的社会利益及子孙后代的利益造成严重危害。

2.资源无价和外部不经济性：企业行为“安全阀”的缺失

长期以来，人们认为地球上各种可供开发利用的资源，是大自然对人类的无偿恩赐，可以取之不尽、用之不竭。即使在市场上流通的资源的实际价格也只是包括其开采、运输的成本，外加一定的税金和利润，资源本身的价值并没有计算在内，换句话说，各种资源在开采之前是分文不值的。受这种

“资源无价”的不合理价格体系的影响，人们加速了对各种资源的开采速度和掠夺范围。企业在利用资源方面毫无后顾之忧，它们关心的只是投入与产出时的成本，更确切地说，关心的只是产量的增长，很少考虑其行为对社会、生态方面的影响，很少考虑经济增长背后所付出的巨大社会代价。

另外，外部不经济性也是导致企业行为失控或者不合理的另一个重要原因。所谓外部不经济性是指：市场主体行为对社会的不利影响由该行为主体以外的第三方——他人或后代人承担。外部不经济性也就是负外部经济效益，企业是产生外部不经济性的典型行为主体。这是因为，很久以来，企业作为最重要的市场经济主体，可以任意、无偿、无限制地开发、利用共有资源（公共资源），可以随意向环境排放污染物，而且从短期来看，企业可以从其不断地开发、利用环境资源的行为中获得正效益，而由此产生的负效益则分摊给其他的开发、利用者，或者由后代来承担。这样，在获利动机的驱使下，多个企业无节制地开发利用资源和排放污染物的共同行为导致了环境资源的枯竭、毁灭，对全体开发利用者造成不可挽回的损害。外部不经济性是产生资源浪费、环境问题的重要经济根源。

3.历史原因：企业行为选择的现实出发点

生存问题是人类长期以来一直致力于解决的首要问题。企业在其发展的几百年历史当中，很大一部分是围绕着满足人们温饱问题，提高人们生活水平展开的，其主要活动目标基本上是一个解决生存压力的经济增长战略。一是，企业产生的根本原因之一，即提高劳动生产率，为人类提供充裕的物质产品；二是，第二次世界大战后许多国家的企业得以飞速发展壮大，进入黄金期，也是基于战后世界性的经济恢复工作的展开。就是在后来，以美、苏为首的两大集团实行冷战战略的相当长一段时间内，世界各国为了求得生存的空间，也是努力发展经济，寄希望于经济增长来增强国家的实力。历史的现实，迫使企业把主要精力投入到经济增长的活动中，无暇顾及其他。

同时，人口的不断增长，人的需求的多样化，由此导致的消费压力的增大，是企业行为活动的另一动力源泉。曾几何时，人们把拥有尽可能多的物质财富，能尽情消费当作一种炫耀、一种资本。正如日本学者界屋太一指出的那样：“在工业社会里，一切受到称赞的事物，如经济发展，提高劳动生产率、提高技术水平及勤劳等，都是和生产与消费更多的物质联系在一起的”，“工业社会的价值观念是‘消费更多的物质是好事’的美学意识和‘最大限度地满足人的欲望’的伦理观念的总和”。因此，一方面是企业创造的丰富物质产品满足了人们生存、延续和发展的需要，另一方面是人们越来越多的物质欲望刺激和左右企业的生产组织活动。企业为了迎合人们的消费需求，增加利润，千方百计生产出各种产品以满足不同层次的需求。是否浪费，对环境有无污染，对社会经济发展前景如何等问题都被放到了第二位。

4.经济发展水平:企业行为的制约因素

一国、一地的经济发展水平如何会影响到该地的产业结构、能源结构等,并最终会在企业的行为取向上表现出来。经济发展水平低下的国家或地区往往与该国或该地企业高耗能、高污染和低附加值的生产活动呈较强的正相关关系。另外,受经济发展水平限制,企业往往没有足够资金搞科研开发,在寻求能源替代和环保上下工夫。技术水平低反过来又牵制了企业行为取向,技术水平低、高技术人员缺乏决定了企业只能采取高耗、低效的粗放生产方式。我国资源供给不足,环境污染严重,经济增长的质量效益不高,很重要的一个原因就是由于我国企业技术水平普遍低下。

在经济发展水平与技术水平相互影响、互为因果的共同作用下,企业的行为不仅决定着企业经济效益、社会产业结构,决定着资源整体利用效率,继而对自然环境、生态系统产生直接影响,而且对社会就业状况、人才培养模式、消费结构产生间接和重大的影响。

5.体制原因:企业行为对外部环境的适应

企业作为一个开放的系统,始终处在一个动态多变的环境中,无时无刻不受到外部环境的渗透和影响。不同环境条件下的企业有不同的组织结构和行为,也就是说,在不同的体制环境下,企业呈现出不同的组织结构与行为方式以满足其特定环境条件对企业的要求。这里的体制指一种制度安排,包括社会制度、经济制度及社会运行机制等。

完善的体制(包括有完善的规章制度并积极贯彻执行)犹如一道安全屏障,能规范所有社会主体,使其行为活动符合社会的游戏规则,并能疏导行为主体的不合理“举动”。这是因为体制对一个社会的资源配置、人才选择机制和激励机制等起着决定性的作用。在市场经济条件下,资源配置主要通过市场进行,资源定价和利益获取都在市场完成。所以,在体制不完善的市场经济条件下的企业容易把其行为造成的负外部经济转嫁给社会而自己坐享成果。在计划经济条件下,由国家行政权力支配资源,则往往容易使企业行为趋向于短期化。因此在体制下,国有企业产权不明晰,行为结果无人负责;以年数任职计算的企业领导者权益没有安全保障,业绩与收益严重脱离。在这种情况下,大多数企业在职领导者会采取种种“捷径”来获取其在位时的最大利益,而把成本转移给社会。

另外一个原因是,工业化以来,许多国家政府在制定产业政策、发展目标时,往往体现或默许“企业管生产,政府管治理”的指导思想,它的现实示范效应使整个社会达成了“先污染,后治理”的共识。此种思想在企业上的表现就是企业仅把自己当成一个经济组织,从事经济生活活动,而没有考虑企业与环境、生态、人文和社会的协调统一发展。

四、企业节能行为引导机制的建立

(一)企业节能行为引导机制建立的原理分析

机制构建的目标是约束与激励企业行为,促使其参与到节能中来。其出发点是将影响企业行为的诸要素通过特定环节相互联结起来,构成一个有机整体,以此来规定和制约企业行为方向和特征,进而促进企业的节能。然而,企业行为的转化是一项庞大的工程,在节能中包括了众多的利益相关者,引导机制的建立必须考虑到各利益相关者的相互作用。同时,我们可以从社会、经济和技术三个层面进行引导机制的建立(见图9-12)。

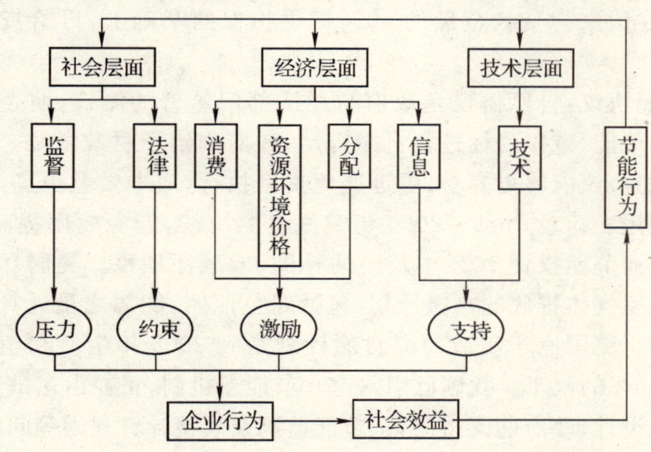

图9-12　企业节能行为引导机制的建立

(二)激励机制

对于利润动机较明显的企业节能行为,节能的目的是获得较大的经济收益。为实现这一目的,应建立激励机制。

(1)税收激励:市场经济国家促进节能的税收政策,主要是对节能投资给予税收优惠,以及征收汽车燃油税和车辆税费。在日本,企业购置政府指定的节能设备,可按购置费的7%从应缴所得税中抵扣,或者在普通折旧的基础上,第一年按购置费的30%提取特别折旧。

利用税收政策促进企业节能的建立意味着对现行税收政策体系要进行一定的调整和优化,遵循的基本原则是间接引导与直接激励相结合,鼓励性政策与限制性政策相结合。

对生产和制造节能设备和产品的企业,可给予企业所得税优惠。比如,加大对节能设备和产品研发费用的税前抵扣比例;对生产节能产品的专用设备,可以实行加速折旧法计提折旧;对购买生产节能产品的设备,可在一定额度内抵免企业当年新增所得税。

在利用增值税支持节能产业发展方面，可以借鉴支持资源综合利用产品的相关政策。对关键性的、节能效益异常显著，且价格等因素制约其推广的重大节能设备和产品，可在一定期限内实行增值税减免优惠政策。

(2)贷款优惠：对节能设备投资和技术开发给予低息、贴息贷款和贷款担保，是各国普遍采用的政策措施。日本企业节能投资约有一半来自政府指定的银行，企业(特别是中小企业)按照政府规定的贷款对象设备、条件和审批程序，从这些银行取得优惠贷款，其利率比商业银行低20%～30%。从商业银行贷款，政府通过专项准备金提供担保。

法国环境与能源管理局与法国中小企业发展银行合作，建立节能贷款担保基金，在国家为贷款金额的40%提供担保的基础上，再给贷款金额的30%担保。

(3)自愿协议：自愿协议是政府与经济部门签署的协议，使企业或行业按照预期的节能、减排目标进行自愿行动，政府则给予财政激励。与行政手段相比，自愿协议能够更容易、更迅速地贯彻执行，成本效益更高，已在许多国家推广使用。荷兰1989—2000年实施自愿协议，能源效率提高22.3%，政府给予企业节能投资10%～15%的补助，或减征碳税。美国环境保护局推出减少温室气体排放的自愿计划，包括绿色照明、能源之星计算机和能源之星建筑等。德国汽车制造商的自愿计划是到2005年生产和销售油耗比1990年低25%的汽车。我国已引入这一节能新机制，正在山东试点，需要研究解决目标设计、政府的支持政策、节能监测及效益计算规则等问题。

(4)能源服务公司：能源服务公司(ESCO)是一种全新的节能运行机制，是为了克服推行需求侧管理和综合资源规划的障碍而发展起来的。能源服务公司的运作以效益分享为基础，先由ESCO对用户进行节能诊断，提出方案；签订合同后，由ESCO为项目筹资、采购并安装设备、培训人员，投产运行，用户按合同规定，用节能效益向ESCO支付项目费用。我国在世界银行、全球环境基金和欧盟资助下，正在进行ESCO的示范和推广。

(5)需求侧管理(DSM)和综合资源规划(IRP)：DSM和IRP是20世纪90年代在许多国家获得广泛应用的先进的资源规划方法和管理技术，目前主要用于电力、燃气和供水等公共事业部门。

DSM是公共事业公司采取激励和诱导措施及适当的运作方式，同用户共同协力提高终端利用效率，改变用电方式，以减少电量消费和电力需求的管理活动。IRP是在DSM的基础上发展起来的。IRP的要旨是把能源的节约和开发，以及环境都当作资源，使各种资源参与平等竞争，经过多方案优选，以最低成本为用户提供能源服务。实施IRP，可以真正做到节能优先，实现能源与经济和环境相协调。在美国，已有30多个州采用IRP，符合增长率削减了20%～40%，单位节电成本仅为新建厂供电成本的1/10～1/2。我国在20世纪90年代初引入DSM和IRP，在一些区域电网和用户电网开展试点研究和工程示范，取得了很好的效果，目前尚在应用推广阶段。

(6)能源定价：反映全部供应成本和供求关系的能源价格，是通过市场机制提高能效和节能的基础。能源价格与节能有密切的互动关系：如果能源价格不变，提高能效会使终端能源服务费用下降，促使能源服务需求增加；能源价格上升，则会减少能源需求，并促进节能技术的研究开发。例如，在美国，工业用煤、油、气价格若上升20%，5年内的价格弹性（价格上升1%，需求减少的百分数）分别为0.23%、0.26%和0.38%。市场经济国家能源定价的共同趋势是：取消价格管制以及对生产者和消费者的补贴；实行分时电价；通过征收税费把外部成本纳入能源价格。

（三）服务机制

对于事业动机和行政动机较明显的企业，政府应该为其提供完善的服务，创造良好的节能环境，使得企业节能有路。

(1)信息服务：政府和公共事业公司的节能信息服务包括多种形式的宣传、能源审计以及教育与培训等。美国联邦政府和州政府、日本经济产业省为中小企业免费提供能源审计，节电2%～8%；电力公司为住宅节能提供能源审计服务，平均节能3%～5%。加州政府为实施建筑能效标准，对数以万计的建筑商、设计师、装修者和监测人员进行培训。

市场经济条件下，政府的重要职能之一是做好信息服务，通过宣传、培训和信息传播，提高公众、企业参与节能的自觉性，增强全民的“资源意识”、“环境意识”和“节约意识”。要改变服务方式，丰富信息资源，强化信息服务，加快建立能源节约与资源综合利用信息和情报网络系统，充分利用现代信息技术手段，做好信息交流，为企业提供先进的技术与管理信息。深入实际调查研究，发现和总结能源节约与资源综合利用的先进典型和经验，及时组织交流和推广，发挥典型示范和引导作用，促进企业能源节约与资源综合利用上水平、上台阶。

建立比较完善的节能信息体系，主要包括重点耗能单位节能信息体系、节能技术信息体系、重点产品能耗信息体系、重点工业设备和电器设备能源效率信息体系等，定期向社会和企业发布，提供信息服务。

加大经常性宣传力度，节能宣传的重点是宣传节能在环保、提高人民生活质量、推进科技进步、降低成本、扭亏增盈、提高企业经济效益、改善环境质量等方面的重要作用。加大培训教育力度，对节能管理人员、技术人员、能源使用岗位的操作人员进行有计划、有针对性的培训，传播节能管理经验，交流节能信息，推广节能新产品和新技术，宣传国家节能方针政策，宣讲有关节能法规、标准。

(2)中介机构能力建设：政府分离出来的具体节能事务，应发挥中介组织的作用。目前我国节能市场的发育尚处于初级阶段，以市场为导向的节能投资鼓励机制和企业节能激励机制还没有形成和确立，节能工作的进一步推进面临种种市场障碍。大多数企业领导从企业的短期经济利益考虑，把主要注意力放在扩大生产规模和增加产品的市场份额上，对节能工作不够重视。加上企业目前普遍存在的投资紧缺，企业对节能投资缺乏积极性。节能市场和节能资金市场存在严重的信息脱节，私人投资者、商业投资部门不了解节能项目的可盈利性，对节能投资的潜在风险心存顾虑，致使节能项目的融资十分困难，节能的投资障碍十分明显。

为克服我国所面临的种种市场障碍，进一步推进节能工作，节能机制向市场的全面过渡和转换显得最为重要和迫切。积极培育和扶持节能市场，使节能成为我国的一门新兴产业。引导和促进地方节能中心尽快改变过去根据行政指令工作的运作方式，借鉴和学习国外节能服务公司的成功经验，通过开展节能技术的商业化经营，发挥其作为我国节能骨干的作用。

(四)约束机制

对于各个企业都需要有约束法规和法律，这才能形成健全的法制体系，由此，建立约束机制也很有必要。

(1)能效标准和标识：能源效率标识是表示用能产品的能源消耗量、能源效率等能源利用性能的一种标签。在用能产品上加施能效标识后，可以使消费者购买用能产品时，得到直观的能耗信息，以判断同类型产品中哪些型号能效更高、使用成本更低；同时，也提供了一个公认的能效基准，有助于能源供应部门和政府节能部门鼓励消费者购买能效高的产品。强制性能效标识不同于目前我国开展的节能产品认证。认证是对数量一定且符合标准要求的产品提供的一种统一的标签。认证标签上没有具体的能效信息，仅表示产品达到标准要求，不表示程度的高低。

提高用能产品的能源效率一直是世界各国能源战略的重要组成部分。许多国家，特别是工业化国家，都制定了相应的政策和措施，以促使本国产品能效水平的提高。其中，推行强制性能效标识制度是首选的政策工具之一。在我国，强制性能效标识还没有出台。随着我国市场经济体制的逐步完善，政府对节能的管理方式将由过去对企业的直接管理转向引导性的间接管理、支持公平的市场竞争、保护消费者的方向转变，即由过程管理转向末端管理。由此，实施能效标识制度，对企业、社会节能具有良好的引导作用。

(2)节能法制建设：加快《节能法》配套法规及其他重要节能法规建设。在已经制定的重点有关用能单位、节约用电、节能产品认证等管理办法的基础上，研究制定能源效率标识、节能监督、节能信息、节能机构管理、节能管理人员、节能设计规范等法规，力争形成比较完善的节能法规。

能源的计量、统计，能耗考核，利用情况分析，经济和环境效益评价，开展合理化建议活动和奖惩制度等一系列能源管理工作，始终是推动节能的动力，建立健全管理体系是加强能源管理的根本保证，这些内容已经成为我国节能法规中的主要组成部分。但现有的节能法规多局限于国有企业，我国面临着政企分开、汽车高速增加、建筑和民用能耗不断提高的形势，应扩大节能法规所调整规范的范围。

第十章 浙江省能源效率战略及节能措施

党的十六届三中全会提出要树立科学的发展观，实现经济与社会的可持续发展。能源、环境和人口并称为当今世界的三大问题，能源作为重要的战略资源，是经济社会可持续发展和提高人民生活水平的重要物质基础。“坚持开发与节约并举，把节约放在首位”是我国能源发展战略的总方针，这一方针的核心是提高能源经济效率。浙江是“能源消费大省”，又是“能源资源小省”，能源资源极其贫乏，能源供应的对外依赖程度高（一次能源自给率仅为4%左右）。浙江正处在工业化、城市化和居民消费现代化的快速发展阶段，面临着保障不断增长的能源需求和保护生态环境的双重压力。强化节约能源，提高能源效率，加快节能型社会建设，完善激励约束机制，是减少能源消耗、保证能源安全、提高经济效益、克服资源约束和环境约束最有效的途径之一，也是浙江实现全面建设小康社会，率先基本实现现代化目标的必然选择。

第一节 节能的背景、矛盾、问题及趋势分析

一、浙江省经济社会发展相关情况分析

（1）浙江面临空前的能源增长需求。浙江省能源消耗总量已从1980年的1100多万吨标准煤增加到2005年的12031多万吨标准煤，年均增长10%，全社会电力消费总量年均增速达13.1%。浙江能源需求的持续走强趋势主要有以下两点原因：第一，从经济发展阶段来看，浙江已步入工业化中后期，能源消费形成了一个由工业化、城市化和居民消费现代化三大动力推动的超强增势。这一增长势头与浙江人口数量较大、人均能源消费基数

低的省情叠加，会产生巨大的能源需求冲击。从国际经验分析，处在工业化加速阶段的国家和地区，无论工业发达国家还是东亚新兴工业化国家和地区，能源消费增长率，尤其是电力消费增长率超过经济增长率是比较普遍的现象。浙江省 1999—2005 年电力消费弹性系数分别为 1.16，1.94，1.42，1.49，1.50，1.00，1.23。这种状况是以往没有过的，反映了浙江能源尤其是电力需求的持续走强趋势。第二，从经济结构的变化来看，浙江工业化经过了以轻纺工业为主导的起步期，开始进入以钢铁、机械、汽车、耐用消费品等重化工业为主导的扩张期。2005 年浙江规模以上工业中，重工业比重为 56.4%，比 2000 年提高 15%。2005 年浙江工业增加值轻、重工业结构由 2000 年的 50.98∶49.02 调整为 43.50∶56.50。资本有机构成提高和重工业比重提高，必然使工业能耗特别是电耗强度上升，促成了工业用能、用电高峰的到来。另外，由于浙江城市化的加速推进和基础设施的加强，使单位 GDP 电耗强度增加。2005 年，浙江每万元 GDP 电耗为 1222 千瓦时，比 1998 年的 1136 千瓦时(GDP 按 2002 年价格计算)上升了 12.7%，生活用电占总电量的比重也由 1980 年的 5.6%提高到 2005 年的 10.5%。

(2)节能是由浙江“能源消费大省与能源资源小省”的省情决定的。改革开放以来，浙江的国民经济一直保持较快的增长势头。1978—2003 年，浙江省 GDP 年均增长 13%，高出全国同期水平约 3.4 个百分点，已经成为全国经济最具活力、发展最快的省市之一。但浙江的陆域矿产资源尤其是能源资源贫乏，主要矿产能源的资源量为：煤炭保有储量 12000 万吨，为全国的 0.1%；水力资源总量 930 万千瓦，为全国的 0.9%；陆域基本无油气资源，海上待探明的除已被上海开发的平湖油气田外，只有 100 亿～200 亿立方米天然气、100 万～200 万吨凝析油三级储量。商品能源的 90%以上依靠外省调入或进口，这决定了浙江能源对区外具有彻底的先天依赖性。可见，浙江一方面是“能源资源小省”，另一方面又是“能源消费大省”，这种能源供需严重不对称的特征决定了浙江能源保障的困难性，也决定了强化节能的重要性。

(3)节能是因为浙江节能的成效巨大，能效的差距巨大，可挖掘的节能潜力也巨大。据统计，浙江省能源利用效率从“八五”时期末的不足 30%提高到目前的 35%左右。1991—2005 年，浙江省国内生产总值年均增长 14.1%，2005 年达 13365 亿元，而同期万元 GDP 能耗下降了 69%，全省累计节约能源约 5000 万吨标准煤，并基本实现了经济增长所需能源一半靠节约的战略目标。与此同时，显著减轻了对环境的侵害，据测算，十多年来，相当于减少排放二氧化碳 1650 万吨、二氧化硫 50 万吨、烟尘 19 万吨，取得巨大的环境效益。可见，节能是克服浙江省资源约束和环境约束最有效的途径之一。

虽然浙江省节能工作已经取得了显著成效，然而与发达工业化国家相比，我们的能源利用效率仍有较大差距。据分析，浙江省目前能源利用效率与国外先进水平相比，约低 8～10 个百分点，主要工业产品单位能耗，比发达国家高出 30%～90%，浙江省节约能源工作任重而道远，可挖掘潜力依然巨大。

值得注意的是，2003 年，浙江全省万元 GDP 能耗为 0.81 吨标准煤，按可比价格计算，仅比上年下降 5 千克标准煤，节能率为 0.6%，同比节约和少用能源 46 万吨标准煤，是“九五”以来节约和少用量最少的一年。从节能率变化情况看，近几年出现明显减缓，“九五”期间年平均节能率为 4.6%，“十五”前三年，年平均节能率仅为 1.6%。“十五”以来，节能率大幅下降。

二、与节能相关的浙江省经济社会发展的主要矛盾和问题

(1)要解决能源发展与环境保护的尖锐矛盾，克服环境约束，实施“八八战略”，创建生态省，打造“绿色浙江”，必须提高能源效率、强化节能，以减少温室气体的排放和日益严重的酸雨污染。能源与浙江省的经济社会全面、协调、可持续发展有着非常密切的关系。首先，能源是浙江省经济社会发展的重要物质基础，经济增长速度与能源消费速度之间一般都保持正相关关系，优先发展能源生产是现代生产的重要规律；人均能源消费，尤其是人均用电量与生活质量之间也存在明显的正相关。其次，能源消耗对环境产生巨大影响，无论是大尺度系统的全球性环境问题，还是中尺度系统的区域性环境问题，以及小尺度系统的地方性环境问题等都与能源消费量、能源结构，尤其是和能源利用效率(节能)等密切相关。

由于浙江电源结构中以非清洁能源——煤炭为主，浙江全省酸雨污染较严重，主要表现在全省降水 pH 年均值低、酸雨率高、处于较低 pH 值范围的城市数较多和城市酸雨率上升。2005 年全省降水 pH 年均值为 4.38，平均酸雨率为 91.9%。全省 25 个城市为重酸雨区，7 个城市为中酸雨区，已无轻酸雨区。降水中主要酸性污染物为硫酸根离子，硝酸根离子的影响在逐年增加，呈燃煤燃油型，主要是燃煤型特征。

(2)遭遇“绿色壁垒”，要打造“先进制造业基地”，必须强化节能，以提高经济的国际竞争力。改革开放以来，浙江省的国际贸易发展迅速，外贸依存度已达 45%以上；与投资、消费一起，成为浙江省经济增长的“三驾马车”。由于能源是产品成本的一部分，节能可提高企业尤其是高耗能企业的国际竞争力，这已被国内外大量的实践所证明。从国际贸易的发展趋势看，产品技术含量低的商品比重在下降，技术含量高或附加值高的比重在增加；关税在下降，非关税壁垒在增加，环境正成为“绿色壁垒”。目前，美国、澳大利亚、日本及欧洲的市场经济国家都已建立了强制性的能效标准和标识制度。浙江省要实施“八八战略”，打造“先进制造业基地”，必须高度重视国际市场

的这种变化，及早进行相关的战略与对策研究。

(3)浙江省经济社会发展遭遇能源“瓶颈”，要克服资源约束，必须强化节能，以减少能源消耗，保证能源安全，提高经济效益。2002年，浙江经济增长的能源“瓶颈”开始显现。2003年，浙江遭遇了严重的“电荒”，成为全国拉限电范围最大、缺电最严重的省份。据估计，2003年非典对浙江经济的影响大约在0.3个百分点，而电力短缺、拉限电导致的GDP损失却是0.6个百分点。经测算，浙江每缺1度电影响GDP产出为8元人民币。浙江经济增长的能源“瓶颈”除了减慢浙江经济增长的速度，还将严重影响浙江省的投资环境，从而影响其发展潜力并直接影响人民生活。因此，走新型工业化道路，着力提高能源利用效率，实施节能战略，建立节能型工业、节能型社会，为全省经济社会的持续、快速、协调、健康发展，提供强大的能源支撑，已经成为浙江省紧迫的现实任务。

三、节能发展趋势分析

不断提高能源利用效率，贯彻“坚持开发与节约并重，把节约放在首位(节能优先战略)”的方针，是中国能源发展要遵循的总纲，更是浙江克服资源约束和环境约束，实现可持续发展要遵循的基本原则。节能和能源效率是两个独立而又相互联系的概念。节能侧重于能源的经济效益，即从经济、技术、行政、法律、宣传、教育等方面采取一切措施，降低单位产值能耗。能源效率主要是指依靠技术手段来提高能源资源的利用效率。能源效率并不涉及产量、消耗或舒适性的牺牲或降低问题。推广普及能源效率对节能具有非常重要的作用，因此它通常是整体节能推广政策的一部分。“以广义节能为基础”包括两个方面：

(1)促进能源节约，提高能源效率的动因已从单一的“安全推动”转向“安全、环保、效益的共同推动”。1997年京都会议形成《京都议定书》后，节能已成为“克服环境约束”，解决气候变化、减少温室气体排放的主要措施；自从1999年下半年的石油涨价对世界经济产生负面影响以来，节能正成为“克服资源(能源)约束”，保障能源安全的重要政策工具；加入WTO，遭遇“绿色壁垒”，进行节能战略与对策的研究，正成为提高国际竞争力的重要手段。

(2)市场经济条件下，政府在节能领域发挥着重要的作用。国外政府节能管理的总体趋势主要有三点：一是节能需要政府。由于节能动因已经从能源安全转向能源安全和环境保护，无论是能源安全还是环境保护，都有相当程度的“外部性”，不是完全依靠市场发挥作用的领域，需要政府的干预；节能产品也存在信息不对称问题，需要政府提供公正的信息加以引导。二是政府部门中有专门的机构负责节能。有的国家节能归能源部门管理，如美国和加拿大；有的国家节能归经济部门代管，如日本的资源能源厅；有的国家节能实行综合管理，如澳大利亚的工业、旅游和资源部。三是政府在具体推进节能的方式方法上，对企业的直接行政干预较少，鼓励性措施和惩罚性措施也都有法可依。在措施上，从强制性、激励性，到咨询服务、与企业协议等多个层次同时推进，既制定强制性的法规和标准，也采用自愿协议和市场机制；既推进企业和社会节能，也重视自身节能，起表率作用。管理内容上，重点抓终端用能设备和设计规范两个"源头"。

(3)在公共财政预算中支持能源效率管理的力度不断加大。节能的公益性决定了发达国家和地区一般都通过公共财政预算这个重要的政策工具和手段，支持节能计划和项目的实施。支持的重点包括法规制定、公众宣传、教育培训、信息服务、课题研究，同时组织和引导企业对关键性、共性和前瞻性节能技术进行开发、示范，引导能源效率技术的推广应用，以发挥公共财政"四两拨千斤"的功效。实践证明，这一措施有效地推进了节能技术进步，提高了能效水平。

节能领域的以上趋势，值得浙江省借鉴。

第二节　节能工作需要明确理论基础以避免战略误区

随着资源能源紧缺压力加大，对经济社会发展的瓶颈制约日益突出，节能对于浙江省的能源安全、环境保护和经济社会的可持续发展都具有非常深远的意义。

为落实单位 GDP 能耗在未来五年内降低 15%的目标，浙江省开始了大规模的节能运动。本研究认为浙江省的节能工作可能在几个方面存在误区，比如对能源的特殊性缺乏了解，节能政策的制定与实施缺少针对性，过分偏重产业部门而忽视其他非产业能源消费部门，过分强调产业结构的调整而忽视整体结构，特别是消费结构的调整等。浙江省的节能工作需要明确理论基础，在市场化、工业化、城市化和国际化的大背景下，开展有效的工作。因为能源消耗既是一个物理现象又是一个经济活动，从物理学的角度，我们通过对"信息不遵守热力学定律"的分析，为节能工作提出了用"无限的信息替代有限的能源资源，尽量降低熵增率"的物理学理论依据。通过单元生产过程的"能源—信息—材料"三要素模型，单位 GDP 能耗变化分解方法等，从经济学的角度阐述了以信息代替能源，经济增长应从能源资源密集型的旧模式向信息知识密集型的新模式转变的原理，为浙江省"以信息化带动工业化，走新型工业化道路”，通过单位GDP能耗的“隧道战略”赶上发达国家的战略设想提供了理论基础。最后，基于理论上的探讨和对中国节能实践的观察，为浙江省的节能工作提出了建议。

能源的消耗是一个经济社会活动，更是一个物理现象，要遵守热力学定律。它是一个同时受经济学和物理学约束的人类活动。节能工作首先要明白什么是能源，充分了解能源的特殊性，把握物理学对任一能源消耗活动所允许的节能范围，还要了解经济学中影响能耗的各种因素。

一、搞清能源的概念

做好节能工作首先要明白什么是能源，这并不是所有人都能正确理解的。1973年第一次能源危机发生时，法国能源部长在电视上高调阐述法国如何应对能源危机，但是当记者问他什么是能源时，这位部长竟然不知道怎么回答，只好狼狈地顾左右而言他。我们经常听到这样的说法：“能源是人类社会生存和发展的重要物质基础”，“能源是经济的血液”，“能源是战略资源”，“能源是中国崛起的动力”，等等。但这些强调能源重要性的提法并不能替代能源本身的定义。只有弄清楚了什么是能源，能源是如何消费的，影响能源消费的因素是什么，才能有效地做好节能工作。

首先，能源是一个物理学的概念，能源消耗是一种物理学现象。世界能源大会（WEC）认为，“能源是使系统能够产生对外部活动的能力”，这一定义中的能源实际上指的是“能”，因为英文中“能”和“能源”用的是同一个词。《大英百科全书》的解释是：“能源是一个包括所有燃料、流水、阳光和风的术语，人类用适当的转换手段便可让它为自已提供所需的能量”，这一定义也并不非常准确。我国的《能源百科全书》说，“能源是可以直接或经转换提供人类所需的光、热、动力等任一形式能量的载能体资源”。这与《科学技术百科全书》的定义比较接近：“能源是可从其获得热、光和动力之类能量的资源。”笔者认为后两种定义比较准确。简单地说，能源是一种呈多种形式的，且可以相互转换的能量的源泉，是自然界中能为人类提供某种形式能量的物质资源。

实践中人们从不同角度对能源进行了分类，其中一个非常重要的概念是能源服务，即我们消耗能源的目的是为了取得一种服务。如对一个物体进行加热或制冷，把它从一个地方移到另一个地方，对它进行切割加工，将一个房间照亮，等等，这些能源服务都需要通过技术设备对终端使用能源的转换来得到。

现代社会的能源服务主要被划分为三大类，包括将一件物品或一个人从A处移到B处的移动力，移动力主要是交通运输，交通运输中能耗的高低主要取决于交通设备的技术，如汽车在制造完成之后再节能要比汽车设计制造过程中引入节能措施困难得多;交通基础设施的好坏,如路况,对能耗也起很大的作用。用于加热和制冷的热力,与移动力相反,热力大多都是在静止的系统中消费。用于启动电子和电器设备的电力,电力的生产与消费系统性很强,需要网络运输,因不可大量储存而需要生产和消费实现实时平衡。

针对上述三大能源服务的不同特性应该有不同的节能战略和政策。

由能源服务衍生出来的另一个重要概念是有用能源。它指的是所提供的能源服务中真正用于满足需求目的的这部分能源,如一个鸡蛋煮熟所需要的热能,1吨重的物体从一个地方移动到另一个地方所需要的动力,一张书桌被照亮到某一程度的光能。有用能源概念对于节能很有意义,比如说,为煮熟一个鸡蛋提供的能源服务是一大锅沸水,而这里的大部分能源消耗是没有必要的,因为真正用于煮熟鸡蛋所需的能源比实际消耗的要少得多。同样,如果使用交通工具通过平坦的道路把一个体重50公斤的人从甲地送到乙地,为什么需要驾驶2000公斤的SUV呢?然而,要准确地计量有用能源比较困难,因而在能源统计中,人们一般只能计算用于终端使用的能源,即被机器设备消费掉的能源。但是对于节能来说,有用能源这一概念非常重要,因为它可以使我们的技术设备在设计上更加精确,尽量减少不必要的消耗。我们可以按照有用能源的概念重新设计耗能设备,甚至反推整个能源供应系统的合理性。

二、能源特殊性

节能还需要了解能源的特殊性。

首先,能源不同于粮食或其他原材料,能源的消费都是通过技术设备来完成的,如电能通过灯泡或者电动机、油品通过内燃机等。这样,能源的消耗量就取决于技术设备的效率,而节能则和技术设备的更新紧密结合。一台机器一旦安装上,一家电厂一旦建成,一座新楼一旦入住,它们在生命周期内的能源使用效率基本确定。而耗能的设备与基础设施都具有“沉没成本”较高的特性,为了不错过节能的机会,有必要加快技术设备的更新换代,由此形成技术更新与“沉没成本”的矛盾。

其次,能源的供应要通过较长的产业链得以实现。它的投资周期长、成本高,具有刚性。能源投资对于价格与需求的反应有一定程度的滞后;另一方面,能源消费具有一定的惰性与“路径依赖”,不同能源消费部门对能源价格的敏感度按其消费密集度的高低会有很大的差别,且价格的变化不能在消费量上及时地得到反映。

最后,能源消费带来的污染具有强烈的外部性,污染给全社会造成损害。能源消费者支付修复这些损害所需要的成本,可以通过税收的形式在价格上得到体现。另外,能源的供应还在许多国家被视为公共服务,具有社会属性。

相对于节能,能源的特殊性反映了两个问题:一是节能措施大多是通过技术设备的更新才能实现,而更新需要时间和成本;二是能源价格问题。

能源价格不仅要反映生产成本,还要反映能源资源的稀缺性,能源使用的环境和社会成本,以及保障能源安全(如剩余生产能力)所需要的成本。在建设周期长的能源产业,价格反映长期的边际成本,使投资有利可图。生产成本还包括运输成本,以及其他相应设施的成本,例如保障煤矿工人安全所需要的投资。如果1升可口可乐的价格比1升汽油还贵,说明汽油的价格尚没有反映石油资源的稀缺性和使用的环境成本。

三、节能的物理学理论基础

从物理学的角度看,能可从一种形式转换为另一种形式,但其总量既不能增加也不能减少,既不会无中生有也不会自行消灭。这就是热力学第一定律,也叫做能量守恒定律。然而,能量的品位是有高低之分的。热力学第一定律只规定了能量转换的数量关系,并未指明转换的方向性。规定转换方向的是热力学第二定律,它由克劳修斯和开尔文在1850—1851年间从不同的角度提出的。这个定律有许多种说法,但各种说法是彼此一致的,其中最通俗易懂的说法是"不可能自发地由低温向高温传热"。

信息与实物交换的本质区别在于,实物交换减少给予方的拥有,而信息不同,可以使得双方共同拥有。所以我们可以得出以下结论:信息不属于物质世界,不遵守热力学定律。能源资源有限,而信息资源无限,可以利用无限的信息资源替代有限的能源资源。我们面临的问题是,经济增长需要资源消耗,资源消耗带来环境污染,环境污染又反过来影响生活质量和经济增长。如果一直在物质系统里寻找,很难找出解决问题的答案。节能的物理学基础就是在热力学定律允许的情况下以信息替代能源。

日常生活中不乏利用信息来降低能耗的案例。在驾车出行前参考地图标明线路,既可以少走弯路,也减少燃料消耗,而缺乏清晰的路标致使增加燃料消耗的现象十分常见;在房间里安装温控设备可以降低取暖能耗。信息与技术含量高的机器设备能耗低、效率高。工业生产流程从手工操作到机械化、半自动化再到自动化是一个不断增加信息的采集和处理的过程。在这一过程中,随着信息量的增加,产品的单位能耗会不断降低。信息和能源的替代关系可以通过图10-1表示。

从人类发展的角度来看,人类工作的演变过程,包括从蓝领到白领的转变,实际上也是一个从提供能源到处理信息的过程。通过对劳动工具的不断改善,人类把自己的智慧逐步转变为生产力,利用越来越少的体力劳动创造越来越高的价值。从钻木取火的年代到农耕时代，从工业化时代到现在的信息时代，人类的工作不断地从体力劳动向脑力劳动转变，从通过双手对物体进行能源加工向通过大脑对符号进行信息处理转变。

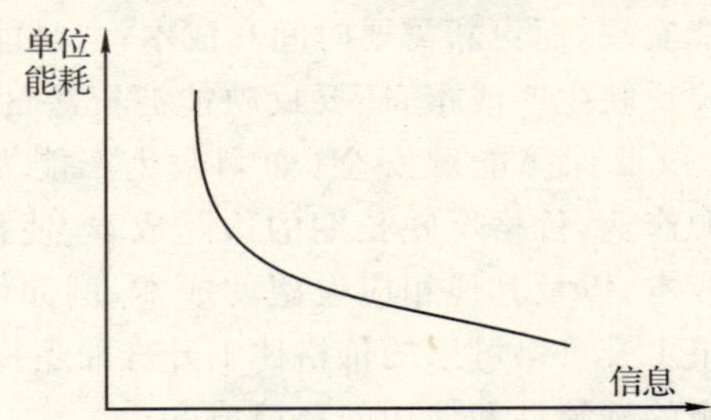

图 10-1 信息与能量在工业自动化过程中的替代关系

四、节能的经济学理论基础

上述分析依据物理学的原理提出利用信息不遵守热力学定律的这一特殊属性在热力学定律允许的范围内尽量降低熵的增长速度，进而提出在生产和消费活动中实现信息对能源的替代的设想。那么，在经济学理论中，我们能否找到节能的理论依据呢？

经济学中有一个经济增长模型叫做 KLEM 模型，即产出是资本(K)、劳动(L)、能源(E)和材料(M)等投入的函数。因为劳动的主要目的是提供能源和信息，而资本(工具，机器)又是其他生产过程的产品，我们可以把这一模型进一步简化，应用到任何一个最基本的价值创造过程(单元生产活动)。我们发现这一过程实际上就是利用能源与信息对原材料进行加工，创造出满足需求的产品的一个过程，见图 10-2。在这个过程中，我们创造了价值，同时也产生了废弃物。废弃物的一部分可能在其他生产过程里被再循环，剩余的部分被排入环境而导致环境污染。

比如说，制作一张木椅需要木材、木匠和工具，价值的创造是通过木匠所提供的最基本的输入，即能源与信息来实现的。这里工具不能被认为是一种最基本的输入，因为它是另一个生产过程的产物，也是使用材料、能源和信息来获得的产品。用同样的木材和同样的工具，一个经验丰富的木匠与年轻学徒做出来的椅子质量不同，售价也不同。而决定椅子价值的关键并不取决于他们肌肉所提供的能源，而在于他们的技能，也就是对做工过程中投入的信息的不同。

根据这个机制，为了降低自然资源和能源的消耗，并且使对环境污染减到最小，我们需要增加信息的输入。价值创造过程可以通过提高能源的投入和信息的投入来取得。因为价值本身是非物质单位，所以可以通过提高非物质性的投入，即信息的投入，来增加价值。对于等量的价值，增加信息的投入可以降低能源的消耗，这就是我们通常所说的生产活动从能源密集型向信息密集型转变，从粗放型高耗能发展向集约型低耗能方向转变的过程。用无限的信息资源来替代有限的能源资源也正是“用信息化带动工业化，走新型工业化道路”的理论基础。

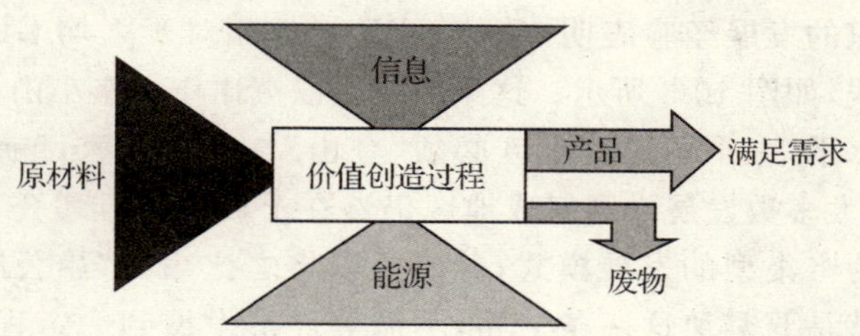

图 10-2　基本单元生产活动示意图

值得注意的是，信息可以被分为两大类：结构型信息和流动型信息。结构型信息包括知识、技能、操作程序、组织结构、体制和标准法规等，均是人的行为规范化的信息；而流动型信息指的是通过语言、教育、传媒等方式传播的信息。这两类信息对能源的替代有各自的方式，在此不作深入讨论。

1. 单位 GDP 能耗变化理论

在讨论如何降低一个国家的单位 GDP 能耗时，一般用单位 GDP 能耗(又称 GDP 能源密度)来表示，GDP 能源密度可以理解为：

GDP 能源密度＝单位 GDP 部门活动密度×部门活动结构×子部门活动能源密度。

通过这一新的公式表达可以看出，降低单位 GDP 能耗起码有三种途径：

第一，降低单位 GDP 的部门活动密度，如降低家庭消费，降低客运量，降低制造业产值等；

第二，调整部门活动的结构，如少用私家车客运而多用公交车客运，降低制造业中高能耗产业的比例等；

第三，降低经济活动的单位能耗，如客运部门中私家车的人—公里能耗，货运部门卡车运输的吨—公里能耗，制造业中水泥生产的单位能耗等。

由此可见，降低单位 GDP 能耗不能仅仅注重产业而忽视国民经济的其他部门，不能只强调产业结构调整，而是要注意整体经济结构，特别是消费结构的调整。

消费结构的调整从长期来说对于降低单位 GDP 能耗非常重要。如果说浙江的产业结构在很大程度上是劳动分工的结果，是浙江一个省能决定的事情，那么转变消费模式是我们每一个浙江人都可以力所能及的事情，是浙江本身可以办到的。当浙江的经济增长方式正在从出口驱动型向内需拉动型转变时，引导节能型的消费方式对浙江省的节能尤为重要。在强化提倡浙江人的传统节俭美德的同时，我们要给每个消费者一个明确的价格信号。

2. GDP 能源密度的钟形曲线理论

西方国家的发展经验表明，单位 GDP 能耗相对于人均 GDP 通常遵循一条钟形曲线，如图 10-3 所示。这条曲线可以被比作一座小山，为了发展经济提高收入水平，一个国家或地区必须“登山”。发达国家目前已经在山后的下坡端，而大多数发展中国家或地区仍然在上坡端艰难攀登，正在经历着一种能源更为密集型的发展模式，我们可以将之比喻为“愚公爬山”。浙江面临的挑战就是要避免这一条老路，不能等经济发展到一定程度之后才降低单位 GDP 能耗。实现的路径是改“愚公爬山”为“智叟穿山”，跳跃传统的工业化发展模式，走新型工业化道路，探索从能源资源密集向信息密集发展的模式。这相当于在单位 GDP 能耗的山上打一条隧道，增加人均 GDP 而不增加单位 GDP 能耗，直接通到山坡的另一端。这正是我国现代化过程中应该采用的“隧道战略”：走信息化和工业化的结合道路，一步跨入知识经济社会。

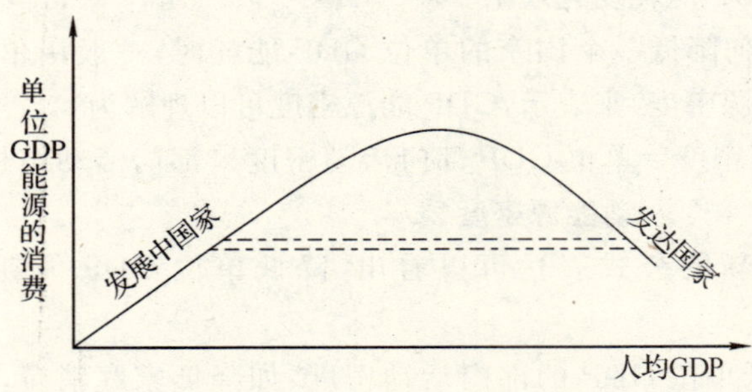

图 10-3　单位 GDP 能耗的钟形曲线和可能的隧道

五、结论与建议

1. 本研究认为浙江省的节能工作在以下几个方面存在一些问题

第一，对能源的理解。并不是所有从事能源研究的人都明白什么是能源，什么是“能源服务”，什么是“有用能源”，以及能源的特殊性。对能源的特殊性缺乏了解会导致节能政策的制定缺少针对性，影响节能潜力评估及目标选择的现实可取性。

第二，忽略决定一个国家单位或地区 GDP 能耗的多种因素，盲目进行对比，并以此来确定节能潜力。如通过中日比较发现中国的单位 GDP 能耗是日本的 8 倍，因而有相应的节能潜力的结论。

第三，因为我们习惯于搞工程建设，节能工作大多亦采用抓工程的形式统领实践，而节约能源与工程建设性质是截然不同的。

第四，我们的节能工作可能过分地基于免费节能的幻想，过分重视消费者的自觉行动，忽视了经济激励因素的作用。另外，对取得节能目标所需要的成本不够重视，没做细致的研究。

第五，降低单位 GDP 能耗在理论上还存在一个较大的误区，过分偏重产业部门和产业结构调整。

2. 要做好节能工作，我们认为要注意以下几点

第一，要走出理论误区，从单纯重视产业部门和产业结构调整到重视所有能源消费部门的整体结构优化，特别是消费结构的调整，要引导节能型的消费模式。

第二，要从节能的"工程意识"转变到"全社会的系统意识"，避免通过相互独立的工程形式节能所造成的"顾此失彼"。

第三，要进一步理解什么是能源，为什么要消耗能源，能源是怎样消耗的，能源有什么样的特殊性。充分理解"有用能源"的概念，并用它来重新设计耗能设备与系统，反推整个能源系统的合理性，实现能源的梯级利用。

第四，重视能源消耗与技术设备的紧密关系以及技术设备更新换代对节能的重要性，鼓励技术更新换代。以节能为契机进行生产流程的现代化，提高生产率、产品质量和竞争力。

第五，要针对热力、电力和交通运输移动力这三大不同的能源服务，采取不同的节能手段。同时，利用各大能源服务在跨部门、跨行业中的共性，在全省推广最有效的节能手段，实现规模效应。

第六，要注意节能的经济成本，在经济效益和能源效率上找到平衡点，把节能工作与企业和个人经济利益结合在一起，利用经济驱动力实现节能目标。

第七，要充分发挥价格杠杆和经济激励因素的作用，把浙江人传统的节俭美德与精打细算相结合，用经济账算节能效益。另外，任何工业产品都包含着其生产过程中的能源消耗，节能工作也要重视这种非直接的能源消费模式。

第八，明确节能的理论基础，在生产活动中大规模地实现信息对能源的代替，走信息化带动工业化，以信息与技术密集型发展替代能源与资源密集型发展，实现全新的发展模式。

第三节 浙江省提高能源利用效率、促进能源节约的重点与难点

一、浙江省提高能源利用效率、促进能源节约的重点

提高能源利用效率促进能源节约就是在生产、流通、消费等领域，通过采取法律、经济和行政等综合性措施，提高能源利用效率，以最少的能源消耗获得最大的经济和社会收益，保障经济社会可持续发展；在于追求更少能源消耗、更低环境污染、更大经济和社会效益，实现更持久的发展。

2004 年，全省万元 GDP 能耗为 0.79 吨标准煤，按可比价格计算，比 2003 年下降 3.1 千克标准煤，节能率为 0.4%，同比，2003 年下降 0.14 个百分点，同比节约和少用能源 33.3 万吨标准煤。从节能率变化情况看，节能水平提高明显减缓，与“九五”期间和“十五”前三年的年平均节能率 4.6%和 1.6%的差距较大。出现这一现象的主要原因，一是能源消费优质化不断发展，消费结构发生较大变化，特别是城乡居民生活对优质能源消费的快速增长；二是工业用能的持续高位增长，尤其是重化工业和基础原材料工业的快速增长。但随着终端能源消费结构的优化和节能工作的加强，尤其是高新技术产业发展加速，重点用能行业的工艺、产品结构调整加快，重点用能企业管理加强，都将有效促进全省能源利用效率的提高。

对不可再生能源重在节约，提高回收率和利用率；而对可再生能源重在开发，提高替代程度。也就是要最大限度地提高不可再生能源的利用效率，最大可能地保存它们的剩余数量，并最大限度地实现可再生能源能够承受的经济发展的速度和水平，保障人类社会的可持续发展。浙江省提高能源利用效率促进能源节约是一项系统工程，只能有重点、分步骤地逐级推进，抓好重点领域，明确重点工作，把握重点环节。

(一)工业是浙江省提高能源利用效率、促进能源节约的重点领域

一次性能源消耗的 95%在工业领域，电力消耗的 60%～70%在工业领域，废弃物排放的 70%～80%在工业领域，这一系列数据充分说明工业领域是能源消耗的主要领域，也是浙江省提高能源利用效率促进能源节约的重点领域。2004 年，浙江能源消费总量达 9209 万吨标准煤，其中，工业 7235 万吨，占 78.6%，工业用电 1085 亿千瓦时，占全省用电总量的 76.4%。浙江“四节一综合”(节水、节电、节地、节材和综合利用)措施的重点应放在工业领域。浙江应该在“十一五”期间率先提出创建能源节约型和环境友好型工

业体系。

工业企业既是全省的能耗大户，又是体现能源利用和节约水平的主要载体。2005年，全省工业企业万元增加值综合能耗为1.49吨标准煤，按可比价计算比2003年下降15.9千克标准煤，比2003年节约和少用81.5万吨标准煤，节能率为1.7%；万元工业增加值综合能耗与1995年和2000年比较，分别下降36.1%和7.5%。

规模以上工业企业是工业企业能源消费的主体。2004年，全省规模以上工业企业能耗总量占全部工业企业的94.4%。从规模以上工业企业的各行业大类看，34个行业大类（因采掘业中各行业能源消费量不大，不再分类）中，有26个行业的能耗水平比2003年有不同程度下降，其中绝大部分能耗比重较大行业的万元产值综合能耗水平比2003年有所下降，特别是电力、热力的生产和供应业，非金属矿物制品业，纺织业，化学原料及化学制品制造业和石油加工、炼焦及核燃料加工业等行业的万元产值综合能耗有较大幅度降低。

（二）能源的“效率革命”是节能的重点工作

按照世界能源委员会1979年给出的定义，节能是“采用技术上可行、经济上合理、环境和社会可接受的一切措施，来提高能源的使用效率”。这就是说，节能是旨在降低能源强度（单位产值能耗）的努力，应在能源系统的所有环节，包括开采、加工、转换、输送、分配到终端利用，从经济、技术、法律、行政、宣传、教育等方面采取有效措施，来消除能源的浪费。

20世纪90年代国际上普遍采用“能源效率”来替代70年代能源危机后提出的“节能”一词。实际上，从国际权威机构对“节能”和“能源效率”的定义来看，两者的含义是一致的。1995年，世界能源委员会把“能源效率”定义“为减少提供同等能源服务的能源投入”。

“能源服务”的含义是：能源的使用并不是它自身的终结而是为满足人们的需要提供服务的一种投入。因此，能源利用的水平应以提供的服务来衡量，而不是用消耗能源的多少来表示。例如。照明应以照度（$1m/m^2$）来衡量，而不是看用了多少电。由于同一种服务可以采用多种能源、多种技术来提供，可以根据经济、技术、社会、环境等因素，选择成本最低的方案，据此分析能源需求的趋势和节能的潜力，优化一次能源结构，取得最大的经济效益。

一个国家的综合能源效率指标是增加单位GDP的能源需求，即单位产值能耗；部门能源效率指标分为经济指标和物理指标，前者为单位产值能耗，后者为单位面积能耗和人均能耗。

之所以用“能源效率”代替“节能”的目的，早期是为了通过节约和缩减来应付能源危机，现在则强调通过技术进步提高能源效率，以增加效益，保护环境。

但是，能源效率和节能还是有区别的。例如，中、美、日等国的节能法律法规都包括可再生资源利用。其中，日本节能法强调能源结构调整，开发利用代油能源，包括洁净煤、天然气、可再生能源、再生资源利用等。

需要着重指出的是，节能不仅是要通过技术、政策和体制的改进来节省能源，而且是人们价值观和消费行为的深刻变革。美国和欧盟都很重视消费行为研究，把消费行为当作节能决策的重要依据，政府制定法规引导和鼓励绿色消费。

提高能源的利用效率是节能的有效途径。西方国家早在20世纪90年代就提出了要在21世纪实现生态经济效率为"倍数4"甚至"倍数10"的发展目标。所谓"倍数4"就是经济增长比现在增加一倍，而能源污染产生比现在减少一半。尽管浙江省的能源利用效率在全国处于前列，但与发达国家能源利用效率相比仍有很大差距。英美等发达国家每吨标准煤所获得的GDP是浙江的2～4倍多，日本甚至是浙江的5倍多，浙江要尽量节约、节俭，并努力提高能源的使用效率和循环水平。

(三)科学技术是浙江省提高能源利用效率促进能源节约的重点环节

科技创新和技术进步是实现能源节约的关键。技术突破对能源效率革命具有决定性意义，如变频技术的运用对于降低机电设备的电耗，喷灌技术、点灌技术等对于农业节水等等，都具有革命性意义。尤其是行业的共性技术，一旦突破将对整个行业带来巨大财富。例如浙江的水泥行业，如果全部运用新型干法回转窑生产技术，全行业清洁生产和节能降耗水平就能上一个新台阶；同样，在水泥行业，如果采用纯中低温余热发电技术，在生产工艺都不变的情况下，可节电30%～40%，这样浙江水泥工业每年节电可达30亿千瓦时。所以，要高度重视科技在能源节约中的地位和作用，形成一套建设能源节约型社会的科技体系。

二、浙江省提高能源利用效率、促进能源节约的障碍与难点

浙江省提高能源利用效率促进能源节约已经全面展开，从政府到企业再到公众，都在积极行动。但是就目前来讲，在创建过程中仍存在一些障碍和难点，主要体现在以下几方面。

(一)节能的市场缺陷和市场障碍

节能的市场缺陷和市场障碍主要表现在：市场价格不能反映长远利益或长期前景；节能投资缺乏吸引力，如建筑开发商追求最小的初始投资，能源效率往往不是消费者关注的首要问题；外部成本，特别是能源生产利用的环境成本，以及保障能源安全的代价，没有计入能源价格；政府的某些政策法规如不合理的财税政策和管制政策，妨碍节能潜力的充分发挥；缺乏必要

信息和技巧，消费者对节能产品和服务缺乏信心。

据世界银行以及美国、加拿大、俄罗斯等国的研究，市场力量对实现节能潜力的贡献率仅为20%左右。因此，从政府管理的角度来看，节能和开发（能源供应）是有本质区别的。在市场经济国家，能源供应主要靠市场机制，由市场决定能源价格、数量和技术选择，这是美国制定国家能源战略的基本原则之一。节能则与环保类似，市场的作用很有限，具有公共事务的性质，必须由政府主导。

（二）节能的体制障碍

尽管十年前就已提出转变增长方式，以及“坚持资源开发与节约并举，把节约放在首位”的方针，但目前的经济增长方式仍以规模扩张为主，“把节约放在首位”远未落实。推进节能面临许多障碍，包括观念、体制、财政、法规、技术、政策和信息等。

最大的障碍是体制障碍。新的增长方式的要旨是提高资源利用效率，而不是单纯追求数量。然而，在现有体制下，在能源资源、资本等要素市场以及行政性垄断的能源行业的产品市场上，政府仍起着主导作用。联合国的一份研究报告指出：在很多发展中国家，能源供应公司归政府所有并经营。在这种情况下，政府必然侧重能源供应。这些能源供应公司通常拥有很大的政治权力，可以同推行节能的政府部门相抗衡。这是发展中国家提高能源效率的一个很难办的问题。因为政府的领导作用是克服市场缺陷的关键。

许多人认为，1992年以来，我国市场化改革向纵深发展，而节能工作却明显后退：政府节能管理机构被严重削弱，节能管理人员大量流失；经济鼓励政策几乎全部取消，等等。在现今能源短缺的形势下，体制性弊端更为突出，与电力等行业大量的投资扩张相比，节能显得微不足道，苍白无力。

消除体制性障碍有赖于法制建设。然而，1998年开始实行的《节约能源法》，执行得不力。据笔者初步评估，执行较好的条款寥寥无几，仅占6%左右，执行差的约占60%，未执行的约占34%。目前，全国城镇新建建筑执行建筑节能设计标准的只有15%～20%，浙江的情况也大致如此。

（三）鼓励能源节约的政策不到位

如节能产品的开发生产、新能源的开发利用和资源综合利用在现存的价格体系中往往处在弱势，需要政府明确鼓励和资助，通过调整税收政策、制定优惠措施，采用财政转移支付方式，消除节能产品推广的各种障碍。目前，浙江许多鼓励能源节约和综合利用的政策都不到位、不稳定。

（四）激励科技节能降耗的措施不得力

资源节约的关键在于科技创新，要实现“资源效率革命”离不开技术进步和科技保障。科技水平在很大程度上决定了能源节约可以达到的程度。

科技研发经费资助要向能源节约的技术领域倾斜,向新能源开发技术领域倾斜,向提高行业能源利用率的共性技术领域倾斜,以真正有效地推进能源效率革命。目前,科技节能降耗只是企业为了节省成本的自发行为,激励机制尚未建立,使相关科技创新缺少足够的动力支持。要激励市场主体自觉关注和参与能源节约的技术开发和生产,并从中获得好处和利益,起到技术示范和引导作用。

(五)能源性产品价格体系不合理

从计划经济转向市场经济以后,一些能源产品的定价机制和比价体系还不合理。比如矿产资源,由于矿业生产规模大、环境影响滞后,使得能源矿产的初次资源价格相对较低。另一方面,由于定价性缺陷,造成资源浪费。比如水电资源价格不合理,使得这类成本在生产和生活成本中所占比例小,导致了节约能源的自觉性较差,增加了节约的难度。

(六)约束资源浪费的法规不健全

如何遏制过度消费、减少能源浪费、提高能源利用率和再生化水平是能源节约型社会法律法规体系建设的重要内容。目前,对于资源浪费的法律法规等约束体制和机制还不健全,约束力不强,操作性不够。"有权利消费,但无权浪费"仍停留在口号上,没有确实有效的约束措施出台。比如在香港,假如约定一个月人均3吨水,如果超过了,缴费金额就非常高,这就有效地制约了人们的用水。而浙江就缺少这种细节性的制度,从而造成资源浪费。对能源浪费的社会现象由谁监管不明确,在淘汰高能耗、高电耗、高水耗、高污染、技术工艺落后的企业、设备和产品过程中,受到各种因素和利益的牵制。因此,能源浪费的监管是节能的薄弱环节。

(七)忽视建筑节能

长期以来,我国偏重工业节能,忽视建筑节能。1998年实施的《节能法》基本上是一部工业节能法,建筑节能只有一条原则性规定。这是先生产、后生活的计划经济思想在能源领域的一个突出反映,加上福利供热制等僵化的计划经济体制,导致建筑节能长期落后,至今很难推动,进展非常缓慢,成为我国节能工作最薄弱的一个环节,造成巨大的浪费。

建筑用能是指建筑物使用过程中消耗的能源,包括采暖、空调、通风、热水、照明、炊事和家用电器等多种能源服务。目前,建筑节能约占终端能源总消费量的1/4。浙江省既有建筑中95%为高耗能建筑,城镇建筑采暖空调能耗将近占全省建筑用能的50%,而浙江省单位建筑面积采暖能耗为发达国家的3倍以上。欧美国家十分重视建筑节能,经过三十多年的不懈努力,在改善舒适性的条件下,能源效率大大提高,目前德国新建建筑单位面积采暖能耗已降到1984年的1/4~1/6。而我国到2002年末城镇累计建筑的节能建筑只有2.3亿平方米,仅占全国城镇建筑面积的20.1%,其中约一半在北京和天津。我国1986年开始实施第一阶段节能30%的采暖居住建筑节能设计标准,1996年开始实施第二阶段节能50%的节能设计标准,2004年北京开始实施节能65%的节能设计标准。浙江省现行建筑节能设计标准是低水平的,与发达国家相比,还有再节能50%以上的潜力。

21世纪头20年,是浙江省建筑业发展的鼎盛时期,2020年全省房屋建筑面积估计将达2000年的两倍以上。如果建筑节能停滞不前,势必造成能源的极大浪费,后患无穷。因此,大力加强建筑节能工作刻不容缓。建筑是潜在节能率最高的部门。建筑节能不仅可以大幅度削减能源消费,而且与营造高品质小康生活,改善环境质量息息相关。因此,应对节能战略进行调整,从过分偏重工业转向建筑节能。

忽视建筑节能是一种典型的市场失灵的短视行为,必须由政府干预。要突破供热体制改革,严格执行建筑节能设计标准,推动既有建筑节能改造,制定、实施耗能器具能效标准标识以及鼓励生产、使用节能建材和设备、建立节能建筑的激励机制。

第四节 结构节能:日本经验给浙江省的启示——非线性双轮驱动

一、中国能源消费需求变化的阶段特征和未来节能趋势分析

(一)中国能源消费需求变化的阶段特征

综观过去五十多年工业化历史,中国工业化过程的一次能源消费大体经历了三个基本发育阶段。

1.初始增长阶段(1952—1980)

这一阶段中国一次能源消费增长的最大特点在于:消费总量的增长与单位产出能耗的提高保持同步(见图10-4)。

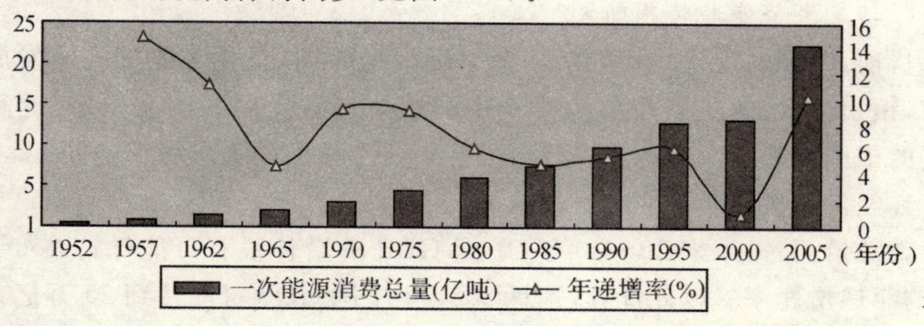

图10-4 中国一次能源消费增长

首先，国家工业化初期阶段的一次能源消费总量从1952年时的0.49亿吨快速增加到1980年时的6.0亿吨，期间的年递增率达到了9.4%。

其次，受消费快速增长的影响，中国单位产出（GDP，按1952年不变价计算，下同）的能源消耗也从1952年时的7.18万吨/亿元上升到1980年时的16.23万吨/亿元，升幅超过1倍（见图10-5）。

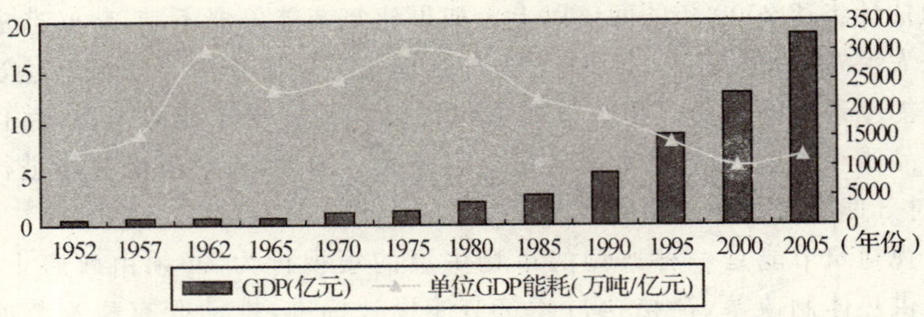

图10-5　中国经济增长与单位产出能耗（1952年不变价）

2. 相对稳定增长阶段（1981—2000）

这一时期中国能源消费增长的最大特点是：在消费增速趋于平稳的同时，单位能耗也呈现出明显下降趋势。1981—2000年，中国一次能源消费总量增长1.29倍，期间的年递增速率仅为4.2%。与此同时，随着经济的快速发展，中国单位产出的能耗水平得到大幅改善，按不变价计算，2000年中国单位GDP能耗为5.93万吨/亿元，与1980年相比，减幅达63.5%。

3. 转型增长阶段（2001—2005）

这一时期中国能源消费增长的最大特点是：在国家经济持续高速发展的状况下，能源消费总量增长和单位产出能耗出现双双反弹。根据有关统计资料，2005年中国一次能源消费总量达到了22.3亿吨，较2000年增加近8.5亿吨，平均每年的增幅超过1.7亿吨。如此的能源消费快速增长，尽管国家经济继续保持高速增长，但是单位产出的能耗水平不降反升。2005年，中国单位GDP能耗为6.76万吨/亿元（1952年不变价），比2000年提高14个百分点（见图10-5）。

（二）未来节能趋势判断

目前，中国的现代化正处于一个关键转型时期，重化工业的高速发展和城市（镇）化的快速扩展将成为推动中国社会经济发展的两大引擎，此种情况下的中国未来一次能源消费将继续保持一个很大的需求增长空间。

1. 经济总量与结构变化

就总量而言，未来20～30年，中国GDP的增长很有可能保持在6%～7%的年递增速率。以此计算，预计2030年中国GDP可能达到20万亿人民币（按1952年价格总量计算）或73万亿人民币（按2000年价格计算），大体相当于2000年全国经济总量规模的8倍(见表10-1)。

在重化工业和城市(镇)化发展的带动下,中国经济结构的演进速率将明显加快。到2030年,中国产业结构演进系数可能达到48以上(按1952年价格计算)或35.4(按2000年价格计算),提高程度大体为29左右(见表10-1)。

表10-1　中国未来经济总量与结构变化判断

项目 价格	经济总量(亿元)		增长倍数	结构演进系数		提高程度
	2000年(a)	2030年(b)	(b/a)	2000年(a)	2030(b)	(b—a)
1952年价格	23647	203400	8.6	19.6	48.3	28.7
2000年价格	89468	726100	8.1	6.1	35.4	29.3

2. 一次能源消费增长趋势分布

出于对经济总量和结构演进的判断,中国未来20～30年的一次能源消费年递增速率可能在3%左右。以此预计,到2030年中国一次能源消费可能达到30亿吨左右。然而,由于存在诸如布局调整、企业行为、公务服务水平以及个人家庭取向等诸多不确定因素,这里提出三个不同的一次能源消费增长方案(见图10-6)。

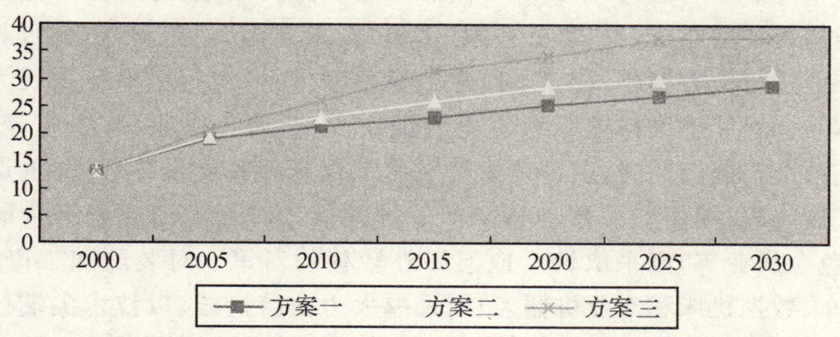

图10-6　中国未来一次能源消费(亿吨)增长变化

二、结构节能:日本经验给浙江省的启示——非线性双轮驱动

日本是世界上少有的经济总量大,而能源资源主要依赖进口的国家;浙江是中国经济的大省,又是能源资源主要依赖外省调煤的资源小省。两者具有相似性,因此研究日本工业化阶段能源和经济之间的关系,对浙江省有重要的借鉴意义。

日本在1973年第一次世界石油危机之前,能源消费随国民经济(GNP)线性、同步、高速增长(即能源消费增长速度与国民经济增长速度保持相对稳定的比例),但是1973年的石油危机却使日本经济面临前所未有的困难。1973—1981年之间(其间还经历了1979年的第二次石油经济危机),日本大力进行能源结构的调整,采取"两稳两兴"的能源战略(稳油兴气,稳煤兴电,降低国民经济对能源尤其是进口石油的高依赖性),这一战略成功地防止了第二次石油危机对日本宏观经济的影响,而且还保持 GNP 高速增长,GNP 曲线与能源消费曲线之间的线性关系趋于离散(见图 10-7)。

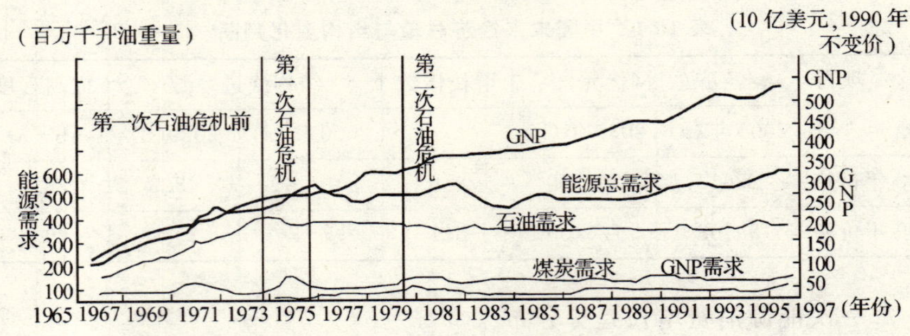

图 10-7 日本 GNP 增长与能源消费结构变化趋势

能源结构的优化和能源消费量的减少是以国民经济产业结构的优化和调整为依托的,否则,不可能在能源消费总量相对稳定的情况下,保持国民经济的持续快速增长。面对石油危机引发的石油价格不断上涨,世界经济陷入严重停滞的局面,日本放弃了战后以来实施的以重、化工业为龙头带动整个经济发展的路线,由"贸易立国"转向"技术立国"。在制造业中,对原材料型产业进行大力调整,放弃了原来的竞争型体系,实行以稳定发展为前提的新体系。对能够维持国际竞争力的钢铁业、石油化工业、造纸业等,在加大实施节能措施的同时,引进计算机强化工程管理和质量管理,并重点发展深加工度、高附加值产品带动整个产业的发展。对无力适应新形势的纺织业、有色金属业等,则采取转产或向海外转移的对策。对装配加工产业(电子、汽车、数控机床和产业机器人)则采取大力扶持措施,以技术尖端行业为核心,以低能耗、高效益、高科技为方向,发挥强大的国际竞争力,带动整个日本经济持续发展。

由日本的经验可知,能源以产业结构的优化和调整为依托,否则,不可能在能源消费总量相对稳定的情况下,保持国民经济的持续快速增长。日本以技术尖端行业为核心,以低能耗、高效益、高科技为方向进行的产业结构调整,使得日本从 1973—1985 年的十多年时间里,工业部门能源消费数量持续下降,从而为摆脱石油危机,保持国民经济持续高速增长创造了条件。

日本能源结构和工业结构发展的历史,给浙江以有益的启示:非线性双轮驱动,即树立依靠能源结构和产业结构的双重优化和调整,以提高能源经济综合效益进而实现浙江能源—经济—环境(3E)的协调发展的思路,从而突破"线性的、数量驱动"的能源经济的局限性。非线性双轮驱动既可以规避风险,又可以带动整体经济的持续发展,但调控与优化能源结构必须有稳、有降、有升，更需要有优化结构调控的中心点和跨越式发展的突破点，否则优化效果很难实现（日本当时能源结构是以油为中心，稳煤、升电，并以液化气为能源战略突破点，因此取得了能源优化结构驱动国家经济的成功）。

2005年浙江省的产业结构为6.6∶53.3∶40.1，在努力发展第三产业，提高第三产业在国民经济中的比重的同时，要控制工业部门高耗能行业的发展。如对高耗能、高效率模式的化学原料及化学制品制造业、非金属矿物制造业和造纸及纸制品业等企业的生产，要努力降低能耗；对于高耗能、低效率模式的企业要加速进行产品的更新换代，加大企业生产工艺的改造，在大力降低能耗的同时，努力提高经济效益。总之，要转变经济增长方式，走能源消耗低、环境污染少、经济效益好的新型工业化道路。在大力发展高新技术等省能型产业的过程中，继续合理调整工业部门产业结构，加强重工业节能，加大对重污染行业的结构调整与污染治理力度。

结合浙江实际，在产业节能推进体制方面，浙江在原有的“以政府监管为主，重点用能企业为主”的模式上，应该更重视微观层面上的节能，把节能覆盖到整个产业的各行业，以把浙江省建设成为节能型社会为远期目标。同时把产业节能的推进方法与企业生产管理的各部门、各流程结合起来，总结出科学节能的方案。在产业企业内部形成一支懂节能、会技术、创效益的队伍，积极发挥企业的自主性节能。

在产业节能组织方面，浙江也有一些节能组织，但是一般都由企业领导负责，效果都不是很好，主要原因是缺乏有效的监督机制，各企事业领导常常为了自己今后的进一步发展，往往只注重眼前利益，而不太注重单位长远规划，因而在进行投资时往往将效益好但投资回收期长的节能投资弃之不顾。对此，我们应该借鉴日本的经验，着力培养一批具有专门知识的节能管理人员，积极制订节能人才培养计划，并在节能实施工作中树立起他们的权威，促进浙江省的节能事业能早日步入正轨，向前发展。

三、结构节能潜力分析——以浙江省为例

浙江省是能源资源小省，是华东地区能源较为缺乏的省份，“无油、缺煤、少电”是浙江能源状况的真实写照。但浙江又是经济大省，近年来能源供给形势趋紧，对社会与经济可持续发展构成较大制约。浙江原来的经济结构以轻型为主，随着改革开放，特别是民营经济的壮大，浙江经济重型化的趋势十分明显。伴随着经济结构的重型化，能源原材料消耗增大，一次能源消耗量快速增长，能源供应和节能降耗的任务十分艰巨。

1.工业化和城市化进程

(1)工业化进展

浙江是我国东部沿海的一个省份，国土面积10.6万平方千米，人口

4600万,自然资源相对贫乏,在改革开放前,区域经济的发展水平长期居于国内中游。改革开放以后,浙江省凭借其率先改革开放带来的体制创新优势,区域经济发展和城市化进程十分迅速,国内生产总值从1978年的124亿元猛增到2004年的11240亿元,连续八年位居国内各省、市、自治区的第四位。近年来,浙江省的经济发展仍然保持着高速增长的势头,成为国内外关注的焦点,"浙江模式"由此声名鹊起。

在浙江现代化进程中,工业的发展起到了至关重要的作用,其主要标志是经济总量的增长和工业在GDP中的比重不断增加。从第一个五年计划起至2004年,浙江省的GDP总量增加到了1952年的78倍(1952年不变价,见图10-8)。与此对应的是浙江经济在全国也名列前茅。2004年浙江人均GDP23942元,为全国平均水平的2.39倍;城镇居民的人均可支配收入14546元,为全国平均水平的1.54倍,农村居民人均纯收入6096元,是全国的2.08倍,从业人员中非农业部门的比重为72.4%,高出全国20多个百分点。

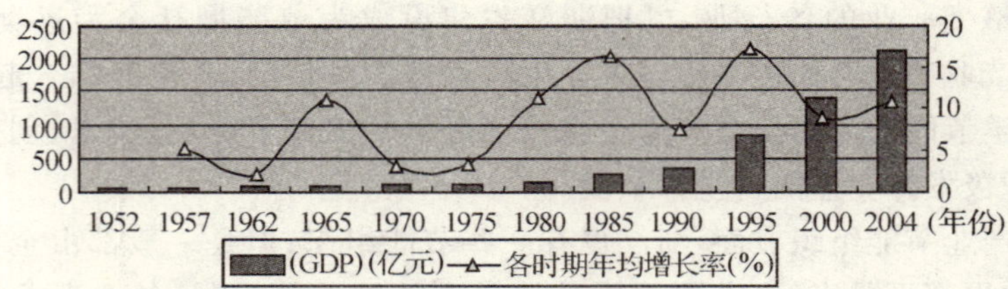

图10-8　浙江省经济总量增长(1952年不变价)

从浙江产业结构的演进来看,以工业为主导的第二产业发展迅速,在GDP中的比重不断上升,同时第一产业迅速下降,而第三产业在稳定中保持增长态势(见图10-9)。

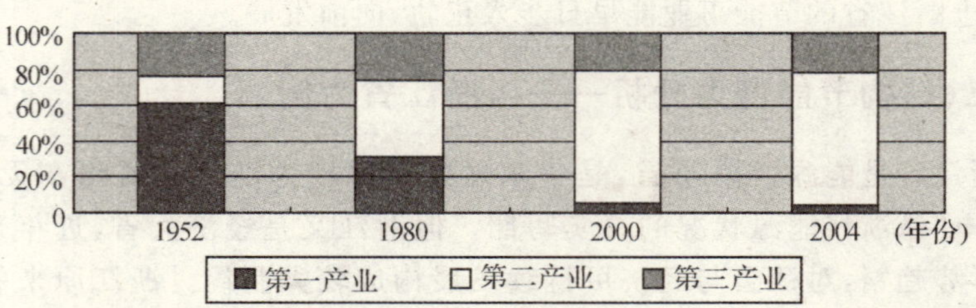

图10-9　浙江省产业结构变化(1952年不变价)

根据浙江经济在不同历史时期的发展轨迹,其工业化的进程大致可以分为三个基本的发育阶段。

①低速发展阶段(1952—1975)。由于受自然和人为因素的影响,这一时期的发展呈现出较大的波动性。除"调整"的短暂时期内有超过10%的增

长速度外，其余时期的经济递增率都在8%以下，总体上是呈现出低速发展的态势。

②高速发展阶段(1976—1995)。"文革"结束后，我国实行改革开放，全国经济发展迅速，浙江作为沿海开放地区，经济发展也十分迅速，呈现高速发展的态势，除了"五五"计划期间递增率为12.64%外，"六五"、"七五"和"八五"计划期间都在15%以上，"七五"甚至超过了20%(见表10-2)。

表10-2　浙江省GDP增长变化(1952—2004，按照五年计划时期)

时　期	年　份	递增率(%)	时　期	年　份	递增率(%)
"一五"	1952—1957	5.46	"六五"	1981—1985	16.16
"二五"	1958—1962	2.21	"七五"	1985—1990	7.76
"调整"	1963—1965	11.47	"八五"	1990—1995	17.32
"三五"	1966—1970	3.67	"九五"	1996—2000	9.14
"四五"	1971—1975	3.81	"十五"	2001—2004	10.04
"五五"	1976—1980	11.56	快速发育阶段	1981—2004	12.11
初期发育阶段	1952—1980	5.95			

注："十五"时期缺少2005年统计数据

③稳定发展阶段(1996—2004)。在经历了20世纪后20年的经济高速增长后，浙江经济进入相对稳定发展的阶段，经济的增长速度有所下降，但在总体上仍然保持较高的增长速度，基本保持在10%左右。

(2)城镇化进程新中国成立以来，浙江城镇化的发展过程，大体可划分为以下三个阶段：

①缓慢发展和起伏波动阶段(1952—1965)。第一个五年计划期间，伴随着国民经济的逐步恢复与发展，城镇人口平均每年增长速度快于全省总人口的增长速度。城镇化水平由1952年的14.98%上升到1957年的18.5%。1958—1965年，受国民经济大起大落的影响，城镇化进程表现为城镇人口占总人口比重的降低。城镇化率也由1957年的18.5%下降到1965年14.52%。其中1961—1965年，由于经济调整，停建、缓建了一大批建设项目，同时大力精简城镇人口，充实农业第一线，导致城镇人口连续五年出现负增长。

②城镇化进程处于徘徊停滞阶段(1966—1977)。由于"文革"的影响，国民经济发展遭受严重挫折，同时由于知识青年上山下乡，城市人口迁出大于迁入，城镇化水平在12年中大多徘徊在14%左右，最低年份的1975年只有13.77%，竟然倒退到1952年以前的水平。

③城镇化进入快速发展阶段(1978—2004)。由于实行改革开放政策，

浙江的工业化进程加速发展，为城镇化发展奠定了坚实的基础。同时，相关政策的调整使得撤县建市、撤乡扩镇高潮迭起，城镇数目急剧增加，加上各类开发区的竞相建设更是带动了原有城镇的扩张。所有这些，都促进了浙江城镇化进程的快速发展。到2004年浙江的城镇化率已经超过50%（见表10-3、图10-10）。

表 10-3 浙江省城镇化发展（1952—2004）

	总人口（万人）	城镇人口（万人）	城镇化率（%）	增 幅
1952	2325.2	348.2	14.98	—
1980	3298.1	563.4	17.08	2.1
2004	4892.4	2572.5	52.58	35.5

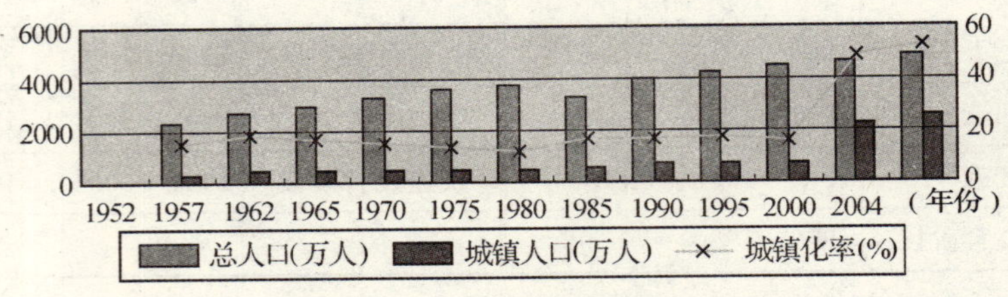

图 10-10 浙江省人口规模及其城镇化发展

2.能源消费总体特征

浙江在新中国成立初期，经济总量小，对能源的消费量也不是很高。20世纪50年代初期一次能源消费总量只有30万吨左右，到1957年也没有超过100万吨的大关。20世纪60年代以后，能源消费增长较快，到1962年能源消费量已经超过200万吨，达到256万吨，1970年大致为500万吨。到了80年代，消费量突破1000万吨，1985年达到近1500万吨，1990年超过了2000万吨，2000年接近5000万吨，到了2004年消费量更是超过了8000万吨（见图10-11）。

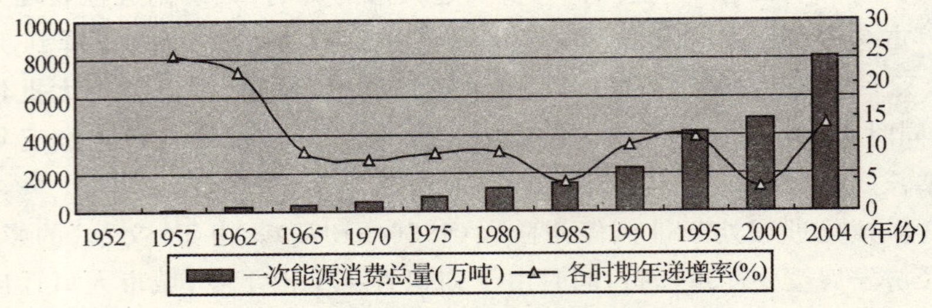

图10-11 浙江省一次能源消费总量及增长

能源消费与经济发展密切相关。从浙江一次能源消费与经济总量相关分析中可以很清楚地看到这一点（见图10-12），两者的相关系数达到

0.9791。根据浙江能源消费总量的变化态势，其变化过程可以大致分为两个增长阶段。

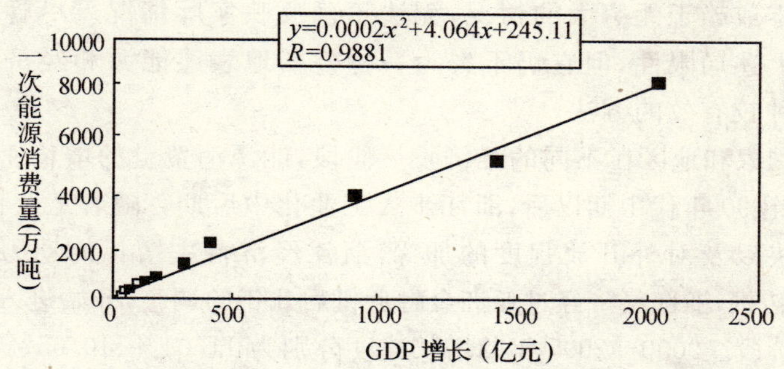

图 10-12　浙江省一次能源消费和经济总量增长的相关分析(1952—2004)

①高增速、低增幅阶段(1952—1980)。这一阶段消费总量变化的特征是递增水平高，增长幅度小。由于基数较小，尽管这一阶段的年递增水平超过10%，但总量的增长并不是很多，年净增的幅度只有约 41 万吨(见表 10-4)。

表 10-4　浙江省一次能源消费总量增长变化(1952—2004，分阶段)

阶　段	年递增水平(%)	年净增水平(万吨)
高增速、低增幅阶段(1952—1980)	13.91	40.89
低增速、高增幅阶段(1981—2004)	8.40	289.73

②低增速、高增幅阶段(1981—2004)。随着改革开放和经济的高速发展，能源的消费也呈现较高的增长。与第一阶段有所不同，这一时期的年递增率有所降低，年递增水平仅为 8.40%，但每年的净增幅度却高达约 290 万吨。

从不同时期能源消费和经济总量的变动情况来看，经济的波动要大于能源消费的波动。但不同时期两者呈交替波动的状态。

根据标准偏差计算，在浙江省整个现代化发育过程中，一次能源消费量增幅标准偏差为 6.63，经济总量增幅的标准偏差为 7.07。若按照改革前后两个时期划分：1952—1980 年，一次能源消费量增幅的标准偏差为 7.57，经济总量增幅的标准偏差为 5.35，能源消费的波动要大于经济总量；1981—2004 年，一次能源消费增幅的标准偏差为 5.30，经济总量增幅的标准偏差为 6.16，在这一阶段，经济总量的波动大于能源消费的波动。

3.单位产出能耗变化

能源弹性系数本身所具有的一个特点是，它的数值变化范围很宽，可以在无穷大和负无穷大之间变动。并且当能源消费的相对增长量或国民经济相对增长量中某一个值保持不变或变化幅度很小时，会出现弹性系数绝对值接近于零或趋于无穷大的情况，无法正确反映实际情况。尽管弹性系数指标存在上述局限性，但它仍不失为一种概括地表述能源和经济动态发展关系的一种较有效的方法。

任何国家和地区在不同的经济发展阶段，能源消费量的增长速度是不同的。20 世纪 90 年代中期以后，浙江步入工业化中后期。随着工业化、城市化进程的加快以及对外开放程度的加深，浙江经济自主增长的动力增强。以 2000 年为转折，浙江经济经过亚洲金融危机后几年的调整，开始进入新一轮周期的上升阶段。2000－2005 年的增长速度分别为 11.04%、10.65%、12.64%、14.7%、14.48%和 12.78%，并且 2003 的增长速度达到 1996 年来的最高。在经济高速增长的带动下，能源消耗比往年明显扩大。就电力消费来说，2000—2005 年的电力消费弹性系数分别为 1.94、1.42、1.49、1.50、1.00、1.23，再加上 1999 年(1.29)，电力消费弹性系数已连续六年超过 1。从未来看，浙江经济在 21 世纪的头二十年里还将保持较快发展。从国际经验分析，处在工业化加速阶段的国家和地区，电力消费增长率超过经济增长率是比较普遍的现象。在人均耗电量 1000～4500 千瓦时这一阶段，普遍存在"十年倍增"的特点，其后增长速度则会出现减弱趋势。浙江省人均耗电量 1995 年达到 1000 千瓦时，2002 年超过 2000 千瓦时，2004 年超过 3000 千瓦时。浙江已经进入电力消费弹性系数大于 1 的阶段，并将在一段很长的时间内保持电力消费系数大于 1，所以说经济发展一定要有电力先行和超前增长的概念，这是对浙江电力消费弹性系数变动已经进入了一个新阶段的逻辑判断。

单位 GDP 能耗和电耗水平是综合反映能源经济效益与社会发展的主要指标。《2005 年各省、自治区、直辖市单位 GDP 能耗等指标公报》数据显示，2005 年全国万元 GDP 能耗为 1.22 吨标准煤(统计数据以 2005 年价为准)，万元 GDP 电耗为 1358.5 千瓦时，万元工业增加值能耗为 2.59 吨标准煤。

2005 年浙江省万元 GDP 能耗指标为 0.9 吨标准煤，列全国各省(市、自治区)第四位(前三位分别是广东 0.79、北京 0.8 和上海 0.88)；万元工业增加值能耗指标为 1.49 吨标准煤，列全国各省(市、自治区)第五位(前四位分别是广东 1.08、上海 1.18、天津 1.45 和福建 1.45)；万元 GDP 电耗为 1222.2 千瓦时，列全国各省(市、自治区)第 17 位。

公报显示，单位 GDP 能耗、电耗以及万元工业增加值能耗，整体呈现出明显的从东往西逐步递增并拉大的趋势，这也反映出发达省份的单位 GDP 能耗降低的空间已经不大。2005 年单位 GDP 能耗最低的前四名分别为广东、北京、上海和浙江，单位 GDP 能耗最高的为内蒙、青海、贵州和宁夏，万元 GDP 分别消耗了 2.48、3.07、3.25 和 4.14 吨标准煤。

国民经济能耗强度和国民经济电耗强度是综合反映能源利用效率的主要指标之一。2004 年，全省国民经济能耗强度（即万元 GDP 综合能耗）为 0.79 吨标准煤/万元，比 2003 年下降 4.8%（增幅按可比数据计算，下同），并呈逐年下降态势。浙江省国民经济电耗强度（即万元 GDP 综合电耗）为 1219 千瓦时/万元，比 2003 年下降 4.3%，但总体上呈逐年上升态势，特别是“十五”时期前三年的平均电耗强度比“九五”时期的平均电耗强度高 13.2%，国民经济能耗强度的下降表明能源利用水平不断提高，电耗强度呈上升态势体现国民经济发展与电力供应关系日趋紧密（见表 10-5）。

表 10-5　浙江省国民经济能耗强度、工业能耗强度和电耗强度

项目＼年份	1996	1997	1998	1999	2000	2001	2002	2003	2004
能耗强度（吨标准煤/万元）	1.11	0.98	1.01	1.00	0.97	0.95	0.92	0.86	0.79
工业能耗强度（吨标准煤/万元）	1.28	1.17	1.09	1.05	1.05	1.05	1.02	0.95	0.87
电耗强度（千瓦时/万元）	1156	1103	1103	1140	1231	1267	1303	1320	1219

浙江省是经济强省，产业结构尚处于制造业为主的阶段，生产方式也未能摆脱高耗能、高污染的特征，近年来屡遭环境、资源等“瓶颈”制约。2005 年，浙江省单位 GDP 综合能耗和水耗为 1.08 吨/万元和 150 吨/万元，分别为全国平均水平的 70% 和 50% 左右。2005 年，浙江省单位 GDP 能耗为 0.90 吨/万元，低于全国平均水平，位列全国第四，浙江省 1952—2004 年单位 GDP 能耗年增幅变化见表 10-6。虽然这一数据在全国排位靠前，但国际上成熟经济体的这一数字，基本上在 0.14～0.38；与我国发展阶段相当的巴西和印度，其单位能耗也远低于我国。

表 10-6　浙江省单位 GDP 能耗年增幅变化（1952—2004）

时期	“一五” 1952—1957	“二五” 1958—1962	“调整” 1963—1965	“三五” 1966—1970	“四五” 1971—1975	“五五” 1976—1980	“六五” 1981—1985	“七五” 1986—1990	“八五” 1991—1995	“九五” 1996—2000	“十五” 2001—2004
增幅（%）	18.53	19.71	−2.04	4.56	4.66	−2.09	−9.7	2.21	−5.12	−5.26	3.2

单位 GDP 能耗数值的高低，并不完全与节能降耗水平呈正相关。在浙江省部分地区，一些重点耗能企业的技术节能水平在国内同行业中尚属先进，但由于工业重型化趋势明显，能耗总量很难降低。因此，通过调整产业结构、加强节能技术改造和节能管理来降低各行业“单耗”，从而实现节能目标。即使在工业结构轻型化特征明显的地区，用高科技来改造传统制造业也是刻不容缓的事情，否则，浙江“十一五”节能目标就很难完成。

4. 节能潜力分析

由于浙江的一次能源消费弹性系数的波动过大（最大值超过 100，最小值为负值)，难以有效解释单位 GDP 能耗的变化情况。为此，我们引入结构演进—能源消费关联和结构演进—单位能耗关联两个基本模型来把握和分析浙江省能耗变化的原因，判断节能的潜力。

(1)初步结果分析

根据结构演进—能源消费关联模型，对浙江过去的能源消费和产业结构演进进行的分析结果表明：

第一，模型函数中的高相关性($R^2=0.9783$，见图 10-13)显示，浙江省的产业结构演进与一次能源消费之间存在极其密切的关联特征。

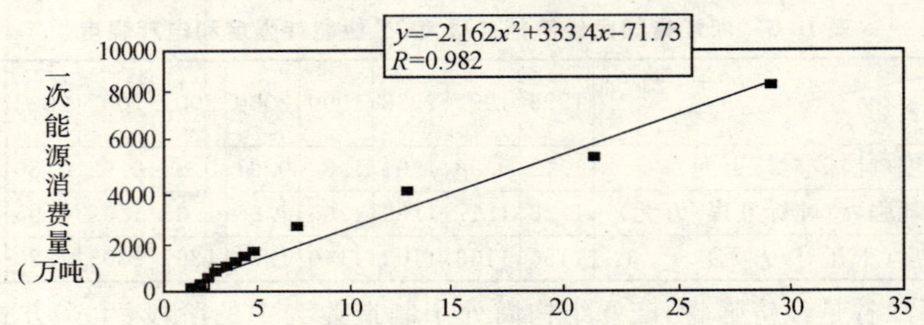

图 10-13 浙江省产业结构演进与能源消费关联模型分析(1952—2004)

第二，模型函数二次项系数是负数，表明浙江随着产业结构的演进，一次能源消费总量在总体上呈现上升的趋势，这与一般省区的情况不太相同，这其中的原因需要认真加以分析。

通常认为，浙江是以轻纺为主的轻型工业结构。但随着经济的发展和产业结构的演进，浙江的产业结构也不是一成不变的，重工业比重上升是客观的趋势。从工业内部结构看，新中国成立以来，浙江轻工业发展经历由高到低再到高再到低的过程，1950 年浙江轻工业占全部工业的 89.67%，1978 年下降到 60.19%，以后逐渐恢复，1990 年达到 65.2%，确立了轻纺大省的优势。后来这一优势虽然得到不断强化，但比重却在逐步下降，1995 年下降到 62.73%，2000 年下降到 54.12%，2003 年下降到 51.73%。相应的，重工业比重则由 1980 年的 37.63%上升到 2003 年的 48.27%，23 年间上升了 10 多个百分点，而且这种上升势头还在延续。如近年来，浙江抓住国际重化工业转移的机遇，吸引北仑台塑项目、“日本帝人”PC 项目等一大批重化工业项目。浙江近年来实施的以宁波为中心，舟山、嘉兴为两翼的环杭州湾 L 型临港工业带，建设石化、钢铁、汽车、造纸、机电、修造船、能源以及水产品深加工等八大基地，加速工业结构重型化。应该说，浙江能源消费和结构演进的特点与工业结构变化存在一定的关联。

为了进一步揭示浙江经济发展和一次能源消费增长两者间的相互作用规律，我们引入结构演进—单位能耗关联分析，并分阶段加以分析。

结构演进—单位能耗关联模型的分析结果表明：

第一，与结构演进—能耗消费模型的分析结果相同，在过去的五十余年的经济发展和现代化进程中，浙江的单位 GDP 能耗存在着随产业结构演进由高到低的变化过程。但单位 GDP 能耗与产业结构演进之间的相关性(相关系数 $R^2=0.1063$)，要远远低于结构演进与一次能源消费两者之间的相关性(见图 10-14(a))。

第二，分阶段的结构演进—单位能耗模型分析显示，在 1952—1980 年，呈现出单位 GDP 能耗由低到高再到低的走势，但在总体上看，这一时期总趋势是单位 GDP 能耗呈上升的态势(见图 10-14(b))。

第三，1980 年以后，浙江的单位 GDP 能耗由高向低的趋势十分明显(见图 10-14(c))。

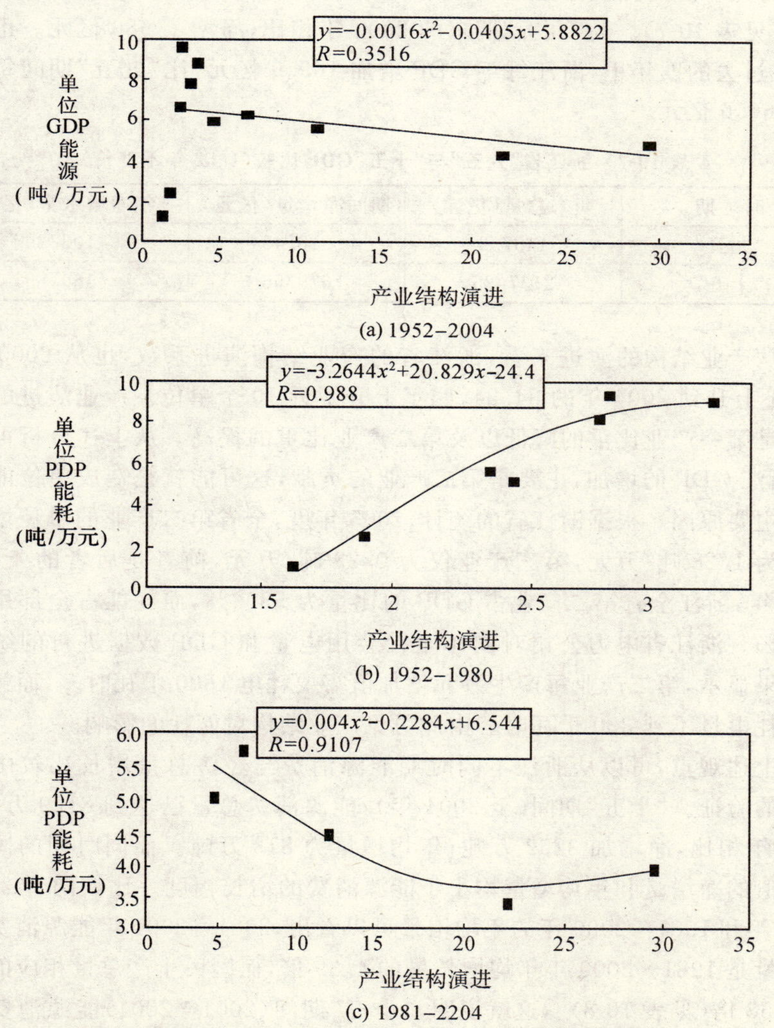

图 10-14 浙江省产业结构演进—单位能耗关联模型分析

第四，根据上述分析，我们得出的基本结论是：从20世纪70年代中后期开始，浙江的产业结构逐步走向成熟。从1981—2004年，大致上产业结构演进系数每增加1个单位，单位GDP能耗就相应的下降0.18吨/万元。

(2)“十五”期间的能源消费分析

“十五”期间，在浙江省的经济发展和现代化进程中具有承上启下、继往开来的作用。认真分析这一时期的能源消费特征，特别是单位GDP能耗增幅呈上升的趋势(平均增幅为3.20%)，为“五五”以来的第二个单位能耗呈上升的时期(“七五”期间也是单位能耗增加，但增幅只有2.20%)，来说明在外界环境没有大的改变的情况下，浙江省的能耗不降反升的情况。

首先从经济方面来进行分析。2004年浙江国民生产总值达到了2137亿元(见表10-7)。与“九五”期末的2000年相比，净增了680亿元。也就是说，在过去的四年里，浙江每年GDP增加169.9亿元，比“九五”期间每年多增加66.6亿元。

表10-7 浙江省“九五”与“十五”GDP比较(1952年不变价)

时　期	期末总量(亿元)	期间净增量(亿元)	年净增水平(亿元)
“九五”	1457.8	516.45	103.29
“十五”	2137.36	679.56	169.89

从产业结构的演进来看，浙江省的产业结构演进系数，也从2000年的24.94上升到2004年的34.24，四年上升了近10个单位。产业演进的主要贡献是第一产业比重的降低以及第二产业比重的提高。从上述分析可以看出，浙江GDP的增加，主要是第二产业的贡献，这可能就是造成单位能耗增加的主要原因。根据浙江省的统计，2005年度，全省第二产业的单位增加值能耗为1.28吨/万元，第三产业仅为0.29吨/万元，前者是后者的4倍多。2005年，浙江全省第二产业占GDP的比重为53.2%，而耗能占全部用能的75.9%。浙江省电力公司对同年全社会用电量和GDP数据进行的统计计算结果显示，第二产业每产生万元增加值需要耗电1800千瓦时多，而第三产业的耗电量不到300千瓦时。由此可见产业结构对能耗的影响。

上述观点，可以从浙江不同时期能源消费与经济总量增长比较中得到很好的验证。“十五”期间(至2004年)，能源消费总量已达到8129万吨，与2000年相比，净增加3252万吨，年均增量为813万吨。而同时期的国民生产总值的净增量和年均增量均小于能源消费的增长幅度。比较两者2001—2004年和1981—2000年的年均增量可以看出，2001—2004年能源消费年均增长量是1981—2000年年均增长量的4.39倍，而国民生产总量相应的值只有2.58倍(见表10-8)。这就说明，“十五”期间(2001—2004)能源消费的增长快于国民生产总值的增长幅度，导致单位GDP能耗呈上升趋势。

表 10-8　浙江省能源消耗与经济总量增长比较

项　目	1981—2004 年		1981—2004 年		增长倍数 (b/a)
	净增量	年均增量(a)	净增量	年均增量(b)	
一次能源消费量(万吨)	3701.6	185.1	3251.9	813	4.39
国民生产总值(亿元)	1319.97	69.85	679.56	169.89	2.43

2004 年，按可比价格计算，浙江省的万元生产总值综和能耗比上年有所下降，全社会综合节约能源 33 万吨。随着全省总体用能水平与工业能源利用效率的逐年提高，政府与广大用能企业乃至全社会节能工作力度加大，直接节能效率较为明显。据对浙江全省七大重点耗能行业 22 种主要用能(用电)产品单位能耗(电耗)的分析和测算，其中 14 种产品单位能耗比上年有不同程度的下降，全年直接节约能源 280 万吨，相当于 2004 年新增用能总量 1123 万吨的 1/4，直接节约能源价值约为 18 亿元。相当于减少二氧化碳排放 224 万吨(按碳当量计)、减少二氧化硫排放 5.4 万吨，节约能源对改善环境的社会综合效益也相应显现出来。

(3)未来趋势分析

2004 年，全省万元 GDP 能耗为 0.79 吨标准煤/万元，按可比价格计算，比 2003 年下降 3.1 千克标准煤，节能率为 0.4%，但比 2003 年下降 0.14 个百分点，同比节约和少用能源 33.3 万吨标准煤。从节能率变化情况看，节能水平提高明显减缓，与“九五”期间和“十五”前三年的年平均节能率 4.6%和 1.6%的差距较大。出现这一现象的主要原因，一是能源消费优质化不断发展，消费结构发生较大变化，特别是城乡居民生活对优质能源消费的快速增长；二是工业用能的持续高位增长，尤其是重化工业和基础原材料工业的快速增长。但随着终端能源消费结构的优化和节能工作的加强，尤其是高新技术产业发展加速，重点用能行业的工艺、产品结构调整加快，重点用能企业管理加强，都将有效促进全省能源利用效率的提高。

工业企业既是全省的能耗大户，又是体现能源利用和节约水平的主要载体。2004 年，全省工业企业万元增加值综合能耗为 0.87 吨标准煤，按可比价计算，比 2003 年下降 15.9 千克标准煤，比 2003 年节约和少用 81.5 标准煤，节能率为 1.7%。万元工业增加值综合能耗 1995 年和 2000 年比较，分别下降 36.1%和 7.5%。

规模以上工业企业是工业企业能源消费的主体。2004 年，全省规模以上工业企业能耗总量占全部工业企业的 94.4%。从规模以上工业企业的各行业大类看，34 个行业大类(因采掘业中各行业能源消费量不大，不再分类)中，有 26 个行业的能耗水平比 2003 年有不同程度下降，其中绝大部分能耗比重较大行业的万元产值综合能耗水平比2003年下降，特别是电力、热力的生产和供应业、非金属矿物制品业、纺织业、化学原料及化学制品制造业和石油加工、炼焦及核燃料加工等行业的万元产值综合能耗有较大幅度降低。

随着工业化和城镇化的加速，浙江在未来一段时期内能源消费总量还将呈较快增长的势头。浙江近三年的能源消费增速均在10个百分点以上，2003年全省能源消费总量为9523万吨，比上年增长15.0%；2004年能源消费总量达10825万吨，比上年增长13.6%；2005年能源消费总量达12032万吨，比上年增长11.2%，其中消费煤炭9680.8万吨（原煤与洗精煤）、电力1642.3亿千瓦时、石油制品1931.9万吨（国家统计局浙江调查总队，2006）。煤、电、油三大常规能源消费与上年相比，增幅分别为10.7%、15.7%和7.3%。近年来浙江能源消费尽管增速有所回落，但总量的扩大有目共睹。

事实上，从一些产业的单耗水平来看，浙江与发达国家的差距正在逐步缩小，而造成能源使用效率较大差距的原因，主要在于产业结构。2001—2005年浙江能源消费弹性系数分别为：0.99、1.12、1.02、0.94、0.87，平均比“九五”时期上升73.7%，高耗能部门在国民生产总值增加值中占有较大的比例。浙江要大力发展低能耗、高效益的现代服务业，提高其在国民经济中的比重，加快发展高新技术产业，广泛采用先进、适用节能技术和信息技术改造高耗能的传统工业行业和企业，推行清洁生产，减量、循环、高效利用能源资源，提高能源利用效率。

根据浙江2005年的能源与利用白皮书的数据，浙江省能源利用效率有所提高，而单位GDP能耗有所下降：全省能源利用效率为36%，比“九五”初提高了4个百分点，比全国平均水平高出约3个百分点；2005年，浙江单位GDP能耗比上年降低1.4%，节能177万吨。而单位能耗的产出，单位电力产出略有下降：2005年，浙江省每千克标准煤产出GDP为11.17元，比上年上升1.4%。每千瓦时耗电产出GDP为8.18元，比上年略有下降。

5.初步结论

从浙江经济发展和经济结构的演变来看，未来第二产业在GDP中的比重仍将维持较高水平，单位GDP能耗下降的主要贡献，更多的是技术水平和工艺水平的提高所带来的，结构演进的贡献并不十分明显。从这个角度看，加快产业和产品结构调整，降低产品能耗和产值能耗，具有较大的潜力。

在节能之外，开发风力发电、潮汐发电和太阳能利用等“绿色能源”，应成为解决能源问题降低能耗的重要手段。浙江地处东南沿海风能带，海岸线长达1800千米，大小岛屿星罗密布，多数海岛平均风速达到5米/秒，年平均有效风速时数在6000小时以上，相当于每天可发电16小时，陆地上潜在的风电装机容量可达100万千瓦以上。

在做好生产领域节能降耗的同时，也要十分重视生活用能的节约。因为生活用能是消费性耗能,不产生 GDP。也就是说,在单位 GDP 综合能耗中,生活用能是唯一不增加分母、只增加分子数值的指标,因此对能耗值的影响尤为明显。而浙江省生活用能的比值近年来呈现逐年递增的趋势,2006 年已占到全省全部用能的 8.6%。随着人们未来生活水平的进一步提高,生活用能的比重还会进一步提高。因此,降低生活用能也是降低总能耗和单位 GDP 能耗的重要组成部分。

第五节 转变政府节能管理职能,促进浙江能源节约

一、政府节能管理职能转变是社会主义市场经济的客观要求

国际上数十年的节能实践经验表明,节能需要政府的适当介入和推动,这包括设立健全的政府节能职能机构,建立有效的节能管理手段,适当行使节能管理职能。1980 年起,我国政府开始积极介入节能领域,中央和地方政府自上而下地逐步建立起节能职能机构,行使节能管理职能;国有大、中型企业设有能源管理机构,或设有专人负责节能管理。20 世纪 80 年代和 90 年代初,这一堪称世界上最庞大的节能行政体系有力地行使了节能管理职能,我国取得的显著节能成效为世界所瞩目。这一时期我国的节能职能机构所行使的主要是直接干预式的、行政计划和指令式的节能管理职能,这在当时的计划经济条件下大体上是有效的。

20 世纪 90 年代中期起,经过十来年的努力,我国已初步建立起社会主义市场经济体系。在国民经济的各个领域,市场对资源的配置作用和效率已较明显。在节能领域,一方面,市场对节能的推动作用开始显现;另一方面,原有的计划经济时期建立的节能行政手段大多逐步失去了效力,政府对节能的推动作用趋弱。这一时期里,虽然政府节能管理机构和职能有所调整,在探索建立新的节能管理手段方面也有不少有益的尝试,但与经济体制的转变相比,政府节能管理体制的转变却显滞后。因此,适应社会主义市场经济条件,改革政府节能管理体制,转变政府节能管理职能,有效发挥政府对节能的推动作用,已然是一种现实需要和客观要求。

二、新发展背景下需要加快政府节能管理职能转变

新的世纪里,国家发展背景发生了重大变化,其中最显著的两点,一是加入 WTO,二是全面建设小康社会已被确立为国家长远发展目标。在新的

国家发展背景下，节能的战略地位更为突出，但节能所面临的形势也更为严峻，这要求政府在推动节能方面发挥更大的作用。无论是为应对 WTO 所带来的挑战，还是从促进全面小康社会建设目标实现的战略高度考虑，都需要加快政府节能管理体制的改革和节能管理职能的转变。

(1)加入 WTO 后，我国经济已直接成为经济全球化的一个重要组成部分，国际竞争将更为激烈。这种竞争，主要表现为企业之间的竞争，同时也对政府管理方式、机制、职能和效率提出了更高的要求。政府作为决定一国竞争力的基本要素之一，已被列为评估国家竞争力的一个重要指标，这已被各国政府所认同。节能是降低成本、提高效益、提升国家竞争力的重要途径，特别是对在国民经济中占有相当重要地位的传统高耗能产业来说更是如此。但节能离不开政府的推动，政府宏观经济政策影响到企业和社会能源利用的经济效率；政府科技政策影响到能源、节能技术的投入与创新能力；政府对企业和市场的基本态度决定了包括能源在内的经济资源配置的效率。这些说明了政府在推动节能中的重要性以及为应对 WTO 所带来的挑战而进一步改革和完善政府节能管理体制和职能的必要性和迫切性。政府要了解目前节能行政管理体制和职能存在的不足和困境，要立足全球经济竞争，加快政府节能管理职能的转变，加强政府节能工作力度。

(2)加快政府节能管理职能的转变也是实现全面建设小康社会这一宏伟目标的战略需要。要实现 2020 年经济翻两番，能源是不可或缺的物质保障。然而，来自各方面的综合信息表明，由于国内能源资源禀赋和条件，仅靠能源开发，国内无法提供全面建设小康社会所需要的能源保障，石油供需缺口尤大。国际能源市场则历来存在许多不确定性，若过分依赖国际能源市场，国家能源安全将难以保障。总而言之，不建立节能型工业、节能型社会，我国的能源问题基本上难以解决。因此，强化节能成为弥补中长期能源供应潜在短缺、保障国家能源安全、改善生态环境、促进全面建设小康社会这一目标顺利实现的必然选择。有关我国 2020 年能源需求情景的研究表明，若强化节能、优化能源供应结构等多种政策措施到位并有效付诸实施，则可将 2020 年潜在能源需求减少 8 亿吨标准煤，其中强化节能的贡献度估计在 50%以上。然而，要做到这一点并非易事，需要政府多方面的工作。在节能方面，政府既要顾及现在，也要着眼长远和未来，充分发挥对节能的推动作用，以节能促进全面建设小康社会的建设。

三、政府节能管理职能转变的要点

政府节能管理职能的转变应遵循确定的原则。在市场经济国家里，尽管在推动节能的具体做法上因国家不同而有所差别，但在介入节能事务、行使节能管理职能上大体遵循相同的原则，即最大限度地发挥市场节能机制的作用；政府的基本作用是对市场进行规范和引导；只有在市场机制失灵或无法保障社会和公众的总体和长远利益时，政府才对市场进行直接干预。在社会主义市场经济条件下，这一原则基本上也适用于浙江省。从这一原则出发考虑我国政府节能管理职能转变，有以下几方面借鉴作用。

第一，市场经济条件下政府节能管理职能的转变是转化而非弱化。

社会主义市场经济条件下，政府节能管理职能的转变不是要弱化政府的节能管理职能，而是要进行适当的转化，是由计划经济条件下的政府节能管理职能向市场经济体制下的政府节能管理职能转变。从市场经济国家的节能管理经验来看，弱化一部分节能行政管理权，还需要强化另一部分节能行政管理权，例如弱化与节能有关的公共政策方面的管理权，减少对经济部门和产业的节能行政调控权的同时，必须强化其节能法规监督权。在社会主义市场经济的初级阶段，市场环境还有待进一步完善，法律、法规还不尽健全，社会对政府节能管理的需求不是减少了，而是更强了，只不过对政府节能管理方式的要求发生了变化。

第二，政府节能管理模式要由全能型向有限型转变。

在市场经济国家里，政府节能管理的首要职责是发展和维护节能市场，让市场机制在尽可能多的节能领域和范围发挥作用。在市场起作用的地方，政府一般不介入。这样做的理由有三，第一，节能本应由企业和社会为主担负，而不应由政府自己扛起来；第二，政府不是万能的，其所拥有的节能资源是有限的，政府即使想包管所有节能事务，显然也是力不从心的；第三，也是主要的理由，即市场配置节能资源的效率要优于政府配置节能资源的效率。基于此，近些年来国际节能的一个显著动态是市场转型，谋求建立长期起作用的、可持续的节能市场，这已成为许多市场经济国家为之努力的目标。

我国尚处于市场经济的初级阶段，与其他市场相比，节能市场的成长比较缓慢，节能规模还非常小，节能市场的发展具有巨大的潜力和空间。虽然市场对节能的推动作用已逐步显现，但其作用领域和范围都还很有限。政府节能管理职能的转变，首要应着眼于培养节能市场，促进节能市场发展，尽快让市场在尽可能多的领域和范围发挥作用。

政府节能职能部门要转变思维和观念，要努力克服主导节能、直接干预节能的做法，由全能型的节能管理模式向有限型节能管理模式转变，有所为有所不为，将政府有限的节能资源集中投入发展节能市场和建立市场节能机制上。一旦节能市场在具体的节能领域和范围建立起来并发挥作用，政府要适时择机退出，将所掌握的宝贵节能资源转而投入发展新的节能市场。如此才能提高政府节能管理的工作效率，才能使政府所拥有的节能资源发挥较好的节能推动作用。

第三,政府节能管理方式要由直接介入式向间接介入式转变。

在计划经济体制时期,国有企业是国民经济的主体,也是政府节能管理的重点对象。当时节能资源几乎完全为政府掌控,政府与国有企业的关系是所谓的“父子”关系,政府节能管理的方式基本上是直接介入式的,在当时也是比较有效的。而在社会主义市场经济条件下,政府与企业已逐步脱钩,市场经济的主体是企业,政府与企业的关系逐步演变为所谓的“交警与司机”关系,政府所拥有的节能资源也有限。在这种情况下,虽然政府时有对企业进行直接介入式的节能管理,但在新的政企关系下政府对企业节能进行直接管理显然不妥,同时也力不从心。可以说,直接介入式的节能管理方式基本上走到了尽头,必须代之以适当而有效的间接介入式的节能管理方式。

事实上,市场经济国家基本上采取的是间接介入式的节能管理方式,具体的是“胡萝卜+大棒”,“胡萝卜”自然是适当的经济激励,但“大棒”不是行政处罚或处理,而是具有强制效力的法律、法规、标准、规范等。政府节能职能部门不宜对直接介入式的节能管理方式仍有依恋,要加快向间接介入式的节能管理方式转变,不是从直接到间接的简单意义上的概念化,要重在发展和维护节能市场。首先,要建立和强化价格、税收、投资和担保等方面的适当而稳定的节能经济激励机制和方式,引导和促进节能市场的发展。其次,要加快建立和完善相关的法律、法规、标准、规范,加强节能执法和监督,为节能市场的良性发展和快速成长提供规则上的保障。此外,要借鉴国际上的相关经验,积极探索和建立与社会主义市场经济相容的政府与企业之间的新型节能合作伙伴关系,如国际上新近发展起来的政府和企业之间签订节能“自愿协议”的方式就值得借鉴。只有实现节能管理方式的转变,政府才能有效地推动节能,达到对企业和社会节能进行有效管理的目的。

第四,政府节能管理的价值取向要从管制性向服务性转变。

政府本是为社会提供公共服务的部门,在市场经济比较发达的一些国家,政府是列入第三产业的,属于广义的服务行业的范畴。我国在计划经济体制时期,政府对企业的“管理”得到了相当的强化。在市场化改革已推行了多年、社会主义市场经济秩序已经初步建立的今天,从整体上看政府节能管理的价值取向并没有从以往的惯性中完全纠正过来。政府节能职能部门要接纳以服务为宗旨的节能管理价值取向,在市场经济条件下的新型政企关系框架内,从对节能资源的控制转到为企业和社会节能提供服务上来。

政府对企业和社会的节能服务,首先是维护正常的、良性的节能市场秩序,如打击假冒伪劣节能产品的制造和销售等,以维护节能市场的公平性。其次,节能信息服务是政府对企业和社会节能服务的一项重要内容,要建立起覆盖全省的、可满足不同群体和个人节能信息需要的、比较完善的节能信息传播体系，通过各种可行的渠道，采取多种多样的形式，向企业和社会提供节能法律、法规、政策、标准、规范、节能科普知识等内容广泛的节能信息服务，通过有效的信息传播来引导和促进企业和社会节能。此外，政府要发展和加强与节能科研机构、行业协会、节能技术和服务机构等的合作伙伴关系，通过他们间接地为企业和社会提供节能咨询、工程、技术、信息等内容更为广泛的服务。政府节能职能部门为企业和社会节能服务不仅要体现在成文的职能中，更是一个指导原则。我国正处于社会快速变革时期，各种新情况、新问题会不断出现。政府节能职能部门要从有利于推动节能出发，及时研究节能新情况、新问题，设法提供企业和社会节能所需的新的服务。

第六节 浙江省节能的激励和约束机制设计

能源发展战略的总方针应是“坚持开发与节约并重，把节约放在首位”。在能源开发与能源节约的关系中，节能应放在第一位。这是经济增长方式由粗放型向集约型转变的重要途径。把节能放在首位，并不意味着忽视能源开发的重要性。浙江能源发展应该走以提高能源利用经济效率为核心的发展道路，既要大力发展能源生产，又要在不断增加能源供应量的基础上厉行节约。这是一个长期的战略方针。加大节能工作力度，确立以提高能源利用率为中心、节能优先发展的战略，大力促进结构节能、科技节能和管理节能。要以《节能法》为依据，形成调整用能单位节能行为的外部机制；按照市场经济法则，建立用能单位以节能降耗、提高产品市场竞争力为目标的内部机制，促进节能步入法制化、市场化、科学化的轨道。

浙江省正处于工业化加速发展阶段，除人口、资源方面的问题外，面临着能源安全和环境保护的双重压力。广义上的节能，提高能源效率，是减少资源消耗、保护环境最有效的途径之一，也是走新型工业化道路的必然选择。节能、提高能效既是市场机制可以发挥作用的重要地方，又是“市场失灵”较多的领域，政府行为应得到加强。即使市场化程度较高的国家，若没有政府引导，市场机制也不能充分发挥节能的作用。因此，必须把节能提高到保障浙江全面建设小康社会，率先实现现代化的战略高度来认识，将节约能源与控制人口、保护环境放在同等重要的位置，采取有效措施，切实加强对节能工作的管理。

在理清浙江省节能的重点、存在的难点和主要障碍的基础上，结合浙江实际。

在确立激励和约束机制方面，本研究就激励和约束机制的设计提出以下几点建议。

一、激励机制设计

激励机制在建设资源节约型社会中的作用主要在于"推"，就是推动各市场主体，自觉地关注和参与节能，提高他们关注能源节约的内在动力和积极性。

(一)充分发挥政府这只"有形的手"在促进浙江省能源利用效率提高和能源节约中的作用

坚持"开源与节约并举，节约优先"的原则，构建以企业为主体，以市场为主导，政府、企业和社会公众参与的体系，以政策鼓励为引导，以科学创新和技术进步为途径，以发展循环经济为抓手，以节约能源和提高效率为目标，改变传统的生产方式、生活方式和消费模式，使节能成为全社会的自觉行为。

节能与环保类似，市场的作用很有限，具有公共事务的性质，必须由政府主导。这从市场经济国家政府在能源领域的管理职能和机构设置可以看得很清楚。以美国为例，美国联邦政府有9个与能源有关的机构：能源部、内政部、劳工部、司法部、运输部、联邦能源管制委员会、州际商务委员会、陆军工程兵团(内河航道修建、维护和管理)和环境保护局。这些机构的职能主要是：通过税收政策、价格管制、资源管理以及反垄断法等手段维护公平竞争；利用信贷、价格、关税、信息等工具控制总量平衡；通过能源定价、研究开发、经济激励、能源标准标识、政府采购等措施提高能源效率；政府机构节能；国家战略石油储备；制定实施法规和标准，保护环境以及职业与公众安全和健康；通过税收和转移支付提供社会保障，振兴衰退矿区；支持研究开发，促进基础研究和高风险高投入技术开发；开展信息服务，为政府以及能源供应者和消费者的投资决策提供依据。美国能源部能源效率和可再生资源局有500多人。因此，适应转向市场经济要求的政府能源管理职能的根本性转变是从依靠行政命令转向以经济手段为主。

要通过不断努力，建立完善的政府部门、用能单位能源管理体系，逐步建立和完善以政府部门为引导、用能单位为主体和中介机构为媒介的"三位一体"的全社会节能服务体系。转变政府职能，根据发达国家(国家能源机构成员国)的经验，将政府在节能领域的主要职能定位在：

(1)制定能源价格、税收等经济政策，强化市场信号，包括定价原则、价格管制、外部成本内部化、税收减免、罚款、补贴和价格优惠等。

(2)制定、实施法规和标准，促进市场良性竞争和耗能产品的市场转换。能源标准的对象主要是建筑、耗能设备和器具，以及汽车。

(3)提供信息服务,包括公众宣传、能源审计、能源标识、教育和培训。

(4)资助和鼓励研究开发,包括节能技术研究开发和示范;改进节能政策规划、标准的制定与评价的研究。

(5)促进和协调各种节能组织的活动,包括节能服务组织(设备供应、设计、咨询、融资、能源服务公司等)、公用事业和非营利性民间组织(行业协会、学会等)。

(6)政府机构自身节能。研究表明,政府(包括国防及教育等公共部门)已成为许多国家的最大能源消费者,能源支出在政府行政经费支出中占很大比重。从了解的16个国家和地区的情况看,美国、加拿大、荷兰等国要求所有政府机构都参与节能项目的实施。美国制定了白宫短期及中长期节能行动,通过各种降低耗能状况的措施,实施降低能耗30%的目标。

当前,应把政府机构节能当作推进全省节能工作的突破口。用能单位负责建立本单位内部能源管理体系和考核奖惩制度,遵守国家法律和地方政府的相关规定,加强企业内部能源管理。中介机构在政府指导下按市场化运作方式开展工作,如采用"合同能源管理"方式开展节能服务。采用政府前期资助、后期企业自我运作的模式,成立企业化运作的节能技术服务(推广)中心,甚至可以采用股份合作的方式,使节能技术服务中心与政府能源管理部门、监测中心、重点用能单位保持紧密型合作关系。这样的好处是政府从具体的繁琐工作中解脱出来,可以更好地发挥其在能源战略规划、宏观调控、扶持引导等方面的特长和作用;用能单位得到节能服务的技术、资金和节能效果的良好保证,节能意识和节能积极性不断增强,用能单位不需要自己拥有这方面的技术、人员甚至资金,即可以享受到节能带来的利益,企业仍可将自己的主要精力放在发展战略和市场开拓等方面;中介机构虽承担一定的风险,但考虑到目前节能潜力巨大,节能效益应该十分明显,通过提供节能服务能给中介机构带来不菲的收益;通过节能还可以降低资源消耗,产生良好的社会效益,从而实现多赢。

(二)构建浙江省多层次、多维度的节能保障体系

从政府层面可以采取三种手段(经济手段、行政手段和法律手段),制定三类政策(税收政策、补偿政策和优惠政策),通过"三个机制"(价格机制、激励机制和考核机制),来共同促进节能。这些手段、政策和机制,可以从不同层面对节能进行引导和激励,形成多层次、多维度的节能保障体系。

结合能源供求预警机制,建立科学用能与科学发展的考核激励机制,实现全省科学用能、节约用能和资源节约型社会目标。在强调经济发展的同时,要更加强调使用和消耗了多少资源、多少能源,对环境造成了多大影响。科学用能是科学发展的重要组成部分,科学用能与资源节约和环境保护是紧密相关的。因此,建立科学用能与科学发展的考核激励机制,不仅仅是促

进全社会节能工作的深入和普及，提高能源利用效率和效益，而且可以推动整个社会的进步和实现可持续发展。

如果仅仅从能源合理利用的角度建立考核机制，主要包括设立产值(GDP、工业总产值、增加值等)综合能耗指标、产品能耗指标，能源(电力)消费弹性系数指标，节能率、节能量等指标，将指标分解落实到各行业主管部门和地市责任部门。通过考核，不断降低产值综合能耗，调低能源消费弹性系数，使全省产值综合能耗达到全国领先水平，并不断提高，争取在五年内达到中等发达国家水平。当前，尤其是要将电力消费弹性系数尽快降到1以内，以缓解电力供需矛盾。

从树立科学发展观的角度建立考核机制，目前也是一个热门课题，绿色GDP的概念已逐步深入人心。科学用能考核机制也是其中的一个组成部分，重点还包括其他资源的节约和合理利用、污染物排放和控制、环境的保护和治理等方面。

(三)理顺能源产品价格体系是激励与约束机制发挥作用的基础

反映全部供应成本和供求关系的能源价格，是通过市场机制提高能效和节能的基础。明晰能源的产权，优化能源配置，加快能源产品价格的市场化改革进程，逐步建立能够体现能源稀缺程度的价格形成机制，是最大限度地发挥能源资源效益的前提。充分发挥市场在资源配置过程的基础性作用，发挥资源性产品的价格杠杆作用，调节企业和公众的行为，促进节能。能源的稀缺性必须通过市场供求关系反映为高价格，才有利于节约；否则，企业没有压力来实施节能降耗，公众也不会有节能的内在动力。

能源价格和节能有密切的互动关系，如果能源价格不变，提高能效会使终端能源消费费用下降，促使能源服务需求增加；能源价格上升，则会减少能源需求，并促使节能技术的研究开发。例如，在美国，工业用煤、油、气若价格上升20%，五年内的价格弹性(价格上升1%需求减少的百分数)分别是0.23、0.26和0.38。市场经济国家能源定价的共同趋势是：取消价格管制以及对生产者和消费者的补贴，实行分时电价等。

通过征收税费把外部成本纳入能源价格，要将目前矿业权无偿取得和有偿取得的双轨制统一改为有偿取得，实现探矿权和采矿权的招标、拍卖和挂牌出让，还原资源成本；要强制矿山企业提取安全费用，加大安全投入，还原安全成本；要建立矿业企业矿区环境治理和生态恢复的责任制，强制企业从销售收入中提取一定比例资金用于矿山环境的恢复、生态的补偿，还原环境成本；要建立健全员工权益保障机制，所有能源生产销售企业必须保证员工的基本收入、基本福利等权益，还原人工成本。

在此基础上，进一步理顺包括煤电、原油与成品油等在内的各种能源产品的比价关系，使企业从资源、能源的节约利用中受益并快速发展。

(四)充分发挥市场机制的激励与约束作用,在浙江推行节能新机制

实施节能优先战略的关键,在于创造使节能与开发平等竞争的市场环境,消除市场障碍和市场缺陷,促使节能在竞争中发挥其自身优势。为此,自20世纪70年代以来,美国等市场经济国家不断探索和创新,推行一系列节能新机制、政策工具和激励措施。

国家经贸委研究室处长唐元认为节能工作是一项跨行业、跨部门的经济综合工作,在计划经济时期,我国有健全的节能管理体制,并形成了一套行之有效的节能运行机制和政策保证体系,随着我国经济体制转轨过程的逐步深入,传统节能管理体制和机制不太适应新形势的要求,出现了节能管理弱化,机制失灵的状况。因此,建立健全适应市场经济需要的节能新机制和政策支持体系是推进节能工作的当务之急。

浙江省自改革开放以来的二十多年,经济迅速发展,科技与经济实力不断增强,但是浙江省又是能源十分贫乏的省份,从外省调入能源量连年增加,能源自给率不断下降,探索新的节能机制,提供推动节能的经济环境,积极开展国际合作,学习国际上较为成熟的节能社会工程经验成为浙江必然的发展途径。

1. 强化电力需求侧管理(DSM)

电力需求侧管理(DSM)是采取有效的激励措施,引导电力用户改变用电方式,提高终端用电效率,实现最小成本电力服务所进行的用电管理活动,是促进电力工业与国民经济、环境、社会协调发展的一项系统工程。

1999年以来,浙江用电已连续七年保持两位数增长,2003、2004、2005年全省用电量同比增长分别为1.95%、12.26%和18.64%;2005年全社会用电量1642亿千瓦时,增速提高6.38个百分点;2005年平均用电负荷率为88.77%,比2004年下降4.03个百分点,峰谷差扩大。目前浙江用电高峰时电力缺口较大,用电低谷时电力供应存在富余。在今后的几年里,全省电力需求仍将保持高速增长态势,据预测,到2010年,全社会用电量将达到2570亿~2770亿千瓦时,比2005年增加56.5%~68.7%。

据有关专家分析,浙江实施有效的电力需求侧管理,到2010年可节约用电580亿千瓦时,平均每年转移电力尖峰负荷5%~10%,相当于每年可减少投资120亿元,五年累计节约用煤2320万吨,减少二氧化硫排放26万吨。实施电力需求侧管理,可以减轻资源、环境和投资的压力,是浙江实现十六届五中全会提出的关于2010年单位GDP能耗比“十五”期末降低20%左右的目标和建设资源节约型和环境友好型社会,实现可持续发展的重要战略措施。

2005年2月,省政府就电力需求侧管理出台了《关于加强节约用电工作的意见》,明确提出三年累计节约用电100亿千瓦时,平均每年减少高峰负荷

需求100万千瓦时，累计减少二氧化碳排放量250万吨、二氧化硫排放量5万吨的总体目标。浙江电力需求侧管理工作开展时间不长，但已取得了明显的效果，尽管2005年全省最高用电负荷和最高日用电量分别比2004年提高了24.9%和25.5%，但拉限电条次和损失电量却同比下降了73.54%和75.82%。总的来说，电力需求侧管理还有很大潜力可挖，可是在当前的管理机制、激励机制和政策措施等方面还存在一些不足。

从实施主体上看，电力公司作为需求侧管理计划的实施主体，缺乏必要的经济激励机制。在目前的政策环境下，电力企业作为独立企业，以实现利润最大化为目标，而有些DSM措施的实施，会减少电力公司的售电量，从而降低企业的利润，这使电力公司很难积极主动实施DSM项目，从而严重制约了DSM的开展。

从工作重点和方式上看，目前在电力需求侧管理工作中，存在着两个倾向：以抓负荷调整为主；依靠行政手段为主。而实际上，电力需求侧管理节电增效方面潜力更大、前景更广阔。在节电政策措施上，经济手段和技术手段可应用的范围更广，成效更为显著。

从电力消费者角度看，缺乏节电投资补偿机制。

电力需求侧管理对缓解电力供应紧张十分必要、十分有效。从长远看，即使是在电力供求基本平衡的状况下，通过市场手段，鼓励用户合理用电，改变用电方式，提高用电效率也十分重要。

因此，浙江需要进一步做好电力需求侧管理工作，主要有：增强全民对电力需求侧管理必要性和重要性的认识；进一步完善政策、法规和组织保障体系；建立专项资金，为开展DSM奠定基础；实施强制性节能产品市场准入标准、能效标识制度和重点用能企业能效评价制度，强制执行国家统一的能效标识制度；重视各种先进适用技术和高效设备的引进和使用；空调用能要走多元化道路，空调负荷是造成高峰电力短缺的重要因素，如杭州市区夏季空调负荷占总用电需求的1/3。

2. 推广能源服务公司

能源服务公司(ESCO)是一种全新的节能运行新机制，是为了克服推行需求侧管理和综合资源规划的障碍而发展起来的。其运作以效益分享为基础，先由ESCO对用户进行节能诊断，提出方案，签订合同后，由ESCO为项目筹资、采购并安装设备、培训人员，投产运作，用户按合同规定，用节能效益向ESCO支付项目费用。

我国在世界银行、全球环境资金和欧盟资助下，正在进行ESCO的示范和推广。

经过五年多时间的努力，最先成立的北京、辽宁、山东三家示范性节能服务公司通过市场开拓，提供节能项目改造一揽子服务，已同各类用户签订并实施节能服务合同达 283 个，项目总投资达 6 亿元人民币。目前全国已有上百家从事类似节能服务的机构和单位，这说明“ESCO”这一节能新机制在浙江不仅可行，而且拥有广阔的市场发展前景。

浙江工业领域的节能虽然成效显著，但用能效率或综合能耗与国内先进水平相比仍有一定差距，与世界先进水平相比差距更大，如日本 GDP 能耗仅为 0.18 吨标准煤/万元。差距越大显示出节能潜力和开展服务的商业空间越大。因此，引进和推广“ESCO”对于促进浙江节能工作服务社会化、市场化进程具有十分重要的意义。

不过，从中国节能促进项目六年多的实践看，“ESCO”在浙江的发展中目前遇到的最主要问题仍是资金问题，特别是缺少金融机构的介入。因此，要使“ESCO”这一节能新机制在浙江真正得到发展，在帮助更多的企业、机构了解“ESCO”基本原理的同时，尽快建立起节能服务公司向商业银行贷款时提供信用担保的机制，也刻不容缓。

3. 进行能源审计

能源审计是能源监测的一种形式，能源审计是对企业的整体节能管理、能源利用状况及能源效益等方面进行督查、检测及综合分析评价，并提出节能改进措施的活动。

浙江省能源利用监测中心，受浙江省经贸委委托，从 2000 年下半年起对省重点用能企业进行能源审计试点工作，通过审计，发现普遍存在的问题有：①节能意识不强，节能基础管理“滑坡”；②淘汰设备仍在使用的较普遍；③节能统计数据失准；④节能技改无投入或不愿投入。

为适应市场经济运行规律的要求，企业能源审计作为市场经济条件下推进节能与提高能效的有效办法，是最适合目前体制下对能源管理的新要求的。为了规范节能市场，推进节能向产业化发展，调动企业加强节能管理和进行节能技改的积极性，通过企业能源审计来建立节能确认机制，为实施合同能源管理、节能奖励办法提供依据，也是企业取得政府节能优惠政策、基金援助和节能技改优惠贷款的依据。所以企业能源审计方法既适用于政府对企业用能的宏观监督与管理，更适用于企业对能源和物料的合理配置使用，节能降耗、降低成本、提高能效。浙江省节能法规体系建设和法制管理正逐步加强，同时具有“监管职能”、“公正职能”、“服务职能”的企业能源审计，必将对节能工作起到更加积极的促进作用。

4. 引入自愿协议

世界大多数国家注重节能始于 20 世纪 70 年代石油危机期间，各国政府制定了各种政策措施来提高能源效率，降低能源消耗，这些政策措施绝大部分可纳入强制性范畴。自 20 世纪 80 年代以来，世界发达国家在工业节能、保护环境等方面，除了加强行政手段调控外，普遍实施了包括自愿协议在内的一系列自愿活动(自愿活动是建立在自愿基础上的各种活动的总称,它包括自愿协议、自愿项目、自愿标准和自愿规范等)来弥补行政手段的不足。自愿协议是目前国际上采用最多的一种非强制性节能措施,它指的是整个工业部门或单个企业在自愿的基础上为提高能源效率,与政府达成的协议,在政府的支持(鼓励)下,按照预期的目标而进行的自愿行动,这种行动是参加者在其自身利益的驱动下自愿进行的。也可把自愿协议定义为在法律规定之外公司自愿承担保护环境的义务。需要强调的一点是,自愿协议中的“自愿”并不是绝对的“自愿”,它所指的“自愿”是有条件的。

荷兰 1989—2000 年实施自愿协议,能源效率提高 22.3%,政府给予节能投资 10%~15%的补助,或减征碳税。美国环境保护局推出减少温室气体排放的自愿计划,包括绿色照明计划、能源之星计算机和能源之星建筑物等。德国汽车制造商的自愿计划是到 2005 年生产和销售的汽车油耗比 1990 年低 25%。我国已引入这一节能新机制,正在山东试点,需要研究解决目标设计、政府的支持政策、节能监测及计算规则等问题。

5. 实施能源标准和标识制度

(1)能效标识的作用机理与效果图

①能效标识的作用机理

日常使用的家用电器、照明器具等用能产品的能源效率(以下简称能效)具有不可见的特性。如果没有可靠的、明显的标签来标出有关信息,消费者仅靠察看产品本身难以知晓其能效水平。但能效水平决定了用能产品的运行成本,所以又是消费者非常关心的问题。在市场上高效产品和低效产品共存的情况下,应有效地消除能效领域的信息不对称,帮助消费者购买高效优质的产品。

能效标识向消费者提供了从其他途径无法获得的信息,使消费者在作出购买决定的过程中,将能效和运行费用这两个因素以及环境影响等因子考虑进去,可以比较不同类型、不同品牌产品的能效和费用情况,引导他们购买高效的产品。而消费者购买高效产品的热情创造了市场需求,激励制造商及时调整用能产品的开发、生产和推广销售计划,减少低效产品的生产,并在技术可行、经济合理的前提下,开发新的、更高效的技术和产品,使产品的能效水平得以持续提高,从而促进节能产品市场的良性竞争,不断地推动用能产品市场向高效节能市场转换。

能效标识的另一个作用是:为其他节能政策工具,如电力公司的鼓励项目、政府采购产品的能效要求、建筑物用能规范、自愿协议的能效目标、购买高效产品的财税激励政策等项目,提供一个信息基础和能效目标,从而客观上起到了推动其节能措施的有效实施,这对于政府实现节能目标具有非常重要的意义。特别需要指出的是,能效标识和标准相互配合,对促进市场转换会发挥更大作用。能效标准(MEPS)是强制性技术规范,是用能产品在能效方面的市场准入要求,从而淘汰市场上的一些高耗能的产品和设备,维护市场的健康发展,但标准对中、高能效的产品影响不大。能效标识项目与能效标准等其他能效项目相互补充、相互配合,推动低端市场,拉动高端市场,调整市场上的产品分布,进而促进高能效产品市场的形成,并最终实现市场的转换。

此外,能效标识的广泛实施,可以有效地提高市场上的能效意识、环境意识和资源意识,改变消费理念,对高效产品市场的培育和节能环保目标实现起到了催化剂的作用。国际实践证明,实施能效标识将产生巨大的节能环保效益。据测算,到 2010 年,能效标识制度在房间空气调节器和家用电冰箱上的有效实施,可以累计为我国节电约 180 亿千瓦时;到 2020 年,可以累计节电约 870 亿千瓦时。

②实施能效标准与标识的效果

能效标准、标识和自愿性能效目标项目可以单独实施,会取得一定的效果,但同时实施效果会比较好。如果这些措施与其他推进能效的手段(如信息、教育、经济鼓励政策、采购计划、研究与开发等)一同实施效果会更好。图 10-17 就显示了能效标准和标识对市场转换的巨大影响。

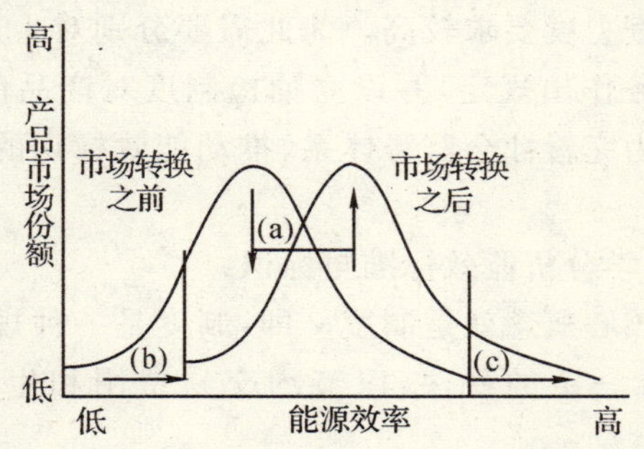

图 10-17 能效标准和标识对市场转换的影响

(2)能效标识的基本内容

能效标识制度基本内容:

①采用能效等级标识。

②实施强制性的能效标识。能效标识制度的本质是:基于能效信息的不对称问题和环境污染问题的负外部性,政府建立能效信息披露制度,并对信息的真实性进行监管。

③实施统一的能效标识。以前由于没有建立统一的能效标识管理制度,一些企业为开拓市场或以促销为目的,在产品上粘贴了采用技术标准不一、式样各异的能效标识。实施统一的能效标识势在必行,也是该制度能够有序、有效和有力实施的前提。

④采用自我声明的模式。借鉴国际成功经验和基于我国的现实国情，我国能效标识也实施企业自我声明的模式。企业自我声明实施能效标识主要表现在：企业自行或委托国家认可的检测机构检测产品能效；企业依据检测结果和相关标准自行确定标识信息；企业依据相关要求自行印制标识；企业自行粘贴标识；企业对标识信息的准确性负责，并接受监督检查。

⑤发布产品目录，逐步实施。鉴于用能产品门类品种繁多、同类产品的数量和耗能情况差异较大，以及实施的资源情况（市场成熟情况、检测能力、行业自律水平）不一，国家将以分批发布目录的形式，成熟一个、推出一个，逐步对使用面广、节能潜力大的用能产品实施能效标识制度。“节能潜力大、使用面广”是产品目录筛选的基本原则，主要是考虑实施的效果和成本效益。

⑥标识样式。统一的能效标识样式和规格是维护标识制度严肃性，便于标识市场监管、有效地提高消费者对标识的认同和认知能力的必然要求。

⑦标识的信息内容。能源效率标识的名称为“中国能效标识”，能源效率标识应当包括以下基本内容：生产者名称或者简称、产品规格型号、能效等级、能源消耗量和执行的能效国家标准编号。

⑧标识的监督。能效标识采用企业自我声明模式，客观上对企业自律能力和政府监督检查力度要求较高。为此需要分别对生产者、销售者、进口商和检测机构的义务作出规定，并设立抽检制度对产品的能效信息的真实性进行核验。同时为完善社会监督体系，推动能效标识的社会监督，还规定了举报制度的原则。

(3)用制度经济学分析能效标准与标识

制度经济学的核心概念就是制度。即：制度是一种规则，作用是调整人的行为，目的是形成一定的秩序，以节约交易费用和生产成本，提高经济绩效。

按照制度经济学的分析框架，所谓标准实施问题实际上涉及的是制度安排的有效性问题，而制度安排的有效性则取决于它们所处的制度环境与相应的激励机制。所以我们把研究重点定位于其中的政府、企业与市场三者之间的关系。在这一体系中，政府、企业与市场的关系如图 10-18 所示。

那么，是什么在推动着能效标准的自觉实施呢？是因为国外的企业真的把用户和社会利益放在企业利益之上，道德水准比我们高吗？显然不是。作为企业，他们同样要把利润最大化视为首要目标，否则，在市场经济条件下就无法生存。因此，合理的解释只能是，企业正是出于对自身长远利益的考虑才选择了实施能效标准这一节能机制，它与企业利润最大化的目标是一致的。

但是，在实施能效标准的背后，同样存在着法的强制力，只不过这种强

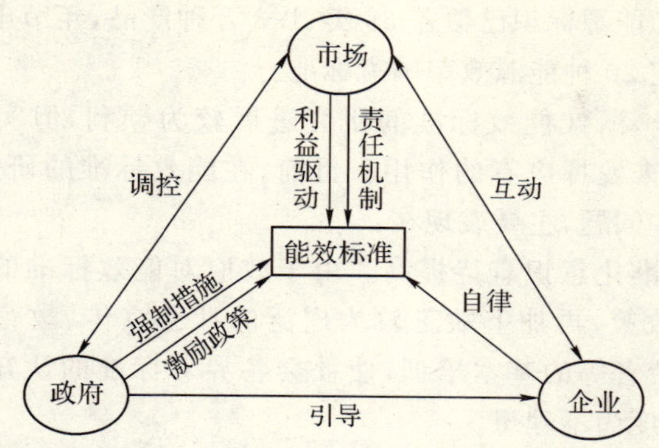

图 10-18 能效标准实施体系中的市场、政府与企业

制力是一种间接而非直接的强制力。按此分析，企业的能效标准实施行为即是由于不实施所带来的损失的函数：

$$I=F(L)$$

式中，I 代表能效标准实施行为的强弱程度；L 代表由于不实施此标准带来的损失，L 越大，I 的程度越高。

另一方面，选择实施标准的利益是明显的，除了上述化解风险的好处之外，通过实施和声明实施某种或某些技术标准，可以使用户更准确地了解自己的产品性能，从而扩大产品的销路。市场经济本质上是需求导向的经济，扩大企业产品销路，像马克思所说的那样实现这“惊险的一跳”，关系着企业的生死存亡。因此，企业的标准实施行为又是由于实施所带来的利益的函数：

$$I=F(B)$$

式中，I 代表能效标准实施行为的强弱程度；B 代表由于实施技术标准带来的利益，B 越大，I 的程度越高。

在上述“胡萝卜＋大棒”双重机制的作用下，为了实现交易自由，达到最大限度地增进财富的目的，实施能效标准就成为一种必然的制度选择。所以一方面要借助市场经济中企业追求利润最大化的动机，使能效标准的实施成为企业竞争取胜的基本条件；另一方面就是要有严厉的约束机制，对于市场而言就是实行严格的能源政策法或节能法，对于政府而言就是要制定明确的能效标准与能效制度，通过有效的信息监管，把能效法规、能效标准、产品认证和市场准入结合在一起，通过上述两种力量的结合，促使企业能自愿地实施能效标准。

制定、实施终端耗能设备和设施（建筑、耗能设备和器具、汽车）能源标准和标识是提高能效的关键措施之一，对促进市场竞争、改善消费者福利、减少能源消费和污染物排放具有重要意义，迄今已有 46 个国家和地区实施。

美国“能源之星”能源标识已覆盖38类、1.3万种产品，年节电800多亿千瓦时。我国已制定20种能源效率国家标准。

到目前为止，浙江能效标准的研究进展较为顺利，但实施情况令人担忧，能效标准尚未发挥应有的作用。目前，在能效标准的研究、制定和实施方面尚存在一些问题，主要表现在：

(1)能效标准化意识有待提高。由于政府对能效标准的实施缺乏相应的限制和鼓励政策，再加上缺乏较为广泛的社会宣传、教育以及对生产企业、销售商、消费者等的基本培训，使社会各界对标准的认知和理解非常有限，市场接受程度尚不理想。

(2)能效标准水平还比较低。以房间空调为例，某国际机构对几个主要国家的空调产品能效水平进行了评估，结果表明我国的能效水平最低，虽然可能存在一定的误差，但这至少说明我国的高效产品还没成为主流，能效标准尚未充分发挥推动高效产品市场形成的作用。此外，由于能效标准的强制性，使部分企业往往在比较低的层次上被动地参与标准研制，尽量压低指标，拖延标准进展，这在一定程度上成为能效标准制定和实施的一个阻力。

(3)缺乏相关的鼓励政策。由于节能产品的科技含量高，企业开发和生产节能产品需要一定的投入，因此，节能产品的销售价格与普通产品相比会有所提高。但目前适用的优惠政策、财政补贴措施还未出台，企业生产的积极性还未充分地调动起来，市场推动力度比较小。

(4)能效标准的实施乏力。能效标准都是强制性的，但强制执行力低下，有法不依、违法不究的现象普遍存在，有些标准甚至处于放任自流的状态，标准形同虚设。

需要特别指出的是，浙江实施节能新机制必须与经济激励措施相结合，双管齐下，才能充分发挥作用。

(五)采取促进节能的经济激励政策措施

节能是市场失灵的领域，需要克服很多障碍。在节能产品的整个生命周期，以及所有的节能行为主体(个人、企业、政府机构、电力公司、制造商和银行等)都存在障碍。表现在：企业通常不愿意向高投入、高风险的节能科研项目投资；现有资本市场的运行机制使投资偏向能源供应；能源价格的不确定性增加节能投资风险；能源生产利用的外部成本未计入能源价格；许多企业能源费用占产品成本的比例很小，或者较高的能源成本可通过提价来收回；节能新产品在进入市场的初期批量小、售价高，用户对其质量缺乏信心；获取可靠信息的交易成本高；贫困家庭无力投资节能；用户不愿改变作息时间来适应电力系统避峰填谷需要；靠公共财政运作的政府机构缺乏节能的动力和有效的制约。

根据市场经济国家的经验，政府的激励政策与制度对促进节能十分重要，在这方面不断创新，政策工具越来越多。

1.政府财政拨款

政府财政拨款主要用于：节能技术研究开发，贷款贴息，法规标准的制定与实施，宣传、教育与培训，信息服务，低收入家庭补助，政府机构节能等。2002年，美国联邦政府为4500万户低收入家庭提供17亿美元补助，用于节能和支付能源费用，“21世纪建筑节能战略计划”向低收入家庭提供节能住房。2003年，美国能源部能源效率与可再生能源局拨款13.12亿美元，其中建筑、工业、交通运输和电力技术研究开发12.17亿美元，节能和可再生资源管理6390万美元。

2.贷款优惠制

对节能设备投资和技术开发给予低息、贴息贷款和贷款担保，是各国普遍采用的政策措施，其中以日本最为完备。日本企业节能投资约有一半来自政府指定的银行，企业（特别是中小企业）按照政府规定的贷款对象、设备、条件和审批程序，从这些银行取得优惠贷款，其利率比商业银行低20%～30%。从商业银行贷款，政府通过专项准备金提供担保。

3.税收激励

市场经济国家促进节能的税收政策，主要是对节能投资给予优惠，以及征收汽车燃油税和车辆税费。在日本，企业购置政府指定的节能设备（约有250种），可按购置费的7%从应交所得税中抵扣，或者在普通折旧的基础上，第一年按购置费的30%提取折旧。公路交通税费的主要目标是节能和环保。适当水平的燃油税对节能起重要作用。2003年，美国汽车燃油税仅为英国的10%，人均每日耗油为英国的2.6倍。欧盟按发动机功率征收车辆税，鼓励购置小排量汽车。美国则征收高油耗税，目前对燃油经济性低于22.5英里/加仑的新轿车征税，最高税额达每辆7700美元（低于12.5英里/加仑）。为鼓励发展高效清洁汽车，2005年，日本对排放达标、燃料经济性达到2010年目标的新车，减免20%～50%的车辆税，购置混合动力或纯电动汽车，按其与汽油车价差的50%给予补贴。

4.消费者激励

推行能源标准标识，扩大节能产品的市场障碍，必须采取经济鼓励政策，特别是消费者鼓励。在美国，各级政府和电力公司投入大量资金推广有“能源之星”标识的节能产品。2001年，联邦政府在这方面支出的财政经费为3500万美元，40个州政府和公用事业公司给购置家用耗能器具和高效照明器具的用户的补贴分别为6330万美元和5000万美元。在加州，每台节能电冰箱补贴75～125美元、房间空调每台补贴50美元、洗衣机每台补贴75美元、紧凑型荧光灯每个补贴3.5～5.5美元。

5. 制定政府绿色采购制度

各级政府应该率先试行绿色采购制度，优先采购经过生态设计和符合节能降耗标准的产品，优先采购经过清洁生产审计或通过 ISO14000 环境管理认证的企业的产品，优先购买运用再生资源生产的产品，通过政府绿色购买行为促进能源节约型和环境友好型产业的发展。

6. 信息服务

政府和公用事业公司的节能信息服务包括多种形式的宣传、能源审计以及教育与培训等。美国联邦政府和州政府、日本经济产业省为中小企业免费提供能源审计，美国工业企业通过能源审计，节电 2%～8%。电力公司为住宅节能提供能源审计服务，平均节能 3%～5%。加州政府为实施建筑能效标准，对数以万计的建筑师、设计师、装修者和检测人员进行培训。

节能经济鼓励所需的大量资金从哪里来？一是政府财政预算，二是节能基金，三是电力公司，四是国际合作合同。泰国通过石油产品征税等途径建立节能基金，总额已达 50 亿美元，是世界上最大的节能基金之一。基金用于能效标识、需求侧管理、自愿协议等方面，为实施空调能效标识，投入 4700 万美元和 800 万美元广告宣传费。美国太平洋燃气公司和电力公司 2001 年用于用户购买节能家用电器和照明器具的补贴达 2500 万美元。

我国 1980 年建立节能激励体制，1981 年设立国家节能基建和技改专项资金，节能基建专项资金实行优惠利率，平均利率比商业银行低 30%，1991—1993 年实行差别利率，1994 年取消；节能技改专项资金，给予贴息 50%的优惠，而且税前还贷，1998 年此专项资金被取消。另外，政府节能管理经费奇缺，许多工作无法开展，或者依靠国际合作项目。一些国际合作项目尽管取得了很好的效果，但由于缺乏国内激励政策，是不可持续的。

节能激励政策的缺失，是当前推进节能的最大障碍之一，必须尽快制定和实施适合浙江省省情的法规和政策措施。

二、促进节能的约束机制设计

约束机制在促进中的作用重在“防”，就是通过一定的法律法规，防止各市场主体的能源浪费行为，约束他们的生产和生活过程。

第一，健全法律法规，制定行业标准。

促进能源节约需要通过法律和法规来规范社会不同主体的行为，调整社会利益关系和格局，以强制形式来体现政府意志，目的是节约能源、保护环境、遏制浪费。1998 年 1 月《节约能源法》颁布实施，标志着我国节能工作步入了法制化轨道，使节能工作的管理有法可依。为配合《节约能源法》的实施，国家经贸委和有关部门加快了《节约能源法》配套法规的制定，研究提出了节能法配套法规框架体系；制定并发布了《重点用能单位节能管理办法》、《节能产品认证管理办法》、《节约用电管理办法》等配套法规；组织落实了《关于基本建设和技术改造工程项目可行性研究报告增列节能(章)的暂行规定》。浙江省也结合实际，根据《中华人民共和国节能法》制定了《浙江省实施〈国家节能法〉办法》。浙江省要力争形成比较完善、配套、有效、可操作的适合浙江省省情的节能法规体系，并进一步明确和强化政府节能管理职能的法律地位，将节能纳入法制轨道，政府依法管理和监督，企业和个人依法履行节能义务和责任，推动浙江省节能工作的深入开展。

当前，要加强对高能耗、高水耗、高电耗、高污染的行业和领域实行严格的市场准入标准和合格的评定制度，建立和完善重点用水行业取水定额标准和主要用能设备的效能标准。用循环经济的理念重新梳理和修订主要耗能、耗电、耗水行业中节能、节电、节水的设计规范和设计标准。制定绿色建筑和绿色社区建设的设计标准，对新建居民社区的分质用水、中水回用、太阳能利用和新型节能建筑材料的使用制定技术导向目录。

第二，运用经济杠杆，发挥市场功能。

对稀缺性的和不可再生的能源，通过市场供求关系，制定差别化、阶梯式、累进制的价格体系和机制，促进全社会节能降耗。通过价格机制和经济手段，限制一些企业进入高物耗、高能耗、高水耗、高电耗、高污染的生产领域。政府可以通过征收资源占用费、环境排污费、生态补偿费等经济手段，使企业占用、消费能源、环境等生产要素的社会成本内部化，形成能真实反映资源代价和环境成本的能源产品消费价格。通过价格政策积极推进太阳能、风能和潮汐能等可再生能源发电技术的开发和应用。

第三，加强节能执法和能源监管力度。

加大节能宣传力度，尤其要加强现有节能法律法规的宣传，深入贯彻落实《浙江省实施〈中华人民共和国节约能源法〉办法》、《浙江省重点用能单位节能管理办法》、《浙江省能源利用监测管理办法》等法律法规，持续推进节能“三项法定制度”，强化重点用能企业监管，重点监管、实时监管。对浪费严重或拒不执行淘汰目录的企业，工商行政管理部门要依法吊销其营业执照，各有关部门要取消其生产许可证，各商业银行要停止对其贷款。对情节严重者，要依法追究直接负责的主管人员和其他直接责任人员的法律责任。依法用能、依法管能、依法节能，通过法律强制手段来加强节能工作，推进节能工作规范化、法制化。

政府首先要对自身履行能源管理职责、执行国家能源管理法律方面是否到位进行检查，起好带头示范作用。当前，比较突出的问题是，开展节能工作和能源管理的机构不健全、职能履行不充分，人员配备不能适应工作需要，经费投入极少且没有保障。因此，现有节能工作和能源管理队伍、体系和方法已远不能适应不断发展的能源管理工作需要。政府要对此有充分认识，必须花大力气、下决心完善政府从事节能工作和能源管理的机构、体系，加大并保证节能工作的投入，履行并承担法律所赋予的职责。

强化政府节能行政执法职能，加强节能执法队伍建设，提高执法人员的力量和素质，将节能执法职能与节能服务职能分离，形成一支高效、专业、公正的节能行政执法队伍。

要出台并完善与国家能源法律法规相配套的全省加强能源管理的相关规定，制定和落实有关节能政策。当前主要要出台以下规章制度：①明确节能与能源管理的机构、职能、责任，重振节能工作机构和队伍；②对省内重点用能单位和能源转换重点企业的监管、考核的实施办法，能源综合利用监管的信息系统建设方案；③完善能源统计、核算、报告制度；④制定有关节能优惠政策及其落实办法；⑤能源管理网络体系建设和用能单位能源管理员（师）岗位制度的有关要求；⑥政府与企业节能自愿协议签订制度和办法；⑦能源供求预警制度；⑧科学用能与科学发展的考核激励制度。

浙江省经贸委日前全面推广一项旨在加强能源综合利用监管的信息系统，计划将在两年内覆盖全省重点用能单位，以推动浙江省工业企业提高能源综合利用效率。按照这一要求，浙江省年耗能在5000吨标准煤以上的重点用能单位，都将要采用信息化监管系统，通过网络编制、传输能源利用状况报告——包括能源平衡表、主要设备状况表、节能技术改造计划及完成情况表和能源利用综合分析报告等，这些资料均通过省能源管理数据中心实现信息资源共享。

按照省经贸委的部署，各地要加大对重点用能单位和能源转换重点企业的监管力度，规定年耗能在标准以上的重耗能企业应每年进行监测，并制定考核目标，加快能源综合利用监管的信息系统建设，利用网络加强用能监管，及时、准确地掌握全省重点用能单位能源综合利用信息，并依法开展能源监督审计，将促进企业加快高能耗设备与工艺的淘汰，推进节能工程技术改造，提高能源综合利用效率，使大多数重点用能企业节能基础管理得到恢复和加强，加强依法用能的意识、提高节能增效主动性，使广大企业形成依法用能的自我约束机制。

参考文献

[1] 杨文培. 经济社会持续发展能源需求的实证分析. 煤炭经济研究,2005(3)

[2] 杨文培等. 2004 年浙江省社科规划重大招标课题研究报告:浙江省经济增长的能源“瓶颈”分析及对策

[3] 杨文培等. 2005 年浙江省经济普查办公室社会中标课题研究报告:基于3E 协调分析的浙江能源—经济—环境系统可持续发展战略研究

[4] 杨文培. 能源发展与经济增长互动关系探讨. 煤炭经济研究,2005(1)

[5] 杨文培. “以业兴市”与可持续发展. 经济论坛,2003(6)

[6] 杨文培,朱红涛. 浙江省提高能源利用效率,促进能源节约的激励与约束机制设计. 中国技术经济论坛,2007

[7] 吴翔,杨文培. 浙江省 3E 系统的实证分析. 浙江统计,2005(11)

[8] 杨文培,马志州. 标准化促进能源节约的作用机理及应对策略. 中国技术经济论坛,2006

[9] 杨文培等. 2007 年浙江省科技厅科技计划重点课题、2006 年浙江省哲学社会科学常规课题研究报告:浙江省能源利用效率分析及节能行为引导机制研究.

[10] 杨文培. 接轨“西气东输”的淮南煤炭资源开发利用战略研究. 安徽理工大学学报,2004(2)

[11] 杨文培. 煤炭企业实施全面成本管理的 TCM 模型. 经济师,2003(4)

[12] 杨文培. 企业筹资与投资. 数量经济技术经济研究,1997(12)

[13] 杨文培. 现代企业制度下煤炭企业成本管理要实现六个转变. 中国煤炭,1999(8)

[14] 杨文培. 模糊数学方法在矿井自然地质条件评价中的应用. 运筹与管理,1999

[15] 杨文培,崔跃武. 企业中的“杠杆作用”及其利用. 数量经济技术经济研究,1997(10)

[16] 杨文培,朱红涛. 企业节能与政府激励的互动演化均衡研究. 工业技术

经济,2008(1)

[17] 杨文培等.2001 年安徽省教育厅重点课题研究报告:安徽省能源—经济—环境系统可持续发展战略研究.

[18] 杨文培等.2002 年度安徽省科技厅软科学课题研究报告:西气东输、西电东送对安徽省煤炭工业的替代威胁及应对战略研究.

[19] 杨文培.煤炭企业获取成本竞争优势的价值链分析法,中国管理科学,1999(2)

[20] 杨文培,赵斌.略论煤矿安全管理机制的构建.安徽理工大学学报,2003(3)

[21] 杨文培.降低产品成本必须调整企业规模.数量经济技术经济研究,1998

[22] 严向军,杨文培等.2007 年杭州市环保局科研课题研究报告杭州生态市建设绩效评估及对策研究.

[23] 韩伟明,严向军.杭州市大气 NO_{-x} 来源及控制对策研究.环境科学研究,2002(1)

[24] 严向军.利用 Mapinfo 建立杭州市环境信息系统的探讨.环境污染与防治,1999(1)

[25] 丁祖荣.气候变暖与国际社会的责任——兼论《京都议定书》的意义与作用.浙江理工大学学报,2007(3)

[26] 王群,丁祖荣,章锦河,杨兴柱.旅游环境游客满意度的指数测评模型——以黄山风景区为例.地理研究,2006(1)

[27] 丁祖荣.绿色管理的本质内涵与高校科研处长的职责和管理境界.研究与发展管理,2005(5)

[28] 王群,丁祖荣.国外旅游水环境影响研究进展,地理科学进展,2005(1)

[29] 丁祖荣.城市景区生态伦理建设的实证研究.城市与减灾,2005(1)

[30] 王群,丁祖荣.县域旅游规划中居民旅游感知研究——以安徽庐江县为例.地域研究与开发,2004(6)

[31] 丁祖荣.生态文明与生态伦理——从芜湖市赭山风景区的人造“斑秃”引发的思考.中国环境管理,2004(2)

[32] 丁祖荣.论生态伦理与环境消费.科技进步与对策,2003(4)

[33] 丁祖荣.论新世纪环境教育的内容取向.安徽师范大学学报(自然科学版),2001(4)

[34] 丁祖荣.响水涧抽水蓄能电站工程对动物资源的影响研究.地域研究与开发,1999(3)

[35] 浙江省统计局,浙江省第一次经济普查办公室,浙江省第一次经济普查报告书.2006

[36] “浙江省经济增长社会发展的能源‘瓶颈’分析及其对策”课题组. 浙江省经济增长与社会发展的能源“瓶颈”分析及其对策,2004
[37] 鲍建强,蒋惠琴,建设节约型社会健全机制至关重要. 浙江经济,2006(2)
[38] 浙江省统计局,浙江统计年鉴. 北京:中国统计出版社,2005、2006、2007
[39] 国家经贸委“市场经济下政府节能管理模式研究”课题组. 市场经济下政府节能管理模式研究. 北京:中国电力出版社,2004
[40] 清华大学核能与新能源技术研究所《中国能源展望》编写组. 中国能源展望 2004. 北京:清华大学出版社,2004
[41] 中国科学院地理科学与资源研究所能源战略研究小组. 北京:中国区域结构节能潜力分析. 北京:科学出版社,2007
[42] 中国环境与发展国际合作委员会能源战略与技术工作组. 能源与可持续发展. 北京:中国环境科学出版社,2004
[43] 雷奔. 与文明同步的能源革命. http://fxwl.diy.myrice.com/science/wlqy/004.htm
[44] 张正敏,王庆一,庄幸. 中国可再生能源开发利用潜力与挑战. 北京:煤炭工业出版社,2002
[45] 周大地,韩文科. 中国能源问题研究. 北京:中国环境科学出版社,2005
[46] 周凤起,周大地. 中国中长期能源战略. 北京:中国计划出版社,1999
[47] 蒋兆祖. 能源发展与工程咨询. 北京:中国电力出版社,2004
[48] 周凤起,王庆一. 中国能源五十年. 北京:中国电力出版社,2002
[49] 中国环境与发展国际合作委员会能源战略与技术工作组. 能源与可持续性发. 北京:中国环境出版社,2004
[50] 王革华等. 能源与可持续发展. 北京:化学工业出版社,2005
[51] (美)Edward S. Cassedy. 可持续能源的前景. 北京:清华大学出版社,2002
[52] 蓝春祥. 中国能源结构优化与能源消费趋势预测分析. http://www.cajcd.edu.cn/pub/wml
[53] 浙江经贸委,浙江省统计局. 浙江省能源利用状况白皮书(2003、2004). 浙江日报,2004-12-9(5)
[54] 隗斌贤. 浙江省跨世纪能源总量及结构平衡战略研究. 浙江经济高等专科学报. 2000,11(12). [55] 毛光烈. 加强前期深化改革落实责任切实加快电源建设. 浙江经济,2003(17)
[56] 刘亭. 人间正道是沧桑——关于当前电力发展和改革工作的若干讲话. 浙江经济,2003(17)
[57] 中国能源发展战略与政策研究课题组. 中国能源发展战略与政策研究. 北京:经济科学出版社,2004

[58] 张宏民，葛家理等."我国能源政策及战略设计研究"课题(70051046)研究报告，2002

[59] 杜慧滨，顾培亮. 基于自组织理论的区域能源—环境—经济(3E)复杂系统的分析与应用研究. 天津大学硕士学位论文，2003

[60] 张叶，聂献忠. 浙江突破资源制约的战略选择. 浙江经济，2005(2)

[61] 胡江潮. 浙江省洁净煤的开发应用. 洁净煤技术，1995(4)

[62] 王维周，俞小勇. 浙江能源和天然气建设探讨. 浙江经济，2004(8)

[63] 施鹏飞. 21 世纪风力发电前景. http://211.167.68.243/chinese2/power/p12.html

[64] 陈守伦. 抽水蓄能电站的发展. 江苏电机工程. 2001(20)

[65] 赵玉文. 我国太阳能利用技术的发展概况和趋势. http://www.china-rein.com/ndlk/ndqh/web/2004/docs/2004-09/2004-09-05.htm

[66] 吴耀忠. 浙江火电厂烟气脱硫方案探讨. 浙江电力，2004(6)

[67] 晏路明. 人类发展与生存环境. 北京：中国环境科学出版社，2001.

[68] 陈志详. 能源服务公司 ESCOs，能源市场新贵在中国起步[EB/OL]. http://media.163.com/05/0418/13/1HKHA99100141EHC.html，2005-04-18

[69]《瞭望》编辑. 加速能源领域的法律法规建设. 瞭望，2004(18)

[70] 贾振航，姚伟，高红. 企业节能技术. 北京：化学工业出版社，2006

[71] 王庆一. 中国节能十问. 中国能源，2005(27)

[72] 陈月英. 可持续发展理论综述. 长春师范学院学报，2000(5)

[73] 王庆一. 煤矿安全：国际经验与对策建议. 中国煤炭，2003(4)

[74] 朱跃中，熊华文，郁聪. 节能规划目标宏大 任重道远. 中国能源 2005(2)

[75] 任慧芳，刘钢. 应用变频器进行水压控制及节能效果. 科技资讯，2006(28)

[76] 浦树柔. 市场经济的节能机制. 瞭望新闻周刊，2004(18)

[77] 戎华. 节能的经济学话题. 电力需求侧管理，2004(6)

[78] 沈素素. 节约型社会建设与企业行为. 企业家行为，2007(1)

[79] 威勒. 张丽华译. 利益相关者公司. 北京：经济管理出版社，2002

[80] 杨建梅. 组织系统结构定义探讨. 系统工程学报，2002(5)

[81] 李余华，孙芳兰. 论建立和完善适应我国社会发展需要的利益协调机制. 华东交通大学学报，2004(21)

[82] 刘静艳. 从系统学角度透视生态旅游利益相关者结构关系. 旅游学刊，2006(21)

[83] 吕文斌. 市场经济条件下政府节能管理模式研究报告. 中国能源，2003(25)

[84] 陈新华. 节能工作需要明确理论基础避免战略误区，中国能源，2006(7)

[85] 周伏秋. 市场经济条件下政府节能管理职能的转变，中国能源，2003

(12)

[86] 赵媛,曾尊固,陈周骅 树立大能源系统观,促进能源可持续发展. 经济地理,2001(6)

[87] 贾生华,陈宏辉. 利益相关者的界定方法述评. 外国经济与管理,2002(5)

[88] 陈宏辉. 企业的利益相关者理论与实证研究. http://10.100.70.11:88/wf/~CDDBN/Y530284/PDF/INDEX.HTM.html,2003-4-1

[89] 贾生华,陈宏辉. 基于利益相关者共同参与的战略性环境管理. 科学学研究,2002(2)

[90] 贾生华,陈宏辉. 利益相关者合作逻辑下的企业共同治理机制. 中国工业经济,1998(1)

[91] 陈宏辉,贾生华. 企业利益相关者的利益协调与公司治理的平衡原理. 中国工业经济,2005(8)

[92] 陆海波,顾培亮. 能源—经济—环境系统的可持续发展研究. 天津大学博士学位论文,2003

[93] 夏赞才. 利益相关者理论及旅行社利益相关者基本图谱. 湖南师范大学社会科学学报,2003(2)

[94] 陈全全. 社会责任与企业的可持续发展. 上海企业,2006(3)

[95] 董文胜. 国外节能服务公司概况. http://finance.sina.com.cn/stock/t/20060110/0813487987.shtml.html,2006-1-10

[96] 刘红. 2005 年国内外能源政策综述. 国际石油经济,2006(7)

[97] 吴玲,贺红梅. 基于企业生命周期的利益相关者分类及其实证研究. 四川大学学报(哲学社会科学版),2005(6)

[98] 李心合. 面向可持续发展的利益相关者管理. 当代财经,2001(1)

[99] 陈晓军. 国有企业经营者利益要求及其实现机制研究. http://10.100.70.11:88/wf/mst.dll? DATABASE=CDDBFT&FMT=CDDBFTN&OP=I&MFN=140129.html,2003-12-1

[100] 黄滢,彭德元,付琴. 从利益相关者角度谈中国推行企业社会责任. 当代经济,2005(11)

[101] 郑亚城. 浅析循环经济理念下的企业行为. 能源与环境,2006(1)

[102] 刘俊海. 公司的社会责任. 北京:法律出版社,1999

[103] 赵月瑟. 有约束力的关系——对企业伦理学的一种社会契约论的研究. 上海:上海社会科学院出版社,2001

[104] 元琳,门熙新. 完善企业节能机制,加强企业节能综合管理. 中国能源,1994(1)

[105] Camerer C. *The Behavioral Challenge to Economics: Understanding*

Normal people. The Federal Reserve of Boston Meeting on "How Human Behave", June 8～10,2003

[106] Bsker M. R. Ruback and J. Wurgler. *Behavioral Corporate Finance: A survey*. In The Handbook of Empirical Corporate Finance. ED. By E Bckbo. Elsevier/North-Holland,2004

[107] Camerer C. G. Loewenstein and M. Rabin ED. *Advance in Behavioral Economics*. Princeton: Princeton university Press,2003

[108] Romeo Pacudam Elaine De Guzman. *Impact of Energy Efficiency Policy To Productive Efficiency of Electricity Disrtribution Industry In The Plhilipines*, Energy Economics 2002(24)

[109] Dieter Helm. *Energy Policy: Security of Supply, Sustainability and Competition*. Energy Policy,2002(30)

[110] Blair M. Mand, Stout L. A. *Response to Peter C · Kostant's Exit, Voice and Loyalty in the Course of Corporate Governance and Counsel's Changingrole*. Journal of Socio Economics,1999,28(3):251～253

[111] Knut H. M. , Svein J. *From User Groups to Stakeholders? The Public Interest in Fisheries Management*. Marine Poli－cy,2001,25(4):281～292

[112] Freeman R. E. *Strategic Management: A Stakeholder Approach*. Boston:Pitman Press,1984

[113] Mitchell A. and Wood. *Toward a Theory of Stakeholder Identification and Salience: Defining the Principle of Who and What Really Counts*. The Academy of Management Review,1997,22 (4) :853～886

[114] Roger D. Huang,Ronald W. Masulis,Hans R. Stoll. *Energy Shocks and Financial Markets*. Journal of Futures Markets,1996(16):1～3

[115] International Energy Agency. *Energy Prices and Taxes: Third Quarter* 1995. Paris:OECD,1995

[116] International Energy Agency. *Electricity Supply in the OECD*. Pairs:Oecd,1992

[117] Carroll A. B. *Business & Society: Ethics and Stakeholder Management*. Cincinnati,Chio:Dave Shaut,2001

[118] Jensen M. C. & Meckling W. H. *Theory of the Firm: Managerial Behavior, Agency Costs, and Ownership Structure*. Journal of Financial Economics 1976(3):305～360